Les 120 Journées
de
Sodome.

Enfer
1524

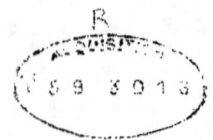

La présente édition
ne comprend que 200 exemplaires imprimés exclusivement
pour la souscription.

Grand in-8	{ N°s 1—5	sur papier	du *Japon*	(= 5 exemplaires)	à 350 francs.
	N°s 6—10 ,,	,,	*Whatman*	(= 5 ,,)	à 300 francs.
	N°s 11—20 ,,	,,	*van Geldern*	(= 10 ,,)	à 250 francs.
Edition in-4° (*Grand papier*)	N°s 21—40 ,,	,,	ancien (imité)	(= 20 ,,)	à 200 francs.
Grand in-8°	N°s 41—200 ,,	,	*vergé à la forme*	(= 160 ,,)	à 150 francs.

ensemble 200 exemplaires.

N<u>o</u> *134.*

Les 120 Journées de Sodome

ou

l'Ecole du Libertinage

par

le MARQUIS DE SADE.

Publié pour la première fois d'après le manuscrit original,
avec des annotations scientifiques

par

le Dr. EUGÈNE DÜHREN.

PARIS
CLUB DES BIBLIOPHILES
MCMIV

LE PROPRIÉTAIRE DU MANUSCRIT ORIGINAL ET L'ÉDITEUR DÉCLARENT SE RESERVER TOUS LES DROITS DE RÉIMPRESSION, DE REPRODUCTION ET DE TRADUCTION ET SERAIENT DÉCIDÉS FAIRE VALOIR CES DROITS LE CAS ÉCHÉANT.

Avant-propos.

Dans mon ouvrage „Nouvelles Recherches sur le Marquis de Sade", j'ai relaté dans tous ses détails l'étonnante histoire et le sort curieux du manuscrit de l'ouvrage principal du Marquis de Sade „Les 120 journées de Sodome ou l'Ecole du libertinage", manuscrit dont on a cru pendant longtemps avoir à regretter la disparition complète.

Ce type du roman de maison publique, et le premier en date, a été composé par le „divin marquis" pendant sa captivité à la Bastille, du 22 octobre jusqu'au 27 novembre 1785. Le marquis y travaillait de 7 heures à 10 heures du soir et écrivait sur des morceaux de papier qui, collés les uns à la suite des autres, forment une longue bande enroulée sur elle-même.

Lorsque le marquis de Sade sortit de la Bastille en 1789, le manuscrit qui nous occupe y resta, en même temps que d'autres écrits; il arriva tout d'abord en la possession d'Arnoux de Saint-Maximin, pour passer plus tard aux mains de la famille de Villeneuve-Trans, où il resta pendant trois générations, comme le dit Pisanus Fraxi dans son „Index librorum prohibitorum" (Londres, 1877, page 423). Son contenu est resté complètement inconnu jusqu'à la présente publication; une copie entreprise vers 1850 ne fut pas poussée plus loin que la cinquième journée du récit, à cause des difficultés éprouvées par le copiste dans le déchiffrement de l'écriture de l'original.

Ce n'est qu'après qu'un amateur allemand en eut fait l'acquisition, qu'il fut possible à un éminent linguiste d'arriver à déchiffrer cette écriture microscopique et presque illisible et à faire une copie fidèle du texte. C'est cette copie qui m'a servi de base pour l'édition imprimée que j'en fais aujourd'hui, édition qui est la première et doit rester unique.

Il n'y a pas le moindre doute que ce manuscrit ne soit le véritable original de l'ouvrage principal du Marquis de Sade dont Rétif de la Bretonne parle dans sa „Théorie du Libertinage" et comme une autorité parisienne l'a affirmé par-devant notaire. Un seul regard jeté sur ce singulier manuscrit suffit du reste pour faire tomber tous les doutes que l'on pourrait élever sur son authenticité.

Il est formé d'une longue bande de papier composée de feuilles de 11 cent. de largeur, soigneusement collées l'une à la suite de l'autre. Le tout forme une bande d'une longueur de 12,10 mètres, dont les deux faces sont couvertes d'écriture, de sorte que l'on se trouve en présence d'une „première" et d'une „deuxième" bande.

Le texte tout entier est de l'écriture élégante et caractéristique bien connue du Marquis de Sade, formée de lettres microscopiques; le marquis avait peu de papier et devait économiser la place. Cette écriture ressemble à celle de tous les autres manuscrits du Marquis de Sade; sa forme pointue toute particulière frappe immédiatement et l'a fait nommer spirituellement, par allusion au texte même, „écriture lancette".

En outre, le sujet, ainsi que le style ressemblent aux autres écrits du marquis. Quiconque a lu „Justine et

Juliette" reconnaîtra des expressions et des tours de phrases identiques dans les „120 journées de Sodome".

Ce manuscrit doit être considéré comme l'ouvrage principal du Marquis de Sade, dans lequel il a réuni toutes ses observations et ses idées sur la vie sexuelle de l'homme, ainsi que sur la nature et les variétés des perversions sexuelles. Il est composé d'après un plan systématique, en vue d'un groupement scientifique des exemples cités. Ces cas de perversion sexuelle sont, d'après l'affirmation du marquis, réels et non pas imaginaires, et de fait, ils se rencontrent encore de nos jours pour la plupart (voir page 81). On croit souvent se trouver en présence de cas cités par Krafft-Ebing; nous avons à plusieurs reprises dans nos remarques attiré l'attention sur ces surprenantes analogies.

Mais ce qui rend encore plus intéressante une partie des 600 cas rapportés par l'auteur, c'est qu'ils sont racontés sous la forme d'aventures de maison publique; aussi apparaissent-ils à nos yeux avec une vérité d'autant plus saisissante et nous font-ils connaître plus exactement l'état psychologique de l'âme d'un perverti sexuel, en mettant mieux à la portée de l'intelligence tout ce que ce sujet contient de monstrueux, de paradoxal et de contraire à la nature.

C'est là que je voudrais voir la grande importance scientifique de l'ouvrage pour les médecins, juristes, anthropologues, et pour tous ceux qui peuvent avoir à s'occuper de cette question au point de vue scientifique.

Mes annotations contiennent encore d'autres détails sur ce point.

En ce qui concerne la publication que je présente, je dois dire qu'elle est la reproduction fidèle, littérale et complète du manuscrit tel que je l'ai reçu; je me suis borné à corriger les erreurs de plume et les fautes d'orthographe et à combler d'une façon appropriée les lacunes que contient le texte. Les mots ou membres de phrases entre crochets ([]) ont été rajoutés par moi. Du reste les 240 annotations signalent les autres changements et contiennent en outre des notes scientifiques et critiques sur le contenu du roman.

J'espère que cette édition répondra à toutes les exigences des critiques philologues et scientifiques et qu'elle répondra à son but, qui est de mettre à la portée du savant un ouvrage dont l'importance n'est pas douteuse pour l'étude de l'origine et des formes de la Psychopathia sexualis.

Eugène Dühren
docteur en médecine.

Les guerres considérables que Louis XIV eut à soutenir pendant le cours de son règne, en épuisant les finances de l'état et les facultés du peuple trouvèrent pourtant le secret d'enrichir une énorme quantité de ces sangsues toujours à la suite des calamités publiques qu'ils font naître au lieu d'ap[p]aiser, et cela pour être à même d'en profiter avec plus d'avantage; la fin de ce règne si sublime d'ailleurs, est peut-être une des époques de l'empire françois, où l'on fit le plus de ces fortunes obscures, qui n'éclatent que par un luxe et des débauches aussi sourdes qu'elles. C'était vers la fin de ce règne, et peu avant que le régent eût envoyé par ce fameux tribunal comme fous les hommes de chambre de justice, de faire rendre gorge à cette multitude de traîtres, — que quatre entre eux imaginèrent la singulière partie de débauche, dont nous allons rendre compte. Ce serait à tort que l'on imaginerait que les voleurs seuls s'étaient occupé[s] de cette maltôte, elle avait à sa tête de très grands seigneurs. Le duc de B l a n g i s et son frère l ' é v ê q u e de . . . . qui tous deux y avaient fait des fortunes immenses, sont des preuves incontestables que la noblesse ne négligeait pas plus que les autres les moyens de s'enrichir par cette voie; car deux illustres personnages intimément liés et de plaisirs et d'affaires avec le célèbre D u r c e t et le président de C u r v a l furent les premiers qui imaginèrent la débauche dont nous écrivons l'histoire, et l'ayant communiqué à ces deux amis tous quatre composèrent les acteurs de ces fameux orgies.[1]) Depuis plus de six ans ces quatre libertins qu'unissait une conformité de richesse et de goûts avaient imaginé de resserrer leurs liens par des alliances, où la débauche avait bien plus de part qu'aucun des autres motifs, qui fondent ordinairement ces liens — voici quels avaient été leurs arrangements. Le duc de Blangis, veuf de trois femmes, de l'une desquelles il lui restait deux filles, ayant reconnu que le président de Curval avait quelque envie d'épouser l'aînée de ces filles, malgré les familiarités qu'il savait très bien que son père s'était permises avec elle, le duc, dis-je, imaginait tout d'un coup cette triple alliance: — „Vous voulez Julie pour épouse," dit-il à Curval, „je vous la donne sans balancer, et je ne mets qu'une condition, c'est que vous n'en serez pas jaloux, qu'elle continuera, quoique votre femme, à avoir pour moi les mêmes complaisances qu'elle a toujours eu; et de plus que vous vous joindrez à moi pour déterminer notre ami commun Durcet de me donner sa fille Constance, pour laquelle, je vous avoue, que j'ai conçu à peu près les mêmes sentiments que vous avez formé pour Julie." — „Mais," dit Curval, „vous n'ignorez pas sans doute, que Durcet, aussi libertin que vous, —" „Je sais tout ce qu'on peut savoir," reprit le duc, „est-ce à notre âge et avec notre façon de penser, que des choses comme cela arrêtent? Croyez-vous que je veuille une femme pour en faire ma maîtresse, je la veux, pour servir mes caprices, pour voiler, pour couvrir une infinité de petites débauches secrètes que le manteau de l'hymen enveloppe à merveille, en un mot je la veux, comme vous voulez ma fille, croyez-vous que j'ignore et votre but et vos désirs, nous autres libertins, nous prenons des femmes pour être nos esclaves, leur qualité d'épouse nous les rend plus soumises que des maîtresses, et vous savez, de quel prix est le despotisme dans les plaisirs que nous goûtons. — Sur ces entrefaits Durcet entra, les deux amis lui rendirent compte de leur conversation et le traitant, enchanté d'une ouverture, qui le mettait à même d'avouer les sentiments qu'il avait également conçu pour Adélaïde, fille du président, accepta le duc pour son gendre aux conditions qu'il deviendrait celui de Curval. Les trois[2]) mariages ne tardèrent pas à se conclure, les dots furent immenses et les clauses égales, le président aussi coupable que ses deux amis, avait sans dégoûter Durcet, avoué son petit commerce secret avec sa propre fille, au moyen de quoi les trois[2]) pères voulant chacun conserver leurs droits, convinrent pour les étendre encore d'avantage, que les trois jeunes personnes, uniquement liées de bien et de nom à leurs époux, n'ap[p]artiendraient relativement au corps pas plus à l'un des trois amis qu'à l'autre, et également à chacun deux, sous peine des punitions les plus sévères, si elles s'avisaient d'enfreindre aucune des clauses auxquelles on les assujettissait. On était à la veine de conclure, lorsque l'évêque déjà lié de plaisirs avec les deux amis de son frère, proposa de mettre un quatrième sujet dans l'alliance, si on voulait le laisser participer aux 3 autres. Ce sujet, la seconde fille du duc et par conséquence sa nièce, lui ap[p]artenait de bien plus près encore qu'on ne l'imaginait, il avait eu des liaisons avec sa belle-sœur, où les deux frères savaient à n'en pouvoir douter, que l'existence de cette jeune personne qui se nommait Aline était bien plus certainement due à l'évêque qu'au duc; l'évêque qui s'était dès le berceau chargé du soin d'Aline ne l'avait pas, comme on imagine bien, vu arriver à l'âge des charmes sans en vouloir jouir, ainsi il était sur ce point l'égal de ses confrères et l'effet qu'il proposait dans ce commerce avait le même degré d'avarice et de dégradation, mais comme ses attraits et sa tendre jeunesse l'emportaient encore sur ces trois compagnes, on ne balança point à accepter le marché. L'évêque comme les trois autres céda, en conservant ses droits, et chacun de nos quatre personnages ainsi liés se trouva donc mari de quatre [jolies] femmes.³) Il s'ensuivit donc de cet arrangement, qu'il est à propos de récapituler pour la facilité du lecteur, que le duc, père de Julie, devint l'époux de Constance, fille de Durcet; que Durcet, père de Constance, devint l'époux d'Adélaïde, fille du président, que le président, père d'Adélaïde, devint l'époux de Julie, fille aînée du duc, et que l'évêque, oncle et père d'Aline devint l'époux des trois autres en cédant cette Aline à ses amis, aux droits près qu'il continuait de se réserver sur elle. On fut à une terre superbe du duc située dans le Bourbonnais célébrer ces heureuses noces, et je laisse au lecteur à penser les orgies, qui s'y⁴) firent, la nécessité d'en peindre d'autres, nous interdit le plaisir, que nous aurions de peindre celle-ci. A leur retour l'association de nos quatre amis n'en devint que plus stable, et comme il importe de les faire bien connaître, un petit détail de leurs arrangements lubriques servira, ce me semble, à répandre du jour sur les caractères de ces débauchés en attendant que nous les reprenions chacun à leur tour séparément pour les mieux développer encore. — La société avait fait une bourse commune qu'administrait tour à tour l'un deux pendant six mois, mais les fonds de cette bourse qui ne devait servir qu'aux plaisirs, étaient immenses. Leur excessive fortune[5]) leur permettait des choses très singulières sur cela, et le lecteur ne doit point s'étonner, quand on lui dira qu'il y avait deux millions par an affectés aux seuls plaisirs de la bonne chère et de la lubricité. — Quatre fameuses maquerelles pour les femmes, et un pareil nombre de mercures pour les hommes n'avaient d'autre soin que de leur chercher et dans la capitale et dans les provinces, tout ce qui dans l'un et dans l'autre genre pouvait le mieux assouvir leur sensualité. — On faisait regulièrement ensemble quatre soupers par semaine, dans quatre différentes maisons de campagne, situées à quatre extrémités différentes de Paris.[6]) Le premier de ces soupers uniquement destiné aux plaisirs de la sodomie, n'admettait uniquement que des hommes; on y voyait regulièrement 16 jeunes gens de 20 à 30 ans dont les facultés immenses faisaient goûter à nos quatre héros en qualité de femmes les plaisirs les plus sensuels, on ne les prenait qu'à la taille du membre, et il devenait presque nécessaire, que ce membre superbe fut d'une telle magnificence, qu'il n'eût jamais pu pénétrer dans aucune femme, c'était une clause essentielle et comme rien n'était épargné pour la dépense, il arrivait bien rarement qu'elle ne fut pas remplie, mais pour goûter à la fois tous les plaisirs on joignait à ces 16 maris un pareil nombre de garçons beaucoup plus jeunes et qui devaient remplir l'office de femme. Ceux-ci se prenaient depuis l'âge de 12 ans jusqu'à celui de 18, et il fallait pour y être admis une fraîcheur, une figure, des grâces, une tournure, une innocence, une candeur, bien supérieurs à tout ce que nos pinceaux pourraient peindre; nulle femme ne pourrait être reçue à ces orgies masculines, dans lesquelles s'exécutait tout ce que Sodome et Gomorhe inventèrent jamais de plus luxurieux. — Le second souper était consacré aux filles du bon ton qui, obligées là de renoncer à leurs orgueilleux étalages et à l'insolence ordinaire de leur maintien étaient contraintes[7]) en raison des sommes reçues de se livrer aux caprices les plus irréguliers et souvent même aux outrages qu'il plaisait à nos libertins de leur faire. On y en comptait communément 12, et comme Paris n'avait pas pu fournir à varier ce genre aussi souvent qu'il eût fallu, on entremêlait ces soirées-là d'autres soirées où l'on admettait uniquement dans le même nombre que des femmes comme il faut, depuis la classe des procureurs jusqu'à celle des officiers, il y a plus de quatre ou cinq mille femmes à Paris dans l'une ou l'autre de ces classes que le besoin ou le luxe oblige à faire de ces sortes de parties, il n'est question que d'être bien servi, pour en trouver et nos libertins qui l'étaient supérieurement, trouvaient souvent des miracles dans cette classe singulière; mais on avait beau être une femme honnête, il fallait se soumettre à tout, et le libertinage qui n'admet jamais aucune borne, se trouvait singulièrement échauffé de contraindre à des horreurs et à des infamies ce qu'il semblait que la nature et la convention sociale dût soustraire à de belles épreuves. — On y venait, il fallait tout faire et comme nos quatre[8]) scélérats avaient tous les goûts les plus crapuleux et de la plus insigne débauche cet acquiescement essentiel à leurs désirs n'était pas une petite affaire. — Le troisième[9]) souper était destiné aux créatures les plus viles et les plus souillées qui pussent se rencontrer; à qui connait les écarts de la débauche, ce raffinement paraîtra tout simple, il est très voluptueux de se vautrer, pour ains[s]i dire, dans l'ordure, avec des créatures de cette classe, on trouve là l'abandonnement le plus complet, les crapules les plus monstrueuses, l'avilissement le plus entier et les plaisirs comparés à ceux qu'on a goûtés la veille ou aux créatures distinguées qui nous les ont fait goûter, jettent un grand sel et sur l'un et sur l'autre excès. Là, comme les débauches[10]) étaient plus entières, rien n'était oublié pour les rendre et nombreuses et piquantes. Il y paraissaient cent putains dans le cours de six heures et trop souvent toutes les cent ne sortaient pas entières. Mais ne précipitons rien, ce raffinement-ci a des détails où nous ne sommes pas encore. Le quatrième[11]) souper était réservé aux pucelles. On ne les recevait que jusqu'à 15 ans depuis 7. Leur condition était égale, il ne s'agissait que de leur figure, on la voulait charmante et de la sûreté de leur prémices, il fallait qu'ils fussent authentiques, incroyable raffinement du libertinage. Ce n'était pas qu'ils voulussent assurément cueillir toutes ces roses et comment l'eussent-ils pu, puisqu'elles étaient toujours offertes au nombre de 20 et que de nos quatre libertins deux seulement étaient en état de pouvoir procéder à cet acte, l'un des deux autres la traitant n'éprouvait plus absolument aucune érection et l'évêque ne pouvant absolument jouir que d'une façon qui peut, j'en conviens déshonorer un vierge, mais qui pourtant la laisse toujours bien entière, n'importe, il fallait que les 20 prémices y fussent et ceux qui n'étaient pas endommagés par eux devenaient devant eux la proie de certains valets aussi débauchés qu'eux et qu'ils avaient toujours à leur suite pour plus d'une raison. Indépendamment de ces quatre soupers il y en avait tous les vendredis un secret particulier, bien moins nombreux que les quatre autres, quoique peut-être infiniment plus cher. On n'admettait à celui-là [que] 4^{12}) jeunes demoiselles de condition enlevées de chez leurs parents à force de ruse et d'argent. Les femmes de nos libertins partageaient presque toujours cette débauche et leur extrême soumission, leurs soins, leur services les rendaient toujours plus piquantes. A l'égard de la chère faite à ces soupers, il est inutile de dire que la profusion y régnait autant que la délicatesse. Pas un seul de ces repas ne coûtait moins de dix mille francs, et on y réunissait tout ce que la France et l'étranger peuvent offrir de plus rare et de plus exquis. Les vins et les liqueurs s'y trouvaient avec la même finesse et la même abondance, les fruits de toutes les saisons s'y trouvaient même pendant l'hiver et l'on peut assurer en un mot que la table du premier monarque de la terre n'était certainement pas servie avec autant de luxe et de magnificence. Revenons maintenant sur nos pas et peignons de notre mieux au lecteur chacun de ces quatre personnages en particulier, non en beau, non de manière à séduire ou à captiver, mais avec le pinceau même de la nature qui malgré tout son désordre est souvent bien sublime même alors qu'elle se déprave le plus. Car osons le dire en passant, si le crime n'a pas ce genre de délicatesse qu'on trouve dans la vertu n'est-il pas toujours plus sublime, n'a-t-il pas sans cesse un caractère de grandeur et de sublimité qui l'emporte et l'emportera toujours sur les attraits monotones et efféminés de la vertu? Parlerez-vous de l'utilité de l'un ou de l'autre? Est-ce à nom de scruter les lois de la nature, est-ce à nom de décider si le vice lui était aussi nécessaire que la vertu? Elle ne nous inspire pas peut-être en raison égale du penchant à l'un ou à l'autre en raison de ses besoins respectifs. Mais poursuivons. —

Le duc de Blangis maître à 18 ans d'une fortune déjà immense et qu'il a beaucoup accru par des maltôtes depuis, éprouva tous les inconvénients qui naissent en foule autour d'un jeune homme riche, en crédit, et qui n'a rien à se refuser presque toujours dans un tel cas; la mesure des forces devient celle des vices et on se refuse d'autant moins qu'on a plus de facilités à se prouver tout. Si le duc eût reçu de la nature quelques qualités primitives, peut-être eussent-elles balancé les dangers de sa position; mais cette mère bizarre qui paraît quelquefois s'entendre avec la fortune, pour que celle-ci favorise dans les vices qu'elle donne à de certains êtres dont elle attend des soins très différents de ceux que la vertu suppose, et cela parce qu'elle a besoin de ceux-là comme des autres. La nature — dis-je — en destinant Blangis à ces richesses immenses lui avait précisément départi tous les mouvements, toutes les inspirations qu'il fallait, pour en abuser; avec un esprit très noir et très méchant, elle lui avait donné l'âme la plus scélérate et la plus dure acompagnée des désordres dans les goûts et dans les caprices d'où naissait le libertinage effrayant auquel le duc était si singulièrement enclin. Infame, dur, impérieux, barbare, égoiste, également prodigue pour ses plaisirs et avare quand il s'agissait d'être utile, menteur, gourmand, ivrogne, poltron, sodomite, incestueux, meurtrier, incendiaire, voleur, pas une seule vertu ne comprenait autant de vices, que dis-je non seulement il n'en révérait aucune, mais elle(s) lui étaient toutes en horreur, et l'on lui entendait dire souvent, qu'un homme pour être véritablement homme dans le monde, devait non seulement se livrer à tous les vices, mais ne se permettre jamais une vertu, et qu'il n'était pas non seulement question de toujours mal faire, mais qu'il s'agissait même de ne jamais faire le bien. Il y a tout plein de gens, disait le duc, qui ne se portent au mal que quand leur passion les y porte, revenue de l'égarement leur âme tranquille reprend paisiblement la route de la vertu et passant ainsi leur vie de combat en erreur, et d'erreurs en remord ils finissent sans qu'il puisse devenir possible de dire précisément quelle rôle ils ont joué sur la terre. De tels êtres, continuait-il, doivent être malheureux, toujours flottants toujours indécis, leur vie entière se passe à débattre le matin ce qu'ils ont fait le soir. Bien surs de se repentir des plaisirs qu'ils goûtent, il frémissent en se les permettant, de façon qu'ils deviennent tout à la fois, et vertueux dans le crime et criminels dans la vertu. Mon caractère plus ferme, ajoutait notre héros, ne se démentira jamais ainsi. Je ne balance jamais dans mes choix et comme je suis toujours certain de trouver le plaisir dans celui que je fais, jamais le repentir ne vient émousser l'attrait ferme dans mes principes parce que je m'en suis formé dès mes plus jeunes ans. J'agis toujours conséquemment à eux, ils m'ont fait connaître le vide et le néant de la vertu, je la hais, et l'on ne me verra jamais revenir à elle. Ils m'ont convaincu que le vice était seul fait pour faire éprouver à l'homme cette vibration morale et physique, sources des plus délicieuses voluptés, je m'y livre, je me suis mis de bonne heure au-dessus des chimères de la religion, parfaitement convaincu que l'existence du créateur est une absurdité révoltante que les enfants ne croient mêmes plus. Je n'ai nullement besoin de contraindre mes penchants dans la vue de lui plaire, c'est de la nature que je les ai reçus les penchants et je ne l'irriterais en y résistant si elle me les a donné mauvais, c'est qu'ils devenaient ainsi, nécessaires a ses vues, je ne suis dans sa main qu'une machine qu'elle meut à son gré et il n'est pas un de mes crimes qui ne la servent, plus elle m'en conseille, plus elle en a besoin, je servis un sot de lui résister. Je n'ai donc contre moi que les lois, mais je les brave, mon or et mon crédit me mettent au-dessus de ces fléaux vulgaires, qui ne doivent frapper que le peuple. Si l'on objectait au duc, qu'il existait cependant chez tous les hommes des idées de juste et d'injuste, qui ne pouvaient être que le fruit de la nature puisqu'on les retrouvait également chez tous les peuples et même chez ceux qui n'étaient pas policés, il répondait affirmativement à cela que ces idées n'étaient jamais que relatives, que le plus fort trouvait toujours très juste ce que le plus faible regardait comme injuste et qu'en les changeant tous deux de place, tous deux en même temps changeaient également de façon de penser, d'où il concluait qu'il n'y avait de réellement juste que ce qui faisait plaisir et d'injuste que ce qui faisait de la peine, qui à l'instant où il prenait cent louis dans la poche d'un homme il faisait une chose très juste pour lui, quoique l'homme vil dut le regarder d'un autre œil, que toutes les idées n'étant donc qu'arbitraires, bien fou qui se laisserait enchaîner par elles. C'était par des raisonnements de cette espèce que le duc légitimait tous ses travers et comme il avait tout l'esprit possible ses arguments paraissaient décisifs. Modelant donc sa conduite sur sa philosophie le duc dès sa plus tendre jeunesse s'était abandonné sans frein aux égarements les plus honteux et les plus extraordinaires. Son père mort jeune et l'ayant laissé comme je l'ai dit maître d'une fortune immense avait pourtant mis pour clause que le jeune homme laisserait jouir sa mère sa vie durant d'une grande partie de cette fortune. Une telle condition déplût bientôt à Blangis.

Et le scélérat ne voyant que le poison qui put l'empêcher d'y souscrire il se détermina sur le champ à en faire usage. Mais le fourbe débutant pour lors dans la carrière du vice n'osa pas agir lui même, il engagea une de ses sœurs avec laquelle il vivait en intrigue criminelle à se charger de cette exécution en lui faisant entendre que si elle réussirait il la ferait jouir d'une partie de la fortune dont cette mort les rendrait maîtres, mais la jeune personne eut horreur de cette action, et le duc voyant que son secret mal confié allait peut-être trahi se décide dans la minute à réunir à sa victime celle qu'il avait voulu rendre sa complice, il les menait à une de ses terres d'où les deux infortunées ne revinrent jamais.

Rien n'encourage comme un premier vice impuni. Après cette[14]) épreuve le duc brisa tous les freins, dès qu'un être quelconque opposait à ses désirs les plus légers entraves le poison s'employait aussitôt, des meurtres nécessaires il passa bientôt aux meurtres de volupté, il conçut le malheureux écart qui nous fait trouver des plaisirs dans les maux d'autrui, il sentit qu'une commotion violente imprimée sur un adversaire quelconque rapportait à la masse de nos nerfs une vibration dont l'effet irritant les esprits animaux qui coulent dans les concavités de ces nerfs les oblige à presser les nerfs érecteurs, et à produire d'après cet ébranlement ce qu'on appelle une sensation lubrique. En conséquence il se mit à commettre des vols et des meurtres par unique principe de débauche et de libertinage comme un autre, pour enflammer ces mêmes passions, se contente d'aller voir des filles. A 23 ans il fit partie avec trois de ses compagnons de vice auxquels il avait inculqué sa philosophie, d'aller arrêter un carosse public dans le grand chemin, de violer également les hommes et les femmes, de les assassiner après, de s'emparer de l'argent dont ils n'avaient assurément[15]) aucun besoin, et de se trouver tous trois la même nuit au bal de l'opéra afin de prouver l'alibi. Ce crime n'eut que trop lieu, deux demoiselles charmantes furent violées et massacrées dans les bras de leurs mères, on joignait à celui une infinité d'autres horreurs et personne n'ose les soupçonner. La douce épouse charmante que son père lui avait donnée avant de mourir, le jeune Blangis ne tarda pas de la réunir aux manes de sa mère, de sa sœur et de toutes ses autres victimes et cela pour épouser une fille assez riche, mais publiquement déshonorée et qu'il savait très bien être la maîtresse de son frère. C'était la mère d'Aline, l'une des actrices de notre roman et dont il a été question plus haut. Cette seconde épouse bientôt sacrifiée comme la première fit place à une troisième qui le fit bientôt comme la seconde, on disait dans le monde que c'était l'immensité de sa construction qui tuait ainsi toutes ses femmes et comme ce gigantesque était exact dans tous les points le duc laissait germer une opinion qui voilait la vérité. Ce colosse effrayant donnait en effet l'idée d'Hercule ou d'un centaure; le duc avait cinq pieds aux épaules, des membres d'une force et d'une énergie, des articulations d'une vigueur, des nerfs d'une élasticité, joignez à cela une figure mâle et fière, de très grands yeux noirs, de beaux sourcils bruns, le nez aquilin, de belles dents, l'air de la santé et de la fraîcheur, des épaules larges, une chevelure épaisse quoique parfaitement coupée, les hanches belles, les fesses supportables, les plus belles jambes du monde, un tempérament de feu, une force de cheval et le membre d'un véritable mulet étonnamment vêtu et doué de la faculté de perdre son sperme aussi souvent qu'il le voulait dans un jour, même à l'âge de 50 ans, qu'il avait alors une érection presque continuelle dans le membre dont la taille était de 8 pouces justes de pourtour sur 12 de long, et vous aurez le portrait du duc de Blangis, comme si vous l'eussiez dessiné vous-même. Mais si ce chef d'œuvre de la nature était violent dans ses désirs que devenait-il o grand dieu quand l'ivresse de la volupté le couronnait! Ce n'était plus un homme, c'était un tigre en fureur, malheur à qui servait alors ses passions, des cris épouvantables, des blasphèmes atroces s'élançaient de sa poitrine, gonflées des flammes semblaient alors sortir de ses yeux, il écumait, il hennissait, on l'eut pris pour le dieu même de la lubricité, quelque fut sa manière de jouir alors, sa main nécessairement s'égarait toujours, et on l'a vu plus d'une fois étrangler tout net une femme à l'instant de sa perfide décharge. Revenu de là l'insouciance la plus entière sur les infamies qu'il venait de se permettre prenait aussitôt la place de son égarement et de cette indifférence, de cette espèce d'apathie naissait presque aussitôt de nouvelles étincelles de volupté.

Le duc dans sa jeunesse avait déchargé jusque 18 fois dans un jour et sans qu'on le vit plus épuisé à la dernière perte qu'à la première. Sept ou huit[16] dans le même intervalle ne l'effrayait point encore malgré son demi-siècle. Depuis près de vingt-cinq ans il s'était habitué à la sodomie passive et il en soutenait les attaques avec la même vigueur qu'il les rendait activement l'instant d'après lui-même quand il lui plaisait de changer de rôle. Il avait soutenu dans une gageure jusque 55 assauts dans un jour. Doué comme nous l'avons dit d'une force prodigieuse une seule main lui suffirait pour violer une fille, il l'avait prouvé plusieurs fois. Il paria un jour d'étouffer un cheval entre ses jambes et l'animal creva à l'instant qu'il l'avait indiqué. Ses excès de table l'emportaient encore s'il est possible sur ceux du lit, on ne concevait pas ce que devenait, l'immensité des vivres qu'il en gloutissait, il faisait régulièrement trois repas et les faisait tous trois et fort longs et fort amples et son service ordinaire était toujours de dix bouteilles de vin de bourgogne, il en avait bu jusque trente et pariait contre qui voudrait d'aller même à 50. Mais son ivresse, prenant la teinte de sa passion, dès que la liqueur ou le vin avaient échauffé son crâne, il devenait furieux, on[17]) était obligé de le lier. Et avec tout cela qui l'eut[18]) dit il est vrai que l'âme répond souvent bien mal aux dispositions corporelles, un enfant résolu eût effrayé ce colosse et dès que pour se défaire de son ennemi, il ne pouvait plus employer ses ruses ou sa trahison, il devenait timide et lâche et l'idée du combat le moins dangereux, mais à égalité de forces, l'eût fait fuir à l'extrémité de la terre. Il avait pourtant selon l'usage fait une campagne ou deux, mais il s'y était si bellement deshonoré qu'il avait sur le champ quitté le service, soutenant sa turpitude avec autant d'esprit que d'effronterie, il prétendait hautement que la poltronerie n'étant que le désir de sa conservation, il était parfaitement impossible à des gens sensés de la reprocher comme un défaut.

En conservant absolument les mêmes traits moroses et les adaptant à une existence physique infiniment inférieure à celle qui vient d'être tracée on avait le portrait de l'évêque de —, frère du duc de Blangis. Même noirceur dans l'âme, même penchant au crime, même mépris pour la réligion, même athéisme, même fourberie, l'esprit plus souple et plus adroit cependant et plus d'art [de] précipiter ses victimes, mais une taille fine et légère, un corps petit et fluet, une santé chancelante, des nerfs tous délicats, une recherche plus grande dans les plaisirs, des facultés médiocres, un membre très ordinaire, petit même mais se ménageant avec un tel art[19]) et perdant toujours si peu que son imagination sans cesse enflammée le rendait aussi fréquemment que son frère susceptible de goûter le plaisir, d'ailleurs de sensation d'une telle finesse, un agacement si prodigieux dans le genre nerveux qu'il s'évanouissait souvent à l'instant de sa décharge et qu'il perdait presque toujours connaissance en la faisant. Il était âgé de 45 ans, la physionomie très fine, d'assez jolis yeux, mais une vilaine bouche et des vilaines dents, le corps blanc sans poils, le cul petit mais bien pris et le vit de 5 pouces de tour et 6 de long. Idolâtre de la Sodomie active et passive,, mais plus encore de cette dernière, il passait sa vie à se faire enculer, et ce plaisir, qui n'exige une grande consommation de force s'arrangeait au mieux avec la petitesse de ses moyens. Nous parlerons ailleurs de ses autres goûts. A l'égard de ceux de la table, il les portait presque aussi loin que son frère, mais il y mettait un peu plus de sensualité. Monseigneur aussi scélérat que son aîné avait d'ailleurs par devers lui des traits qui l'égalaient sans doute aux célèbres actions des héros que l'on vient de peindre.[20]) Nous nous contenterons d'en citer un, il suffira à faire voir au lecteur de quoi un tel homme pouvait être capable, et ce qu'il savait et pouvait faire ayant fait ce qu'on va lire. — Un de ses amis homme puissamment riche avait autrefois eu une intrigue avec une fille de condition de laquelle il y avait eu deux enfants, une fille et un garçon, il n'avait cependant jamais pu l'épouser et la demoiselle était devenue la femme d'un autre. L'amant de cette infortunée mourut jeune, mais possesseur cependant d'une fortune immense n'ayant aucun parent dont il se soucia, il imagine de laisser tous ses biens aux deux malheureuses fruits de son intrigue. Au lit de mort il confia son projet à l'évêque et le chargea de ces deux dots immenses, qu'il partagea en deux portefeuilles égaux et qu'il remit à l'évêque, en lui recommandant l'éducation de ces deux orphelins, et de leur remettre à chacun ce qui leur revenait dès qu'ils auraient atteint l'âge prescrit par les lois. Il en joignit en même temps au prélat de faire valoir jusque là les fonds de ses pupilles afin de doubler leur fortune, il lui témoigne en même temps, qu'il avait dessein de laisser éternellement ignorer à la mère ce qu'il faisait pour ses enfants, et qu'il exigeait qu'absolument on ne lui en parle jamais. Ces arrangements pris, le moribond ferma les yeux, et monseigneur se vit maître de près d'un million en billets de banque et des deux enfants. Le scélérat ne balance pas longtemps à prendre son parti. Le mourant n'avait parlé qu'à lui, la mère devait tout ignorer, les enfants n'avaient que quatre ou cinq ans. Il publia que son ami en expirant avait laissé son bien aux pauvres, et dès le même jour le fripon s'en empara. Mais ce n'était pas assez, de ruiner ces deux malheureux enfants. L'évêque qui ne commettait jamais un crime sans en concevoir à l'instant un nouveau, fut muni du consentement de son ami, retirer les enfants de la pension obscure où l'on les élevait, et les plaça chez des gens à lui et se résolvait de l'instant, de les faire tous deux bientôt servir à ses perfides voluptés. Il les attendit jusqu'à 13 ans, le petit garçon atteignit le premier cet âge, il s'en servait, l'assouplit à toutes ses débauches et comme il était extrêmement joli, il s'en amusa près de 8 jours. Mais la petite fille ne réussit pas aussi bien. Elle arrive fort laide à l'âge prescrit sans que rien arrêta pourtant la lubrique fureur de notre scélérat, ses désirs assouvis il craignait que s'il laissait vivre ces enfants, ils ne vinssent à découvrir quelque chose du secret qui les intervenait; il les conduisit à une terre de son frère et sûr de retrouver dans un nouveau crime des étincelles de lubricité que la jouissance venait de lui faire perdre, il les immole tous deux à ses passions féroces, et accompagna leur mort d'épisodes si piquantes et si cruelles que sa volupté renaquit au sein des tourments dont il les accabla. Le secret n'est malheureusement que trop sûr et il n'y a pas de libertin un peu encré dans le vice qui ne sache combien le meurtre a d'empire sur les sens et combien il détermine voluptueusement une décharge, c'est une vérité dont il est bon que le lecteur se prémunisse avant d'entreprendre la lecture d'un ouvrage qui doit autant développer ce système.[21]) — Tranquille désormais sur tous les évènements l'évêque revint à Paris pour jouir des fruits de ses forfaits, et sans le plus petit remord d'avoir trompé les intentions d'un homme hors d'état par sa situation de prouver ni peine ni plaisirs. —

Le président de Curval était le doyen de la société, âgé de près de 60 ans, et singulièrement usé par la débauche. Il n'offrait presque plus qu'un squélette, il était grand, sec, mince, des yeux bruns et éteintes, une bouche livide et malsaine, le menton élevé, le nez long. Couvert de poils comme un satire, un dot plat, des fesses molles et tombantes qui ressemblaient plutôt à deux sales torchons flottant sur le haut de ses cuisses, la peau en était tellement flétri à force de coups de fouet qu'on la tortillait autour des doigts sans qu'il le sentit ; au milieu de cela s'offrait sans qu'on eut la peine d'écarter un orifice immense dont le diamètre énorme, l'odeur et la couleur le faisait ressembler plus à une cunette de commodité qu'au trou d'un cul, et pour comble d'appas il entrait dans les petites habitudes de ceux de Sodome, de laisser toujours cette partie là dans un état de malpropreté, qui y voyait sans cesse autour un bourlet de deux pouces d'épaisseur au bas d'un ventre aussi plisse que livide et mollasse, on apercevait dans un forêt de poil un outil qui dans l'état d'érection pouvait avoir environ 8 pouces de long, sur 7 de pourtour, mais cet état ne fut plus que fort rare, et il fallait une furieuse suite d'efforts pour le déterminer, cependant il avait encore lieu au moins deux ou trois fois de la semaine et le président alors enfilait indistinctement tous les trous, quoique celui du derrière d'un jeune garçon lui fut infiniment plus précieux. Le président s'était faire circoncire, de manière que la tête de son vit n'était jamais recouverte, cérémonie qui facilite beaucoup et à laquelle tous les gens voluptueux devraient se soumettre; mais l'un de ces objets est de tenir cette partie la plus propre. Il s'en fallait beaucoup qu'il se trouve rempli chez Curval, car aussi sale en cette partie là que dans l'autre cette tête de calotte déjà naturellement fort grosse, devenait plus ample d'au moins un pouce de circonférence. Egalement malpropre sur toute sa personne le président, qui à cela joignait des goûts pour le moins aussi cochons que sa personne devenait un personnage dont l'abord assez mal odorant eut peu pu plaire à tout le monde, mais ses confrères n'étaient pas gens à se scandaliser pour si peu de chose et on ne lui en parlait seulement pas. Peu d'hommes avaient été aussi lestes et aussi débauchés que le président, mais entièrement blazé, absolument abruti il ne lui vertait plus que la dépravation et la crapule du libertinage. Il fallait plus de trois heures d'excès et d'excès les plus infames pour obtenir de lui un chatouillement voluptueux; quant à la décharge quoiqu'elle eut lieu chez lui bien plus souvent que l'érection et presqu'une fois toujours, elle était cependant si difficile à obtenir ou elle n'avait lieu qu'en précédant des choses si singulières et souvent si cruelles ou si malpropres, que les agents de ses plaisirs y renonçaient souvent, et de là naissait chez lui une sorte de colère lubrique qui quelquefois par ses effets réussissait mieux que ses efforts. Curval était tellement englouti dans [le] bourbier du vice et du libertinage, qu'il lui était devenu comme impossible de tenir d'autres propos que de ceux là, il en avait sans cesse les plus salées expressions à la bouche comme dans le cœur et il les entremêlait le plus énergiquement de blasphèmes et d'imprécations fournis par le véritable horreur qu'il avait à l'exemple de ses confrères pour tout ce qui était du ressort de la religion. Ce désordre d'esprit encore augmenté par l'ivresse presque continuelle dans laquelle il aimait à se tenir lui donnait depuis quelqu'années un air d'imbécilité et d'abrutissement qui faisait, prétendait-il, ses plus chéris délices. Né aussi gourmand qu'ivrogne lui seul était en état de tenir tête au duc, et nous le verrons dans le cours de cette histoire faire des prouesses en ce genre qui étonneront, sans doute, nos plus célèbres mangeurs. Depuis 10 ans[22]) Curval n'exerçait plus ses charges, non seulement il n'en était plus en état, mais crois même que quand il l'aurait pu, on l'aurait prié de s'en dispenser toute de vie. Curval avait mené une vie fort libertine. Toutes les espèces d'écart lui étaient familières et ceux qui le connaissaient particulièrement le soupçonnaient fort de n'avoir jamais dû, qu'à deux ou trois meurtres exécrables la fortune immense dont il jouissait. Quoiqu'il en soit il est très vraisemblable à l'histoire suivante, que cette espèce d'excès avait l'art de l'émouvoir puissamment et c'est à cette aventure qui malheureusement eut un peu d'éclat qu'il dut son exclusion de la cour. Nous allons la rapporter pour donner au lecteur une idée de son caractère. — Curval avait dans le voisinage de son hôtel un malheureux porte-faix qui, père d'une petite fille charmante, avait le ridicule d'avoir du sentiment. Déjà vingt fois des messagers de toutes les façons étaient venus essayer de corrompre le malheureux et sa femme par des propositions relatives à la jeune fille sans pouvoir venir à les ébranler, et Curval directeur des ambassades, et que[23]) la multiplication des réfus ne faisait qu'irriter ne savait plus comment s'y prendre pour jouir de la jeune fille et pour la soumettre à ses libidineux caprices, lorsqu'il s'imagina tout simplement de faire rouer le père pour amener la fille dans son lit. Le moyen fut aussi bien conçu qu'exécuté; deux ou trois coquins gagés par le président s'en mêlèrent, et avant la fin d'un mois le malheureux porte-faix fut enveloppé dans un crime imaginaire que l'on eut l'air de commettre à sa porte et qui le conduisit tout de suite dans un cachot dans la conciergerie. Le président comme on l'imagine bien s'empare bientôt de cette fille et comme il n'avait pas envie de faire trainer l'affaire en trois jours grâce à de coquineries et à son argent le malheureux porte-faix fut condamné à être roué vif, sans qu'il eut jamais commis d'autres crimes que celui de vouloir garder son honneur et conserver celui de sa fille. Sur ces entrefaites les sollicitations recommencèrent, on fit trouver la mère, on lui représenta qu'il ne tenait qu'à elle de sauver son mari, que si elle satisfaisait le président, il était clair qu'il arracherait par là son mari au sort affreux qui l'attendait. Il n'était plus possible de balancer, la femme consulta, on savait bien à qui elle s'adresserait, on avait gagné les conseils et ils répondirent sans tergiverser, qu'elle ne devait pas hésiter un moment. L'infortunée amène elle-même sa fille en pleurant au pied de son juge. Celui-ci promet tout ce qu'on veut, mais il était bien loin d'avoir envie de tenir sa parole, non seulement il craignait en la tenant que le mari sauvé ne vint à faire de l'éclat en voyant à quel prix on avait mis sa vie, mais le scélérat trouvait même encore un délice bien plus piquant à se faire donner ce qu'il voulait sans être obligé de rien tenir, il s'était offert sur cela des épisodes de scélératesse à son esprit dont il sentait accroître sa perfide lubricité, et voilà comme il s'y prit pour mettre à la scène toute l'infamie et tout le piquant qu'il y put. Son hôtel se trouvait en face d'un endroit ou l'on exécuta quelquefois des criminels à Paris et comme le délit s'était commis dans ce quartier-là, il obtint que l'exécution serait faite sur cette place en question, à l'heure indiquée, il fit trouver chez lui la femme et la fille de ce malheureux, tout était bien fermé du côté de la la place de manière qu'on ne voyait des appartements, où il tenait ses victimes, rien des trains qui pouvaient s'y passer, le scélérat qui savait l'heure positive de l'exécution prit ce moment là pour dépuceler la petite fille dans les bras de sa mère et tout fut arrangé avec tant d'adresse et d'une précision que le scélérat déchargeait dans le cul de la fille au moment où le père expirait. Dès que son affaire fut faite, venez voir dit-il à ses deux princesses, en ouvrant une fenêtre sur la place, venez voir comment je vous ai tenu parole et les malheureuses virent l'une son père, l'autre son mari expirant sous le fer du bourreau. Toutes deux tombèrent évanouies, mais Curval avait tout prévu. Cet évanouissement était leur agonie, elles étaient toutes deux empoisonnées et elles ne rouvrirent jamais les yeux. Quelque précaution qu'il prit pour envelopper toute cette action des ombres du plus profond mystère, il en transpira néanmoins quelque chose, on ignora la mort des femmes, mais on la supposa vivement des prévarications dans l'affaire du mari, le motif fut à moitié connu, et de tout cela sa retraite résulte enfin. Dès ce moment Curval n'ayant plus de décorum à garder se précipita dans un nouvel océan d'horreurs et de crimes, il se fit chercher des victimes partout pour les immoler à la perversité de ses goûts, par le raffinement de cruauté atroce, et pourtant bien aisé à comprendre, la classe de l'infortun était celle sur laquelle il aimait le plus à lancer les effets de sa perfide rage. Il avait plusieurs femmes qui lui cherchaient nuit et jour dans les greniers et dans les galetas tout ce que la misère pouvait offrir de plus abandonné et sous le prétexte de leur donner des secours, ou il les empoisonnait, ce qui était un de ces plus délicieux passetemps, ou il les attirait chez lui et les immolait lui-même à la perversité de ses goûts. Hommes, femmes, enfants, tout était bon à sa perfide rage et il commettait sur cela des excès qui l'auraient fait porter, mille fois sa tête sur un échafaud sans son crédit et son or qui l'en préservèrent mille fois. On imagine bien qu'un tel être n'avait pas plus de réligion que ses deux confrères, il la détestait sans doute aussi souverainement, mais il avait jadis plus fait pour l'extirper dans les cœurs, car profitant de l'esprit qu'il avait eu pour écrire contre elle, il était auteur de plusieurs ouvrages dont les effets avaient été prodigieux et ces succès qu'il se rappellait sans cesse, étaient encore une de ses plus chères voluptés.[24])

Durcet est âgé de 53 ans, il est petit, court, gros, fort épais, une figure agréable et fraiche, la peau très blanche, tout le corps et principalement les hanches et les fesses absolument comme une femme, son cul frais, gras, ferme et petite, mais excessivement ouvert par l'habitude de la Sodomie. Son vit est extraordinairement petit, à peine a-t-il 2 pouces de tour et 4 de long, il ne bande absolument plus, ses décharges sont rares et fort pénibles, pas abondantes et toujours précédées des spasmes qui le jettent dans une espèce de fureur qui le porte au crime. Il a de la gorge comme une femme, une voix douce et agréable, et fort honnête en société quoique sa tête soit pour le moins aussi dépravée que celle de ses confrères, camarade d'école du duc ils s'amusent encore journellement ensemble, et l'un des grands plaisirs de Durcet est de se faire chatouiller l'anus par le membre énorme du duc.[25])

Tels sont en un mot, cher lecteur, les quatre scélérats avec lesquels je vais te faire passer quelque mois. Je te les ai dépeints de mon mieux pour que tu les connaisses au fond et que rien ne t'étonne dans le récit de leurs différents écarts. Il est impossible d'entrer dans le détail particulier de leurs goûts, j'aurais nui à l'intérêt et la place principale de cet ouvrage en te les divulguant. Mais à mesure que le récit s'acheminera on n'aura qu'à les suivre avec attention et l'on démêlera facilement leurs petits péchés d'habitude et l'espèce de manie voluptueuse qui les flatte le mieux chacun en particulier. Tout ce que l'on peut dire à présent engros c'est qu'ils étaient généralement susceptibles du goût de la Sodomie, que tous quatre se faisaient enculer régulièrement. Et que tous quatre idolâtraient les culs, le duc cependant relativement à l'immensité de la construction et plutôt sans doute par cruauté que par goût foutait encore des cons avec le plus grand plaisir, le président quelquefois aussi, mais rarement. Quant à l'évêque il les détestait si souverainement que leur seul aspect l'eût fait débander pour 6 mois. Il n'en avait jamais foutu qu'un dans sa vie, celui de sa belle sœur, et dans la vue d'avoir un enfant qui put lui procurer un jour les plaisirs de l'inceste. On a vu comme il avait réussi. A l'égard de Durcet, il idolâtrait le cul pour le moins avec autant d'ardeur que l'évêque, mais il en jouissait plus accessoirement. Ses attaques favorites se dirigeaient dans un 3e temple et la suite nous dévoilera ce mystère. Achevons des portraits essentiels à l'intelligence de cet ouvrage et donnons au lecteur maintenant une idée des quatre épouses de ces respectables maris — quel constraste! Constance, femme du duc et fille de Durcet, était une grande femme, mince, faite à peindre, et tournée comme si les grâces eussent[26]) pris plaisir à l'embellir. Mais l'élégance de sa taille n'enlevait rien à sa fraîcheur, elle n'en était pas moins grasse et potelée et les formes les plus délicieuses s'offrant sous une peau plus blanche que le lys achevaient de faire imaginer souvent que l'amour même avait pris soin en la former. Son visage était un peu long, ses traits extraordinairement nobles, plus de majesté que de gentillesse et plus de grandeur que finesse, ses yeux étaient grands, noirs, et pleins de feu, sa bouche extrêmement petite et ornée des plus belles dents qu'on pût soupçonner, elle avait la langue mince étroite, du plus bel incarnat et son haleine était plus douce que l'odeur même de la rose. Elle avait la gorge pleine, fort ronde, de la blancheur et de la fermeté de l'albâtre. Des reins extraordinairement cambrés amenaient par une chûte délicieuse au cul le plus exactement et le plus artistement coupé que la nature eût produit depuis longtemps, il était du rond le plus exact, pas très grand, mais ferme, blanc, potelé, et ne s'entre'ouvrant que pour offrir le petit trou le plus propre le plus mignon et le plus délicat, une nuance de rose, le plus tendre colorit. Ce cul charmant asile du plus doux plaisir de la lubricité, — mais grand dieu qu'il conserve plus longtemps tant d'attraits, quatre ou cinq attaques du duc en flétrirent bientôt toutes les grâces, et Constance après son mariage ne fut bientôt plus que l'image d'un beau lis que la tempête vient d'effeuiller. Deux cuisses rondes et parfaitement moulées soutenaient un autre temple moins délicieux sans doute mais qui offrit au sectateur tant d'attraits qu'une plume entreprendrait en vain de les peindre. Constance était à peu près vierge quand le duc l'épousa et son père le seul homme qu'elle eut connu l'avait comme on le dit laissé bien parfaitement entière de ce côté là. Les plus beaux cheveux noirs retombant en boucles naturels par dessus les épaules et quand on le voulut, jusque sur le joli poil d'une couleur [égaie] qui ombrageait ce petit con volupteuex devenait une nouvelle parure que j'eusse été coupable d'omettre et achevait de prêter à cette créature angélique âgée d'environ 22 ans tout le charme que la nature peut prodiguer en une femme. A tous ses agréments Constance joignait un esprit juste, agréable, et même plus élevé qu'il n'eut dû être dans la triste situation où l'avait placé le sort, car elle en sentait toute l'horreur et elle eut été bien plus heureuse sans doute avec des perceptions moins délicates. Durcet qui l'avait élevé plutôt comme une courtisane que comme sa fille, et qui ne s'était occupé qu'à lui donner des talents bien plutôt que des mœurs n'avait pourtant jamais pu détruire dans son cœur les principes d'honnêteté et de vertu qu'il semblait que la nature y eut engravé à plaisir. Elle n'avait point de religion, on ne lui en avait jamais parlé, on n'avait jamais souffert qu'elle en pratique aucune exercice, mais tout cela n'avait point éteint dans elle cette pudeur, cette modestie naturelle indépendante des chimères religieuses et qui dans une âme honnête et sensible s'efface bien difficilement. Elle n'avait jamais quitté la maison de son père, et le scélérat dès l'âge de douze ans l'avait fait servir à ses crapuleux plaisirs, elle trouva bien de la différence dans ceux que goûtait le duc avec elle. Son physique s'altéra sensiblement de cette distance énorme et le lendemain de ce que le duc l'eut dépucelé sodomitement, elle tomba dangereusement malade, on lui crut le rectum absolument percé, mais sa jeunesse, sa santé et l'effet de quelques topiques salutaires, rendirent bientôt au duc l'usage de cette voie défendue et la malheureuse Constance contrainte à s'accoutumer à ce supplice journalier qui n'était pas le seul se rétablit entièrement et s'habitua à tout. Adélaïde femme de Durcet et fille du président était une beauté peut-être supérieure à Constance mais dans un genre absolument tout autre, elle était âgée de vingt ans, petite, mince, extrêmement fluette et délicate, faite à peindre, les plus beaux cheveux blonds qu'on puisse voir, un air d'intérêt et de sensibilité répandue sur toute sa personne et principalement dans ses traits, lui donnait l'air d'une héroïne de roman, ses yeux extraordinairement grands étaient bleus, ils exprimaient à la fois la tendresse et la décence; deux grands sourcils minces mais singulièrement tracés ornaient un front peu élevé, mais d'une noblesse, d'un tel attrait qu'on eut [cru] qu'il était le temple de la pudeur même, son nez étroit, un peu servi du haut descendait insensiblement dans une forme demi aquilin, ses lèvres étaient minces, bordés de l'incarnat le plus vif, et sa bouche un peu grande, c'était le seul défaut de sa céleste physionomie, ne s'ouvrait que pour faire voir 32 perles que la nature avait l'air d'avoir semé parmi des rosers. Elle avait le col un peu long singulièrement attaché par une habitude assez naturelle la tête toujours un peu penchée sur l'épaule droite surtout quand elle écoutait, mais que de grâces lui prétait cette intéressante attitude. Sa gorge était petite fort ronde, très ferme et très soutenue, mais à peine y avait-il de quoi remplir la main, c'était comme deux petites pommes que l'amour en se jouant avait apporté là du jardin de sa mère. Sa poitrine était un peu pressée, aussi l'avait-elle fort délicate, son ventre était uni et comme du satin, une petite motte blonde peu fournie servait comme péristile au temple, où Venus semblait exiger son hommage, ce temple était étroit au point de n'y pouvoir même introduire un doigt sans la faire crier et cependant grâce au président depuis près de deux lustres le pauvre enfant n'était plus vierge, ni par là, ni du côté délicieux qu'il nous reste encore à tracer; que d'attraits possédait ce second temple quelle chute de reins, quelle coupe de fesses, que de blancheur et d'incarnat réunis, mais l'ensemble était un peu petit, délicat dans toutes ses formes. Adélaïde était plutôt l'esquisse, que le modèle de la beauté, il semblait que la nature n'eut voulu qu'indiquer dans Adélaïde ce qu'elle avait prononcé si majestueusement dans Constance. Entr'ouvrait-on le cul délicieux, un bouton de rose s'offrait alors à vous et c'était dans toute sa fraîcheur et dans l'incarnat le plus tendre que la nature voulait vous le présenter. Mais quel étroit, quelle petitesse, ce n'était qu'avec des peines infinies que le président avait pu réussir, et il n'avait jamais pu renouveler que deux ou trois fois ces assauts. Durcet, moins exigeant, la rendait peu malheureuse sur cet objet mais depuis qu'elle était sa femme, par combien d'autres complaisances cruelles par quelle quantité d'autres soumissions dangereuses à lui fallait-il pas acheter ce petit bienfait, et d'ailleurs livrée au quatre libertins comme elle le devenait par l'arrangement pris que de cruels assauts n'avait-elle pas encore à soutenir et dans le genre dont Durcet lui faisait grâce et dans tous les autres. Adélaïde avait l'esprit que lui supposait sa figure c'est à dire extrêmement romanesque, les lieux solitaires étaient ceux qu'elle recherchait avec le plus de plaisir et elle y versait souvent des larmes involontaires, larmes que l'on n'étudie pas assez[27]) et qu'il semble que le pressentiment arrache à la nature, elle avait perdu depuis peu une amie qu'elle idolâtrait et cette perte affreuse se présentait sans cesse à son imagination, comme elle connaissait son père à merveille et qu'elle savait à quel point il portait l'égarement, elle était que sa jeune amie était devenue la victime des scélératesses du président, parce qu'il n'avait jamais pu la déterminer à lui accorder de certaines choses, et le fait n'était pas sans vraisemblance. Elle s'imaginait qu'on lui en faisait quelque jour autant, et tout cela n'était pas improbable, le président n'avait pas pris pour elle la même attention, relativement à la religion que Durcet avait pris pour Constance, il avait laissé naître et fomenter le préjugé imaginant que les discours et ses livres le détruiraient facilement. Il se trompa. La religion est l'aliment d'une âme de la complexion de celle d'Adélaïde. Le président avait beau prêcher, beau faire lire, la jeune personne resta dévote et tous ces écarts qu'elle ne partageait point, qu'elle haïssait, et dont elle était victime, étaient loins de la détromper sur de chimères qui faisaient le bonheur de sa vie. Elle se cachait pour prier dieu, elle se dérobait pour remplir ses devoirs de chrétienne et ne manquait jamais d'être punie très sévèrement ou par son père ou par son mari, dès que l'un ou l'autre s'en apercevait. — Adélaïde souffrait tout en patience bien persuadée que le ciel la dédommagerait un jour. Son caractère d'ailleurs était aussi doux que son esprit et sa bienfaisance, l'une des vertues qui la faisait le plus détester de son père, allait jusqu'à l'excès. Curval irrité contre cette classe vile de l'indigence, ne cherchait que l'humilier, à l'avilir d'avantage ou a trouver des victimes, sa généreuse fille au contraire, se servit passée de sa propre subsistance pour procurer celles des pauvres, et on l'avait souvent vue aller leur porter et cacheter toute la somme destinée à ses plaisirs. Enfin Durcet et le président la tancèrent et la morigénèrent si bien qu'il la corrigèrent de cet abus et lui en enlevèrent absolument tous les moyens. Adélaïde n'ayant plus que ses larmes à offrir à l'infortune allait encore les répandre sur leurs maux et son cœur impuissant mais toujours sensible, ne pouvait cesser d'être vertueux. Elle apprit un jour qu'une malheureuse femme allait venir prostituer sa fille au président parce que l'extrême besoin les contraignait, déjà le paillard enchanté se préparait à cette jouissance du genre de celles qu'il aimait le mieux. Adélaïde, fit vendre en secret une de ses robes, en fit donner tout de suite l'argent à la mère et la détourna par ce petit secours et quelque sermon, du crime qu'elle allait commettre, le président venant à le savoir, sa fille n'était pas encore mariée, se porte contre elle à de telles violences, qu'elle en fut 13 jours au lit. Et tout cela sans que rien put arrêter l'effet des tendres mouvements de cette âme sensible. — Julie femme du président et fille aînée du duc eut peut-être effacé les deux précédentes, sans un défaut capital pour beaucoup de gens et qui peut-être avait décidé seul la passion de Curval pour elle, tant il est vrai que les effets des passions sont inconcevables et que leur désordre fouit du dégoût et de la satiété, on peut se comparer qu'à leurs écarts, Julie était grande, bienfaite, quoique très grasse et très potelée, les plus beaux yeux bruns possibles, le nez charmant, les traits saillants et gracieux, les plus beau cheveux chatains, le corps blanc et dans le plus délicieux embonpoint un cul qui eut pu servir de modèle à celui même que sculpta Praxitèle, le con chaud, étroit et d'une jouissance aussi agréable que put l'être un tel local, la jambe et le pied charmant, mais la bouche la plus mal ornée, les dents les plus infectes, et une saleté d'habitude dans tout le reste de son corps et principalement aux deux temples de la lubricité, que nul autre être, je le repète, nul autre être que le président sujet aux mêmes défauts et les aimant sans doute, nul autre assurément malgré tous ses attraits ne se fut arrangé de Julie. Mais pour Curval il en était fou, ses plus divins plaisirs se cueillaient sur cette bouche puante, il était dans le délire en la baisant et quant à sa malpropreté naturelle bien loin de la lui reprocher, il l'y excitait au contraire et avait enfin obtenu d'elle qu'elle faisait un parfait divorce avec l'eau. A ses défauts Julie en joignait quelques autres, mais moins désagréables sans doute; elle était très gourmande, elle avait du penchant à l'ivrognerie,[28]) peu de vertu, et je crois que si elle l'eut osé, la putasserie l'eut fort peu effrayée. Elévée par le duc dans un abandon total de principes et de mœurs elle adoptait assez cette philosophie, et de tout point sans doute il y avait de quoi faire un sujet mené par un effet encore très bizarre de libertinage. Il arrive souvent qu'une femme qui a un défaut nous plait bien mieux dans nos plaisirs qu'une qui n'a que des vertus, l'une nous ressemble, nous ne la scandalisons pas, l'autre s'effraie et voilà un attrait bien certain de plus. Le duc malgré l'énormité de sa construction avait joui de sa fille, mais il avait été obligé de l'attendre jusqu'à 15 ans et malgré il n'avait pu empêcher[29]) qu'elle ne fut très endommagée de l'aventure, et tellement qu'ayant envie de la marier il avait été obligé de cesser des jouissances et de se contenter avec elle de plaisirs moins dangereux quoique pour le moins aussi fatiguants. Julie gagnait peu avec le président, dont on sait que le vit était fort gros et d'ailleurs quelque malpropre qu'elle fut elle-même par négligence elle ne s'arrangeait nullement d'une saleté de débauche, telle qu'était celle du président son cher époux. — Aline sœur cadette de Julie et réellement fille de l'évêque, était bien éloignée et des habitudes et du caractére, et des défauts de sa sœur. C'était la plus jeune des quatre, à peine avait-elle 18 ans, c'était une petite physionomie, piquante, fraîche et presque mutine, un petit nez retroussé, des yeux bruns, pleins de vivacité et d'expression, une bouche délicieuse, une taille très bien prise quoique peu grande, bien en chair, la peau un peu brun, mais douce et belle, le cul un peu gros, mais moulé, l'ensemble des fesses le plus voluptueux qui pût s'offrir à l'œil du libertin, une motte brune et jolie, le con un peu bas ce qu'on appelle à l'anglaise, mais parfaitement étroite et quand on l'offrit à l'assemblée, elle était exactement pucelle, elle l'était encore lors de la partie dont nous écrivons l'histoire et nous verrons comme ces prémices furent anéantis à l'égard de ceux du cul. Depuis 8 ans l'évêque en jouissait paisiblement tous les jours, mais sans en avoir fait prendre le goût à sa chère fille, qui malgré son air espiègle et émoustillé ne se prêtait pourtant que par obéissance et n'avait pas encore démontré que le plus léger plaisir lui fit partager les infamies dont on la rendait journellement la victime. L'évêque l'avait laissée dans une ignorance profonde, à peine savait-elle lire et écrire, et elle ignorait absolument ce que c'était que la réligion, son esprit naturel n'était guère que de l'enfantillage, elle répondait drôlement, elle jouait, aimait beaucoup sa sœur, détestait souverainement l'évêque et craignait le duc comme le feu. Le jour des noces, quand elle se vit nue au milieu de 4 hommes, elle pleura et fit d'ailleurs tout ce qu'on voulut d'elle, sans plaisir comme sans humeur. Elle était sobre, très propre, et n'ayant autre défait que beaucoup de paresse, la nonchalance régnant dans toutes ses actions et dans toute sa personne malgré l'air de vivacité que ses yeux annonçaient. Elle abhorrait le président presque autant que son oncle et Durcet qui ne la ménageait pourtant pas était néanmoins le seul pour lequel elle eut l'air de n'avoir aucune répugnance. —

Tels étaient donc les 8 principaux personnages avec lesquels nous allons vous faire vivre[30]) mon cher lecteur. Il est temps de vous dévoiler maintenant l'objet de plaisir singulier qu'on se proposait. — Il est reçu parmi les véritables libertins que les sensations communiquées par l'organe de la langue sont celles qui flattent davantage et dont les impressions sont les plus vives, en conséquence nos quatre scélérats, qui voulaient que la volupté s'emprégnât dans leur cœur aussi avant et aussi profondément qu'elle y pouvait pénétrer avaient à ce dessein imaginé une chose assez singulière.[31]) — Il s'agissait après d'être entouré de tout ce qui pouvait le mieux satisfaire les autres sens par la lubricité, de se faire en cette situation raconter avec les plus grands détails et par ordre, tous les différents écarts de cette débauche, toutes les branches, toutes ses attenances, ce qu'on appelle en un mot en langue de libertinage toutes les passions. On n'imagine point en quel degré l'homme les varie,[32]) quand son imagination s'enflamme; leur différence entre eux excessive dans toutes leurs autres manies, dans tous leurs autres goûts, l'est encore bien davantage dans ce cas là et qui pourrait fixer et détailler ces écarts faisait peut-être un des plus beaux travaux que l'on pût voir sur les mœurs et peut-être un des plus intéressants.[33]) Il s'agissait donc, d'abord de trouver des sujets en état de rendre compte de tous ses excès, de les analyser, de les étendre, de les détailler, de les graduer et de placer au travers de cela l'intérêt d'un récit. Tel fut en conséquence le parti qui fut pris après des recherches et des informations sans nombre, on trouva quatre femmes déjà dans le retour. C'est ce qu'il fallait, l'expérience ici était la chose la plus essentielle, quatre femmes dis-je, qui ayant passé la vie dans la débauche la plus excessive se trouvaient en état de rendre un compte exact de toutes ces recherches, et comme on s'était appliqué à les choisir douées d'une certaine éloquence et d'une tournure d'esprit propre à ce qu'on en exigeait.[34]) Après d'être entendues et recordées, toutes quatre furent en état de placer chacune dans les aventures de leurs vices tous les écarts les plus extraordinaires de la débauche et cela dans un tel ordre que la première par exemple placerait dans le récit des évènements de sa vie les 150 passions les plus simples et les écarts les moins recherchés ou les plus ordinaires, la seconde dans un même cadre un égal nombre de passions plus singulières et d'un ou plusieurs hommes avec plusieurs femmes; la troisième également dans son histoire devait introduire 150 manies des plus criminelles et des plus outrageantes, aux lois, à la nature et à la religion, et comme tous ces excès mènent au meurtre et que les meurtres commis par libertinage se varient à l'infini, et autant de fois que l'imagination enflammée du libertin adopte de différents supplices, la quatrième devait joindre aux évènements de sa vie le récit détaillé de 150 de ces différentes tortures, pendant ce temps-là nos libertins entourés comme je l'ai dit d'abord de leurs femmes et ensuite de plusieurs autres objets dans tous les genres écouteraient, s'échaufferaient la tête et finiraient par éteindre avec ou leurs femmes ou ces différents objets l'embrasement que les conteuses avaient produit. Il n'y a sans aucun doute rien de plus voluptueux dans ce projet que la manière luxurieuse dont [on] y procéda et ce sont et cette manière et les différents récits qui vont former cet ouvrage que je conseille — d'après cet exposé — à tout dévot de laisser là tout de suite s'il ne veut pas être scandalisé, car il voit que la plupart est peu chaste et nous osons lui répondre d'avance que l'exécution le sera encore bien moins. Comme les quatre actrices dont il s'agit ici jouent un rôle très essentiel dans ces mémoires, nous croyons — dussions-nous en demander excuse au lecteur — être encore obligés de les peindre; elles raconteront, elles agiront, est-il possible d'après cela de les laisser inconnues? Qu'on ne s'attende pas à des portraits de beauté, quoiqu'il y eut sans doute des projets de servir physiquement comme moralement de ces quatre créatures, néanmoins ce n'était pas leurs attraits ni leur âge qui décidaient ici, c'étaient uniquement leur esprit et leur expérience et il était dans ce sens-là impossible d'être mieux servi qu'on ne le fut. —

Md. Duclos était le nom de celle que l'on chargea du récit des 150 passions simples. C'était une femme de quarante-huit ans, encore assez fraîche qui avait de grands restes de beauté, des yeux fort beaux, la peau fort blanche et l'un des plus beaux culs et des plus potelés qu'on pût voir, la bouche fraîche et propre, les seins superbes et de jolis cheveux bruns, la taille grosse mais élevée et tout l'air et le ton d'une fille de très bon air, elle avait passé comme on le verra sa vie dans des endroits où elle avait été bien à même d'étudier ce qu'elle allait raconter, et on croyait qu'elle devait s'y prendre avec esprit, facilité et intérêt. — Md. Champville était une grande femme d'environ 50 ans, mince, bien faite, l'air le plus voluptueux dans le regard et dans la tournure, fidèle imitatrice de Sappho; elle en avait l'expression jusque dans les plus petits mouvements, dans les gestes les plus simples et dans ses moindres paroles; elle s'était ruinée à entretenir des femmes, et sans ce goût auquel elle sacrifiait généralement ce qu'elle pouvait gagner dans le monde, elle eut été très à son aise, elle avait été très longtemps fille publique et depuis quelques années, elle faisait à son tour le metier d'appareilleuse, mais elle était vénérée dans un certain nombre de pratiques tous paillardes et d'un certain âge; jamais elle ne recevait de jeunes gens, et cette conduite prudente et lucrative raccommodait un peu ses affaires. Elle avait été blonde, mais une teinte plus sage commençait à colorer sa chevelure, ses yeux étaient toujours fort beaux, bleus et d'une expression très agréable. Sa bouche était belle, fraîche encore et parfaitement entière; pas de gorge, le ventre bien elle n'avait jamais fait d'envie, la motte un peu élevée et le clitoris saillant de plus de 3 pouces quand il était échauffé; en la chatouillant dans cette partie on était bientôt sûr, de la voir se pâmer et surtout si le service lui était rendu par une femme; son cul était très flacque et très usé, entièrement mou et flétri et tellement endurci par des habitudes libidineuses que son histoire nous expliquera qu'on pouvait y faire tout ce qu'on voulait sans qu'elle le sentit. Une chose assez singulière et assurément fort rare à Paris surtout, c'est qu'elle était pucelle de ce côté comme une fille qui sort du couvent, et peut-être sans la maudite partie où elle s'engagea, et où elle s'engagea avec des gens qui ne voulaient que des choses extraordinaires et à qui par conséquent celle-là plut, peut-être — dis-je — sans cette partie-là ce pucelage singulier fut-il mort avec elle.

La Martaine, grosse maman de 52 ans, bien fraîche et bien saine et douée du plus gros et du plus beau fessier qu'on pût avoir, offrait absolument le contraire de l'avancière,[36]) elle avait passé sa vie dans cette débauche sodomite, et y était bellement familiarisée qu'elle ne goûtait absolument des plaisirs que par là. Une difformité de la nature — elle était barrée — l'ayant empêché de connaître autre chose, elle s'était livrée à cette espèce du plaisir, entraînée et par cette impossibilité de faire autre chose, et par des premières habitudes, moyen à quoi elle s'en tenait à cette lubricité dans laquelle on prétend qu'elle était encore délicieuse, bravant tout, ne redoutant rien, les plus monstrueux engins ne l'effrayaient pas. Elle les préférait même, et la suite de ces mémoires nous l'offrira peut-être combattant valeureusement encore sous les étendarts de Sodome comme le plus intrépide des bougres. Elle avait des traits assez gracieux, mais un air de langueur et de dépérissement commençait à flétrir ses attraits et sans son embonpoint qui la soutenait encore elle eut déjà passé pour très usée. Pour la Desgranges, c'était le vice et la luxure personifiée, grande mince, âgée de 56 ans, l'air livide et décharnée, les yeux éteints, les lèvres mortes, elle donnait l'image du crime prêt à périr faute de force, elle avait été jadis brune, on avait prétendu même qu'elle avait un beau corps, peu après ce n'était plus qu'un squélete qui ne pouvait inspirer que du dégoût, son cul flétri, usé, marqué, déchiré, ressemblait plutôt à du papier marbré qu'à de la peau humaine. Et le trou en était tellement large et ridée que les plus gros engins, sans qu'elle le sentit, pouvaient y pénétrer à sec. Pour comble d'agréments, cette généreuse athlète de Cithère, blessée dans plusieurs combats, avait un talon de moins, et trois doigts découpées, elle boitait, et il lui manquait dix dents et un œil. Nous apprendrons peut-être à quels genres d'attaques elle avait été si maltraitée. Ce qu'il y a de bien sûr, c'est que rien ne l'avait corrigée et si son corps était l'image de la laideur, son âme était le réceptacle de tous les vices et de tous les forfaits les plus inouïs; incendiaire, parricide, incestueuse, sodomite, tribade, meurtrière, empoisonneuse, coupable de viol, de vol, d'avortement et de sacrilège, on pouvait affirmer avec vérité qu'il n'y avait pas un seul crime dans le monde que cette coquine-là n'eût commis ou fait commettre. Son état actuel était le maquerellage, elle était l'une des fournisseuses attitrées de la société et à beaucoup d'expérience, elle joignait un jargon assez agréable. On l'avait choisi pour remplir le quatrième rôle d'historienne, c'est à dire celui dans le récit duquel il devait se rencontrer le plus d'horreur et d'infamie. Qui mieux qu'une créature[37]) qui les avait toutes faites, pouvait jouer ce personnage-là?

Ces femmes trouvées, et trouvées dans tous points tels qu'on pouvait les désirer il fallut s'occuper des accessoires. On avait d'abord désiré de s'entourer d'un grand nombre d'objets luxurieux des deux sexes, mais quand on eut fait attention que le seul local où cette partie lubrique put commodément s'exécuter était le même château en Suisse appartenant à Durcet et dans lequel il avait expédié la petite Elvire, que ce chateau peu considérable ne pouvait pas contenir un si grand nombre d'habitants, et que d'ailleurs, il pouvait devenir indiscret et dangereux d'emmener tant de monde, on se réduisit à 32 sujets en tout les historiennes comprises, savoir quatre de cette classe, huit jeunes filles, huit jeunes garçons, huit hochets doués de membres monstrueux pour les voluptés de la sodomie passive et quatre servantes. Mais on voulut de la recherche à tout cela. Un an entier se passa à ses détails, on y dépensa un argent immense et voici la précaution que l'on y employa pour les huit jeunes filles. Afin d'avoir tout ce que la France pouvait offrir de plus délicieux, seize maquerelles intelligentes ayant chacune deux secondes avec elles furent envoyées dans les 16 principales provinces de France, pendant qu'une 17e travaillait dans le même genre à Paris seulement. Chacune de ses appareilleuses eut un rendez-vous indiqué à une terre du duc auprès de Paris et toutes devaient s'y rendre, dans les mêmes semaines à 10 mois juste de leur départ ; on leur donna ce temps là pour chercher, chacune devait amener neuf sujets ce qui faisait un totale de 147 filles et dans ce nombre de 147 huit seulement devaient être choisies. Il était recommandé aux maquerelles de ne s'attacher qu'à la naissance, la vertu et la plus délicieuse figure. Elles devaient faire leurs recherches principalement dans des maisons honnêtes, et on ne leur passait aucune fille qui ne fut prouvée ravie ou dans un couvent de pensionnaires de qualité ou dans le sein de sa famille, et d'une famille de distinction ; tout ce qui n'était pas au-dessus de la classe de la bourgeoisie, et qui dans les classes supérieures n'était pas et bien vertueuse, très vierge et très parfaitement belle était refusée sans miséricorde. Des espions surveillaient les démarches de ces femmes et informaient à l'instant la société de ce qu'elles faisaient. Les sujets trouvées comme on le désirait, leur était payé trente mille francs, tous frais faits il est inouï ce que ça coûta, à l'égard de l'âge il était fixé de 12 à 15 et tout ce qui était au-dessus, ou au-dessous était impitoyablement réfusé ; pendant ce temps-là avec les mêmes circonstances les mêmes moyens et les mêmes dépenses, en mettant[38]) de même l'âge de 12 à 15, 17 agents de sodomie parcouraient de même et la capitale et les provinces, et leurs rendez-vous étaient indiqués un mois après le choix des filles. Quant aux jeunes gens que nous désignerons dorénavant sous le nom de fouteurs, ce fut la mesure du membre qui régla seule, on ne voulut rien au-dessous de 10 ou

12 pouces de long, sous 7 et demi de tour. Huit hommes travaillèrent à ce dessein dans tout le royaume et le rendez-vous fut indiqué un mois après celui des jeunes garçons. Quoique l'histoire de ces choix et de ces réceptions ne soit pas de notre objet, il n'est pourtant pas hors de propos d'en dire un mot ici pour mieux faire connaître encore le génie de nos quatre héros. Il me semble que tout ce qui sert à les développer et à jeter des jours sur une partie aussi extraordinaire que celle que nous allons décrire ne peut pas être regardé comme hors d'excuse. — L'époque du rendez-vous des jeunes filles étant arrivé, on se rendit à la terre du duc. Quelques maquerelles n'ayant pu remplir leur nombre de 9, quelqu'autres ayant perdu des sujets en chemin, soit par la maladie ou par l'évasion il n'arriva que 130 au rendez-vous. Mais que d'attraits, grand dieu, jamais je crois on n'en vit autant réunis, 13 jours furent consacrés à cet examen, et chaque jour on en examinait 10. Les quatre amis formaient un cercle au milieu duquel paraissait la jeune fille d'abord vêtue, telle, qu'elle était lors de son enlèvement, la maquerelle qui l'avait débauchée, en faisait l'histoire, si quelque chose manquait aux conditions de noblesse et de vertu, sans en approfondir davantage, la petite fille était renvoyée à l'instant sans aucun secours et sans être confiée à personne, et la pareilleuse perdait tous les frais qu'elle avait pu faire pour elle,[39]) la maquerelle ayant donné son détail, on la faisait retirer, et on interrogeait la petite fille pour savoir si ce qu'on venait de dire d'elle était vrai. Si tout était juste la maquerelle rentrait et troussait la petite fille par derrière, afin d'exposer ses fesses à

l'assemblée, c'était la première chose qu'on voulait examiner, le moindre défaut dans cette partie la faisait renvoyer à l'instant, si au contraire rien ne manquait à cette espèce de charmes, on la faisait mettre nue, et en cet état, elle passait et repassait, cinq ou six fois de suite, de l'un à l'autre de nos libertins; on la tournait, on la retournait, on la maniait, on la sentait, on écartait, on examinait les pucelages, mais tout cela de sens froid, et sans que l'illusion des sens vint en rien troubler l'examen, cela fait, l'enfant se rétirait et à côté de son nom placé dans un billet, les examinateurs mettaient r e ç u e ou r e n v o y é e en signant le billet, ensuite ces billets étaient mis dans une boîte sans qu'ils se communiquassent leurs idées; toutes examinées, on ouvrit la boîte, il fallait pour qu'une fille fût reçue, qu'elle eût sur son billet les quatre noms des amis en sa faveur, s'il en manquait un seul, elle était aussitôt renvoyée, et toutes inexorablement comme je l'ai dit à pied sans secours et sans guide, excepté une douzaine peut-être dont nos libertins s'amusèrent quand les choix furent faits et qu'ils cédèrent à leurs maquerelles. De cette première tournée il y eut 50 sujets d'exclus, on repassa les 80 autres, mais avec beaucoup plus d'exactitude et de sévérité, le plus léger défaut devenait dès l'instant un titre d'exclusion, l'une belle comme le jour fut renvoyée parce qu'elle avait une dent un peu plus élevée que les autres, plus de vingt autres le furent parce qu'elle n'étaient filles que de bourgeois, 30 sautèrent à cette seconde tournée, il n'en restait donc plus que 50. On résolut de ne procéder à ce troisième[40]) examen qu'en venant de perdre du foutre par le ministère même de ces cinquante sujets, afin qu'un calme parfait du surplus résulta un choix plus rassis et plus sûr. Chacun des amis s'entoura d'un groupe de 12 ou 13 de ces jeunes filles. Ces groupes varièrent de l'un à l'autre, ils étaient dirigés par des maquerelles, on changea si artistement les attitudes, on se prêta si bien, il y eut en un mot tant de lubricité de faits que le sperme éjacula, que la tête fut calme et que 30 de ce dernier nombre disparurent encore à cette tournée, il n'en restait que 20. C'était encore 12 de trop, on se calma par de nouveaux moyens, par tous ceux dont l'on croirait que le dégoût pourrait naître; mais les 20 restèrent, et qu'eut l'on pu retrancher sur un nombre de créatures si singulièrement célestes qu'on eut dit qu'elles étaient l'ouvrage même de la divinité dont leurs attraits enchanteurs piquaient exactement tous les charmes. Il fallut donc à beauté égale chercher en elles quelque chose qui put au moins assurer à 8 entre elles une sorte de supériorité sur les 12 autres, et ce que proposa le président sur cela était bien digne de tout le désordre de sa tête, n'importe l'expédient fut accepté, il s'agissait de savoir qui d'entre elles faisait mieux une chose que l'on leur faisait souvent faire. Quatre jours suffirent pour décider amplement[41]) cette question et 12 furent enfin congédiées, mais non à blanc comme les autres; on s'en amusa 8 jours complètement et de toutes les façons, ensuite elles furent comme je l'ai dit, cédées aux maquerelles, qui s'enrichirent bientôt de la prostitution des sujets aussi distingués que ceux-là. Quant aux 8 choisies, elles furent mises dans un couvent jusque l'instant du départ et pour se réserver le plaisir d'en jouir à l'époque choisie, on n'y toucha pas jusque là. Je ne m'aviserai pas de peindre ces beautés, elles étaient toutes si également supérieures que mes pinceaux deviendraient nécessairement monotones, je me contenterai de les nommer et d'affirmer avec vérité qu'il est parfaitement impossible de se représenter un tel assemblage de grâces, d'attraits et de perfections, et que si la nature voulait donner à l'homme une idée de ce qu'elle peut former de plus savant, elle ne lui présenterait pas d'autres modèles. La première se nommait Augustine, elle avait 15 ans; elle était fille d'un baron de Languedoc et avait été enlevée dans un couvent de Montpellier. La seconde se nommait Fanni, elle était fille d'un conseiller au parlement de Bretagne et enlevée dans le château même de son père. La troisième se nommait Zelmire, elle avait 15 ans, elle était fille du comte de Terville qui l'idolâtrait, il l'avait menée avec lui[42]) à la chasse dans une de ses terres en Beauce, et l'ayant laissée seule un instant dans la forest, elle y fut enlevée sur le champ; elle était fille unique et devait avec quatre cent mille francs de dot épouser l'année d'après un très grand seigneur. Ce fut elle qui pleura et se désola le plus de l'horreur de son sort.

La quatrième se nommait Sophie, elle avait 14 ans et était fille d'un gentilhomme assez à son aise et vivant dans ses terres en Berri, elle avait été enlevée à la promenade à côté de sa mère, qui voulant la défendre fut précipitée dans une rivière, où sa fille la vit expirer sous ses yeux. La cinquième se nommait Colombe, elle était de Paris et fille d'un conseiller au parlement, elle avait 13 ans et avait été enlevée en revenant avec une gouvernante le soir dans son couvent au sortir d'un bal d'enfants, la gouvernante avait été poignardée. La sixième se nommait Hébé, elle avait 12 ans, elle était fille d'un capitaine de cavallerie, homme de condition vivant à Orléans. La jeune personne avait été séduite et enlevée dans le couvent où on l'élevait, deux religieuses avaient été gagnées à force d'argent. Il était impossible de rien voir de plus séduisant et de plus mignon. La septième se nommait Rosette, elle avait 13 ans, elle était fille du lieutenant général de Chalons sur Saône, son père venait de mourir, elle était à la campagne chez sa mère près de la ville et on l'enleva sous les yeux mêmes de ses parents en contrefaisant les voleurs. La dernière s'appellait Mimi ou Michette, elle avait 12 ans, elle était fille du Marquis de Senanger et avait été enlevée dans la terre de son père en Bourbonnais à l'instant d'une promenade en calêche, qu'on lui avait laissé faire avec deux ou trois seules femmes du château qui furent assassinées.

On voit que les apprêts de ces voluptés coûtaient bien des sommes et bien des crimes, avec de tels gens, les trésors faisaient pas de chose et quant aux crimes, on vivait alors dans un siècle où il s'en fallait bien qu'ils fussent recherchés et punis comme ils l'ont été depuis, moyennant quoi tout réussit et si bien que nos libertins ne furent jamais inquiétés des suites, et qu'à peine y eut-il des perquisitions.

L'instant de l'examen des jeunes garçons arriva, offrant plus de facilité, leur nombre fut plus grand, les appareilleurs en présentèrent 150 et je n'exagérerais sûrement pas en affirmant, qu'ils égalaient au moins la classe des jeunes filles, tant par leurs délicieuses figures, que par leurs grâces enfantines, leur candeur, leur innocence et leur noblesse; ils étaient payés trente mille francs chacun, le même prix que les filles, mais les entrepreneurs n'avaient rien à risquer, parce que ce gibier étant, et plus délicat et bien plus du goût de nos sectateurs, il avait été décidé qu'on ne ferait perdre aucuns frais, qu'on renverrait bien à la vérité, ceux dont on ne s'arrangerait pas, mais que comme on s'en servirait, ils seraient également payés. L'examen des fils comme celui des femmes; on en vérifia 10 tous les jours avec la précaution très sage, et qu'on avait un peu trop négligé avec les filles, avec la précaution, dis-je, de décharger toujours par le ministère des 10 présentés avant de procéder à l'examen, on voulait presque exclure le président, on se méfiait de la dépravation de son goût, on avait pensé être dupe dans le choix des filles de son maudit penchant à l'infamie et à la dégradation; il promit de ne s'y point livrer et s'il tint parole ce ne fut vraisemblablement pas sans peine; car lorsqu'une fois l'imagination blessée ou dépravée fut accoutumée à ces espèces d'outrages au bon goût, et à la nature, outrages qui la flattent si délicieusement, il est très difficile de la ramener dans le bon chemin, il sembla que l'envie de servir ses goûts lui ôtent la facilité d'être maîtresse de ses jugements, méprisant ce qui est vraiment beau, et ne chérissant plus que ce qui est affreux, elle prononce comme elle pense et le retour à des sentiments plus vrais lui paraîtrait comme un tort fait à ses principes dont elle serait très fâchée de s'écarter. Cent sujets furent unanimement dès les premières séances achevées, et il fallait revenir cinq fois de suite sur ses jugements pour extraire le petit nombre qui devait seul être admis, trois fois de suite il en resta 50 lorsqu'on fut obligé d'en venir à des moyens singuliers pour séparer[43] en quelque sorte les idôles qu'embellissait encore le prestige quoiqu'on put faire, et ne se procura que ce qu'on voulait admettre. On imagina de les habiller en filles. 25 disparurent à cette ruse que prêtant[44] à un sexe qu'on idolâtrait, l'appareil de celui dont on était blasé les déprima et fit tomber toute l'illusion, mais rien ne put faire varier les scrutins à ces vingt-cinq derniers, on eut beau faire, beau perdre du foutre, beau n'écrire son nom sur les billets qu'à l'instant même de la décharge, beau mettre en usage les moyens pris avec les jeunes filles, les 25 mêmes restèrent toujours et on prit le parti de les faire tirer au sort. Voici les noms qu'on donna à ceux qui restèrent, leur âge, leur naissance et le précis de leur aventure. Car pour les portraits j'y renonce, les traits de l'amour même n'étaient sûrement pas plus délicats et les modèles où l'Albani allait choisir les traits de ces anges divins étaient sûrement bien inférieurs.

Zélamir était âgé de 13 ans, c'était le fils unique d'un gentilhomme de Poitou, qui l'élevait avec le plus grand soin dans sa terre, on l'avait envoyé à Poitiers, voir une parente, escorté d'un seul domestique, et nos filous qui l'attendaient, assassinèrent le domestique et s'emparèrent de l'enfant. Cupidon était du même âge, il était au collège de la Flèche, fils d'un gentilhomme des environs de cette ville, il y faisait ses études, on le guetta et on l'enleva dans une promenade que les écoliers faisaient le dimanche; il était le plus joli de tout le collège. — Narcisse était âgé de 12 ans, il était [fils d'un] chevalier de Malthe, on l'avait enlevé à Rouen où son père remplissait une charge honorable et compatible avec la noblesse, on le faisait partir pour le collège de Louis le Grand à Paris, il fut enlevé en route. Zéphire, le plus délicieux des 8 à supposer que leur excessive beauté eut laissé la faculté d'un choix, était de Paris, il y faisait ses études dans une célèbre pension, son père était un officier général qui fit tout au monde pour le ravoir sans que rien y put réussir, on avait séduit le maître de pension à force d'argent, et il en avait livrés sept dont six avaient été réformés. Il avait tourné la tête au duc qui protesta que s'il avait fallu une million pour enculer cet enfant-là, il l'aurait donné à l'instant. Il s'en réserva les prémices, et elles lui furent généralement accordées. O tendre et délicat enfant quelle disproportion et quelle sort affreuse t'était donc préparée ! — Céladon était fils d'un magistrat de Nancy, il fut enlevé à Luneville, où il était venu voir une tante ; il atteignait à peine sa quatorzième année ; ce fut lui seul qu'on séduisait par le moyen d'une jeune fille de son âge, qu'on trouva le moyen de lui faire voir, la petite friponne l'attira dans le piège en feignant de l'amour pour lui. On le veillait mal et le coup réussit. Adonis était âgé de quinze ans, il fut enlevé au collège de[45]) Plessis où il faisait ses études, il était fils d'un président de grand chambre qui eut beau se plaindre, beau remuer, les précautions étaient si bien prises qu'il lui devint impossible de jamais en entendre parler. Curval qui en était fou depuis deux ans, l'avait connu chez son père et c'était lui, qui avait donné et les moyens et les renseignements nécessaires pour le débaucher. On fut très étonné d'un goût aussi raisonnable que celui dans une tête aussi dépravée, et Curval tout fier profita de l'évènement pour faire voir à ses confrères qu'il avait comme on le voyait quelque fois le goût bon encore. L'enfant le reconnut et pleura, mais le président le consola, en l'assurant que ce serait lui qui le dépucellerait et en lui administrant cette consolation, tout à fait touchante, il lui balotait son énorme engin sur les fesses, il le demanda en effet à l'assemblée et l'obtint sans difficulté. Hyacinthe était âgé de 14 ans, il était fils d'un officier retiré dans une petite ville de Champagne, on le prit à la chasse qu'il aimait à la folie, et où son père faisait l'imprudence de le laisser aller seul. Giton était âgé de 13 ans, il fut enlevé à Versailles chez les pages de la grande curie, il était fils d'un homme de condition du Nivernois qui venait de l'y amener il n'y avait 6 mois, on l'enleva tout simplement à une promenade qu'il était allé faire seul dans l'avenue de St. Cloud. Il devint la passion de l'évêque auquel ses prémices furent destinées.

Telles étaient les déités masculines que nos libertins préparaient à leur lubricité. Nous verrons en temps et lieu l'usage qu'ils en firent. Il restait 142 sujets, mais on ne badine point avec ce gibier-là comme avec l'autre, aucun ne fut congédié sans avoir servi. Nos libertins passèrent avec eux un mois au château du duc; comme on était à la veille du départ, tous les arrangements journaliers et ordinaires étaient déjà rompus, et ceci tint lieu d'amusement, jusqu'à l'époque du départ. Quand on s'en fut amplement rassasié, on imagina un plaisant moyen de s'en débarrasser, ce fut de les vendre à un corsaire turc, par ce moyen toutes les traces étaient rompues et on regagnait une partie de ses frais, le turc vint les prendre près de Monaco où on les fit arriver par petits pélotons, et il les emmena en esclavage, sort affreux sans doute mais qui n'en amusa pas moins bien nos quatre scélérats. Arriva l'instant de choisir les fouteurs, les réformés de cette classe-ci n'embarrassaient point, pris à un âge raisonnable on en était quitte pour leur payer leur voyage, leur peine et ils s'en retournaient chacun. Les 8 appareilleurs de ceux-ci avaient d'ailleurs eu bien moins de peine, puisque les mesures étaient à peu près fixées, et qu'ils n'avaient aucuns yeux pour les conditions, il en arriva donc cinquante parmi les 20 plus gros, on choisit les 8 plus jeunes et plus jolis, et de ces 8 comme il ne sera dans le détail guère fait mention que des quatre plus gros, je vais me contenter de nommer ceux-là. Hercule vraiment taillé comme le dieu dont on lui donna le nom, avait 26 ans et il était doué d'un membre de 8 pouces 2 lignes de tour sur 13 de long; il ne s'était jamais rien vu, ni de si beau, ni de si majestueux que cet outil presque toujours en l'air, et dont 8 décharges, on en fit l'épreuve, remplissaient une pinte juste. Il était d'ailleurs fort doux et d'une physionomie intéressante. Antinous, ainsi nommé parce que [à] l'exemple du Bardache d'Adrien il joignait au plus beau vit du monde le cul le plus voluptueux, ce qui est très rare, était porteur d'un outil de 8 pouces de tour sur de 12 de long, il avait 30 ans et de la plus jolie figure du monde. Brisecul avait un hochet si plaisamment contourné qu'il lui devenait presque impossible d'enculer sans briser le cul, et de là lui était venu le nom qu'il portait. La tête de son vit ressemblait à un cœur de bœuf, avait 8 pouces 3 lignes de tour. Mais le membre n'en avait que 8, mais ce membre tortu avait une telle cambrure qu'il déchirait exactement l'anus quand il y pénétrait et cette qualité bien précieuse à des libertins aussi blazés que les nôtres l'en avait fait singulièrement recherché. Band-au-ciel, ainsi nommé parce que son érection quelque chose qu'il fit était perpétuelle, était muni d'un agile de onze pouces de long sur 7 pouces 11 lignes de tour, on en avait refusé de plus gros pour lui parce que ceux-là bandaient difficilement au lieu que celui-ci quelque quantité de décharges qu'il fit dans un jour était en l'air au moindre attouchement. Les quatres autres étaient à peu près de la même taille et de la même tournure, on s'amusa 2 jours des 42 sujets réformés, et après s'en être bien fait donner et les avoir mis sur les dents on les congédia bien payés. Il ne restait plus que le choix des quatre servantes, et celui-ci sans doute était le plus pittoresque; le président n'était pas le seul dont les goûts fussent dépravées, ses trois amis et Durcet principalement étaient bien un peu enfichés de cette maudite manie de crapule et de débauche qui fait trouver un attrait plus piquant avec un objet vieux, dégoûtant et sale qu'avec ce que la nature a formé de plus divin. Il serait sans doute difficile d'expliquer cette fantaisie, mais elle existe chez beaucoup de gens, le désordre de la nature porte avec lui une sorte de piquant qui agit sur le genre nerveux peut-être bien avec autant et plus de force que ses beautés les plus régulières, il est d'ailleurs prouvé que c'est l'horreur, la vilanie, les choses affreuses, qui plaît quand on bande, or se rencontre-t-elle mieux quand un objet vicié, certainement si c'est la chose sale qui plaît dans l'acte de la lubricité, plus cette chose est sale plus elle doit plaire et elle est sûrement bien plus sale dans l'objet vicié que dans l'objet intact ou parfait. Il n'y a pas à cela le plus petit doute; d'ailleurs la beauté est la chose simple, la laideur est la chose extraordinaire, et toutes les imaginations ardentes préfèrent sans doute toujours la chose extraordinaire en lubricité à la chose simple. La beauté, la fraîcheur ne frappe jamais qu'un sens simple, la laideur, la dégradation portent un coup bien plus ferme, la commotion est bien plus forte, l'agitation doit donc être plus vive, il ne fait donc point d'étonnement d'après cela que tout plein de gens préfèrent pour leur jouissance une femme vieille, laide et même puante à une fille fraîche et jolie, pas plus s'en étonner, dis-je, que nous ne le devons être d'un homme qui préfère pour ses promenades le sol aride et raboteux des montagnes aux sentiers monotones des pleines. Toutes ces choses-là dépendent de notre conformation, de nos organes, de la manière dont ils s'affectent, et nous ne sommes pas plus les maîtres de changer nos goûts sur cela que nous ne le sommes de varier les formes de nos corps. Quoiqu'il en soit tel était comme on le dit le goût dominant du président et presque vérité de ses trois confrères, car tous avaient été d'un avis unanime sur le choix des servantes, choix qui pourtant comme on va le voir dénotait bien dans l'organisation ce désordre et cette dépravation que l'on vient de peindre. On fit donc chercher à Paris avec le plus grand soin les quatre créatures qu'il fallait pour remplir cet objet, et quelque dégoûtant que puisse en être le portrait, le lecteur me permettra cependant de le tracer. Il est trop essentiel à la partie des mœurs dont le développement est un des principaux objets de cet ouvrage. La première s'appellait Marie, elle avait été servante d'un fameux brigand tout récemment rompue et pour son compte elle avait été fouettée et marquée, elle avait 58 ans, presque plus de cheveux, le nez de travers, les yeux fermes et chassieux, la bouche large et garnie de ses 32 dents à la vérité mais jaunes comme du souffre, elle était grande, efflaquée ayant fait 14 enfants qu'elle avait étouffés, disait-elle, tous les 14 de peur de faire mauvais sujets. Son ventre était ondoyé comme les flots de la mer et elle avait une fesse mangée par un abcès. La seconde se nommait Louison, elle avait 60 ans, petite bossue, borgne et boiteuse, mais un beau cul pour son âge et la peau encore assez belle. Elle était méchante comme le diable et toujours prête à commettre toutes les horreurs et tous les excès qu'on pouvait lui commander. — Thérèse avait 62 ans, elle était grande, mince, l'air d'un squélette, plus un seul cheveu sur la tête, pas une dent dans la bouche et elle exhalait par cette ouverture de son corps un odeur capable de renverser. Elle avait le cul criblé de blessures et les fesses si prodigieusement molles qu'on en pouvait rouler la peau autour d'un bâton, le trou de ce beau cul ressemblait à la bouche d'un volcan par la largeur et pour l'odeur ; c'était une vraie cunette de commodité. De sa vie Thérèse n'avait, disait-elle torché son cul d'où il restait parfaitement démontré qu'il y avait encore de la merde de son enfance. Pour son vagin c'était le réceptacle de toutes les immondices et de toutes les horreurs, un véritable sépulcre dont la fétidité faisait évanouir. Elle avait un bras tordu et elle boitait d'une jambe. Fanchon était le nom de la quatrième, elle avait été pendue 6 fois en effigie et il n'existait pas un seul crime sur la terre, qu'elle n'eût commis. Elle avait 69 ans, elle était camuse, courte et grosse louche, presque point de front, n'ayant plus dans sa gueule puante que deux vieilles dents prêtes à choir, un érysipèle lui couvrait le derrière et des hémorroïdes grosses comme le poing lui pendaient à l'anus, un chancre affreux dévorait son vagin et l'un de ses cuisses était toute brûlée. Elle était soûle les trois quarts de l'année et dans son ivresse son estomac étant très faible, elle vomissait partout. Le trou de son cul malgré le paquet d'hémorroïdes qui le garnissait, était si large naturellement qu'elle vessait et pétait et faisait sonnet plus sans s'en apercevoir. Indépendamment des services de la maison au séjour luxurieux que l'on se proposait, ces quatre femmes devaient encore présider à toutes les assemblées pour tous les différents soins et services de lubricité que l'on pourrait exiger d'elles.

Tous ces soins remplis et l'été déjà commencé, on ne s'occupait plus que des transports des différentes choses qui devaient pendant les quatre mois de séjour à la terre de Durcet en rendre l'habitation commode et agréable. On y fit porter une nombreuse quantité de meubles et de glace, des vivres, des vins, des liqueurs de toutes les espèces, on y envoya des ouvriers, et petit à petit on y fit conduire les sujets, que Durcet qui avait pris les devants recevait, logeait et établissait à mesure. Mais il est temps de faire ici au lecteur une déscription du fameux temple destiné a tant de sacrifices luxurieux pendant les quatre mois projetés, il y verra avec quel soin on avait choisi une retraite écartée et solitaire comme si le silence, l'éloignement et la tranquillité était le véhicule puissant du libertinage et comme si tout ce qui imprime par ces qualités-là une terreur religieuse aux sens dut[46]) évidemment prêter à la luxure[47]) un attrait de plus. Nous allons peindre cette retraite non comme elle était autrefois, mais dans l'état et d'embellissement, et de solitude encore plus parfaite où les quatre amis l'avaient mise.

Il fallait pour y parvenir arriver d'abord à Baste, on y passait certain [lieu], au de là duquel, la route se retrécissait au point qu'il fallait quitter les voitures peu après. On entrait dans la forêt noire, on s'y enfonçait d'environs 15 lieues par une route difficile et tortueuse, et absolument inpraticable sans guide. Un méchant hameau de charbonnière et de garde bois s'offrait. Environ en cette hauteur-là commence le territoire de la terre de Durcet et le hameau lui appartient. comme les habitants de ce petit village sont presque tous voleurs ou contrebandiers, il fut aisé à Durcet de s'en faire des amis, et pour premier ordre leur fut donné un comique exacte de laisser parvenir qui que ce fait au château. Peu de là l'époque du 1 de novembre qui était celle où la société devait être entièrement réunie, il arma ses fidèles vassaux, leur accorda quelques privilèges qu'il sollicitait depuis longtemps et la barrière fut fermée. Dans le fait la description suivante va faire voir combien, cette porte bien close, il devenait difficile de pouvoir parvenir à Silliny, nom du château de Durcet; dès qu'on avait passé la charbonnerie, on commençait à escalader une montagne presqu'aussi haute que le Mont St. Bernard, et d'un abord infiniment plus difficile, car il n'est possible de parvenir au sommet qu'à pied. Ce n'est pas que les mulets n'y aillent, mais les précipites environnent de toutes parts si tellement le sentier qu'il faut suivre qu'il y a le plus grand danger à s'exposer sur eux. Six de ceux qui transportèrent les vivres et les équipages périrent ainsi que 2 ouvriers qui avaient voulu monter deux d'entre eux. Il faut près de cinq grosses heures pour parvenir à la cime de la montagne, laquelle offre là une autre espèce de singularité qui par les précautions que l'on prit, devint une nouvelle barrière tellement insurmontable qu'il n'y avait plus que les oiseaux qui pussent la franchir. Ce caprice singulier de la nature est une fente de plus de trente toises sur le cime de la montagne entre sa partie septentrionale et sa partie méridionale, de façon que sans les secours de l'art, après avoir grimpé la montagne il devient impossible de la redescendre. Durcet a fait réunir ces deux parties qui laissent entre elles une précipite de plus de mille pieds de profondeur, par un très beau pont de bois que l'on abatit dès que les derniers équipages furent arrivés et de ce moment-là, plus aucune possibilité quelconque de communiquer au château de Silliny. Car en redescendant la partie septentrionale on arrive dans une petite plaine d'environ quatre arpents, laquelle est entourée de partout de rochers à pics dont les sommets touchent aux mêmes rochers qui enveloppent la plaine comme un paravent et qui ne laissent pas la plus légère [communication] entre eux, le passage nommé le chemin du pont, est donc l'unique qu'on puisse descendre et communique dans la petite plaine, et une fois détruit il n'y a plus un seul habitant de la terre de quelqu'espèce qu'on veuille le supposer à qui il devienne possible d'aborder la petite plaine. Or c'est au milieu de cette petite plaine si bien entourée, si bien défendue que se trouva le château de Durcet; un mur de trente pieds de haut l'environne encore, au de là des murs un fossé plein d'eau et très profond défend encore une dernière enceinte formant une galerie tournante;[48]) une voie basse et étroite pénètre enfin dans une grande cour intérieure, autour de laquelle sont bâtis tous les logements. Ces logements fort vastes et fort bien meublés par le dernier arrangement pris, offrent d'abord au premier étage, une très grande galerie, qu'on observe que je vais peindre les appartements non tels qu'ils pouvaient être autrefois, mais comme ils venaient d'être arrangés et distribués relativement au plan projeté. De la galerie on pénétrait dans un très joli salon à manger, garni d'armoires en forme de tours qui communiquant aux cuisines donnaient la facilité d'être servi chaud, promptement et sans qu'il fut besoin du ministère d'aucun valet. De ce salon à manger garni de tapis, de poêles, d'ottomanes, d'excellents fauteuils et de tout ce qui pouvait le rendre aussi commode qu'agréable on passait dans un salon de compagnie, simple, sans recherches, mais extrêmement chaud et garni de fort bons meubles, ce salon communiquait à un cabinet d'assemblée, destiné aux narrations des historiennes, c'était pour ainsi dire là le champ de bataille des combats projetés, le chef lieu des assemblées lubriques, et comme il avait été orné en conséquence, il mérite une petite description particulière. Il était d'une forme demi-circulaire; dans la partie ceintrée se trouvaient quatre niches de glaces fort vastes et ornée chacune d'une excellente ottomane, ces quatre niches par leur construction faisaient absolument face au diamètre qui coupait le cercle, un trône élevé de quatre pieds était adossé au mur formant le diamètre, il était pour l'historienne, position qui la plaça non seulement bien en face des quatre niches destinées à ses auditeurs, mais qui même, vu que le cercle était petit ne l'éloignant point trop d'eux, les mettaient à même de ne pas perdre un mot de sa narration; car elle se trouvait alors placée comme est l'acteur sur un théâtre et les auditeurs placés dans les niches se trouvaient l'être comme on l'est à l'amphithéâtre. Au bas du trône étaient des gradins sur lesquels devaient se trouver les sujets de débauche amenés pour servir à calmer l'irritation des sens produite par les récits, ces gradins ainsi que le trône étaient recouverts de tapis de velours noirs garnis de franches d'or, et les niches étaient meublées d'une étoffe pareille et également enrichie, mais de couleur bleu foncée. A chaque pied des niches, était une petite porte donnant dans une garderobe adjacente[49]) à la niche et destinée à faire passer les sujets qu'on désirait et que l'on faisait venir des gardins dans le cas où l'on ne voulut pas exécuter devant tout le monde la volupté pour l'exécution de laquelle on appellait ce sujet. La garderobe était munie de canapés et de tous les autres meubles nécessaires aux impuretés de toute espèce. Des deux côtés du trône, il y avait une colonne isolée, et qui allait toucher le plafond. Ces deux colonnes étaient destinées à contenir le sujet que quelque faut aurait mis dans le cas d'une correction. Tous les instruments nécessaires à cette correction étaient accrochés en ces colonnes, et cette vue imposante servait à maintenir une subordination si essentielle dans des parties de cette espèce, subordination d'où naît presque tout le charme de la volupté dans l'âme des persécuteurs. Ce salon communiquait à un cabinet qui se trouvait faire dans cette partie l'extrémité du du logement. Ce cabinet était une espèce de boudoir, il était extrêmement sourd et secret, fort chaud, très sombre le jour et sa destination était pour des combats tête à tête, ou pour certaines autres voluptés secrètes qui seront expliquées dans la suite; pour passer dans l'autre aile, il fallait revenir sur ses pas, et une fois dans la galerie au fond de laquelle on voyait une fort belle chapelle, on repassait dans l'aile parallèle qui achevait le tour de la cour intérieure. Là se trouvait une fort belle antichambre communiquant à quatre très beaux appartements ayant chacun boudoir et garderobe; de très beaux lits à la turque en damas à trois couleurs avec l'ameublement pareil ornaient ces appartements dont les boudoirs offraient tout ce que peut offrir la lubricité la plus sensuelle et même avec recherche. Les quatres chambres furent destinées aux quatre amis, et comme elles étaient fort chaudes et fort bonnes, ils y furent parfaitement bien logés, une femme devant occuper par les arrangements pris les mêmes appartements qu'eux, on ne leur affecta point de logements particuliers. — Le second étage offrait une même quantité d'appartements à peu près, mais différemment divisés; on y trouvait d'abord, d'un côté, un vaste appartement orné de 8 niches garnies chacune d'un petit lit et cet appartement était celui des jeunes filles, à côté duquel se trouvaient 2 petites chambres pour 2 des vieilles qui devaient en avoir soin, au delà deux jolies chambres égales étaient destinées à deux des historiennes. Sur le retour on trouvait un même appartement et 8 niches en alcove pour les 8 jeunes garçons ayant de même deux chambres auprès pour les 2 duègnes que l'on destinait à les surveiller, et au de-là deux autres chambres également pareilles pour les deux autres historiennes. Huit jolis capucins au-dessus de ce qu'on vient de voir formaient le logement des 8 fouteurs quoique destinés à fort peu coucher dans leur lit. Dans le rez-de-chaussée se trouvaient les cuisines avec six cellules pour les six êtres que l'on destinait à ce travail, lesquelles étaient trois fameuses cuisinières; on les avait préférées à des hommes pour une partie comme celle-là, et je crois qu'on avait eu raison. Elles étaient aidées de trois jeunes filles robustes, mais rien de tout cela ne devait paraître aux plaisirs, rien de tout cela n'y était destiné, et si les règles que l'on s'était imposées sur cela furent enfreintes, c'est que rien ne contient le libertinage et que la vraie façon d'étendre et de multiplier ses désirs est de vouloir lui imposer des bornes. L'une de ces trois servantes devait avoir soin du nombreux betail que l'on avait amené, car excepté les quatre vieilles destinées au service intérieur, il n'y avait absolument point d'autre domestique que ces trois cuisinières et

leurs aides. Mais la dépravation, la cruauté, le dégoût,
l'infamie, toutes ces passions prévues ou senties, avaient
bien érigé un autre local dont il est urgent de donner
un esquisse, car la loi essentielle de la narration empêche que nous ne le peignions en entier, une fatal
pierre se levait artistement sous le marche-pied de
l'autel du petit temple chrétien que nous avons désigné dans la galerie; on y trouvait un escalier en
vis,⁵⁰) très étroit et très escarpé lequel par trois cent
marches descendait aux entrailles de la terre dans une
espèce de cachot voûté, fermé par trois portes de
fer et dans lequel se trouvait tout ce que l'art le plus
cruel et la barbarie la plus raffinée peuvent inventer
de plus atroce, tout pour effrayer les sens que pour
procéder à des horreurs; et là que de tranquillité jusqu'à quel point ne devait pas être rassuré le scélérat
que le crime y conduisait avec une victime. Il était
chez lui, il était hors de France, dans un pays sûr,
au fond d'une forêt inhabitable, dans un réduit de cette
forêt que par les mesures prises les seuls oiseaux du
ciel pouvaient aborder, et il y était dans le fond des
entrailles de la terre; malheur, cent fois malheur à
ces créatures infortunées qui dans un pareil abandon
se trouvaient à la merci d'un scélérat sans loi et sans
religion que le crime amusait et qui n'avait plus d'autres
intérêts que sa passion et d'autre mesure à garder
que les lois impérieuses de ses perfides voluptés —
je ne sais ce qui s'y passera, mais ce que je puis
dire à présent sans blesser l'intérêt du récit, c'est que
quand on fit la description au duc, il en déchargea 3 fois
de suite. Enfin tout étant prêt, tout étant parfaitement
disposé, les sujets déjà établis, le duc, l'évêque, Cur-

val et leurs femmes, suivis des quatre seconds foututeurs se mirent en marche, Durcet et sa femme ainsi que tout le reste ayant pris les devants comme on l'a dit,⁵¹) et non sans des peines infinies arrivèrent enfin au château le 29, 8 h. au soir. Durcet qui avait allé au devant d'eux fit couper le pont de la montagne sitôt qu'ils furent passés, mais ce ne fut partout le duc ayant examiné le local décida que puisque tous les vivres étaient dans l'intérieur, et qu'il n'y avait plus aucun besoin de sortir, il fallait pour prévenir les attaques ultérieures pas redoutées, et les évasions inférieurs, qui l'étaient davantage, il fallait dis-je, faire murer toutes les portes par lesquelles on pénétrait dans l'intérieur, et s'enfermer absolument dans la place comme dans une citadelle assiégée sans laisser la plus petite issue, soit à l'ennemi soit au déserteur. L'avis fut exécuté,⁵²) on se barricada à tel point qu'il ne devenait même pas plus possible de reconnaître où avaient été les portes, et on s'établit dans le dedans, d'après les arrangements qu'on vient de lire. Les deux jours qui restaient encore jusqu'au 1er de novembre⁵³) furent consacrés à reposer les sujets afin qu'ils pussent paraître frais dès que les scènes de débauche allaient commencer; et les quatre amis travaillèrent à un code de loix, qui fut signé des chefs et promulgué aux sujets sitôt qu'on l'eut rédigé. Avant que d'entrer en matières il est essentiel que nous les fassions connaître à notre lecteur, qui d'après l'exacte description que nous lui avons faite du tout, n'aura plus maintenant que suivre légèrement et voluptueusement sans que rien trouble son intelligence ou vienne embarrasser son mémoire.

Règlements.

On se lèvera tous les jours à 10 heures du matin; à ce moment les quatre fouteurs qui n'auront pas été du service pendant la nuit, viendront rendre visite aux amis et amèneront chacun avec eux un petit garçon, ils passeront successivement d'une chambre à l'autre ils agiront au gré et aux désirs des amis, mais dans les commencements les petits garçons qu'ils amèneront ne seront que pour la perspective, car il est décidé et arrangé que les 8 pucelages des cons des jeunes filles ne seront enlevés que dans le mois de décembre et ceux de leur cul ainsi que ceux des culs des 8 jeunes garçons, ne le seront que dans le cours du janvier, et cela afin de laisser irriter la volupté par l'accroissement d'un désir sans cesse enflammé et jamais satisfait état qui doit nécessairement conduire à une certaine fureur lubrique que les amis travaillent à provoquer comme une des situations⁵⁴) les plus délicieuses de la lubricité. — A onze heures les amis se rendront dans l'appartement des jeunes filles; c'est là que sera servi le déjeuner, consistant en chocolat, ou en rôties ou vin d'Espagne ou autres confortables restaurants. Ce déjeuner sera servi par les 8 jeunes filles nues, aidées des deux vieilles, Marie et Luison, que l'on attacha au sérail des filles, les deux autres devant l'être à celui des garçons. Si les amis ont envie de commettre des impudicités avec les filles, pendant le déjeuné, avant ou après elles s'y prêteront avec la résignation qui leur est enjointe, et à laquelle elles ne manqueraient pas sans une dure punition. Mais on convient, qu'il ne sera point fait de parties secrètes et particulières en ce moment-là, et que si l'on veut paillarder un instant, ce sera entre soi et devant tout ce qui assistera au déjeuner. — Ces filles auront pour coutume général de se mettre toujours à genoux chaque fois qu'elles verront ou rencontreront un ami, et elles y resteront jusqu'à ce qu'on leur dise de se relever. Elles seules, les épouses et les vieilles seront soumises à cette loi, on en dispense tout le reste, mais tout le monde sera tenu à n'appeler jamais que monseigneur chaque des amis avant de sortir de la chambre des filles. Celui des amis chargé de la tenue du mois (l'intention étant que chaque mois un ami ait le détail du tout, et que chacun y passe à son tour, dans l'ordre suivant: Durcet pendant novembre, l'évêque pendant décembre, le président pendant janvier, et le duc pendant février) celui donc des amis qui sera du mois, avant de sortir de l'appartement des filles les examinera toutes les unes après les autres pour voir si elles sont dans l'état où il leur aura été enjoint de se tenir, ce qui sera signifié chaque matin aux vieilles et réglé sur le besoin que l'on aura de les tenir en tel ou tel état comme il est sévèrement défendu d'aller à la garderobe ailleurs que dans la chapelle qui a été arrangée et destinée pour cela, et défendu d'y aller sans une permission particulière laquelle est souvent refusée et pour cause. L'ami qui sera du mois examinera avec soin sitôt après le déjeuné, toutes les garderobes particulières des filles et dans l'un ou l'autre cas de contravention en deux objets ci-dessus désignés la délinquante sera condamnée à peine afflictive. On passera de là dans l'appartement des garçons afin d'y faire les mêmes visites, et de condamner également les délinquants à peine capitale, les quatres petits garçons qui n'auront été point le matin chez les amis, les recevront cette fois-là, quand ils viendront dans leur chambre, et ils se déculotteront devant eux, les quatre autres se tiendront debout sans rien faire, et attendront les ordres qui leur seront donnés. Messieurs paillarderont ou non avec ces quatre qu'ils n'auront point encore vus de la journée mais ce qu'ils feront sera en public, point de tête à tête à cette heure-là. A une heure ceux ou celles des filles ou des garçons tant grands que petits qui auront obtenu la permission d'aller à des besoins pressés, c'est-à dire aux gros, et cette permission ne s'accordera jamais que très difficilement et à un tiers au plus des sujets, ceux-là dis-je se rendront à la chapelle où tout a été artistement disposé pour les voluptés analogues à ce genre-là, ils y trouveront les quatre amis qui les attendront jusqu'à deux heures et jamais plus tard et qui la disposeront comme ils le jugeront convenable aux voluptés de ce genre qu'ils auront envie de se passer; de deux à trois on servira les deux premières tables qui dîneront à la même heure, l'un dans le grand appartement des filles, l'autre dans celui des petits garçons; ce seront les 3 servantes de la cuisine qui serviront les deux tables, la première sera composée des 8 petites filles et des quatre vieilles, la seconde des quatre épouses, des 8 petits garçons et des quatre historiennes. Pendant ce dîner messieurs se rendront dans le salon de compagnie, où ils jaseront ensemble jusqu'à 3 heures, peu avant cette heure les 8 fouteurs paraîtront dans cette salle le plus ajustés et le plus parés qu'il se pourra. A 3 heures on servira le dîner des maîtres et les 8 fouteurs seront les seuls qui jouiront de l'honneur d'y être admis. Ce dîner sera servi par les quatre épouses toutes nues aidées des quatre vieilles vêtues en magiciennes, ce seront elles qui sortiront les plats des tours où les servantes les apporteront en dehors, et qui les remettront aux épouses qui les poseront sur la table. Les 8 fouteurs pendant le repas pourront commettre sur les corps nus des épouses tous les attouchements qu'ils voudront sans que celle-ci puisse s'y refuser ou s'en défendre, ils pourront même aller jusqu'aux insultes et s'en faire servir la verge haute, en les apostrophant de toutes les invectives que bon leur semblera. On sortira de table à cinq heures, alors, les 4 amis seulement (les fouteurs se retireront jusqu'à l'heure de l'assemblée générale) les quatre amis dis-je passeront dans le salon, où deux petits garçons et deux petites filles qui se varieront tous les jours, leur serviront nus, du café et des liqueurs, ce ne sera point encore là le moment où l'on pourra se permettre des voluptés qui puissent enivrer, il faudra s'en tenir au simple badinage. Un peu avant 6 heures les quatre enfants qui viendront de servir se retireront pour aller s'habiller promptement. A dix heures précises messieurs passeront dans le grand cabinet destiné aux narrations et qui a été dépeint plus haut; ils se placeront chacun dans leurs niches et tel sera l'ordre observé pour le reste. Sur le trône dont on a parlé sera l'historienne, les gradins du bas de son trône seront garnis de 16 enfants arrangés de manière à ce que quatre, c'est-à-dire deux filles et deux garçons, se trouvent faire face à une des niches, ainsi de suite chaque niche aura un pareil quatrain vis-à-vis d'elle, ce quatrain sera spécialement affecté à la niche devant laquelle il sera sans que les niches d'un côté puissent former des prétentions sur lui, et ces quatrains seront diversifiés tous les jours ; jamais la même niche n'aura le même, chaque enfant du quatrain aura une chaîne de fleurs artificielles au bras qui répondra dans la niche, en sorte que lorsque le propriétaire de la niche voudra tel ou tel enfant de son quatrain, il n'aura qu'à tirer à lui la guirlande et l'enfant accourrera se jeter vers lui. Au-dessous du quatrain sera une vieille attachée au quatrain, et aux ordres du chef de la niche de ce quatrain. Les trois historiennes qui ne seront point du mois, seront assises sur une banquette au pied du trône sans être affectées à rien et néanmoins aux ordres de tout le monde. Les quatre fouteurs qui seront destinés à passer la nuit avec les amis pourront s'abstenir de l'assemblée, ils seront dans leurs chambres occupés à se préparer à cette nuit qui demande toujours des exploits. A l'égard des quatre autres ils seront chacun aux pieds d'un des amis dans leurs niches, sur le sopha desquelles sera placé l'ami à côté d'une des épouses à tour de rôle. Cette épouse sera toujours nue, le fouteur sera en gilet et caleçon de taffetas couleur de rose, l'historienne du mois sera vêtue en courtisane élégante, ainsi que ses trois compagnes, et les petits garçons et les petites filles des quatrains seront toujours différemment et élégamment costumés, un quatrain à l'asiatique, un à l'espagnole, un autre à la turque, le quatrième à la grecque, et le lendemain autre chose, mais tous ces vêtements seront de taffetas et de gaze, jamais le bas du corps ne sera serré par rien et une épingle détachée suffira pour les mettre nus. A l'égard des vieilles elles seront alternativement en sœurs grises, en religieuses, en fées, en magiciennes et quelquefois en veuves. Les portes des cabinets attenants ces niches, seront toujours entr'ouvertes, et le cabinet très échauffé par des poêles de communication, garnis de tous les meubles nécessaires aux différentes débauches. Quatre bougies brûleront dans chacun de ces cabinets, et cinquante dans le salon. A 6 heures précises l'historienne commencera sa narration que les amis pourront interrompre à tous les instants que bon leur semblera. Cette narration durera jusqu'à 10 heures du soir, et pendant ce temps-là comme son objet est d'enflammer l'imagination, toutes les lubricités seront permises excepté néanmoins celles qui porteraient atteinte à l'ordre et l'arrangement pris pour la défloration, lequel sera toujours exactement conservé. Mais on fera du reste tout ce qu'on voudra avec son épouse, le fouteur, le quatrain et la vieille du quatrain et même avec les historiennes, si la fantaisie en prend, et cela ou dans sa niche, ou dans le cabinet qui en dépend. La narration sera suspendue tant que dureront les plaisirs de celui dont les besoins l'interrompent, et on la reprendra quand il aura fini. A 10 heures on servira le souper, les épouses, les historiennes, et les 8 petites filles iront promptement souper entre elles et apart, jamais les femmes n'étant admises au souper des hommes, et les amis souperont avec les quatre fouteurs qui ne seront pas du service de nuit, et quatre petits garçons, les quatre autres serviront aidés des vieilles, en sortant du soupé, on passera dans le salon d'assemblée pour la célébration de ce qu'on appelle les orgies. Là tout le monde se retrouvera et ceux qui auront soupé apart et ceux qui auront soupé avec les amis mais toujours excepté les 4 fouteurs du service de nuit. Le salon sera singulièrement échauffé et éclairé par des lustres, là tout sera nu, historiennes, épouses, jeunes filles, jeunes garçons, vieilles, fouteurs, amis, tout sera pêle-mêle, tout sera vautré sur des carreaux par terre, et à l'exemple des animaux, on changera et se mêlera, on incestera, on adultérera, on sodomitera, et toujours excepté la défloration, on se livrera à tous les excès et à toutes les débauches qui pourront le mieux échauffer la tête, quand ces déflorations devront se faire, tel[55]) sera le moment où l'on y procédera et une fois qu'un enfant sera défloré, on pourra jouir de lui, quand et de quelle manière qu'on le voudra. A deux heures précises du matin les orgies cesseront, les quatre fouteurs destinés au service de nuit viendront dans d'élégants déshabillés chercher chacun l'ami avec lequel il devra coucher, lequel amènera avec lui une des épouses, ou une des sujets déflorés quand ils le seront ou une historienne ou une vieille pour passer la nuit entre elle et son fouteur, et le tout à son gré et seulement avec la clause de se soumettre à des arrangements sages et d'où il puisse résulter que chacun change toutes les nuits ou le puisse faire. Tel[55]) sera l'ordre et l'arrangement de chaque journée, indépendamment de cela chacun des 17 semaines que doit durer[56]) le séjour au château sera marquée par une fête, ce seront d'abord des mariages (il en sera rendu compte en temps et lieu), mais comme les premiers de ces mariages se feront entre les plus jeunes enfants et qu'ils ne pourront pas les commencer, il ne dérangeront rien à l'ordre établi pour les déflorations, les mariages entre grands ne se faisant qu'après la défloration. Leur consommation ne nuira à rien, puisque agissant il ne jouiront que de ce qui sera déjà cueilli. — Les quatre vieilles répondront de la conduite des 4 enfants quand ils feront des fautes, elles se plaindront à celui des amis qui sera du mois et on procédera en commun aux corrections tous les samedis au soir à l'heure des orgies. Il s'en tiendra liste exacte jusque là. A l'égard des fautes commises par les historiennes, elles seront punies à moitié de celles des enfants parce que leur talent sert et qu'il faut toujours respecter les talents; quant à celles des épouses ou des vieilles elles seront toujours doubles de celles des enfants. Tout sujet qui fera quelque refus de choses qui lui seront demandées, même en étant dans l'impossibilité sera très sévèrement puni. C'était à lui de prévoir et de prendre ses précautions. Le moindre rire, ou le moindre manque d'attention ou de respect et de soumission dans la partie de débauche sera une des fautes les plus graves et les plus cruellement punies, tout homme pris en flagrant délit avec une femme sera puni de la perte d'un membre quand il n'aura pas reçu l'autorisation de jouir de cette femme. Le plus petit acte de religion de la part d'un des sujets quelqu'il puisse être sera puni de mort. Il est expressément enjoint aux amis de n'employer dans toutes les assemblées que les propos les plus lascifs, les plus débauchés et les expressions les plus sales, les plus fortes et les plus blasphématoires. — Le nom de dieu n'y sera jamais prononcé qu'accompagné d'invectives ou d'imprécations et on le répétera le plus souvent possible. A l'égard de leur ton il sera toujours le plus brutal, le plus dûr et le plus impérieux, avec les femmes et les petits garçons, mais soumis, putain et dépravé avec les hommes que les amis en jouant avec eux le rôle des femmes doivent regarder comme leurs maris; celui des messieurs qui manquera à toutes ces choses, ou qui s'avisera d'avoir une seule heure de raison et surtout de passer un seul jour sans se coucher ivre payera 10 mille francs d'amende; quand un ami aura quelque gros besoin, une femme, dans celle des classes qu'il jugera à propos sera tenue à l'accompagner pour vaquer aux soins qui lui seront indiqués pendant cet acte-là — aucun des sujets soit hommes soit femmes ne pourront remplir de devoirs de propreté quelqu'il puisse être et surtout ceux après le gros besoin sans une permission expresse de l'ami qui sera du mois, et si elle lui est refusée et qu'il le remplisse malgré cela, sa punition sera des plus rudes. Les quatre épouses n'auront aucune sorte de prérogative sur les autres femmes; au contraire, elles seront toujours traitées avec plus de rigueur et d'inhumanité, et elles seront très souvent employées aux ouvrages les plus viles et les plus pénibles, tels par exemple que le nettoyement des garderobes communes et particulières établies à la chapelle. Ces garderobes ne seront vidées que tous les huit jours, mais ce sera toujours par elles. Et elles seront rigoureusement punies si elles y résistent ou les remplissent mal. Si un sujet quelconque entreprend une évasion pendant la tenue de l'assemblée, il sera à l'instant puni de mort quelqu'il puisse être.

Les cuisinières et leurs aides seront respectées, et ceux des messieurs qui enfreindront cette loi payeront mille louis d'amende. Quant à ces amendes, elles seront toutes spécialement employées au retour en France à commencer les frais d'une nouvelle partie ou dans le genre de celle-ci ou dans une autre. Ces soins remplis et règlements promulgués le 30 dans la journée, le duc passa la matinée du 31 à tout vérifier, à faire faire des répétitions du tout, et à examiner avec soin la place pour voir si elle n'était pas susceptible ou d'être assaillie, ou de favoriser quelque évasion. Ayant reconnu qu'il faudrait être oiseau ou diable pour en sortir ou y entrer, il rendit compte à la société de sa commission, et passa la soirée du 31 à haranguer les femmes, elles s'assemblèrent toutes par son ordre dans le salon aux narrations, et étant monté sur la tribune ou l'espèce de trône destinée à l'historienne, voici à peu près le discours qu'il leur tint.

„Etres faibles et enchaînées, uniquement destinées à nos plaisirs, vous ne vous êtes pas flattées j'espère que cet empire aussi ridicule qu'absolu que l'on vous laisse dans le monde, vous serait accordé dans ces lieux, mille fois plus soumises que ne le serait des esclaves, vous ne devez vous attendre qu'à l'humiliation, et l'obéissance doit être la seule vertu dont je vous conseille de faire usage, c'est la seule qui convéniene à l'état où vous êtes. Ne vous avisez pas surtout de faire aucun fond sur vos charmes, trop blazés sur de tels pièges vous devez bien imaginer que ce ne serait avec nous que ces amorces-là pourraient réussir, souvenez sans cesse que nous nous servirons de vos toutes, mais que pas une seule ne doit se flatter de pouvoir seulement nous inspirer le sentiment de la pitié, indigne contre les autels qui ont pu nous arracher quelque grain d'encens, notre fierté, et notre libertinage la brise dès que l'illusion a satisfait les sens, et le mépris presque toujours suivi de la haine remplace à l'instant dans nous le prestige de l'imagination. Qu'offrirez-vous d'ailleurs que nous ne sachions par cœur, qu'offrirez-vous que nous ne foulions aux pieds souvent même l'instant du délire; il est inutile de vous le cacher: votre service sera rude, il sera pénible et rigoureux et les moindres fautes seront à l'instant punies de peines corporelles et afflictives; je dois donc vous recommander de l'exactitude, de la soumission et une abnégation totale de vous mêmes pour n'écouter que nos désirs, qu'ils fassent vos uniques lois, volez au-devant d'eux, prévenez-les et faites les naître, non pas que vous ayez beaucoup à gagner de cette conduite, mais seulement parce que vous auriez beaucoup à perdre en ne l'observant pas. Examinez votre situation, ce que vous êtes et ce que nous sommes, et que ces réflexions vous fassent frémir. Vous voilà hors de France au fond d'une forêt inhabitable, au-delà de montagnes escarpées dont les passages ont été rompus aussitôt après que vous les avez eu franchis, vous êtes enfermés dans une citadelle impénétrable, qui que ce soit ne vous y sait. Vous êtes soustraites à vos amis, à vos parents, vous êtes déjà mortes au monde et ce n'est plus que pour nos plaisirs que vous respirez, et quels sont les êtres à qui vous voilà maintenant subordonnées; des scélérats profonds et reconnus qui n'ont de dieu que leur lubricité, de loix que leur dépravation, de frein que leur débauche, des roués sans dieu, sans principe, sans religion dont le moins criminel est souillé de plus d'infamies que vous ne pourriez les nombrer, et aux yeux de qui la vie d'une femme, que dis-je, d'une femme, de toutes celles qui habitent la surface du globe, est aussi indifférente que la destruction d'une mouche, il sera peu d'excès sans doute, où nous ne nous portions ;⁵⁷) qu'aucuns ne vous répugnent, prêtez-vous sans sourciller, et opposez à tous la patience, la soumission et le courage. Si malheureusement quelqu'unes d'entre vous succombent à l'intempérie de ces passions, qu'elles prennent bravement son parti, nous ne sommes pas dans ce monde pour toujours exister, et ce qui peut arriver de plus heureux à une femme, c'est de mourir jeune, on vous a lu des règles fort sages et très propres et à votre sûreté et à nos plaisirs ; exécutez les aveuglément et attendez-vous à tout de notre part, si vous nous irritez par une mauvaise conduite quelqu'unes d'entre vous, avez avec nous des lieux, je le sais, qui vous enorgueillient peut-être, et desquels vous espérez de l'indulgence, vous seriez dans une grande erreur, si vous y comptiez, nul rien n'est sacré aux yeux de gens tels que nous et plus ils vous paraîtront tels pour leur rupture chatouiller à la perversité de nos âmes, filles, épouses c'est donc à vous que je m'adresse en ce moment. Ne vous attendez à aucune prérogative de notre part, nous vous avertissons que vous serez traitées, même avec plus de rigueur que les autres, et cela précisément pour vous faire voir combien sont méprisables à nos yeux les lieux dont vous nous croyiez peut-être enchaînés. Au reste ne vous attendez pas que nous vous spécifierons toujours les ordres que nous voudrons vous faire exécuter, une geste, un coup d'œil, souvent un simple sentiment interne de notre part vous le signifiera, et vous serez aussi punies de ne les avoir pas deviné ou prévenu que si après vous avoir été notifiées, il eut éprouvé une désobéissance de votre part, c'est à vous de démêler nos mouvements, nos regards, nos gestes, d'en démêler l'expression et surtout de ne pas vous tromper à nos désirs ; car je suppose par exemple que ce désir fût de voir une partie de votre corps et que vous vinssiez maladroitement à offrir l'autre, vous sentez à quel point une telle méprise dérangerait notre imagination. Et tout ce qu'on risque à refroidir la tête d'un libertin qui — je le suppose — n'attendrait qu'un cul pour sa décharge et auquel on viendrait imbécilement présenter un con. En général offrez-vous toujours très peu par devant, souvenez-vous que cette partie infecte que la nature ne forma qu'en déraisonnant, est toujours celle qui nous répugne le plus. Et relativement à vos culs mêmes, il y a encore des précautions à garder, tant pour dissimuler en l'offrant l'antre odieux qui l'accompagne, que pour éviter de nous faire voir dans de certains moments, le cul dans un certain état où d'autres gens désireraient de le trouver toujours, vous devez m'entendre, et vous recevrez d'ailleurs de la part des quatre duègnes des instructions ultérieures qui achèveront de vous expliquer tout. En un mot, frémissez, devinez, obéissez, prévenez, et avec cela si vous n'êtes pas au moins très fortunées, peut-être ne serez-vous pas tout à fait malheureuses. D'ailleurs point d'intrigue entre vous, nulle liaison, point de cette imbécile amitié de filles qui en amollit d'un côté le cœur, le rend de l'autre et plus revêche et moins disposé à la seule et simple humiliation, où nous vous destinons, songez que ce n'est point du tout comme des créatures humaines que nous vous regardons, mais uniquement comme des animaux que l'on nourrit pour le service qu'on en espère et qu'on écrase quand ils se refusent à ce service. Vous avez vu à quel point on vous défend tout ce qui peut avoir l'air d'un acte de religion quelconque, je vous préviens qu'il n'y aura pas de crime plus sévèrement puni que celui-là. On ne sait que trop qu'il est encore parmi vous quelqu'imbéciles qui ne peuvent pas prendre sur elles d'abjurer l'idée de cet infâme dieu et d'en abhorrer la religion, celles-là seront soigneusement examinées — je ne vous le cache pas — et il n'y aura point d'extremités où l'on ne se porte envers elle. Si malheureusement on les prend sur le fait, qu'elles se persuadent,[58]) ces sottes créatures, qu'elles se convainquent donc que l'existence de dieu est une folie qui n'a pas sur toute la terre vingt sectateurs aujourd'hui, et que la religion qui l'invoque n'est qu'une fable ridiculement inventée par des fourbes dont l'intérêt à nous tromper n'est que trop visible à present, en un mot, décidez vous-mêmes, s'il y avait un dieu et si ce dieu eût de la puissance, permettrait-il que la vertu qui l'honore et dont vous faites profession fût sacrifiée comme elle va l'être aux vices et aux libertinages, permettrait-il ce dieu tout puissant, qu'une faible créature comme moi qui ne serait vis-à-vis de lui que c'est qu'un ciron aux yeux de l'éléphant, permettrait-il, dis-je, que cette faible créature, l'insultât, le bafouât, le défiât, le bravât et l'offense comme je fais à plaisir à chaque instant de la journée."

Ce petit sermon fait, le duc descendit de chaire,

et excepté les quatre vieilles et les quatre historiennes qui savaient bien qu'elles étaient là plutôt [comme] sacrificatrices et prêtresses que comme victimes, excepté ces 8 là, dis-je, tout le reste fondait en larmes, et le duc s'en embarassant fort peu les laissa conjecturer, jaboter, se plaindre entre elles, bien sûr que les 8 espionnes lui rendraient bon compte de tout, et fut passer la nuit avec Hercule, l'un de la troupe des fouteurs qui était devenu son plus intime favori comme amant, le petit Zéphyre ayant toujours pour maîtresse la première place dans son cœur. Le lendemain devant retrouver dès le matin les choses sur le pied d'arrangement où elles avaient été mises, chacun s'arrange de même pour la nuit et dès que dix heures de matin sonnèrent, la scène du libertinage s'ouvrit pour ne plus se déranger en rien, ni sur rien de tout ce qui avait été préscrit jusqu'au 28 de février inclus; c'est maintenant, ami lecteur, qu'il faut disposer ton cœur et ton esprit au récit le plus impur qui ait jamais été fait depuis que le monde existe, le pareil livre ne se rencontrant, ni chez les anciens, ni chez les modernes. Imagine-toi que toute jouissance honnête ou préscrite par cette bête dont tu parles sans cesse, sans le connaître, et que tu appelles nature, que ces jouissances, dis-je, seront expressément exclues de ce recueil, et que lors que tu les rencontreras par avanture, ce ne sera jamais qu'autant qu'elles seront accompagnées de quelque crime, ou colorées de quelqu'infamies. Sans doute beaucoup des écarts que tu vas voir peints te déplairont, on le sait, mais il s'en trouvera quelqu'uns qui t'enchanteront au point de te coûter du foutre, et voilà tout ce qui nous faut, si nous n'avions pas tout dit, tout analysé, comment voudrais-tu que nous eussions pu deviner ce qui te convient, c'est à toi à les prendre et à laisser le reste, un autre en fera autant, et petit à petit, tout aura trouvé sa place. C'est ici l'histoire d'un magnifique repas où 600 plats divers s'offrent à ton appetit, les manges-tu tous, non sans doute, mais ce nombre prodigieux étend les bornes de ton choix, et ravi de cette augmentation des facultés, tu ne t'avises pas de gronder l'amphitrion qui te régale, fais de même ici, choisis, et laisse le reste sans déclamer contre ce reste, uniquement parce qu'il n'a pas le talent de te plaire, songe qu'il plaira à d'autres et sois philosophe ; quant à la diversité sois assuré qu'elle est exacte, étudie bien celle des passions qui te paraît ressembler sans nulle différence à une autre, et tu verras que cette différence existe, et quelque légère qu'elle soit, qu'elle a seule précisément ce raffinement, ce tact qui distingue et caractérise le genre de libertinage dont il est ici question. Au reste on a fondu, ces 600 passions dans le récit des historiennes, c'est encore une chose dont il faut que le lecteur soit prévenu. Il aurait été monotone de les détailler autrement et une à une sans les faire entrer dans un corps de récit. Mais comme quelque lecteur, peu au fait de ces sortes de matières, pourrait peut-être confondre les passions désignées avec l'aventure ou l'évènement simple de la vie de la conteuse, on a distingué avec soin chacune de ces passions par un trait en marge, au-dessus duquel est le nom qu'on peut donner à cette passion, ce trait est à la ligne juste où on commence le récit de cette passion, et il y a toujours un alinéa où elle finit. Mais comme il y a beaucoup de personnages en action dans cet espèce de drames, que malgré l'attention qu'on a eu dans cette introduction de les peindre et de les désigner tous, on va placer une table qui contiendra le nom et l'âge de chaque acteur avec une légère esquisse de son portrait, à mesure que si l'on rencontrera un nom qui embrassera dans les récits on pourra recourir à cette table, et plus haut aux portraits étendus, si cette légère esquisse ne suffit pas à rappeler ce qui aura été dit.

Personnages du „roman de l'école du libertinage".

Le duc de Blangis, 50 ans, fait comme un satire, doué d'un membre monstrueux et d'une force prodigieuse; on peut le regarder comme le réceptacle de tous les vices et de tous les crimes, il a tué sa mère, sa sœur et trois de ses femmes.

L'évêque de ... est son frère, 45 ans, plus mince et plus délicat que le duc, une vilaine bouche, il est fourbe adroit, fidèle sectateur de la sodomie active et passive, il méprise absolument toute autre espèce de plaisir, il a cruellement fait mourir deux enfants pour lesquels un ami avait laissé des fortunes considérables entre ses mains. Il a le genre nerveux d'une si grande sensibilité qu'il s'évanouit presque en déchargeant.

Le président de Curval, 60 ans, c'est un grand homme sec, mince; des yeux creux éteints, la bouche malsaine, l'image ambulante de la crapule et du libertinage, d'une saleté affreuse sur lui-même, et y attachant de la volupté; il a été circoncis, son érection est rare et difficile. Cependant elle a lieu et il éjacule encore presque tous les jours, son goût le porte de préférence aux hommes, néanmoins il ne méprise point une pucelle, il a pour singularité dans les goûts d'aimer et la vieillesse et tout qui lui ressemble pour la cochonnerie, il est donc d'un membre presqu'aussi gros que celui du duc, depuis quelqu'années il est comme abruti par la débauche, et il boît beaucoup. Il ne doit sa fortune qu'à des meurtres et nommément d'un qui est affreux et qu'on peut voir dans le détail de son portrait. Il éprouve en déchargeant une sorte de colère lubrique qui le porte aux cruautés.

Durcet, financier, 53 ans, grand aussi et camarade d'école du duc, il est petit, court et trapu, mais son corps est frais, beau et blanc, il est taillé comme une femme, et en a tous les goûts. Privé par la petitesse de sa consistance, de leur donner plaisir, il l'a imité et se fait foutre à tout instant du jour, il aime aussi la jouissance de la bouche, c'est la seule qui puisse lui donner des plaisirs comme agent. Les seuls dieux sont ses plaisirs et il est toujours prêt à leur tout sacrifier ; il est fin adroit et il a commis beaucoup de crimes. Il a empoisonné sa mère, sa femme et ses nièces pour arranger sa fortune. Son âme est ferme et stoïque, absolument insensible à la pitié. Il ne bande plus et ses éjaculations sont fort rares. Ses instants de crise sont précédés d'une sorte de spasme qui le jette dans une colère lubrique dangereuse pour ceux ou celles qui servent sa passion.

Constance est femme du duc et fille de Durcet, elle a 22 ans, c'est une beauté romaine, plus de majesté que de finesse, de l'embonpoint quoique bien faite, un corps superbe, le cul singulièrement coupé et pouvant servir de modèle, les cheveux et les yeux très noirs, elle a de l'esprit et ne sent que trop toute l'horreur de son sort. Un grand fond de vertu naturelle que rien n'a pu détruire.

Adélaïde, femme de Durcet et fille du président, c'est une jolie poupée, elle a 20 ans, les yeux très tendres et d'un joli bleu animé, elle a toute la tournure d'une héroïne de roman, le cou long et bien attaché, la bouche un peu grande, c'est son seul défaut. Une petite gorge et un petit cul, mais tout cela quoique délicat est blanc et moulé, l'esprit romanesque, le cœur tendre, excessivement vertueux et dévote; elle se cache pour remplir ses devoirs de chrétienne.

Julie, femme du président et fille aînée du duc, elle a 24 ans, grasse, potelée, de beaux yeux bruns, un joli nez; des traits marqués et agréables, mais une bouche affreuse, elle a peu de vertu, et même grande disposition à la malpropreté, à l'ivrognerie, à la gourmandise, et au putanisme, son mari l'aime à cause du défaut de sa [vertu]. On ne lui a jamais donné ni principe ni religion.

Aline sa sœur cadette, crue fille du duc quoique réellement elle soit fille de l'évêque et d'une des femmes du duc, elle a 18 ans, une physionomie très piquante et très agréable, beaucoup de fraîcheur, les yeux bruns, le nez retroussé, l'air mutine quoique foncièrement indolente et paresseuse, elle n'a point l'air d'avoir encore du tempérament, et déteste très sincèrement toutes les infamies dont on la rend victime, l'évêque l'a dépucelée par derrière à 10 ans;[59]) on la laissée dans une ignorance crasse, elle ne sait ni lire, ni écrire, elle déteste l'évêque et craint le duc. Elle aimait beaucoup sa sœur, elle est sobre et propre, répond drôlement et avec enfantillage, son cul est charmant.

La Duclos, 1e historienne. Elle a 48 ans, grands restes de beauté, beaucoup de fraîcheur, le plus beau cul qu'on puisse avoir. Brune, taille pleine, très en chair.

La Champville a 50 ans, elle est mince, bien faite, et les yeux lubriques, elle est tribade et tout l'annonce dans elle; son métier est le maquerellage, elle a été blonde, elle a de jolis yeux, le clitoris long et chatouilleux, un cul fort usé à force de services, et néanmoins elle est pucelle par là.

La Martaine a 52 ans, elle est maquerelle, c'est une grosse maman fraîche et saine, elle est barrée et n'a jamais connu que le plaisir de Sodome pour lequel[60] elle semble avoir été spécialement créée, car elle a malgré son âge le plus beau cul possible, il est fort gros, et si accoûtumé aux introductions, qu'elle soutient les plus gros engins sans sourciller. Elle a encore de jolis traits, mais qui pourtant commencent à se faner.

La Desgranges a 56 ans, cul le plus grand, et la plus scélérate qu'ait jamais existé elle est grande mince, pâle, elle a été brune, c'est l'image du crime personifié. Son cul flêtri ressemble à du papier marbre, et l'orifice en est immense. Elle a un talon, trois doigts et six dents de moins.[61]) Il n'existe pas un seul crime qu'elle n'ait fait ou fait faire, elle a ce jargon agréable, de l'esprit, et est actuellement une des maquerelles en titre de la societé.

Marie, la première des duègnes a 58 ans, elle est fouettée et marquée, elle a été servante de voleur, les yeux fermes et chanceux, le nez de travers, les dents jaunes, une fesse rongée par un abcès, elle a fait et tué 14 enfants.

Louison, la seconde duègne, a 60 ans, elle est petite, bossue, borgne et boiteuse, et elle a pourtant un fort joli cul, elle est toujours prête aux crimes et elle est extrêmement méchante. Ces deux premières sont annexées aux filles, et les deux suivantes aux garçons.

Thérèse a 62 ans, l'air de squélette, ni cheveux ni dents, une bouche puante, le cul criblé de blessures, le trou large à l'excès, elle est d'une saleté et d'une puanteur atroce, elle a un bras tordu et elle boîte.

Fanchon, âgée de 65 ans, a été pendue 6 fois en effigie, et a commis tous les crimes imaginables, elle est louche, camuse, courte, grosse, point de front, plus que 2 dents, un érisipèle (sic) lui couvre le cul, un paquet d'émoroïdes lui sort du trou, un chancre lui dévore le vagin, elle a une cuisse brûlée, et un cancer lui ronge le sein, elle est toujours saoûle, et vomit, pète et chie partout et à tout instant sans s'en apercevoir.

Sérail des jeunes filles.

Augustine, fille d'un baron de Languedoc, 15 ans, minois fin et éveillé.

Fanni, fille d'un conseiller de Bretagne, 14 ans, l'air doux et tendre.

Zelmire, fille du comte de Tourville, seigneur de Beauce, 15 ans, l'air noble et l'âme très sensible.

Sophie, fille d'un gentilhomme de Berri, des traits charmants, 14 ans.

Colombe, fille d'un conseiller au parlement de Paris, 13 ans, grande fraîcheur.

Hébé, fille d'un officier d'Orléans, l'air très libertin et les yeux charmants, elle a 12 ans.

Rosette et Michelette toutes deux l'air de belle vierge, l'une a 13 ans et est fille d'un magistrat de Châlons sur Saône, l'autre en a 12 et est fille du Marquis de Senange, elle a été enlevé en Bourbonnais chez son père. Leur taille et le reste de leurs attraits, et principalement leur cui est au-dessus de toute expression, elles sont choisies sur 130.

Sérail des jeunes garçons.

Zélamir, 13 ans, fils d'un gentilhomme de Poitou.

Cupidon, même âge, fils d'un gentilhomme d'auprès de la Flêche.

Narcisse, 12 ans, fils d'un homme en place de Rouen, chevalier de Malthe.

Zéphire, 15 ans, fils d'un officier général de Paris, il est destiné au duc.

Céladon, fils d'un magistrat de Nancy, il a 14 ans.

Adonis, fils d'un président de la grande chambre[62]) de Paris, 15 ans, destiné à Curval.

Hyacinthe, 14 ans, fils d'un officier retiré en champagne.

Giton page du roi, 12 ans, fils d'un gentilhomme du Nivernois.

Nulle plume est en état de peindre les grâces, les traits, et les charmes secrets de ces 8 enfants, au-dessus de tout ce qu'il est possible de dire, et choisis comme on le sait sur un très grand nombre.

Huit fouteurs.

Hercule, 26 ans, assez joli, mais très mauvais sujet, favori du duc, son vit a 8 pouces, 2 lignes de tour, sur 13 de long; décharge beaucoup.

Antinous a 30 ans, très bel homme, son vit a 8 pouces de tour, sur 12 de long.

Brise-cul, 28 ans, l'air d'un satire, son vit est tortu, la tête, ou le gland en est énorme, il a 8 pouces, 3 lignes de tour, et le corps du vit 8 pouces, sur 13 de long. Ce vit majestueux est absolument cambré.

Bande-au-ciel, a 25 ans, il est fort laid, mais sain et vigoureux, grand favori de Curval, il a 25 ans, est toujours en l'air, et son vit a[63]) 7 pouces 11 lignes de tour, sur 11 de long.

Les quatre autres de 9 à 10 et 11 pouces de long, sur 7 et demi, et 7 et 9 lignes de tour, et ils ont de 25 à 30 ans.

Fin de l'introduction.

Omissions que j'ai faites dans cette introduction.

1. Il faut dire que Hercule et Bande-au-ciel sont l'un très mauvais sujet et l'autre fort laid, et qu'aucun des 8 n'a jamais pu jouir ni d'homme ni de femme.

2. Que la chapelle sert de garderobe et les détails d'après cet usage.

3. Que les maquerelles et les maquereaux dans leur expédition avaient avec eux des coupes-jarrets à leurs ordres.

4. Détaillez un peu les gorges des servantes, et parlez du cancer de Fanchon. Peignez aussi un peu davantage les figures des 16 enfants.

Les 120 journécs de Sodome ou l'école du libertinage. Première partie.

Les 150 passions simples ou de première classe composant les trente journées de novembre remplies par la narration de la Duclos auxquelles sont entremêlés les évènemens scandaleux du château en forme de journal pendant ce mois-là.

1e journée.

On se leva le 1er de 9bre à 10 heures du matin, ainsi qu'il était préscrit par les règlements, dont on s'était mutuellement juré de ne s'écarter en rien. Les quatre fouteurs qui n'avaient point partagé la couche des amis leur amenèrent à leur lever[64]) Zéphire chez le duc, Adonis chez Curval, Narcisse chez Durcet, et Zélamir chez l'évêque. Tous quatre étaient bien timides encore, bien empruntés, mais encouragés par leurs guides, ils remplirent fort bien leur devoir, et le duc déchargea, les 3 autres plus réservés et moins prodigues de leur foutre en firent pénétrer autant que lui, mais sans y rien mettre du leur. On passa à 11 heures dans l'appartement des femmes, où les 8 jeunes sultanes parurent nues et servirent le chocolat ainsi. Marie et Louison qui présidaient à ce sérail les aidaient et les dirigeaient. On mania, on baisa beaucoup et les 8 pauvres petites malheureuses victimes de la plus unique lubricité rougissaient, se cachaient avec leur mains, essayaient de défendre leurs charmes, et montraient aussitôt dès qu'elles voyaient que leurs pudeurs irritaient et fâchaient leur maîtres. Le duc qui rebanda fort vite mesura le pourtour de son engin à la taille mince et legère de Michette et il n'y eut que 3 pouces de différence. Durcet qui était de mois, fit les examens et les visites préscrites, Hébé et Colombe se trouvèrent en faute, et leur punition fut préscrite et assignée sur-le-champ pour le samedi à l'heure des orgies. Elles pleurèrent, mais n'attendrirent pas. On passa de-là chez les garçons, les quatre qui n'avaient point paru le matin, savoir Cupidon, Céladon, Hyacinthe et Giton, se déculotèrent suivant l'ordre, et on s'amusa un instant du coup d'œil, Curval les baisa tous quatre sur la bouche et l'évêque leur branla le vit un moment, pendant que le duc et Durcet faisaient autre chose. Les visites se firent, personne n'était en faute; à une heure les amis se transportèrent à la chapelle où l'on sait qu'était établi le cabinet des garderobes, les besoins que l'on prévoyait avoir le soir, ayant fait refusé beaucoup de permissions, il ne parut que Constance, la Duclos, Augustine, Sophie, Zélamir, Cupidon et Louison, tout le reste avait demandé et on leur avait enjoint de se réserver pour le soir, nos quatre amis postés autour du même siège, construit à ce dessein, firent placer sur ce siège ces sept sujets, l'un après l'autre, et se retirèrent après s'être rassasiés du spectacle, ils descendèrent au salon, ou pendant que les femmes dînaient ils jasèrent entre eux jusqu'au moment où on les servit. Les quatre amis se placèrent[65]) chacun entre deux fouteurs suivant la règle qu'ils s'étaient imposée de n'admettre jamais de femmes à leur table, et les quatre épouses nues, aidées des vieilles vêtues en sœurs grises, servirent le plus magnifique repas et le plus succulent qu'il fut possible de faire, rien de plus délicat et de plus habile que les cuisinières qu'ils avaient emmenées, et elles étaient si bien payées et si bien fournies que tout ne pouvait aller qu'à merveille, ce repas devant être moins fort que le souper, on se contenta de quatre services superbes, chacun composé de douze plats, le vin de Bourgogne parut avec les hors d'œuvres, on servait le Bordeaux aux entrées, le Champagne au rôti, l'Hermitage à l'entremets, le Tokaye et le Madère au dessert. Par espèce les têtes s'échauffèrent, les fouteurs auxquels on avait en ce moment-là accordé tous droits sur les épouses, les maltraitèrent un peu, Constance fut même un peu poussée, un peu battue pour n'avoir pas apporté sur-le-champ une assiette à Hercule, lequel se voyant très avant dans la bonne grâce du duc crut pouvoir pousser l'insolence au point de battre et molester sa femme, dont celui-ci ne fit que rire. Curval très gris au dessert, jeta une assiette au visage de sa femme qui lui aurait fendu la tête, si celle-ci ne l'ait esquichée, Durcet voyant un de ses voisins bander, ne fit pas d'autre cérémonie, quoique à table, que de déboutonner ses culottes et de présenter son cul. Le voisin l'enfila, et l'opération faite, on se réunit à boire comme si de rien n'était, le duc imita bientôt avec Bande-au-ciel la petite infamie de

son ancien ami, et il paria quoique le vit fût énorme,
avaler trois bouteilles de vin de sens froid, pendant
qu'on l'enculerait — quelle habitude — quel calme,
quel sens froid dans le libertinage, il gagna sa gageure
et comme il ne les buvait pas à jeûne, que ces trois
bouteilles tombaient sur plus de 15 autres, il se releva
de là un peu étourdi, le premier objet qui se présente
à lui fut sa femme pleurant du mauvais traitement
d'Hercule, et cette voix l'anime à tel point qu'il se
porta sur-le-champ à des excès avec elle, qu'il nous
est encore impossible de dire. Le lecteur qui voit comme
nous sommes gênés dans les commencements-ci pour
mettre de l'ordre dans nos matières, nous pardonnera
de lui laisser encore bien de petits détails sous le voile.
Enfin on passa dans le salon, où de nouveaux plaisirs
et de nouvelles voluptés attendaient nos champions;
là le café et les liqueurs leur furent présentés par
un quadrille charmant, il était composé de 2 beaux
jeunes garçons, d'Adonis et d'Hyacinthe, et en filles
de Zelmire et Fanni. Thérèse, une des duègnes, les
dirigeait, car il était de règle, que partout où deux
ou trois enfants se trouvaient réunis, une duègne devait
les conduire. Nos quatre libertins à moitié ivres, mais
résolus pourtant d'observer leur loi se contentèrent
de baisers, d'attouchements, mais que leur tête libertine fut assaisonnée de tous les raffinements de la
débauche et de la lubricité, on crut un moment que
l'évêque allait prendre du foutre à des choses très extraordinaires qu'il exigeait d'Hyacinthe pendant que Zelmire le branlait. Déjà ses nerfs tressaillaient et sa
crise de spasme s'emparait de tout son physique, mais
il se contint, rejeta loin de lui les objets tentateurs

prêts à triompher de ses sens et sachant qu'il y avait encore de la besogne à faire, se réserva au moins pour la fin de la journée. On but de dix différentes sortes de liqueurs, et de trois espèces de café, et l'heure sonnant enfin, les deux couples se retirent pour aller s'habiller, nos amis firent un quart d'heure de méridienne, et on passa dans le salon du trône, tel était le nom donné à l'appartement destiné aux narrations; les amis se placèrent sur leurs canapés, le duc ayant à ses pieds son cher Hercule, auprès de lui nue Adélaïde, femme de Durcet et fille du président, et pour quadrille en face de lui répondant à sa niche par des guirlandes, ainsi qu'il a été expliqué, Zéphire, Giton, Augustine et Sophie dans un costume de bergerie, présidés par Louison en vieille paysanne jouant le rôle de leur mère. Curval avait à ses pieds Bande-au-ciel, sur son canapé Constance, femme du duc et fille de Durcet, et pour quadrille quatre jeunes Espagnols, chacun sexe vêtu dans son costume et le plus élégamment possible, savoir Adonis, Céladon, Fanni et Zelmire présidés par Fanchon en duègne. L'évêque avait à ses pieds Antinous, sa nièce jolie sur son canapé et quatre sauvages presque nus pour quadrille, c'était en garçons: Cupidon et Narcisse, et en filles Hébé et Rosette présidés par une vieille amazone jouée par Thérèse. Durcet avait Brise-cul pour fouteur, près de lui Aline, fille de l'évêque et en face quatre petites sultanes, ici les garçons étant habillés comme les filles, et cet ajustement relevant au dernier degré les figures enchanteresses de Zélamir, Hyacinthe, Colombe et Michelette, une vieille esclave arabe représentée par Marie conduisait ce quadrille, les trois historiennes magnifiquement vêtues à la manière des filles du bon ton de Paris s'assirent au bas du trône sur un canapé placé-là à dessein, et Md. Duclos narratrice du mois en déshabillé très léger et très élégant, beaucoup de rouge et de diamants s'était placée sur son estrade, commença ainsi l'histoire des évènements de sa vie dans laquelle elle devait faire entrer le détail des 150 premières passions désignées sous le nom de passions simples.

„Ce n'est pas une petite affaire, messieurs, que de s'annoncer devant un cercle comme le vôtre, accoutumé à tout ce que les lettres produisent de plus fin et de plus délicat, comment pourrez-vous supporter le récit interne et grossier d'une malheureuse créature comme moi, qui n'ai jamais reçu d'autre éducation que celle que le libertinage m'a donnée, mais votre indulgence me rassure, vous n'exigez que de naturel et de la vérité et à ce titre, sans doute, j'oserai prétendre à vos éloges. Ma mère avait 25 ans, quand elle me mit au monde, et j'étais son second enfant, le premier était une fille plus âgée que moi de 6 ans; sa naissance n'était pas illustre, elle était orpheline de père et de mère, elle l'avait été fort jeune, et comme ses parents demeuraient auprès des récollets de Paris, quand elle se vit abandonnée et sans aucune ressource, elle obtint de ces bons pères la permission de venir demander l'aumône dans leur église, mais comme elle avait un peu de jeunesse et de fraîcheur, elle leur donna dans la vue, et petit à petit de l'église elle monta dans les chambres, dont elle descendit bientôt grosse; c'était à de pareilles aventures que ma sœur devait le jour, et il est plus que vraisemblable, que ma naissance n'avait pas d'autre origine. Cependant les bons pères, contents

de la docilité de ma mère et voyant combien elle fructifiait pour la communauté la recompensèrent de ses travaux, en lui accordant le loyer de chaises dans leur église, poste que ma mère n'eut pas plutôt, que par la permission de ses supérieurs elle épousa un porteur d'eau de la maison qui nous adopta sur-le-champ, ma sœur et moi, sans la plus legère répugnance. Née dans l'église, j'habitais, pour ainsi dire, bien plutôt l'église que notre maison, j'aidais ma mère à arranger les chaises, je secondais les sacristains dans leur différentes opérations — j'aurais servi la messe, s'il l'eût fallu en cas de besoin, quoique je n'eus encore atteint
[1] que ma cinquième année. Un jour que je revenais de mes saintes occupations, ma sœur me demanda, si je n'avais pas encore rencontré le père Laurent. „Non," lui dis-je, „eh bien," me dit-elle, „il te guette, je le sais, il veut te faire voir ce qu'il m'a montré, ne te sauve pas, regarde le bien sans t'effrayer, il ne te touchera pas, mais il te fera voir quelque chose de bien drôle, et si tu le laisses faire, il te[66]) recompensera bien, nous sommes plus de quinze ici dans les environs à qui il en a fait voir autant, c'est tout son plaisir, et il nous a donné à toute quelques présents." Vous imaginez bien, messieurs, qu'il n'en fallut pas davantage, non seulement pour ne pas fuir le père Laurent, mais même pour le rechercher. La pudeur parle bien bas à l'âge que j'avais, et son silence au sortir des maisons de la nature n'est-il pas une preuve certaine, que ce sentiment factice tient bien moins à cette première mère qu'à l'éducation? Je volai sur-le-champ à l'église, et comme je traversais une petite cour, qui se trouvait entre l'entrée de l'église du côté du couvent et le cou-

vent, je rencontrai nez à nez le père Laurent. C'était un religieux d'environ 40 ans, d'une très belle physionomie, il m'arrêta: „Où vas-tu, Françon," me dit-il — „Arranger des chaises, mon père" — „Bon, bon, ta mère les arrangera, viens, viens dans ce cabinet," me dit-il en m'attirant dans [un] réduit qui se trouvait là. „Je te ferai voir quelque chose que tu n'a jamais vu." — Je le suis. — Il ferme la porte sur nous, et m'ayant porté bien en face de lui, „tiens Françon," me dit-il, en sortant son vit monstrueux de sa culotte, dont je pensai tomber à la renverse d'effroi, „tiens mon enfant," continuait-il, en se branlant, „as-tu jamais rien vu de pareil à cela . . . c'est ce qu'on appelle un vit, ma petite, oui un vit. Cela sert à foutre, et ce que tu vas voir, qui va couler tout à l'heure, c'est la sémence avec quoi tu es faite, je l'ai fait voir à ta sœur, je le fais voir à toutes les petites filles de ton âge, amène m'en, amène m'en, fais comme ta sœur qui m'en a fait connaître plus de vingt . . . je leur montrerai mon vit et je leur ferai sauter le foutre à la figure — c'est ma passion, mon enfant, je n'en ai point d'autre . . . et tu vas le voir," et en même temps je me sentis toute couverte d'une rosée blanche qui me tâcha toute et dont quelques gouttes avaient sauté jusque dans mes yeux, parce que ma petite tête se trouvait à la hauteur juste des boutons de sa culotte, cependant Laurent gesticulait: „Ah, le beau foutre! . . . le beau foutre! que je bande," s'écriait-il. „Comme t'en voilà couverte," et se calmant peu à peu, il remit tranquillement son outil à sa place et décampa en me glissant 12 sous dans la main et me recommandant de lui amener de mes petites camarades. Je n'eus rien de plus pressé,

7

comme vous l'imaginez aisément, que d'aller tout conter à ma sœur, qui m'essuiya partout avec le plus grand soin pour que rien ne parût, et qui pour m'avoir procuré cette petite bonne fortune ne manqua de me demander la moitié de mon gain; cet exemple m'ayant instruit je n'en manquai pas, dans l'espoir d'un pareil partage de chercher le plus de petites filles que je pus au père Laurent, mais lui en ayant amené une qu'il connaissait déjà, il la refusa et me donnant 3 sous pour m'encourager, „je ne les vois jamais deux fois, mon enfant," me dit-il, „amène-m'en que je ne connais pas, et jamais de celles qui te diront avoir déjà eu affaire à moi;" je m'y pris mieux, en trois mois je fis connaître plus de vingt petites filles nouvelles au père Laurent, avec lesquelles il employa pour son plaisir absolument les mêmes procédés que ceux qu'il avait eu avec moi. Avec la clause de les lui choisir inconnues, j'observai encore celles qu'il m'avait infiniment recommandées; relativement à l'âge, il ne fallait pas que cela fut au dessous de 4 ans ni au-dessus de 7. Et ma petite fortune allait le mieux du monde lorsque ma sœur s'apercevant que j'allais sur ses brisées me menaça de tout dire à ma mère si je ne cessais ce joli commerce, et je laissai le père Laurent.[67]) Cependant mes fonctions me conduisant toujours dans les environs du couvent, le même jour où je venais d'atteindre ma 7e année, je fis rencontre d'un nouvel amant dont la manière quoique bien en-
[2] fantine devenait pourtant un peu plus sérieuse. 2. Celui-ci s'appelait le père Louis, il était plus vieux que Laurent et avait dans le maintien je ne sais quoi de bien plus libertin, il me raccrocha à la porte de l'église

comme j'y entrais et m'engagea à monter dans sa chambre. D'abord je fis quelques difficultés, mais m'ayant assuré que ma sœur, il y avait 3 ans, y était bien montée aussi et que tous les jours il y recevait des petites filles de mon âge, je le suivis; à peine fûmes-nous dans sa cellule qu'il la renferme exactement et versant du sirop dans un gobelet, il m'en fit avaler tout de suite trois grands vers à la fois; ces préparatifs exécutés, le révérend plus caressant que son confrère, se mit à me baiser, et tout en badinant il délie mon jupon et relevant ma chemise sous mon corset, malgré mes petites défenses, il s'empara de toutes les parties de devant qu'il venait de mettre à découvert et après les avoir bien maniées et considerées, il me demanda si je n'avais pas envie de pisser, singulièrement excité à ce besoin par la forte dose de boisson qu'il venait de me faire avaler je l'assurai que ce besoin était en moi aussi considérable qu'il pouvait l'être mais que je ne voulais pas faire ça devant lui. „Oh parbleu, si, petite friponne," ajouta le paillard, „oh parbleu, si, vous le ferez devant moi, et pisse sur moi, tenez," me dit-il, en me sortant son vit de sa culotte, „voilà l'outil que vous allez inonder, il faut pisser là-dessus, alors me prenant, et me posant sur deux chaises, une jambe sur l'une, une jambe sur l'autre il m'écarta le plus qu'il pût, puis me dit, de m'accroupir, me tenant en cette attitude, il plaça un vase sous moi, s'établit sur un petit tabouret en hauteur du vase, son engin à la main bien positivement sous mon con, une de ses mains soutenait mes hanches, de l'autre il se branlait et ma bouche par l'attitude se trouvant parallèle à la sienne, il la baisait: „Allons ma petite, pisse," me dit-il, „à présent inonde mon vit de cette liqueur enchanteresse dont l'écoulement chaud a tant d'empire sur mes sens, pisse, mon cœur, pisse et tâche d'inonder mon foutre." Louis s'animait, il s'excitait, il était facile de voir, que cette opération singulière était celle qui flattait le mieux tous ses sens, la plus douce extase vint le couronner au moment même où les eaux dont il m'avait gonflé l'estomac s'écoulaient avec le plus d'abondance et nous remplîmes tous deux à la fois le même vase, lui de foutre et moi d'urine; l'opération finie, Louis me tint à-peu-près le même discours, que Laurent, il voulut faire une maquerelle de sa petite putain et pour cette fois m'embrassant fort peu des menaces de ma sœur, je procurai hardiment tout ce que je connaissais d'enfants, il fit faire la même chose à toutes, et comme il les revoyait fort bien deux ou trois fois sans répugnance et qu'il me payait toujours apart indépendamment de ce que je retirais de mes petites camarades, avant six mois je me vis en possession d'une petite somme, dont je jouis tout à mon aise avec la seule précaution de me cacher de ma sœur.[68]) „Duclos," interrompit ici le président, „ne vous a-t-on pas prévenu qu'il faut à vos récits les détails les plus grands et les plus étendus, que nous ne pouvons juger ce que la passion que vous contez là a de relative aux mœurs et au caractère de l'homme, qu'autant que vous ne déguisez aucune circonstance; que les moindres circonstances servent d'ailleurs infiniment à ce que nous attendons de vos récits pour l'irritation de nos sens?" — „Oui mgr.," dit la Duclos, „j'ai été prévenu de ne négliger aucun détail et d'entrer dans les moindres minuties toutes les fois qu'elles servaient à jeter du jour sur les caractères, ou sur le genre. Ai-je commis quelque omission dans ce goût-là?" — „Oui," dit le président, „je n'ai nulle idée du vit de votre second recollet, et nulle idée de sa décharge, d'ailleurs vous branla-t-il le con, et y fit-il toucher son vit? Vous voyez, que de détails négligés." — „Pardon," dit la Duclos, „je vais réparer mes fautes actuelles, et m'observer sur l'avenir. Le père Louis avait un membre très ordinaire, plus long que gros, et en général d'une tournure très commune, je me souviens même qu'il bandait assez mal, et qu'il ne prit même pas de consistance qu'à l'instant de la crise, il ne me branla point le con, il se contenta de l'élargir le plus qu'il pût avec ses doigts pour que l'urine coulait mieux, il en approcha son vit très près deux ou trois fois, et sa décharge fut serrée, courte et sans autre propos égaré de sa part que: „Ah, foutre, pisse donc, mon enfant, pisse donc, la belle fontaine, pisse donc, pisse donc, ne vois-tu pas que je décharge," et il entremêlait tout cela de baisers sur ma bouche qui n'avaient rien de trop libertin." — „C'est cela, Duclos," dit Durcet, „le président avait raison, je ne pouvais me rien figurer au premier récit, et je connais votre homme à présent." — „Un moment," dit l'évêque en voyant qu'elle allait reprendre, „j'ai pour mon compte un besoin un peu plus vif que celui de pisser, ça me tient depuis tantôt, et je sens qu'il faut que ça parte." Et en même temps il attira à lui Narcisse, le feu sortait des yeux du prélat, son vit était collé contre son ventre, il écumait, c'était un foutre contenu qui voulait absolument s'échapper et qui ne le pouvait que par des moyens violents, il entraîne sa nièce et le petit garçon dans le cabinet, tout s'arrêta, une décharge

était regardée comme quelque chose de trop important pour que tout ne se suspendît pas en ce moment où l'on y voulut précéder, et que tout ne concourrît pas à la faire faire délicieusement. Mais la nature cette fois-ci ne répondit pas aux vœux du prélat, et quelques minutes après qu'il se fut enfermé dans le cabinet, il en sortit furieux dans le même état d'érection et s'adressant à Durcet qui était du mois; „tu me camperas ce petit drôle-là en punition pour samedi," lui dit-il en rejetant violemment l'enfant loin de lui „et qu'elle soit sévère, je t'en prie." — On vit bien alors que le jeune garçon sans doute n'avait pas pu le satisfaire et Julie fut conter le fait tout bas à son père. „Eh parbleu, prends en un autre," lui dit le duc, „choisis dans nos quadrilles, si le tien ne te satisfait pas" ...
„Oh ma satisfaction pour le moment serait très éloignée de ce que je désirais tout à l'heure," dit le prélat, vous savez où nous conduit un désir trompé, j'aime mieux me contenir, „mais qu'on ne ménage pas ce petit drôle-là," continua-t-il, „voilà tout ce que je recommande..."
„Oh, je te réponds qu'il sera tancé," dit Durcet, „il est bon, que le premier pris donne exemple aux autres, je suis fâché de te voir dans cet état-là, essaye autre chose, fais-toi foutre." — „Monseigneur," dit la Martaine, „je me sens très en disposition de vous satisfaire et si votre grandeur voulait,"[69]) „eh non, non, parbleu," dit l'évêque, „ne savez-vous donc pas qu'il y a tout plein d'occasions où l'on ne veut pas d'un cul de femme, j'attendrai, j'attendrai..., que Duclos continue, ça partira ce soir, il faudra bien que je trouve un comme je le veux; continue, Duclos." Et les amis ayant ri de bon cœur de la franchise libertine de l'é-

vêque, „il y a tout plein d'occasions où l'on ne veut pas d'un cul de femme," l'historienne reprit son récit en ces termes: „Je venais d'atteindre [3] ma 7e année lorsqu'un jour que suivant ma coûtume j'avais amené à Louis une de mes petites camarades, je trouvai chez lui un autre religieux de ses confrères, comme n'était jamais arrivé; je fus surprise, et je voulus me retirer, mais Louis m'ayant rassuré, nous entrâmes hardiment, ma petite compagne et moi „tiens, père Geoffroi," dit Louis à son ami, en me poussant vers lui, „ne t'ai-je pas dit qu'elle était gentille?" — „Oui, en vérité," dit Geoffroi en me prenant sur ses genoux et me baisant, „,quel âge avez-vous, ma petite," — „Sept ans, mon père," — „C'est à dire 50 ans moins que moi," dit le bon père en me baisant de nouveau, et pendant ce petit monologue, le sirop se préparait et suivant l'usage on nous en fit avaler trois grands vers à chacune, mais comme je n'avais pas coûtume d'en boire quand j'amenais du gibier à Louis, parce qu'il n'en donnait qu'à celle que [je] lui amenais, que je ne restais communément pas et que je me retirais tout de suite, je fus étonnée de la précaution cette fois et d'un ton de la plus naïve innocence je lui dis: „Et pourquoi donc me faites-vous boire, mon père, et ce que vous voulez que je pisse?" — „Oui, mon enfant," dit Geoffroi, qui me tenait toujours entre ses cuisses et qui promenait déjà sa main sur mon devant, „oui, on veut que vous pissiez, et c'est avec moi que va se passer l'aventure, peut-être, un peu différente de celle qui vous est arrivée, ici, viens dans ma cellule, laissons le père Louis avec votre petite amie et allons nous occuper de notre côté, nous nous réunirons quand nos besognes seront faites."

— Nous sortîmes, Louis me dit tout bas d'être bien complaisante avec son ami et que je n'aurais pas à m'en repentir. La cellule de Geoffroi était peu éloignée de celle de Louis, et nous y arrivâmes sans être vues. A peine fûmes-nous entrés, que Geoffroi s'étant bien barricadé, me dit de défaire mes jupes. J'obéis, il relève lui-même ma chemise jusqu'au-dessus de mon nombril et m'ayant assise sur le bord de son lit il m'écarta les cuisses le plus qu'il lui fut possible en continuant de m'abaisser de manière que je présentai le ventre en entier, et que mon corps ne portait plus que sur le croupion, il m'enjoignait de bien à me tenir dans cette posture, et de commencer à pisser aussitôt qu'il frapperait une de mes cuisses avec sa main, alors me considérant un moment dans l'attitude, et travaillant toujours à m'écarter d'une main les babines de mon con, de l'autre il déboutonna ses culottes, et se mit à secouer par de mouvements prompts et violents un petit membre noir et rabougri qui ne paraissait pas très disposé à répondre à ce qu'on semblait exiger de lui, pour l'y déterminer avec plus de succès, notre homme se mit à devoir en procédant à sa petite habitude de choix de lui procurer le plus grand degré de chatouillement possible, en conséquence il s'agenouilla entre mes jambes, examina encore un instant l'intérieur du petit orifice que je lui présentais, y porta sa bouche à plusieurs reprises et en grumelant entre ses dents certaines paroles luxurieuses que je ne retins pas, parce que je ne les comprenais pas pour lors et continuant d'agiter son membre qui ne s'en émouvait pas davantage, enfin ses lèvres se collèrent hermétiquement sur celles de mon con, je reçus le signal convenu et débondant aussitôt dans la bouche du bon homme le support de mes entrailles, je l'inondai des flots d'une urine qu'il avala avec la même rapidité que je le lui lançais dans le gosier, pour le coup son membre se déploya et sa tête altière s'élança jusqu'auprès d'une de mes cuisses. Je sentis qu'il l'arrosait fièrement des stériles marques de sa débile vigueur. Tout avait été si bien compassé qu'il avalait les dernières gouttes au moment même où son vit tout confus de sa victoire la pleurait en larmes de sang. Geoffroi se relève tout chancelant et je crus m'apercevoir qu'il n'avait pas pour son idôle quand l'encens venait de s'étendre une ferveur de culte aussi religieux que quand le délire enflammant son hommage soutenait encore le prestige. Il me donna 12 s. assez brusquement, m'ouvrit sa porte, sans me demander comme les autres de lui amener des filles, apparemment qu'il se fournissait ailleurs, et me montrant le chemin de la cellule de son ami, il me dit d'y aller, que l'heure de son office le pressant, il ne pouvait pas m'y conduire et se renferma chez lui sans me donner le temps de lui répondre."[70]) — „Eh mais vraiment," dit le duc, „il y a tout plein de gens qui ne peuvent absolument soutenir l'instant de la perte de l'illusion, il semble que l'orgueil souffre à s'être laissé voir à une femme dans un pareil état de faiblesse et que le dégoût naisse de la gêne qu'il éprouve alors."[71]) — „Non," dit Curval qu'Adonis branlait à genoux, et qui faisait promener ses mains sur Zelmire, „non, mon ami, l'orgueil n'est pour rien là dedans, mais l'objet qui foncièrement n'a de valeur que celle que notre lubricité lui prête, se montre absolument tel qu'il est quand cette lubricité est éteinte. Plus l'irritation a été violente plus l'objet se dépare quand cette irritation ne le soutient plus. Tout comme nous sommes plus ou moins fatigués en raison de plus ou moins d'exercices que nous avons pris et ce dégout que nous éprouvons alors n'est que le sentiment d'une âme rassasiée à qui le bonheur déplaît parce qu'il vient de le fatiguer." — „Mais de ce dégout pourtant," dit Durcet, „naît souvent un projet de vengeance, dont on a vu des suites funestes." — „Alors c'est autre chose," dit Curval, „et comme la suite de la narration nous offrira peut-être des exemples de ce que vous dites là ne pressons pas les dissertations que ces faits produiront naturellement." — „Le président dit la verité," dit Durcet, „à la veille de t'égarer toi-même, je crois qu'à l'instant présent tu aimes mieux à te préparer à sentir comme on jouit, qu'à disserter comme on se dégoute." — „Point du tout — pas un mot," dit Curval, „je suis du plus grand sang-froid — il est bien certain," continuait-il en baisant Adonis sur la bouche, „que cet enfant est charmant — mais on ne peut pas le foutre, je ne connais rien pis que vos lois, il faut se reduire à des choses — à des choses —" „Allons, allons, continue Duclos, car je sens que je ferais des sottises, et je veux que mon illusion de soutenir au moins jusqu'à ce que j'aille me coucher." Le président qui voyait que son engin commençait à se mutiner, renvoya les deux enfants à leurs places et se recouchait près de Constance qui sans doute toute jolie qu'elle était ne l'échauffait pas autant, il repressa une seconde fois Duclos de continuer, qui obéit promptement à ces termes: „Je rejoignis ma petite camarade. L'opération de Louis était faite et assez médiocrement contentes

toutes les deux nous quittâmes le couvent, moi avec presque la résolution de n'y plus revenir; le ton de Geoffroi avait humilié mon petit amour propre et sans approfondir d'où venait le dégout je n'en aimais ni les suites ni les conséquences. Il était pourtant écrit dans ma destinée que j'aurais encore quelque aventure dans ce couvent, et l'exemple de ma sœur, qui avait eu, m'avait-elle dit, affaire à plus de quatorze, devait me convaincre que je n'étais pas au bout de mes cara-
[4] vanes; je m'en aperçus trois mois après cette dernière avanture aux sollicitations que me fit un de ces bons révérends, homme d'environs 60 ans, il n'y eut sorte de ruse qu'il n'inventa pour me déterminer à venir dans sa chambre, une réussit si bien, que je m'y trouvais un beau dimanche-matin sans savoir ni comment ni pourquoi. Le vieux paillard, que l'on nommait père Henri, m'y renferma avec lui aussitôt qu'il me vit entrer, et m'embrassa de tout son cœur: „Ah, petite friponne," s'écria-t-il au transport de sa joie, „je te tiens donc, tu ne m'échapperas pas le coup-ci." Il faisait très froid, mon petit nez était plein de morve comme c'est assez l'usage des enfants, je voulus me moucher. „Eh, non, non," dit Henri en s'y opposant, „c'est moi, c'est moi qui vais faire cette opération-là, ma petite." Et m'ayant couchée sur son lit, la tête un peu penchée il s'assit auprès de moi, attirait ma tête renversée sur ses genoux, — on eut dit qu'en cet état il dévorait des yeux cette secrétion de mon cerveau. „Oh, la jolie petite morveuse," disait-il en se pâmant, „comme je vais la sucer!" — se courbant alors sur ma tête, il mettait mon nez tout entier dans sa bouche, non seulement il dévora toute cette morve

dont j'étais couverte, mais il darda même lubriquement le bout de sa langue dans mes deux narines alternativement, et avec tant d'art produisit deux ou trois éternuments qui redoublèrent cet écoulement qu'il désirait et dévorait avec tant d'empressement. — Mais de celui-là, messieurs, ne me demandez pas de détail! Rien ne parut, et soit qu'il ne fit rien, ou qu'il fit son affaire dans ses culottes, je ne m'aperçus de quoique ce fut et dans la multitude de ses baisers et de ses lécheries rien ne marqua d'extase plus forte et par conséquent je crois qu'il ne déchargea point. Je ne fus point troussée davantage, ses mains mêmes ne s'égarèrent pas et je vous assure que la fantasie de ce vieux libertin pourrait avoir son effet avec la fille de monde la plus honnête et la plus novice sans qu'elle y pût supposer la moindre lubricité.[72]) Il n'en était pas de même de celui que le hasard m'offrit le propre jour où je venais d'atteindre ma neuvième année. Père Etienne,[73]) c'était le nom du libertin, avait déjà dit plusieurs fois à ma sœur de me conduire à lui, et elle m'avait engagée à l'aller voir sans néanmoins vouloir m'y mener de peur que notre mère (qui se doutait déjà de quelque chose) ne vient à le savoir, lorsque je me trouvais enfin face en face avec lui dans un coin de l'église près de la sacristie, il s'y prit de si bonne grâce, il employa des raisons si persuasives que je ne me fis pas tirer l'oreille; le père avait environ quarante ans, il était frais, gaillard et vigoureux, à peine fûmes-nous dans sa chambre qu'il me demanda si je savais branler un vit. „Hélas!" lui dis-je en rougissant, „je n'entends pas seulement ce que vous voulez me dire." — „Eh bien je vais te l'apprendre, ma petite," me dit-il en me baisant de tout son cœur et la bouche et les yeux, „mon unique plaisir est d'instruire les petites filles,[74] et les leçons que je leur donne sont si excellentes qu'elles ne les oublient jamais — commence par défaire tes jupes, car si je t'apprends comment il faut s'y prendre pour me donner du plaisir, il est juste que je t'enseigne en même temps comment tu dois faire pour en recevoir, et il ne faut pas que rien nous gêne pour cette leçon-là. Allons commençons par toi, ce que tu vois là," me dit-il en passant une main sur la motte, „s'appelle un con, et voici comme tu dois faire pour te procurer là des chatouillements délicieux, il faut frotter legèrement avec le doigt cette petite élévation que tu sens là et qui s'appelle le clitoris," puis me faisant faire . . . „Le voici ma petite, comme cela, pendant qu'une de tes mains travaille là, qu'un doigt de l'autre s'introduise imperceptiblement dans cette fente délicieuse . . .," puis me plaçant la main — „Comme cela?" „Oui." — „Eh bien, n'éprouves-tu rien," continuait-il en me faisant observer sur le con, — „non, mon père, je vous assure," répondis-je avec naïveté . . . „Ah dam, c'est que tu es encore trop jeune, mais dans deux ans d'ici tu verras le plaisir que ça te fera." „Attendez," lui dis-je, „je crois pourtant que je sens quelque chose," et je frottais tant que je pouvais aux endroits qu'il m'avait dit, . . . effectivement quelques legères titillations voluptueuses venaient de me convaincre que la recette n'était pas une chimère et le grand usage que j'ai fait depuis de cette secourable méthode a achevé de me convaincre plus d'une fois de l'habileté de mon maître: „Venons à moi," me dit Etienne, „car tes plaisirs irritent mes sens, et il faut que je les partage, mon ange. Tiens," me dit-il, en me faisant empoigner un outil si monstrueux que mes deux petites mains pouvaient à peine l'entourer, „tiens, mon enfant, ceci s'appelle un vit, et ce mouvement-là," continuait-il en conduisant mon poignet par de secousses rapides, ce mouvement s'appelle „branler" ainsi : dans ce moment-ci tu me branles le vit, vas, mon enfant, vas, vas-y de toutes tes forces! plus tes mouvements seront rapides et pressés, plus tu hâteras l'instant de mon ivresse,[75]) mais observe une chose essentielle," ajoutait-il, en dirigeant toujours mes secousses, „observe de tenir toujours la tête à découvert, ne la recouvre jamais de cette peau que nous appellons le prépuce. Si le prépuce venait à recouvrir cette partie que nous nommons le gland, tout mon plaisir s'évanouirait; allons voyons, ma petite," continuait mon maître, „voyons que je fasse sur toi ce que tu fais sur moi," et se pressant sur ma poitrine en disant cela pendant que j'agissais toujours, il plaça ses deux mains si adroitement, remua les doigts avec tant d'art, que le plaisir me saisit à la fin, et que c'est bien positivement à lui que je dois les premières leçons; alors la tête venant à me tourner, je quittais ma besogne, et le révérend qui n'était pas prêt à le terminer, consentit à renoncer un instant à son plaisir pour ne s'occuper que du mien et quand il me l'eut fait goûter, il me fit reprendre l'ouvrage que mon extase m'avait obligé d'interrompre, et m'enjoignait bien expressément de ne plus me distraire et de ne plus m'occuper que de lui. Je le fis de toute mon âme, cela était juste, je lui devais bien quelque reconnaissance. J'y allais de si bon cœur et j'observai si bien tout ce qui m'était enjoint que le monstre vaincu par des secousses aussi pressés vomit enfin toute sa rage et me couvrit de son venin. Etienne alors parut transporté du délire le plus voluptueux, il baisait ma bouche avec ardeur, il maniait et branlait mon con et l'égarement de ses propos annonçait encore mieux son désordre.[76]) Les f . . . et les b . . . enlacées aux noms les plus tendres caractérisaient ce délire, qui dura fort long temps, et dont le galant Etienne bien différent de son confrère l'avaleur d'urine ne se retira que pour me dire que j'étais charmante, qu'il me priait de le revenir voir, et qu'il me traiterait toutes les fois comme il allait le faire; en me glissant un petit écu dans la main, il me ramena où il m'avait prise et me laissa toute émerveillée et toute enchantée d'une nouvelle bonne fortune qui me raccommodant avec le couvent, me fit prendre à moi-même la résolution d'y revenir souvent à l'avenir persuadée que plus j'avancerais en âge et plus je trouverais d'agréables aventures. Mais ce n'était pas plus là ma destinée, des événements plus importants m'attendaient dans un nouveau monde et j'appris[77]) en revenant à la maison des nouvelles qui vinrent bientôt troubler l'ivresse où venait de me mettre l'heureuse tournure de ma dernière histoire."

Ici une cloche se fit entendre dans le salon, c'était celle qui annonçait que le souper était servi, en conséquence Duclos généralement applaudie des petits débuts intéressants de son histoire descendit de sa tribune, et après s'être un peu rajusti des désordres dans lequel chacun se trouvait, on s'occupa de nouveaux plaisirs en allant avec empressement chercher ceux que Comus offrait. Ce repas devait être servi par les 8 filles nues, elles se trouvèrent prêtes au moment où l'on changea de salon, ayant eu la précaution de sortir quelques minutes avant; les convives devaient être au nombre de 20, les 4 amis, les 8 fouteurs et les 8 petits garçons, mais l'évêque toujours furieux contre Narcisse ne voulut pas permettre qu'il fut de la fête, et comme on était convenu d'avoir entre soi des complaisances mutuelles et réciproques, personne ne s'avisa de demander la révocation de l'arrêt, et le petit bon homme fut enfermé seul dans un petit cabinet obscur, en attendant l'instant des orgies, où monseigneur peut-être se raccommoderait avec lui. Les épouses et les historiennes furent promptement souper à leur particulier, afin d'être prêtes pour les orgies, les vieilles dirigèrent le service des 8 petites filles et l'on se mit à table; ce repas beaucoup plus fort que le dîner fut servi avec beaucoup plus de magnificence, d'éclat et de splendeur; il y eut d'abord un service de potage au jus de bisque et d'hors d'œuvre composé de 20 plats; vingt entrées les remplacèrent et furent bientôt relevées elles-mêmes par 20 autres entrées fines uniquement composées de blanc de volaille, de gibier déguisées sous toutes sortes de formes. On les releva par un service de rôti où parut tout ce qu'on peut imaginer de plus rare, ensuite arriva un relevé de pâtisserie froide, qui céda bientôt de place à 26 entremets de toutes figures et de toutes formes, on desservait et on remplaçait ce qui venait d'être enlevé par une garniture complète de pâtisseries sucrées froides et chaudes, enfin parut le dessert qui offrait un nombre prodigieux de fruits malgré la saison, puis la glace, le chocolat et les liqueurs, qui se prirent à table. A l'égard des vins ils avaient varié à chaque service;

dans le premier le bourgogne, au second et aux troisième deux différentes espèces de vins d'Italie, au quatrième le vin du Rhin, au cinquième des vins du Rhône, au sixième le champagne mousseux, et des vins grecs de deux sortes avec deux différents services; leur têtes s'étaient prodigieusement échauffées on n'avait pas au soupé comme au dîner la permission de morigéner autant les servantes; celles-ci étant la quintessence de ce qu'offrait la société devaient être un peu plus menagées, mais en revanche on se permit avec elles une foule d'impuretées, le duc, à moitié ivre, dit qu'il ne voulut plus boire que de l'urine de Zelmire, et il en avala deux grands verres qu'il lui fit faire, en le faisant monter sur la table, accroupi sur son assiette „Le bel effort," dit Curval, „que d'avaler du pissat de pucelles," et appellant Fanchon à lui, „viens garce," lui dit-il, „c'est à la source même que je veux puiser," et penchant sa tête entre les jambes de cette vieille sorcière, il avala goulûment les flots impurs de l'urine empoisonnée qu'elle lui darda dans l'estomac; enfin les propos s'échauffèrent sur différents points de mœurs et de philosophie et je laisse au lecteur à penser si la morale en fut très épurée. Le duc entreprit un éloge du libertinage, et prouva qu'il était dans la nature et que plus ses écarts étaient multipliés mieux ils la servaient. Son opinion fut généralement reçue et applaudie, et on se leva pour aller mettre en pratique le principe qu'on venait d'établir. Tout était prêt dans le salon des orgies, les femmes y étaient déjà nues, couchées sur des piles de chevreaux à terre pêle-mêle avec le jeune Giton, sorti de table à ce dessin, un peu après le dessert; nos amis s'y rendirent

8

en chancelant, deux vieilles les déshabillèrent, et ils tombèrent au milieu du troupeau comme des loups qui assaillirent une bergerie. L'évêque dont les passions étaient cruellement irritées par les obstacles qu'elles avaient rencontrés à leur saillie s'empara du cul sublime d'Antinous, pendant qu'Hercule l'enfila, et vaincu[78]) et par cette dernière sensation, et par le service important et si désiré qu'Antinous lui rendit sans doute, il dégorgea à la fin des flots de sémence si précipités, et si acres qu'il s'évanouit dans l'extase. Les fumées de Bacchus vinrent achever d'enchaîner des sens qu'engourdissait l'excès de la luxure et notre héros passe de l'évanouissement à un sommeil si profond, qu'on fut obligé de le porter au lit. Le duc s'y donne de son côté. Curval se ressouvenait de l'offre qu'avait fait la Martaine à l'évêque, la somma d'accomplir cette offre, et s'engorgea pendant qu'on l'enculait; mille autres horreurs, mille autres infamies accompagnèrent et suivirent celle-là, et nos trois braves champions, car l'évêque n'était plus de ce monde, nos valeureux athlètes, dis-je, escortés des quatre fouteurs de service de nuit qui n'étaient point là et qui vinrent les prendre, se retirent avec les mêmes femmes qu'ils avaient eu sur le canapé à la narration. Malheureuses victimes de leur brutalité auxquelles il n'est que trop vraisemblable qu'ils firent plus d'outrages que de caresses, et auxquelles, sans doute, ils donnèrent plus de dégoûts que de plaisirs ! Telle fut l'histoire de la première journée.

2e journée.

On se leva à l'heure ordinaire, l'évêque entièrement remis de ses excès et qui dès quatre heures du matin s'était trouvé bien scandalisé de ce qu'on l'eût laissé coucher seul, avait sonné pour que Julie et le foutheur qui lui était destiné vinssent occuper leur poste; ils arrivèrent à l'instant, et le libertin se replongea dans leurs bras au sein de nouvelles impuretés, quand le déjeuner fut fait suivant l'usage dans l'appartement des filles. Durcet visita et de nouvelles délinquantes, malgré tout ce qu'on avait pu dire, s'offrirent encore à lui. Michette était coupable d'un genre de faute, et Augustine à qui Curval avait fait dire de se tenir tout le jour dans un certain état, se trouvait dans l'état absolument contraire; elle ne s'en souvenait plus, elle en demandait bien excuse et promettait que ça n'arriverait plus, mais le quatrumvirat fut inexorable, et toutes deux furent inscrites sur la liste des punitions du premier samedi. Singulièrement mécontent de la maladresse de toutes ces petites filles dans l'art de la masturbation, impatienté de ce qu'on avait éprouvé sur cela la veille, Durcet proposa d'établir une heure dans la matinée, où l'on leur donnerait des leçons sur cet objet, et que tout à bon un d'eux se lèverait une heure plus matin. Ce moment d'exercices étant établi depuis 9 jusqu'à 10 se lèverait, disje, à neuf heures pour aller se prêter à cet exercice. On se décida que celui qui remplirait cette fonction, s'asseyerait tranquillement au milieu du sérail dans un fauteuil et que chaque petite fille conduite et guidée par la Duclos, la meilleure branleuse que le château renfermât, viendrait s'essayer sur lui, que la Duclos dirigerait leurs mains, leur mouvement, qu'elle leur apprendrait le plus ou le moins de vitesse, qu'il fallait donner à leurs sécousses, en raison de l'état du patient, qu'elle préscrirait leurs attitudes, leurs postures pendant l'opération et qu'on établirait des punitions réglées pour elle qui au bout de la première quinzaine ne réussirait point parfaitement dans cet art, sans avoir plus besoin de leçons ; il leur fut surtout très exactement recommandé d'après les principes du récollet, de tenir toujours le gland à découvert pendant l'opération et que la seconde main qui n'agissait pas s'occupât sans cesse pendant ce temps-là à chatouiller les environs suivant les différentes fantaisies de ceux à qui elles avaient affaire. Ce projet du financier plut universellement, Duclos mandée accepta la commission, et dès le même jour elle ajuta dans leur appartement [l'objet] sur lequel elles pouvaient toujours exercer leurs poignets pour l'entretenir dans la sorte d'agilité nécessaire. On chargea Hercule du même emploi chez les garçons qui toujours bien plus adroits dans cet art-là que les filles, parce qu'il ne s'agit que de faire aux autres ce qu'ils se font à eux mêmes, n'eurent besoin que deux semaines pour devenir les plus délicieux branleurs qu'il fût possible de rencontrer. Parmi eux ce matin-là, il ne se trouva personne en faute, et l'exemple de Narcisse la veille, ayant fait refuser presque toutes les permissions, il ne se trouva à la chapelle que Duclos, 2 fouteurs, Julie, Thérèse, Cupidon et Zelmire, Curval banda beaucoup, il s'était étonnamment échauffé le matin avec Adonis à la visite des garçons, et l'on crut qu'il allait perdre en voyant opérer Thérèse et les 2 fouteurs, mais il se contint. Le diné fut à l'ordinaire, mais le cher président ayant singulièrement bu et paillardé pendant le repas se renflamma de nouveau au café servi par Augustine et Michette, Zelmire et Cupidon dirigés par la vieille Fanchon, à qui par singularité on avait commandé d'être nues comme les enfants. De ce contraste naquit la nouvelle fureur lubrique de Curval et il se livra à quelqu'également de choix avec la vieille et Zelmire, qui lui valut enfin la perte de son foutre. Le duc, le vit en l'air, servait Augustine de bien près, il braillait, il jurait, il déraisonnait et la pauvre petite toute tremblante se reculait toujours comme la colombe devant l'oiseau de proie, qui la guète et qui est prêt d'en faire sa capture, il se contenta pourtant de quelques baisers libertins et de lui donner une première leçon à compte de celles qu'elle devait commencer le lendemain, et les deux autres moins animés ayant déjà commencé leur méridienne, nos deux champions les imitèrent et on ne s'y réveilla qu'à 6 heures pour passer au salon d'histoire. Tous les quadrilles de la veille étaient variés, tant pour les sujets que pour les habillements, et nos amis avaient pour compagnes sur le canapé: le duc Aline, fille de l'évêque et par conséquent au moins nièce du duc, — l'évêque sa belle-sœur Constance, femme du duc et fille de Durcet, Durcet la jolie fille du duc et femme du président, et Curval pour se réveiller et se ranimer un peu sa fille Adélaïde femme de Durcet, l'une des créatures qu'il avait le plus de plaisir à taquiner à cause de sa vertu et de sa dévotion, il débuta avec elle avec quelques mauvaises plaisanteries, et lui ayant ordonné de prendre pendant toute la séance une posture très analogue à ses goûts, mais très gênante pour. cette pauvre petite femme, il la menaça de tous les effets de sa colère si elle s'en dérangeait un seul instant. Tout étant prêt, Duclos monta sur sa tribune et reprit ainsi le fil de la narration:

„Il y avait trois jours que ma mère n'avait paru dans la maison, lorsque son mari, inquiet bien plutôt de ses effets et de son argent que de la créature, s'avisa d'entrer dans sa chambre, où ils avaient coûtume de serrer ce qu'ils avaient de plus précieux, mais quel fut son étonnement, lorsqu'au lieu de ce qu'il cherchait, il ne trouva qu'un billet de ma mère, qui lui disait de prendre son parti, sur la perte qu'il faisait, parce qu'étant décidée à se séparer de lui pour jamais, et n'ayant point d'argent, il fallait bien qu'elle prît tout ce qu'elle emportait qu'au reste il ne devait s'en prendre qu'à lui et à ses mauvais traitements, si elle le quittait et qu'elle lui laissait deux filles qui valaient bien ce qu'elle emportait, mais le bon homme était bien loin de trouver que l'un valait l'autre et le congé qu'il nous donna gracieusement, en nous priant de ne pas même coucher à la maison, fut la preuve certaine qu'il n'en comptait pas comme ma mère, assez peu affligé du compliment qui nous donnait, à ma sœur et à moi, pleine liberté de nous livrer à l'aise au petit genre de vie qui commençait si bien à nous plaire. Nous ne songeâmes qu'à emporter nos petits effets et à prendre aussi vite congé du cher beau-père, qu'il lui avait plus de nous le donner; nous nous retirâmes sur-le-champ dans une petite chambre aux environs, ma sœur et moi, en attendant, que nous eussions pris notre parti sur notre destinée. Là nos premiers raisonnements tombèrent sur le sort de notre mère, nous ne doutâmes pas du moment qu'elle ne fut au couvent décidée à vivre secrètement chez quelque père, on ne s'en fera entretenir dans quelque coin des environs, et nous nous en teniens sans trop de souci à cette opinion, lorsqu'un frère du couvent vint nous apporter un billet qui fit changer nos conjectures, ce billet disait en substance que ce qu'on avait de mieux à nous conseiller était de venir aussitôt qu'il ferait nuit au couvent, chez le père Gardien même qui écrivait le billet, qu'il nous attendrait dans l'église jusqu'à dix heures du soir et qu'il nous mènerait dans l'endroit où était notre mère dont il nous ferait partager avec plaisir le bonheur actuel et la tranquillité, il nous exhortait vivement à n'y pas manquer, et surtout à cacher nos démarches avec le plus grand soin, parce qu'il était essentiel, que notre beau-père ne sût rien de tout ce qu'on faisait et pour la mère et pour nous; ma sœur qui pour lors avait atteint sa quinzième année, et qui par conséquence avait et plus d'esprit et plus de raison que moi, qui n'en avais que neuf, après avoir congédié le porteur du billet et répondu qu'elle ferait sa réflexion là-dessus, ne put s'empêcher de s'étonner de toutes ces manœuvres. — „Françon," me dit-elle, „n'y allons pas, il y a quelque chose là-dessous, si cette proposition était franche, pourquoi ma mère ou n'aurait-elle pas joint un billet à celui-ci, ou n'aurait-elle pas au moins signé? et avec qui serait-elle au couvent, ma mère? Le père Adrien, son meilleur ami, n'y est plus depuis trois ans, à-peu-près depuis cette époque elle n'y va plus qu'en passant, et n'y a plus aucune intrigue réglée, — par quel hazard aurait-elle choisie cette retraite? Le père Gardien n'est, ni n'a jamais été son amant, je sais qu'elle l'a amusé deux ou trois fois, mais ce n'est pas un homme à se prendre pour une femme en raison de cela seul. Car il n'en est pas de plus inconstant et même de plus brutal envers les femmes, une fois que son caprice est passé, ainsi d'où[70]) aurait-il pris tant d'intérêt à notre mère? Il y a quelque chose là-dessous, te dis-je, je ne l'ai jamais aimé, le vieux Gardien, il est méchant, il est dur, il est brutal, il m'a attirée une fois dans sa chambre, où il était avec trois autres, et d'après ce qui m'y est arrivé j'ai bien juré depuis de n'y pas remettre les pieds. Si tu me crois, laissons là tous ces coquins de moines. Il n'est plus temps de te le cacher, Françon, j'ai une connaissance, et j'ose dire une bonne amie, on l'appelle md. Guérin, il y a deux ans que je la fréquentai et elle n'a pas été depuis ce temps-là une semaine sans me faire faire une bonne partie, mais non pas des parties de 12 sous comme celles que nous faisons au couvent, il n'y en a pas une dont je n'ai rapporté 3 livres. Tiens, en voilà la preuve," continua ma sœur en me montrant une bourse, où il y avait plus de dix louis, „tu vois que j'ai de quoi vivre. Eh bien, si tu veux suivre mon avis, fais comme moi, la Guérin te recevra, j'en suis sûr, elle t'a vue, il y a 8 jours, en me venant chercher pour une partie, et elle m'a chargée de t'en proposer aussi et que quelque jeune que tu fus elle trouverait toujours à te placer, fais comme moi, te dis-je, et nous serons bientôt au-dessus de nos affaires. Au reste, c'est tout ce que je peux te dire, car exceptée cette nuit, où je payerai ta dépense, ne compte plus sur moi, ma petite, chacun pour soi dans ce monde, j'ai gagné cela avec mon corps et mes doigts, fais en autant, et si la pudeur te tient, va t'en au diable, et surtout ne viens pas me chercher, car après ce que je te dis là, je te verrais tirer la langue d'un pied de long que je ne te donnerais pas un verre d'eau, quant à ma mère, bien loin d'être fâchée de son sort, tel qu'il puisse être, je te proteste, que je m'en réjouis et que le seul vœu, que je fais, est que la putain soit si loin que je ne la revoie de ma vie, je sais, combien elle m'a gênée dans mon métier, et tous les bons conseils, qu'elle me donnait, pendant que la garce en faisait trois fois pis, ma mie, que le diable l'emporte et surtout ne la ramène pas. Voilà tout ce que je lui souhaite." N'ayant pas (à vous dire le vrai) ni le cœur plus tendre, ni l'âme beaucoup mieux placée, que ma sœur, je partageai de bien bonne foi toutes les invectives, dont elle accabla cette excellente mère, et remerciant ma sœur de la connaissance qu'elle me procurait, je lui promis et de la suivre chez cette femme, et une fois qu'elle m'aurait adoptée, de cesser de lui être à charge, à l'égard du refus d'aller au couvent, je l'adoptai comme elle, ,,si effectivement elle est heureuse, tant mieux pour elle," dis-je, en ce cas nous pouvons l'être de même de notre côté, sans avoir besoin d'aller partager son sort, et si c'est un piège qu'on nous tend, il est très nécessaire de l'éviter. Sur cela ma sœur m'embrassa. — ,,Allons," dit-elle, ,,je vois à présent que tu es une bonne fille, vas, vas, sois sûr que nous ferons fortune, je suis jolie et toi aussi, nous gagnerons ce que nous voudrons, ma mie, mais il ne faut pas s'attacher, souviens-toi aujourd'hui l'un, demain l'autre, il faut être putain,[80]) mon enfant, putain dans l'âme et dans le cœur, pour moi," continua-t-elle, ,,je le suis, vois-tu, à present, qu'il n'y a ni confession, ni prêtre, ni conseil, ni représentation qui peut me retirer des vices, j'irais sacredieu montrer mon cul sur les bornes avec autant de tranquillité que je boirais un verre de vin. Imite-moi, Françon, on gagne tout sur les hommes avec de la complaisance. Le métier est un peu dur dans les commencements, mais on s'y fait [accoutumée], autant d'hommes autant de goûts, d'abord il faut t'y attendre, l'un veut une chose, l'autre en veut une autre, mais qu'importe? On est là pour obéir, on se soumet, c'est bientôt passé et l'argent reste." J'étais confondue, je l'avoue, d'entendre de propos aussi déréglés dans la bouche d'une fille si jeune et qui m'avait toujours paru si décente, mais comme mon cœur en partageait l'esprit, je lui laissais bientôt connaître que j'étais non seulement disposée à l'imiter dans tout, mais même à faire encore pis qu'elle, si cela était nécessaire. Enchantée de moi elle m'embrassait de nouveau, et comme il commençait à se faire tard, nous envoyâmes chercher une poularde et de bon vin, nous soupâmes et couchâmes ensemble, décidées à aller dès le lendemain matin nous présenter chez la Guérin et la prier de nous recevoir au nombre de ses pensionnaires. Ce fut pendant ce souper[81]) que ma sœur m'apprit tout ce que j'ignorais encore du libertinage, elle se fit voir à moi toute nue, et je puis assurer que c'était une des plus belles créatures qu'il y eut alors à Paris, la plus belle peau, l'embonpoint le plus agréable et malgré cela la taille la plus leste et la plus intéressante, les plus jolies yeux bleux, et tout le reste à l'avenant. Aussi appris-je depuis, combien la Guérin en faisait cas, et avec quel plaisir elle le les procurait en sa pratique qui jamais las d'elle la redemandaient sans cesse. A peine fûmes-nous au lit, que nous nous ressouvînmes que nous avions mal à propos oublié de faire réponse au père Gardien, qui peut-être s'irritait de notre négligence, et qu'il fallait au moins ménager tant que nous serions dans le quartier, mais comment réparer cet oubli, il était onze heures passé, et nous résolûmes laisser aller les choses comme elles pourraient. Vraisemblablement l'aventure tenait fort au cœur de Gardien, et de là il était facile d'augurer qu'il travaillait plus pour lui que pour le prétendu bonheur dont il nous parlait, car à peine minuit avait-elle sonnée qu'on frappa doucement à notre porte. C'était le père Gardien lui-même. Il nous attendait, disait-il, depuis deux heures, nous aurions au moins dû lui faire réponse, et s'étant assis auprès de notre lit, il nous dit que notre mère s'était déterminée à passer le reste de ses jours dans un petit appartement secret qu'ils avaient au couvent, et dans lequel on lui faisait faire les millions aux chères du monde, assaisonné de la societé de tous les gros bonnets de la maison, qui venaient passer la moitié du jour avec elle, et une autre jeune femme, compagne de ma mère, qu'il ne tenait qu'à nous d'en venir augmenter le nombre, mais que comme nous étions trop jeunes pour nous fixer, il ne nous engagerait que pour trois ans, au bout desquels il jurait de nous rendre notre liberté, et mille écus à chacune, qu'il était chargé de la part de ma mère de nous assurer que nous lui ferions un vrai plaisir de venir partager sa solitude. ,,Mon père," dit effrontément ma sœur, ,,nous nous remercions de votre proposition, mais à l'âge que nous avons, nous n'avons pas envie d'aller nous enfermer dans un cloître pour devenir des putains de prêtres, nous ne l'avons que trop été." Le Gardien renouvela ses instances, il y mettait enfin une action qui prouvait bien à quel point il désirait à faire réussir la chose: voyant enfin, qu'il ne pouvait réussir, il se jeta presque à fureur sur ma sœur; „eh bien, [6] petite putain," lui dit-il, „satisfais-moi donc au moins encore une fois, avant que je ne te quitte," et déboutonnant ses culottes, il se mit à cheval sur elle, qui ne s'y opposa point persuadée qu'en le laissant satisfaire ses passions elle s'en débarassait plutôt, et le paillard, la fixant sous lui de ses genoux, vint secouer un engin dur et assez gros, à quatre lignes de la superficie du visage de ma sœur: „Le beau visage," s'écriait-il, „la jolie petite figure de putain, comme je vais l'inonder de foutre! ah, sacre Dieu!" et dans l'instant les écluses s'ouvrirent, le sperme éjacula et toute la physionomie de ma sœur et principalement le nez et la bouche, se trouvèrent couverts des preuves du libertinage de notre homme, dont la passion peut-être ne se fut pas satisfaite à si bon marché si son projet avait réussi, le religieux plus calme ne songea plus qu'à s'échapper, et après nous avoir jeté un écu sur la table et rallumé sa lanterne: „Vous êtes de petites imbéciles, vous êtes de petites gueuses," nous dit-il, „vous manquez votre fortune; puisse le ciel vous en punir en vous faisant tomber dans la misère, et puisse-je avoir le plaisir de vous y voir pour ma vengeance, voilà mon dernier vœu!" Ma sœur qui s'essuyait le visage, lui rendait bientôt toutes ses sottises et notre porte se refermait pour ne plus s'ouvrir qu'au jour. Nous passâmes au moins le reste de la nuit tranquilles. „Ce que tu as vu," me dit ma sœur, „est une de ses passions favorites, il aime à la folie à décharger sur le visage de[82]) filles.[83]) S'il s'en tenait là — bon, mais le coquin a bien d'autres goûts et de si dangereux que je crains bien — mais ma sœur que le sommeil gagnait s'endormit sans finir sa phrase, et le lendemain ramenant d'autres aventures, nous ne pensâmes plus à celles-là. — Dès le matin, nous nous levâmes et, nous rajustant de notre mieux, nous nous transportâmes chez md. Guérin. Cette heroïne demeurait rue soli, dans un appartement fort propre au premier qu'elle partageait avec six grandes demoiselles de 16 à 22 ans, toutes très fraîches et très jolies. Mais vous trouverez bon, s'il vous plaît que je ne vous les dépeigne, messieurs, qu'à mesure que cela deviendra nécessaire. La Guérin enchantée du projet qui amenait ma sœur chez elle depuis le temps qu'elle le désirait, nous reçut et nous logea toutes deux avec le plus grand plaisir. „Toute jeune que vous voyez cet enfant," lui dit ma sœur, en me montrant, „elle vous servira bien, je suis sa caution, elle est douce, gentille, a un fort bon caractère et la putanielle la plus décidée dans l'âme; vous avez beaucoup de paillards parmi vos connaissances qui veulent des enfants. En voilà une comme il leur faut, — employez-la." — La Guérin, se tournant vers moi, me demanda alors si j'étais déterminée à tout. — „Oui madame," lui répondis-je avec un petit air effronté qui lui fit plaisir, „à tout pour gagner de l'argent." — On nous présenta à nos nouvelles compagnes dont ma sœur était déjà très connue et qui par amitié pour elle, lui promirent d'avoir soin de moi. Nous dînâmes toutes ensembles, et telle fut en un mot, messieurs, ma première installation au bordel, je ne devais pas y être longtemps sans y trouver pratique. [7] Dès le soir même, il nous arriva un vieux négociant empaqueté dans un manteau avec qui la Guérin me maria pour mon étrenne. „Pour le coup," dit-elle au vieux libertin, en me présentant à lui, „vous la voulez sans poil, Ms. Duclos, je vous suis caution que celle-là n'en a pas." — „Effectivement," dit le vieux original en me lorgnant, „ça m'a l'air bien enfant, quel âge avez-vous, ma petite?" — „9 ans, monsieur." — „Neuf ans — bien bien, md. Guérin, vous le savez, voilà comme je les aime, plus jeunes encore si vous en aviez, je les prendrais, mortbleu, au sortir de la nourrice." — Et la Guérin se retirant en riant du propos, on nous enferma tous les deux. Alors le vieux libertin, s'approchant de moi, me baisa deux ou trois fois sur la bouche, et d'une de ses mains conduisant la mienne, il me fit sortir de sa bragette un engin, qui n'était rien moins que bandant et agissait toujours sans trop parler, il défila mes jupons, me coucha sur le canapé, ma chemise relevée sur ma poitrine, et s'établissant à cheval sur mes cuisses, qu'il avait placées dans le plus grand écartement possible,[84] d'une de ses mains, il entr'-ouvrait[85] mon petit con tant qu'il put, tandis que de l'autre il se manualisait dessus de toutes ses forces. „Le joli petit oiseau," disait-il, en s'agitant et en soupirant de plaisir, „comme je l'aprivoiserais si je pouvais encore, mais je ne peux plus, j'aurais bien faire! En quatre ans le bougre du vit ne raidirait pas, ouvre, ouvre, ma petite, écarte bien," et au bout d'un quart d'heure à la fin je vis mon homme soupirer avec plus de force, quelques sacrédieux vinrent prêter de l'énergie à ses expressions, et je me sentis tous les bords du con inondés du sperme chaud et écumeux, que le coquin, ne pouvant lancer au dedans s'efforçait au moins à faire pénétrer avec ses doigts; il n'eut pas plutôt fait, qu'il partit comme un éclair, et j'étais encore occupée à m'essuyer que mon galant ouvrait déjà la porte de la rue. Telle est l'origine, messieurs, qui me valut le nom de ,,Duclos", il était d'usage dans cette maison, que chaque fille adoptait le nom du premier, avec qui elle avait une affaire, et je me soumis à leur mode." — ,,Un instant," dit le duc, ,,je n'ai pas voulu interrompre que vous n'en fussiez à une pause, mais puisque vous y voilà, expliquez-moi un peu deux choses, la première, si vous eûtes des nouvelles de votre mère, et si vous avez jamais sû, ce qu'elle devint, et la seconde, si les causes d'antipathie que vous aviez, votre sœur et vous, pour elle, étaient naturellement en vous, ou si elles avaient une cause, ceci tient à l'histoire du cœur humain. Et c'est à cela particulièrement que nous travaillons." — ,,Mgr.," répondit Duclos, ,,ni ma sœur ni moi, n'avons jamais eu la moindre nouvelle de cette femme-là." — ,,Bon," dit le duc, en ce cas-là c'est clair, n'est ce pas Durcet?" — ,,Incontestable," répondit le financier, ,,il n'y a pas à en douter d'un moment et vous fîtes bien heureusement de ne pas donner dans le panneau, car vous n'en seriez jamais revenues." ,,Il est inouï," dit Curval, ,,comme cette manie là se répand." — ,,Ma foi, c'est qu'elle est bien délicieuse," dit l'évêque ... ,,Et le second point," dit le duc, en s'adressant à l'historienne. — ,,Le second point, mgr., c'est à dire le motif de notre antipathie, je serais, ma foi, bien à peine de vous en rendre compte, mais il était si violent dans nos deux cœurs, que nous nous avouâmes réciproquement, que nous nous serions senties capables de l'empoisonner, si nous ne fussions pas parvenues à nous en débarrasser autrement; notre aversion était au dernier degré, et comme elle n'y donnait aucun lieu. Il est plus que vraisemblable, que ce sentiment dans nous n'était que l'ouvrage de la nature." — „Eh qui en doute," — dit le duc, „il arrive tous les jours qu'elle nous inspire l'inclination la plus violente pour ce que les hommes appellent crime, et vous l'eussiez empoisonnée vingt fois, que cette action dans vous n'eût jamais été que le résultat[86]) de ce penchant qu'elle vous aurait inspiré pour ce crime, penchant qu'elle vous donna en vous douant d'une si forte antipathie. Il est fou d'imaginer qu'on doive rien à sa mère, et sur qui donc serait fondée la reconnaissance? Sur ce qu'elle a déchargé quand on la foutait? Assurément il y a de quoi, pour moi je n'y vois que des motifs de haine et de mépris! Nous donna-t-elle le bonheur en nous donnant le jour?[87]) — Il s'en faut, elle nous jette dans un monde rempli d'écueils, et c'est à nous à nous en tirer comme nous pourrons. Je me souviens que j'en ai eu une autrefois qui m'inspirait à-peu-près le même sentiment que Duclos sentait pour la sienne, je l'abhorrais, dès que je l'ai pu, je l'ai envoyée dans l'autre monde, et je n'ai de mes jours goûté une volupté si vive que celle où elle fermait les yeux pour ne les plus rouvrir." — En ce moment on entendit des sanglots affreux dans un des quadrilles, c'était positivement en celui du duc, on examina, on vit la jeune Sophie qui fondait en larmes. Douée d'un autre cœur que celui de ces scélérats, leur conversation rappellait à son esprit le souvenir chéri de celle qui lui avait donné le jour, périssant pour la défendre lorsqu'elle fut enlevée et ce n'était pas sans des flots de larmes que cette idée cruelle s'offrait à sa tendre imagination. — „Ah, parbleu," dit le duc, „voilà une excellente chose, c'est votre maman que vous pleurez, ma petite morveuse, n'est-ce pas? Approchez, approchez que je vous console," et le libertin échauffé et des préliminaires, et de ces propos, et de ce qu'il espérait, fit voir un vit foudroyant, qui paraissait vouloir une décharge. Cependant Marie amène l'enfant, c'était la duègne de ce quadrille, ses larmes coulaient en abondance, son accoutrement de novice, qu'elle avait ce jour-là, semblait prêter encore plus de charme à cette douleur, qui l'embellissait, il était impossible, d'être plus jolie. — „Bougre de dieu," dit le duc, en se levant comme un frénétique, „quel joli morceau a croquer, je vais faire ce que Duclos vient de dire, je vais lui barbouiller le con de foutre, — qu'on la déshabille," et tout le monde en silence attendait l'issue de cette légère escarmouche. — „Oh monsieur, monsieur," s'écria Sophie en se jetant[88]) aux pieds du duc, „respectez au moins ma douleur, je gémis sur le sort d'une mère qui me fut bien chère, qui est morte en me défendant et que je ne reverrai jamais, ayez pitié de mes larmes, et accordez-moi au moins cette seule soirée de repos." — „Ah foutre," dit le duc, en maniant son vit qui menaçait le ciel, „je n'aurais jamais cru que cette scène fut si voluptueuse, déshabillez donc, déshabillez donc," disait-il à Marie en fureur, „elle devrait déjà être nue, et Aline qui était sur le Sopha du duc, pleurait à chaudes larmes ainsi que la tendre Adélaïde qu'on entendait gémir dans la niche de Durcet qui loin de partager la douleur de cette belle créature, la grondait violemment d'avoir quitté la posture où il l'avais mis, et considérait d'ailleurs avec le plus vif intérêt l'issue de cette délicieuse scène; cependant on déshabille Sophie sans le plus petit égard pour sa douleur, on la place dans l'attitude que Duclos venait de dépeindre, et le duc annonce qu'il va décharger; mais comment faire? Ce que Duclos venait de raconter était exécuté par un homme qui ne bandait pas et la décharge de son vit flacque pouvait se diriger où il voulait, ce n'était plus de même ici; la tête menaçante de l'engin du duc ne voulait pas se détourner du ciel qu'elle avait l'air de menacer, il aurait fallu pour ainsi dire, placer l'enfant au-dessus, on ne savait comment s'y prendre, et cependant, plus se trouvaient d'obstacles, plus le duc irrité sacrait et blasphémait. Enfin la Desgranges vint au secours, rien de ce qui tenait au libertinage n'était inconnu à cette vieille sorcière, elle saisit l'enfant et le plaça si adroitement sur ses genoux, que de quelque manière que se tînt le duc le bout de son vit effleurait le vagin. Deux servantes viennent contenir les jambes de l'enfant et eût-elle dû être dépucelée jamais elle ne l'eût présenté plus beau. Ce n'était pas tout encore, il fallait une main adroite pour faire débonder le torrent, et le diriger juste à sa destination. Blangis ne voulait pas risquer la main d'un enfant maladroite pour une si importante opération. — „Prends Julie," dit Durcet, „tu en seras content, elle commence à branler comme un ange." — „Oh foutre," dit le duc, „elle me manquera, la garce, je la connais, il suffit que je sois son père, elle aura une peur affreuse." — „Ma fois, je te conseille un garçon," dit Curval, „prends Hercule, son poignet est

souple." — „Je ne veux que la Duclos," dit le duc, „c'est la meilleure de toutes nos branleuses, permettez-lui de quitter un instant son poste et qu'elle vienne."
— Duclos s'avança toute fière d'une préférence aussi marquée, elle retroussa son bras jusqu'au coude, et empoignant l'énorme instrument de mgr., elle se met à le secouer, la tête toujours découverte, à le remuer avec tant d'art, à l'agiter par des secousses si rapides et en même temps si proportionnées à l'état dans lequel elle voyait son patient, qu'enfin la bombe éclate sur le trou-même qu'elle doit couvrir, il s'en inonde, le duc crie, tempête. Duclos ne se démonte pas, ses mouvements se déterminent en raison du degré de plaisir qu'ils procurent. Antinous placé à dessein, fait pénétrer délicatement le sperme dans le vagin à mesure qu'il se coule, et le duc vaincu par les sensations les plus délicieuses voit en expirant de volupté mollir peu-à-peu dans les doigts de sa branleuse le soûl membre. L'ardeur venait de l'enflammer si puissamment lui-même, il se rejette sur son sopha, la Duclos reprend sa place, l'enfant s'essuie, se console et reprend son quadrille et le récit se continue, en laissant les spectateurs persuadés, d'une verité dont ils étaient, je crois, pénétrés depuis bien longtemps, que l'idée du crime fait toujours enflammer les sens et nous conduire à la lubricité.

„Je fus très étonnée," dit Duclos, en reprenant le fil de son discours, „de voir toutes mes compagnes rire en me retrouvant, et me demandant, si je m'étais essuyée, et mille autres propos qui prouvaient, qu'elles savaient très bien ce que je venais de faire. On ne me laissa pas longtemps dans l'inquiétude, et ma sœur me menait dans une chambre voisine de celle où se faisaient communément les parties, et dans laquelle je venais d'être enfermée, m'y fit voir un trou qui répondait à plomb sur le canapé et duquel on voyait facilement tout ce qui s'y passait. Elle me dit que les demoiselles se divertissaient entre elles à aller voir par-là ce que les hommes faisaient à leurs compagnes, et que j'étais bien la maîtresse d'y venir moi-même quand je voudrais, pourvu qu'il ne fut pas occupé, car il arrivait souvent, disait-elle, que ce respectable trou servait à des mystères dont on m'instruiserait en temps et lieu.[89]) Je ne fus pas huit jours sans profiter de ce plaisir, et un matin qu'on était venu demander une nommée Rosalie, une des plus belles blondes qu'il fût possible de voir, je fus curieuse d'observer ce qu'on allait lui faire. Je me cachai et voici la scène dont je fus témoin.

[8] L'homme à qui elle avait affaire, n'avait pas plus de vingt-six ou trente ans, dès qu'elle entra, il la fit asseoir sur un tabouret très élevé et destiné à cette cérémonie, aussitôt qu'elle y fut, il détacha toutes les épingles qui tenaient la chevelure, et fit flotter jusqu'à terre, une forêt de cheveux blonds superbe dont la tête de cette belle fille était ornée; il prit un peigne dans sa poche, les peigna, les démêla, les mania, les baisa en entremêlant chaque action d'une éloge sur la beauté de cette chevelure qui l'occupait si uniquement, il sortit enfin de ses culottes un petit vit sec et très roide, qu'il enveloppa promptement des cheveux de sa dulcinée, et se manuélisant dans le chignon, il déchargea en passant son autre main autour du col de Rosalie, et fixant sa bouche à ses baisers, il redeveloppa son engin mort, je vis les cheveux de ma compagne tout gloués

de foutre. Elle les essuya, les rattacha et nos amants se séparèrent.⁹⁰) Un mois après, on vint chercher ma sœur pour un personnage que nos demoiselles me dirent d'aller regarder, parce qu'il avait aussi une fantaisie assez baroque. C'était un homme d'environ 50 ans; à peine fut-il entré que sans préliminaire, sans caresse, il fit voir son derrière à ma sœur qui, au fait de la cérémonie, le fait percher sur un lit, s'empare de ce vieux cul, mou et ride, enfonce ses cinq doigts dans l'orifice, et se met à le secouer dans si furieuse force, que le lit en craquait. Cependant notre homme sans jamais montrer autre chose, s'agite, se secoue, suit les mouvements qu'on lui donne, s'y prête avec lubricité et s'écrie qu'il décharge et qu'il jouit du plus grand des plaisirs, l'agitation avait été violente à la vérité, car ma sœur en était en nage, mais quels minces épisodes et quelle stérilité d'imagination, si celui qui me fut présenté peu après, n'y mit guère plus de détails.

[10] Au moins paraissait-il plus voluptueux et sa manie avait-elle, selon moi, plus le colorit de libertinage; c'était un gras homme d'environ 45 ans, petit trapu, mais frais et gaillard. N'ayant point encore vu d'hommes de son goût, mon premier mouvement dès que je fus avec lui, fut de me trousser jusqu'au nombril. — Un chien, auquel on présente un bâton, ne fait pas une mine plus allongée: „Eh ventre bleu, ma mie, laissons là le con, je vous en prie," — et en même temps, il rabaissa mes jupes avec plus d'empressement, que je ne les avais levées — „ces petites putains-là," continua-t-il avec humeur, „n'ont jamais que des cons à nous faire voir, vous êtes cause, que je ne déchargerai peut-être pas de la soirée . . . avant que je ne me sois

ôté ce foutre con de la tête," et en disant cela, il me retourna, et leva méthodiquement un cotillon par derrière, en cette posture me conduisant lui-même et tenant toujours mes jupes levées, pour voir les mouvements de mon cul en marchant, il me fit approcher du lit, sur lequel il me coucha à plat ventre. Alors il examina mon derrière avec la plus scrupuleuse attention, se garantissant toujours avec une main de la perspective du con, qu'il me paraissait craindre plus que le feu, enfin m'ayant averti de dissimuler tout que je pourrais cette indigne partie, — je me sers de son expression, — de ses deux mains il mania longtemps et avec lubricité mon derrière, il l'écartait, il le vénérait quelques fois, il [y] portait sa bouche et je la sentis même une fois ou deux directement appuyée sur le trou. Mais il ne se touchait point encore, rien ne paraissait, se sentait pourtant pressé apparemment il se disposa au dénouement de son opération: „couchez-vous tout à fait à terre," me dit-il, en me jetant quelques carreaux, „là, oui, ainsi. — Les jambes bien écartées, le cul un peu relevé, et le trou le plus entr'ouvert, qu'il vous sera possible, — au mieux continua-t-il en voyant ma docilité, et alors prenant le tabouret, il le plaça entre mes jambes, et vint s'asseoir dessus, de manière à ce que son vit, qu'il sortit entre ses culottes et qu'il secoua, fut pour ainsi dire à la hauteur juste du trou, qu'il encensait; alors ses mouvements devinrent plus rapides, d'une main il se branlait, de l'autre il écartait mes fesses, et quelques louanges assaisonnées de beaucoup de jurements composaient son discours: „ah, sacre Dieu, le beau cul," s'écriait-il, „le joli trou, et comme je vais l'inonder," — il tint parole, je me sentis toute

mouillée, le libertin parut anéanti de son extase. Tant il est vrai, que l'hommage rendu à ce temple a toujours plus d'ardeur, que celui, qui brûle sur l'autre; et il se retira après m'avoir promis de me revenir voir, puis que je satisfaisais si bien ses désirs; il revint effectivement le lendemain, mais son inconstance lui fit préférer ma sœur, je fus les observer, et je vis qu'il employait absolument les mêmes procédés, et que ma sœur s'y prêtait avec la même complaisance."[91])
„Avait-elle un beau cul, ta sœur," dit Durcet. — „Un seul trait vous en fera juger, mgr.," dit Duclos, „un fameux peintre, chargé de faire une Vénus aux belles fesses, la demanda l'année d'après pour modèle." — „Ayant," disait-il, „cherché chez toutes les maquerelles de Paris sans rien trouver qui la valut." — „Mais enfin, puis qu'elle avait 15 ans, et voilà ici des filles de cet âge, compare-nous ses derrières," continua le financier, „à quelqu'un des culs que tu as ici sous tes yeux." Duclos jeta les yeux sur Zelmire et dit qu'il lui était impossible de rien trouver qui non seulement pour le cul, mais même pour la figure ressemble mieux de tous points à sa sœur. — „Allons, Zelmire," dit le financier, „venez donc me présenter vos fesses," — elle était justement de son quadrille, la charmante fille approche en tremblant, on la plaça au pied du canapé couchée sur le ventre. On relève ses croupes avec des carreaux, le petit trou paraît en plein, le paillard qui bandaillait, baise et manie ce qu'elle lui présente, il ordonne à Julie de le branler, on exécute, ses mains s'égarent sur d'autres objets, la lubricité l'enivre, son petit instrument sous les secousses voluptueuses de Julie a l'air de se roidir un moment. Le paillard jure,

le foutre coule et le souper sonne — comme la même profusion régnant à tous les repas, en avoir peint un, c'est les avoir peints tous, mais comme presque tout le monde avait déchargé, à celui on eut besoin de reprendre des forces et en conséquence on but beaucoup. Zelmire, qu'on appellait la sœur de Duclos fut extrêmement fêtée aux orgies et tout le monde voulut lui baiser le cul, l'évêque laissa du foutre, les 3 autres y rebandèrent, et on fut se coucher comme la veille, c'est à dire, chacun avec la femme qu'il avait eu sur le canapé, et quatre fouteurs qui n'avaient point paru depuis le dîner.

3e journée.

Le duc se leva de neuf heures, c'était lui, qui devait commencer, à se prêter aux leçons, que la Duclos devait donner aux jeunes filles, il se campa dans un fauteuil et éprouva pendant une heure les divers attouchements, masturbations, pollutions et postures diverses de chacune de ces petites filles conduites et guidées par sa maîtresse et comme on l'imagine aisément, son tempérament fougueux se trouva furieusement irrité d'une telle cérémonie, il lui fallut d'incroyables efforts sur lui-même, pour n'y pas perdre son foutre, mais assez maître de lui, il sut se contenir, et revint triomphant se vanter, qu'il venait de supporter qu'il défiait ses amis de soutenir, avec le même flègme. Cela donna lieu à établir des gageures, et en amende de 50 Louis, imposés à celui qui déchargerait pendant la leçon. Au lieu du déjeûner et des visites cette matinée-là s'employait à régler le tableau des 17 orgies projetées pour la fin de chaque semaine, ainsi que la fixation en dernier ressort des dépucellements, que l'on se trouva mieux en état de statuer après avoir un peu connu les sujets qu'on ne l'eût pu auparavant. Comme ce tableau réglait d'une manière décisive toutes les opérations de la campagne, nous avons cru nécessaire d'en donner copie au lecteur, il nous a semblé que sachant (après l'avoir lu) la destination des sujets, il prendrait plus d'intérêt aux sujets dans le reste des opérations.

Tableau des projets du reste de voyage.

Le 7 de 9bre révolution de la 1e semaine on procédera dès le matin au mariage de Michette et de Giton, les deux époux à qui l'âge ne permet pas de se conjoindre non plus qu'aux trois hivers suivants, seront séparés dès le soir même, et sans plus avoir regard à cette cérémonie qui n'aura servi qu'à divertir pendant la journée, on procédera dans le même soir à la correction des sujets, marqués sur la liste de l'ami de mois. — Le 14 on procédera de même au mariage de Narcisse et d'Hébé, avec la même clause que ci-dessus. Le 21, de même à celui de Colombe et de Zélamire, et le 28, également à celui de Cupidon et de Rosette. Le 4 décembre, les narrations de la Champville, devant avoir prêté aux expéditions suivantes, le duc dépucelera Fanni, le 5 cette Fanni sera mariée à Hyacinthe, qui jouira de sa jeune épouse devant l'assemblée ; telle sera la fête de la cinquième semaine, et le soir, les corrections à l'ordinaire, parce que les mariages se célébront dès le matin. — Le 8 décembre, Curval dépucelera Michette — le 11 le duc dépucelera Sophie, le 12, pour célébrer la[92]) fête de la 6e semaine, Sophie sera mariée à Céladon, et avec les mêmes clauses que les mariages ci-dessus, ce qui ne se répètera plus pour les suivants. — Le 15 Curval dépucelera Hébé — le 18 décembre le duc dépucelera Zelmire, et le 19, pour célébrer la fête de la 7e semaine, Adonis épousera Zelmire. — Le 20 Curval dépucelera Colombe, le 25, jour de noël, le duc dépucelera Augustine, et le 26 pour la fête de la 8e semaine Zéphire épousera Augustine. Le 29, Curval dépucelera Rosette; et les arrangements ci-dessus ont été pris pour que Curval moins membré que le duc ait les plus jeunes pour sa part. Le 1 janvier, premier jour où les narrations de la Martaine auront mis en état de songer à de nouveaux plaisirs, on procédera aux déflorations sodomites dans l'ordre suivant.[93]) Le 1. janvier le duc enculera Hébé, le 2 Hébé, ayant été dépucelée par devant par Curval, par derrière par le duc, sera livrée à Hercule, qui en jouira, comme il sera préscrit, devant l'assemblée; le 4 Curval enculera Zélamir — le 6 le duc enculera Michette, et le 9, pour célébrer la fête de la 10e semaine, cette Michette, qui aura été dépucelée en con par Curval, en cul par le duc, sera livrée à Brise-cul, pour en jouir etc. Le 11 l'évêque enculera Cupidon — le 13 Curval enculera Zelmire — le 15 l'évêque enculera Colombe, le 16, pour la fête de la 11e semaine, Colombe[94]), qui aura été dépucelée en con par Curval, et en cul par l'évêque, sera livrée à Antinous qui en jouira etc. Le 17 le duc enculera Giton — le 19 Curval enculera Sophie, le 21 l'évêque enculera Narcisse, le 22 le duc enculera Rosette, le 23 pour la fête de la 12e semaine, Rosette sera livrée à Bande-au-ciel.

— Le 25 Curval enculera Augustine. — Le 28 l'évêque enculera Fanni, le 30, pour la fête de la 13e semaine, le duc épousera Hercule comme mari et Zéphire comme femme, et le mariage s'accomplira, ainsi que les 3 autres suivants, devant tout le monde. Le 5 février, pour la fête de la 14e semaine, Curval épousera Brisecul comme mari et Adonis comme femme, — le 13 février, pour la fête de la 15e semaine, l'évêque épousera Antinous comme mari et Céladon comme femme. Le 20 février, pour la fête de la 16e semaine, Durcet épousera Bande-au-ciel comme mari et Hyacinthe comme femme. — A l'égard de la fête de la 17e semaine, qui tombe le 27 de février, veille de la clôture des narrations, on la célébrera par des sacrifices, dont messieurs réservent in petto le choix des victimes Moyennant ces arrangements, dès le 3 janvier, tous les pucelages sont pris excepté ceux de 4 jeunes garçons, que messieurs doivent épouser comme femmes et qu'ils se réservent intacts jusque là, afin de faire durer l'amusement jusqu'au bout du voyage. A mesure que les objets seront dépucelés, ils remplaceront les épouses sur le canapé aux narrations, et les nuits près de messieurs. Alternativement à la choix avec les 4 derniers gitons, que messieurs se réservent pour femmes pour le dernier mois, du moment qu'une fille ou qu'un garçon[95]) dépucelé aura remplacé une épouse au canapé, cette épouse sera répudiée, de ce moment elle sera dans le discrédit général et n'aura plus rang qu'après les servantes. A l'égard d'Hébé âgée de 12 ans, de Michette âgée de 12 ans, de Colombe âgée de 13 ans, et de Rosette âgée de 13 ans, à mesure qu'elles auront été livrées aux fouteurs et vues par eux, elles tomberont de même dans le discrédit, ne seront plus admises qu'aux voluptés dures et brutales, auront rang avec les épouses répudiées et seront traitées avec la plus extrême rigueur — et dès le 24 janvier, toutes quatre se trouveront au même ton sur cet objet. — Par ce tableau on voit, que[96]) le duc aura eu le pucelage du con de Fanni, Sophie, Zelmire, Augustine, et ceux du cul d'Hébé, Michette, Giton, Rosette et Zéphire —, que Curval aura eu le pucelage du con de Michette, Hébé, Colombe, Rosette, et ceux du cul de Zélamir, Zelmire, Sophie, Augustine et Adonis —, que Durcet, qui ne fout point, aura en un seul pucelage du cul, d'Hyacinthe qu'il épousera comme femme et que l'évêque qui ne fout qu'un cul aura eu les pucelages sodomites de Cupidon, de Colombe, de Narcisse, de Fanni et de Céladon. La journée entière s'était passée tant à dresser ces arrangements qu'à en jaser et personne ne s'étant trouvé en faute, tout se passa sans évènements jusqu'à l'heure de la narration, où les arrangements se trouvent les mêmes, quoique toujours variés; la célèbre Duclos monta sur sa tribune et reprit à ces termes sa narration[97]) de la veille. — „Un

[11] jeune homme dont la manie quoique bien peu libertine à mon avis, n'en était pas moins assez singulière, parut chez md.[98]) Guérin en fort peu de temps de la dernière aventure, dont je vous ai parlé hier; il lui fallait une nourrice jeune et fraîche, il la tétait et déchargeait sur les cuisses de cette bonne femme, en se gorgeant de son lait. Son vit me parut très mesquin et toute sa personne assez chétive, et sa décharge fut aussi douce que son opération.[99]) Il en

[12] parut un autre le lendemain dans la même chambre, dont la manie vous paraîtra sans doute plus divertissante; il voulait que la femme fût entortillée dans un voile qui lui cacha hermétiquement tout le sein et toute la figure; la seule partie du corps qu'il désirait voir et qu'il fallait lui trouver dans le dernier degré de supériorité, c'était le cul, tout le reste lui était indifférent, et l'on était sûr, qu'il aurait été bien fâché d'y jeter les yeux. Md. Guérin lui fit venir une femme du déhors, d'une laideur amère, et âgée de près de 50 ans,[100]) mais dont les fesses étaient coupées comme celles de Vénus, rien de plus beau pouvait s'offrir à la vue, je voulus voir cette opération; la vieille duègne bien embéguinée dut se placer tout de suite à plat ventre sur le bord du lit, notre libertin, homme d'environ 30 ans, et qui me parut être de robe, lui lève les jupes jusqu'au dessus des reins, s'extasie à la vue des beautés de son goût qui lui sont offertes, il touche, il écarte ce superbe fessier, le baise avec ardeur, et son imagination s'enflammait bien plus pour ce qu'il supposa, que pour ce qu'il aurait vu sans doute effectivement, si la femme eût été dévoilée, et même jolie, il s'imagine avoir affaire à Vénus même, et au bout d'une assez courte carrière son engin devenu dur à force de secousses, darde une pluie bénigne sur l'ensemble du superbe fessier qu'on expose à ses yeux, sa décharge fut vive et impétueuse, il était assis devant l'objet de son culte, une de ses mains l'ouvrait pendant que l'autre le polluait et il s'écria dix fois: „Quel beau cul, ah quel délice d'inonder du foutre un bel cul!" — Il se leva dès qu'il eut fini et décampa sans seulement témoigner le moindre désir de savoir

[13] à qu'il avait eu affaire.[101]) Un jeune abbé demanda ma sœur quelque temps après, il était jeune et joli, mais à peine pouvait-on distinguer son vit, tant il était petit et mou. Il l'étendit presque nue sur le canapé, se mit à génoux entre ses cuisses, lui soutenant les fesses des deux mains, et lui chatouillant avec une [main] le joli petit trou de son derrière, pendant ce temps-là sa bouche se porta sur le con de ma sœur, il lui chatouilla le clitoris avec la langue, et s'y prit si adroitement, fit un usage si compassé et si égal de ses deux mouvements, qu'en trois minutes il la plongea dans le délire, je vis sa tête se pencher, ses yeux s'égarer, et la friponne s'écria; „ah, mon cher abbé, tu me fais mourir de plaisir". — L'habitude de l'abbé était d'avaler exactement la liqueur que son libertinage faisait couler, il n'y manqua pas, et se sécouait, s'agitait à son bon bout en opérant contre le canapé sur lequel était ma sœur, je lui vis répandre à terre les marques certaines de sa virilité; j'eus mon tour le lendemain, et je puis vous assurer, messieurs, que c'est une des plus douces opérations, où je me sois trouvée de ma vie, le fripon d'abbé eut mes prémices, et le premier foutre, que je perdis, fut dans sa bouche; plus empressé que ma sœur de lui rendre le plaisir, qu'il me faisait, je saisis machinalement son vit flottant, et ma petite main lui rendit ce que sa bouche me faisait éprouver avec tant de délices." — Ici le duc ne put s'empêcher d'interrompre, singulièrement échauffé des pollutions auxquelles il s'était prêté le matin, il crut que ce genre de lubricité exécuté avec la délicieuse Augustine, dont les yeux éveillés et fripons annonçaient le tempérament le plus précoce,

lui feraient perdre un foutre, dont ses couilles se sentaient trop vivement piquotées. Elle était de son quadrille, il l'aimait assez, elle lui était destinée pour la défloration, il l'appela, elle était ce soir-là vêtue en marmotte et charmante sous ce déguisement. La duègne lui retroussa les jupes et l'établit dans la posture qu'avait dépeinte Duclos. Le duc s'empara d'abord des fesses, s'agenouilla, introduisit un doigt au bord de l'anus qu'il chatouilla légèrement, saisit le clitoris que cette aimable enfant avait déjà très marqué, il suça — les langues dociennes ont de tempéraments, Augustine en fut la preuve, ses jolies yeux s'animèrent, elle soupira, ses cuisses s'élevèrent machinalement, et le duc fut assez heureux pour obtenir un jeune foutre, qui coulait sans doute pour la première fois, mais on n'obtient point deux bonheurs de suite, il y a des libertins si tellement endurcis dans les vices, que plus la chose, qu'ils font est simple et délicate, moins leur maudite tête s'en irrite; notre cher duc était du nombre; il avala le sperme de ce délicieux enfant, sans que le sien voulut couler; on vit l'instant (car rien n'est inconséquent comme un libertin), l'instant, dis-je, où il allait en accusant cette pauvre petite malheureuse, qui toute confuse d'avoir cédé à la nature, cachait sa tête dans ses mains, et chercha à refuir à sa place. — „Qu'on en place une autre," dit le duc en jetant des regards furieux sur Augustine, „je les sucerais plutôt toutes, que de n'y pas perdre mon foutre." — On amène Zelmire, la seconde fille de son quadrille, et qui lui était également dévolue, elle était du même âge qu'Augustine, mais le chagrin de sa situation, enchaînait dans lui toutes les facultés du plaisir, que peut-être sans cela la nature lui eût également permis de goûter. On la trouve; au-dessus de deux petites cuisses plus blanches que l'albâtre, elle fait voir une petite motte rebondie, couverte d'un léger duvet qui commençait à peine naître, on la place, obligée de se prêter, elle obéit machinalement, mais le duc a beau faire, rien ne vient, il se relève furieux au bout d'un quart d'heure et se jetant dans son cabinet avec Hercule et Narcisse, — „ah foutre," dit-il, „je vois bien, que ce n'est point là le gibier qu'il me faut," dit-il en parlant des deux filles, „et que je ne réussirai qu'avec celui-la." On ignore quels furent les excès, où il se livra, mais au bout d'un instant on entendit des cris et des hurlements qui prouvaient que sa victoire était remportée et que des garçons étaient pour une décharge des véhicules toujours bien plus sûrs que les plus adorables filles. Pendant ce temps-là l'évêque avait également chambré Giton, Zélamir et Bande-au-ciel, et les élans de sa décharge ayant de même frappé les oreilles, les deux frères qui vraisemblablement s'étaient à-peu-près livrés aux mêmes excès revinrent écouter plus tranquillement le reste du récit, que notre héroïne reprit en ces termes: Près de deux années se coulèrent, sans qu'il parut chez la Guérin d'autres personnages où que des gens à goûts trop communs pour vous être racontés, où que de ceux, dont je viens de vous parler, lorsque l'on me fit dire de m'ajuster, et surtout de bien laver ma bouche; j'obéis et descends, quand on m'avertit, [14] un homme d'environ 50 ans, gros et épais, était avec Guérin. „Tiens la voilà," dit le monsieur, „ça n'a que 12 ans et c'est propre et net comme si ça sortait du ventre de sa mère?" — „De ça je puis vous répondre." — Le galant m'examine, me fait ouvrir la bouche, examine mes dents, respire mon haleine, et content de tout sans doute, il passe avec moi dans le temple destiné aux plaisirs. Nous nous asseyons tous les deux bien en face l'un de l'autre et fort près, rien de si sérieux, que mon galant, rien de plus froid et de plus flegmatique, il me lorgnait, me regardait avec des yeux à demi fermés, et je ne pouvais comprendre, où tout cela allait aboutir,[102]) lorsque rompant le silence à la fin, il me dit, d'attirer dans ma bouche le plus de salive que je pourrais, j'obéis, dès qu'il juge que ma bouche en est pleine, il se jette avec ardeur à mon con, passe son bras autour de ma tête afin de me la fixer, et collant ses lèvres sur les miennes, il pompe, il attire, il suce et avale avec empressement tout ce que j'avais amassé de la liqueur enchanteresse, qui paraissait le comble d'extase; il attire ma langue à lui avec la même fureur, et dès qu'il la sent sèche et qu'il s'aperçoit qu'il n'y a plus rien dans ma bouche, il m'ordonne de recommencer mon opération, il renouvelle la sienne, je refais la mienne, et ainsi huit ou dix fois de suite, il suça ma salive avec une telle fureur, que je m'en sentis la poitrine oppressée, je crus qu'au moins quelques étincelles de plaisir allaient couronner son extase, je me trompai, son flegme, qui ne se démontait un peu qu'aux instants de ces ardentes succions redevenait le même dès qu'il avait fini et dès que je lui eus dit, que je n'en pouvais plus, il se remit à me lorgner et à me fixer, comme il avait fait en commençant, se levant sans me dire un mot, paye la Guérin et sortit." „Ah sacré Dieu, sacré Dieu," dit Curval, „je suis donc plus heureux que lui, car je décharge." — Toutes les têtes se levèrent et chacun voit le cher président faisant à Julie sa femme, qu'il avait ce jour-là pour compagne au canapé, la même chose, que Duclos venait de raconter, on savait que cette passion était assez de son goût, à quelques épisodes près, que Julie lui procurait au mieux, et que la jeune Duclos n'avait sans doute pas si bien fourni à son galant, s'il faut en croire au moins les recherches qu'exigeait celui-ci, et qu'il s'en fallait bien que le président désirait.

[15] „Un mois après," dit Duclos, à qui on avait ordonné de continuer, „j'eus affaire, au suceur d'une route absolument opposée, celui-ci était un vieil abbé, qui après m'avoir préalablement baisé et caressé le derrière pendant plus d'une demi heure, enfonça sa langue au trou, l'y fit pénétrer, l'y darda, l'y tourna et retourna avec tant d'art, que je crus presque le sentir au fond de mes entrailles, mais celui-ci moins flegmatique, en écartant mes fesses d'une main se branlait très voluptueusement de l'autre, et déchargea en attirant à lui mon anus avec tant de violence, en le chatouillant si lubriquement que je partageais son extase, quand il eut fait, il examine encore un instant mes fesses, fixa ce trou qu'il venait d'élargir, ne put s'empêcher d'y coller encore une fois ses baisers et décampa, en m'assurant, qu'il reviendrait me demander souvent, et qu'il était très content de mon cul, il m'a tenu parole, et pendant près de 6 mois, il vint me faire trois ou quatre fois de la semaine la même opération, à laquelle il m'avait si bien accoutumée, qu'il ne l'entreprenait plus sans me faire expirer de plaisir — épisode

au reste, qui me parut lui être assez indifférent, car il ne me parut jamais ou qu'il s'en informât, ou qu'il s'en souciât qui sait même. Tous les hommes sont extraordinaires — si elle ne lui aurait peut-être pas déplu!"[103]) — Ici Durcet que ce récit venait d'enflammer, voulut comme le vieil abbé sucer le trou d'un cul mais non pas celui d'une fille; il appelle Hyacinthe, c'était celui de tous qui lui plaisait le plus; il le place, il baise le cul, il branle le vit, il gamahuche; au tressaillement de ses nerfs, au spasme, qui précédait toujours sa décharge on croit que son petit vilain en choix que secourait Aline de son mieux, allait enfin dégorger ses sémences, mais le[104]) financier n'était pas si prodigue de son foutre, il ne banda seulement pas, on imagine, de la change d'objet. Céladon est offert et rien n'avance; une cloche heureuse, qui annonçait le souper, vient sauver l'honneur du financier... „Ce n'est pas ma faute," dit-il, en riant à ses confrères, „vous le voyez, j'allais remporter la victoire, c'est ce maudit souper qui la retarde, allons changer de volupté, je n'en reviendrai que plus ardent aux combats de l'amour quand Bachus m'aura couronné." Le souper aussi succulent que gai et lubrique comme à l'ordinaire fut suivi d'orgies, où on fit beaucoup de petites infamies, il y eut beaucoup de bouches et de culs sucés, mais une des choses, à qui l'on s'amusait le plus, fut de cacher le visage et la gorge des jeunes filles et de parier de les reconnaître rien qu'examinant les fesses. Le duc s'y trompa quelques fois, mais les 3 autres avaient une telle habitude de culs, qu'ils ne s'y trompèrent pas une seule fois. On fut se coucher et le lendemain amena de nouveaux plaisirs, et quelques nouvelles réflexions.

Quatrième journée.

Les amis étant bien aise de distinguer à tout instant de la journée ceux des jeunes gens soit en filles, soit en garçons dont les pucelages devaient leur appartenir décidèrent leur faire porter dans tous leurs divers ajustements un ruban aux cheveux qui indiqua à qui ils appartenaient. En conséquence le duc adopta le rose et le vert, tout ce qui aurait un ruban rose par devant lui appartiendrait pour le con, de même que tout ce qui en porterait un vert par derrière serait à lui pour le cul, de ce moment, Fanni, Zelmire, Sophie et Augustine prirent un nœud rose dans un des côtés de leur coiffure et Rosette, Hébé, Michette, Giton et Zéphire en placèrent un vert dans le derrière de leur cheveux, pour preuve des droits, que le duc avait sur leurs culs. Curval prit le noir pour le devant, et le jaune pour le derrière de façon que Michette, Hébé, Colombe et Rosette portèrent toujour à l'avenir un nœud noir en devant, et Sophie, Zelmire, Augustine, Zélamire et Adonis en placèrent un jaune au chignon. Durcet marque un seul, Hyacinthe, d'un ruban lila par derrière, et l'évêque qui n'avait pour lui que cinq prémices sodomites, ordonna à Cupidon, Narcisse, Céladon, Colombe et Fanni d'en porter un violet par derrière. Jamais, quelque ajustement qu'on eût, ces rubans ne devaient se quitter et d'un coup d'œil, en voyant une de ces jeunes personnes d'une telle couleur par devant et d'une autre par derrière, on distinguait tout de suite qui avait des droits sur son cul et qui en avait sur son con. Curval qui avait passé la nuit avec Constance, s'en plaignait vivement le matin, on ne sait trop, sur quoi roula le motif de ses plaintes; il faut si peu de choses pour déplaire à un libertin, tant y ce qu'il allait la faire mettre en punition pour le samedi prochain, lorsque cette belle personne déclara qu'elle était grosse. Car Curval le seul qu'on eût pu en soupçonner avec son mari, ne l'avait connue charnellement que depuis les commencements de cette partie, c'est-à-dire depuis quatre jours; cette nouvelle amusa beaucoup nos libertins, par les voluptés clandestines qu'ils virent bien qu'elle leur procurait, le duc n'en revenait pas;[105]) quoiqu'il en soit l'évènement lui valut l'exemption de la peine qu'elle eut de subir sans cela, par avoir déplue à Curval, on voulait laisser mûrir la poire, une femme grosse les divertissait, et ce qu'ils s'en promettaient pour les suites amusait encore bien plus lubriquement leur perfide imagination. On la dispensa des services de table, des punitions, et de quelques autres petits détails, que son état ne rendait plus voluptueux à lui voir remplir, mais elle fut toujours obligée au canapé, et à partager jusqu'à nouvel ordre la couche de qui voudrait la choisir. — Ce fut Durcet qui ce matin-là se prêta aux exercices de pollution et comme son vit était extraordinairement petit, il donna plus de peine aux écolières, cependant on travailla, mais le petit financier, qui avait fait toute la nuit le métier des femmes, ne put jamais soutenir celui d'homme, it fut cuirassé, intraitable, et l'art de ses huit charmantes écolières dirigées par la plus habile maîtresse ne vint seulement pas à bout de lui faire lever le nez, il en sortit triomphant et comme l'impuissance donne toujours en preuve cette sorte d'humeur qu'on appelle taquinième en libertinage ses visites furent étonnamment sévères, Rosette, chez les filles, et Zélamir, chez les garçons furent les victimes, l'un n'était pas comme on lui avait dit de se trouver. — cette énigme s'expliquera — et l'autre[106]) s'était malheureusement défait ce qu'on lui avait ordonné de garder. Il ne parut aux leçons publics que la Duclos, Marie, Aline et Fanni, deux fouteurs de la seconde classe et Giton. Curval, qui bandait beaucoup ce jour-là s'échauffe beaucoup avec Duclos, le diner, où il se tint à des propos très libertins, ne le calma point, et le café présenté par Colombe, Sophie, Zéphire et son cher ami Adonis, acheva d'embraser sa tête. Il saisit ce dernier et le culbutant sur un sopha, il lui plaça en jurant son membre énorme entre les cuisses par derrière, et comme cet énorme outil dépassait de plus de 6 pouces de l'autre côté, il ordonna le jeune garçon de branler fortement ce qui sortait, et ce mit lui-même à branler l'enfant au-dessus du morceau de chair dont il le tenait embroché, pendant ce temps-là il présentait à l'assemblée un cul aussi sale que large dont l'orifice impure vint à tenter le duc, voyant le cul à sa porte, il y braqua son nerveux instrument en continuant de sucer la bouche de Zéphire, opération qu'il avait entreprise, avant que ne lui prit l'idée qu'il exécutait. Curval qui ne s'attendait pas à une telle attaque en blasphéma de joie, il trépigna, il s'élargit, se prêta, en ce moment le jeune foutre du charmant garçon qu'il branlait, dégoutte sur la tête énorme de

son instrument en fureur; ce foutre chaud, dont il se sent mouillé, les sécousses réiterés du duc, qui commençait à décharger aussi, tout l'entraîne, tout le détermine, et des flots de sperme écumeux vont inonder le cul de Durcet, qui était venu se poster là vis-à-vis, „pour qu'il n'y eût," dit-il, „rien de perdu" et dont les fesses blanches et potelées furent doucement submergées d'une liqueur enchanteresse qu'il eut bien mieux aimée dans ses entrailles. Cependant l'évêque n'était pas aisif, il suçait tour à tour les trous de culs divins de Colombe et de Sophie; mais fatigué sans doute de quelques exercices nocturnes, il ne donna même point de preuve d'existence, et comme tous les libertins, que le caprice et le dégoût rendent injustes, il s'en prit durement à ces deux délicieux enfants de torts trop mérités de sa débile nature, on sommeille quelques instants et l'heure des narrations étant venue, on fut écouter l'aimable Duclos qui reprit son récit de la manière suivante. — „Il y avait eu quelques changements dans la maison de md. Guérin," dit notre héroïne, „deux très jolies filles venaient de trouver des dupes qui les entretenaient et qu'elles trompèrent commes nous faisons toutes. Pour remplacer cette perte, notre chère maman avait jeté les yeux sur la fille d'un cabaretier de la rue St. Denis, âgée de 13 ans et l'une des plus jolies créatures qu'il fût possible de voir. Mais la petite personne aussi sage que pieuse résistait à toutes ses séductions, lorsque la Guérin, après s'être servie d'un moyen très adroit pour l'attirer un jour chez elle, la mit aussitôt entre les mains d'un personnage singulier, dont je vais vous décrire la manie.
[16] C'était un ecclésiastique de 55 à 56 ans, mais frais

et vigoureux et auquel on n'en aurait pas donné quarante. Aucun être dans le monde n'avait un talent plus singulier que cet homme pour entraîner de jeunes filles dans le vice et comme c'était son[107]) art le plus sublime, il en faisait aussi son seul et son unique plaisir, toute la volupté consistait à déraciner les préjuges de l'enfance, à faire mépriser la vertu et à parer le vice des plus belles couleurs; rien n'y était négligé: tableaux séduisants, promesses flatteurs, exemples délicieux, tout était mis en œuvre, tout était adroitement menagé, tout artistement proportionné à l'âge, à l'espèce d'esprit de l'enfant, et jamais il ne manquait son coup, en deux seules heures de conversation il était sûr de faire une putain de la petite fille la plus sage et la plus raisonnable et depuis trente ans, qu'il exerçait ce métier-là dans Paris, il avait avoué à md. Guérin, l'une de ses meilleures années, qu'il avait sur son catalogue plus de 10 mille jeunes filles séduites et jetées par lui dans le libertinage. Il rendait de pareils services à plus de 15 maquerelles, et quand on ne l'exerçait pas, il faisait des recherches pour son propre compte, corrompait tout ce qu'il trouvait et l'envoyait ensuite à ses achalandeuses, car ce qu'il y a de fort extraordinaire et ce qui fait, messieurs, que je vous cite l'histoire de ce personnage singulier: jamais il ne jouissait du fruit de ses travaux, il s'enfermait seul avec l'enfant, mais, de tous les ressorts que lui prêtait son esprit et son éloquence, sortait très enflammé, on était parfaitement sûr que l'opération irritait ses sens, mais il était impossible de savoir, ni où, ni comment il les satisfaisait, parfaitement examiné, on n'a jamais vu de lui qu'un feu prodigieux dans le

regard à la fin de son discours, quelques mouvements de sa main sur le devant de sa culotte, qui annonçait une érection décidée produite par l'œuvre diabolique qu'il commettait, mais jamais autre chose. Il vint, on l'enferma avec la jeune cabaretière, je l'observais, le tête-à-tête fut long, le séducteur y mit un pathétique étonnant, l'enfant pleura, s'anima, eut l'air d'entrer en une sorte d'enthousiasme; ce fut l'instant, où les yeux du personnage s'enflammèrent le plus, et où nous remarquâmes les gestes sur sa culotte, peu après, il se leva, l'enfant lui tendit les bras comme pour l'embrasser, il la baisa comme un père et n'y mit aucune sorte de lubricité, il sortit, et trois heures après, la petite fille arriva chez md. Guérin avec son paquet."
— „Et l'homme?" dit le duc. — „Il avait disparu dès après sa leçon," répondit Duclos. — „Sans revenir voir l'issue de ses travaux?" — „Non mgr., il en était sûr, il n'en avait jamais manqué une." — „Voilà un personnage très extraordinaire," dit Curval, „qu'en augurez-vous mr. le duc?" — „J'en augure," répondit celui-ci, „qu'il s'échauffait uniquement de cette séduction, et qu'il en déchargeait dans sa culotte." — „Non," dit l'évêque, „vous n'y êtes pas! Ce n'était qu'un préparatif à ses débauches, et au sortir de là, je parie, qu'il en allait commencer de plus grandes." — „De plus grandes," dit Durcet, „et quelle volupté plus dédélicieuse eût-il pu se procurer, que celle de jouir de son propre ouvrage, puis qu'il en était le maître." — „Eh bien," dit le duc, „je parie, que je l'ai deviné, ceci, comme vous le dites, n'était qu'un préparatif, il s'échauffait la tête à corrompre des filles et allait enculer des garçons. — Il était bougre, je le parie."

On demanda à Duclos, si elle n'avait aucune preuve de ce qu'on supposait là, et s'il ne séduisait pas aussi de petits garçons; notre historienne répondit, qu'elle n'en avait aucune preuve, et malgré l'assertion très vraisemblable du duc, chacun resta néanmoins en suspends sur le caractère de ce prédicateur étrange, et après qu'on fut convenu généralement que sa manie était vraiment délicieuse, mais qu'il fallait en consommer l'œuvre ou faire pis après, Duclos reprit ainsi le fil de sa narration. „Dès le lendemain de l'arrivée de notre jeune novice, qui se nommait Henriette, il
[17] arriva un paillard, à fantaisie, qui nous unit, elle et moi, toutes deux à l'œuvre à la fois; le nouveau libertin n'avait point d'autre plaisir que d'observer par un trou toutes les voluptés un peu singulières qui se passaient dans une chambre voisine, il aimait à les surprendre et trouvait aussi, dans les plaisirs des autres, un aliment divin à sa lubricité, on le place dans la chambre dont je vous ai parlé et dans laquelle j'allais si souvent ainsi que mes compagnes espionner, pour me divertir des passions des libertins. Je fus destinée à l'amuser pendant qu'il examinerait, et la jeune Henriette passer dans l'autre avec le gamahucheur de trou de cul, dont je vous ai parlé hier. La passion très voluptueuse de ce paillard était le spectacle qu'on voulait donner à mon examinateur et pour le mieux enflammer et qu'il rendit sa scène plus chaude et plus agréable à voir, on le prévint que la fille qu'on lui donnait était une novice et que c'était avec lui qu'elle faisait sa première partie, il s'en convainquit aisément à l'air de pudeur et d'enfance de la petite cabaretière, ainsi fut-il aussi chaud et aussi lubrique, qu'il était

possible de l'être, dans ses exercices libidineux, qu'il était bien loin de croire observés; quant à mon homme l'œil collé au trou, une main sur mes fesses, l'autre à son vit, qu'il agitait peu à peu, il semblait régler son extase sur celle qu'il surprenait. „Ah — quel spectacle," disait-il de temps en temps, — „comme cette petite fille a un beau cul et comme ce bougre-là la baise bien; enfin l'amant d'Henriette ayant déchargé, le mien me prit entre ses bras et après m'avoir baisée un moment, il me retourna, mania, baisa, lécha lubriquement mon derrière et m'inonda les fesses des preuves de sa virilité." — „En se branlant lui-même," dit le duc. — „Oui mgr.," reprit Duclos, „et en branlant, je vous assure, un vit, qui par sa petitesse incroyable ne vaut pas la peine d'un détail.[108]) Le per-

[18] sonnage qui parut ensuite," continua Duclos, „ne mériterait peut-être pas être sur ma liste s'il ne m'eut semblé digne de vous être cité par les circonstances selon moi assez singulières qu'il mêlait à ses plaisirs d'ailleurs assez simples et qui va vous faire voir à quel point le libertinage dégrade dans l'homme tous les sentiments de pudeur, de vertu et d'honnêteté. Celui-ci ne voulait pas voir, il voulait être vu; et sachant qu'il y avait des hommes dont la fantaisie était de surprendre les voluptés des autres, il pria la Guérin de faire cacher les hommes de ce goût-là et qu'il lui donnerait le spectacle de ses plaisirs. La Guérin avertit l'homme que je venais d'amuser quelques jours avant au trou, et sans lui dire que l'homme qu'il allait voir savait bien qu'il serait vu, ce qui aurait troublé ses voluptés, elle lui fit croire qu'il allait surprendre bien à son aise le spectacle qu'on allait lui

offrir. L'examinateur fut enfermé dans la chambre du trou avec ma sœur et je passai avec l'autre. Celui-ci était un jeune homme de vingt-huit ans, beau et frais; instruit de l'endroit du trou, il se porta sans affection vis-à-vis et m'y fit placer à côté de lui. Je le branlai, dès qu'il banda, il se leva, fit voir son vit à l'examinateur, se retourna montra son cul, me troussa, fit voir le mien, se mit à genoux devant, me branla l'anus avec le bout de son nez, écarta bien, montra tout avec délice et exactitude et déchargea en se branlant lui-même, pendant qu'il me tenait troussée par derrière devant le trou en telle sorte que celui qui l'occupait voyait à la fin en ce moment décisif et mes fesses et le vit en couronne de mon amant, si celui-ci s'était délecté, Dieu sait, ce que l'autre éprouva, ma sœur dit, qu'il était aux cieux et qu'il avouait n'avoir jamais eu tant de plaisir et ses fesses furent inondées d'après cela pour le moins autant que l'avaient été les miennes.[109] — „Si le jeune homme avait un beau vit et un beau cul," dit Durcet, „il y avait là, de quoi faire une jolie décharge." — „Elle dut donc être délicieuse," dit Duclos, „car son vit était très long, assez gros et son cul aussi doux, aussi potelé, aussi joliment formé que celui de l'amour lui-même." — „Ecartiez-vous ses fesses?" dit l'évêque, „fîtes-vous voir le trou à l'examinateur?" — „Oui mgr.," dit Duclos, „il fit voir le mien, j'offris le sien, il le présentait le plus lubriquement du monde." — „J'ai vu une douzaine de scènes comme cela dans ma vie," dit Durcet, „qui m'ont bien coûté du foutre. Il en est peu de plus délicieux à faire — je parle de toutes deux, car il est aussi joli de surprendre que de vou-

[19] loir l'être." — „Un personnage à-peu-près de mon goût," continua Duclos, „me mena aux Tuileries quelques mois après, il voulait que je fusse raccrochée des hommes et que je vinsse là lui branler positivement sous le nez au milieu d'un tas de chaises parmi lesquels il s'était caché, et après lui en avoir branlé ainsi sept ou huit, il se plaça sur un banc dans une des allées les plus passagères, troussa me jupes, par derrière, fit voir mon cul aux passants, mit son vit à l'air et m'ordonna de le branler devant tous les passants, ce qui, quoiqu'il fut nuit, fit un tel scandale, que lorsqu'il débondait cyniquement son foutre, il y avait plus de dix personnes autour de nous, et que nous fûmes obligés à nous sauver pour n'être pas honnis. Quand je racontai à la Guérin notre histoire, elle en rit et me dit qu'elle avait connu un homme à Lion où des garçons font le métier de raccrocheurs,
[20] un homme, dis-je, dont la manie était pour le moins aussi singulière, il se déguisait comme le mercure public, amenait lui-même du monde et deux filles qu'il payait et entretenait pour cela, puis se cachait dans un coin pour voir opérer sa pratique, qui, dirigée par les filles qu'il soudoyait à cet effet, ne manquait pas de lui faire voir le vit et les fesses du libertin, qu'elle tenait, seule volupté qui était du goût de notre faux mercure, et qui avait l'air de lui faire perdre son foutre." — Duclos ayant fini ce soir-là son récit de bonne heure, on employa le reste de la soirée avant l'instant du service à quelques lubricités de choix et comme on avait la tête échauffée sur le cynisme, on ne passa point dans le cabinet et chacun s'amusa l'un devant l'autre, le duc fit mettre la Duclos toute nue, il la fit pencher,

appuyer sur le dos d'une chaise et ordonna à la Desgranges de le branler sur les fesses de sa camarade de manière à ce que la tête de son vit effleura le trou du cul de la Duclos à chaque secousse, on joignit à cela quelques autres épisodes que l'ordre des matières ne me permet pas encore de dévoiler, tant y a. Le trou du cul de l'historienne fut complètement arrosé, et[111]) le duc très bien servi et très complètement entouré déchargea avec des hurlements qui prouvèrent bien à quel point était échauffée sa tête. Curval se fit foutre, l'évêque et Durcet firent de leur côté, avec les 2 sexes, des choses très étrangères, et l'on servit.[112]) Après soupé on dansa; les 16 jeunes personnes, quatre fouteurs et les quatre épouses purent former trois contre-danses, mais tous les acteurs de ce bal étaient nus, et nos libertins, couchés nonchalamment sur des sophas, s'amusaient délicieusement, de toutes les différentes beautés que leur offraient tous à tous les diverses attitudes que le danse obligeait de prendre, ils avaient auprès d'eux les historiennes qui les manualisaient, plus où moins vite en raison du plus ou moins de plaisir qu'ils prenaient, mais épuisé des voluptés du jour, personne ne déchargea et chacun fut prendre au lit les forces nécessaires à se livrer le lendemain à de nouvelles infamies.

Cinquième journée.

Ce fut Curval, qui ce matin-là fut se prêter aux masturbations le l'école, et comme les jeunes filles commençaient à faire des progrès, il eut beaucoup de peine à résister au secousses multipliées, aux postures lubriques et varieuses de ces huit charmantes petites filles, mais comme il voulait se réserver il quitta le poste, on déjeuna, et l'on statua ce matin-là que les quatre jeunes amants de messieurs, savoir: Zéphire, favori du duc, Adonis, aimé de Curval, Hyacinthe, ami de Durcet, et Céladon de l'évêque, seraient dorénavant admis à tous les repas à côté de leurs amants; dans la chambre desquels ils coucheraient régulièrement toutes les nuits, faveur qu'ils partageraient avec les épouses et les fouteurs, ce qui dispensa d'une cérémonie qu'on avait coûtume de faire comme on sait le matin, qui[113]) constistait en ce que les 4 fouteurs qui n'avaient point couché amenassent 4 garçons; ils vinrent seuls et quand messieurs passaient dans l'appartement des jeunes garçons, ils n'y étaient reçus avec la cérémonie prescrite que par les quatre qui restaient. Le duc qui depuis deux ou trois jours s'amourachait de la Duclos, dont il trouvait le cul superbe, et le propos plaisant, exigea, qu'elle coucha aussi dans sa chambre, et cet exemple ayant réussi, Curval, admit de même dans sa chambre la vieille Fanchon, dont il raffolait, les deux autres attendirent encore quelque temps pour remplir cette quatrième place de faveur dans leurs appartements pendant la nuit, on régla dans la même matinée que les 4 jeunes amants que l'on venait de choisir auraient pour vêtements ordinaires toutes les fois qu'ils ne seraient pas obligés à leurs costumes de caractère, comme dans les quadrilles, auraient, dis-je, l'habit et l'ajustement, que je vais décrire: c'était une espèce de petit surtout étroit, leste, dégagé comme un uniforme prussien, mais infiniment plus court, et n'allant guère qu'au milieu des cuisses, ce petit surtout agrafé à la poitrine et aux basques commes tous les uniformes, devait être de satin rose doublé de taffetas blanc. Les revers et les parements étaient de satin blanc et dessous était une espèce de veste courte ou gilet, également de satin blanc, et la culotte de merle, mais cette culotte était ouverte en cœur par derrière depuis la ceinture de façon que passant la main par cette fente, on prenait le cul dans la moindre difficulté, un gros nœud de ruban la retenait seul et lorsqu'on voulait avoir l'enfant tout à fait nu en cette partie, on ne faisait que lâcher ce nœud lequel était de la couleur choisie par l'ami auquel appartenait le pucelage. Leurs cheveux négligement relevés de quelques boucles sur les côtés étaient absolument libres et flottants par derrière et simplement noués d'un ruban de la couleur préscrite, un poudre très parfumé et d'une tinte entre le gris et le rose colorait leur chevelure, leur sourcils très soignés et communément peints en noir, joints à une légère teinte de rouge toujours dans leurs joues achevaient de relever l'éclat de leur beauté, leur tête était toujours nue, un bas de soie blanc à coins brodé le rose couvrait les jambes qu'un soulier gris attaché d'un gros nœud rose chaussait agréablement. Une cravate de gaze à la crême voluptueusement nouée se mariait à un petit jabot de dentelle, et en les examinant ainsi tous les quatres on pouvait assurer qu'il ne pouvait sans doute rien se voir de plus charmant au monde. Dès l'instant qu'ils furent ainsi adoptés, toute permission du genre de celle qui s'accordait quelquefois le matin, leur fut absolument refusée et l'on leur accorda d'ailleurs autant droits sur les épouses

qu'en avaient les fouteurs, ils purent les maltraiter à
leur gré non seulement aux repas, mais même dans
tous les autres instants de la journée, sûrs que jamais
on ne leur donnerait le tout. Ces occupations remplirent
ou précedaient les visites ordinaires; la belle Fanni,
à laquelle Curval avait fait dire de se trouver en un
certain état, se trouva dans l'état contraire, [la suite
nous expliquera tout ce-ci], elle fut mise sur le cahier
de corrections. Chez les jeunes gens, Giton avait fait
ce qu'il était défendu de faire, on le marqua de même
et après les fonctions de la chapelle furent remplies
qui fournirent très plus de sujets, on se mit à table,
ce fut le premier repas, où les amants furent admis,
ils prirent place chacun à côté de celui qui l'aimait,
lequel l'avait à sa droite et son fouteur favori à gauche,
les charmants petits convives de plus égayèrent le
repas, tous quatre étaient très gentils, d'une grande
douceur et commençant à se prêter au mieux autour
de la maison, l'évêque très en train ce jour-là, ne
cessa de baiser Céladon, presque tout le temps du
repas, et comme cet enfant devait être du quadrille
servant le café, il sortit un peu avant le dessert. Quand
mgr., qui venait de s'en échauffer la tête, le revit tout
nu dans le salon de côté, il ne s'y tint plus. — „Sacre
Dieu," dit-il tout en feu, „puisque je ne peux pas l'enculer, au moins lui ferai-je ce que Curval a fait hier
à son bardache," et saisissant le petit bonhomme, il
le couche sur le ventre, en disant cela, lui glissa son
vit dans les cuisses, le libertin était aux nues, le poil
de son vit frottait le trou mignon qu'il aurait bien
voulu perforer, une de ses mains maniait les fesses
du délicieux petit amour, l'autre lui branlait le vit,

11

il collait sa bouche sur celle de ce bel enfant, il pompait l'air de sa poitrine, il en avalait la salive. Le duc, pour l'exciter du spectacle de son libertinage, se plaça devant lui en gamahuchant le trou du cul de Cupidon, le second des garçons,[114]) qui servait le café ce jour-là, Curval vint sous ses yeux se faire branler par Michette, et Durcet lui offrait les fesses écartées de Rosette, tout travaillait à lui procurer l'extase, où l'on voyait, qu'il aspirait, il eut lieu, ses nerfs tressaillirent, ses yeux s'allumèrent, il eût été effrayant pour tout autre que pour ceux, qui connaissaient,[115]) quels étaient sur lui les effets terribles de la volupté, enfin le foutre échappa et coula sur les fesses de Cupidon, qu'en ce dernier moment on eut soin de placer au-dessous de son petit camarade, pour recevoir les preuves de virilité, qui ne lui étaient pourtant point dues. L'heure des narrations vint,, on s'arrangea, par une assez singulière disposition, que tous les pères avaient ce jour-là leur filles sur leurs canapés, on ne s'effrayait point et Duclos reprit à ces termes: „Comme vous n'avez point exigé, messieurs, que je vous rendisse un compte exact de ce qui m'arriva jour par jour chez md. Guérin, mais simplement des évènements un peu singuliers, qui ont pu marquer quelqu'un de ces jours, je passerai sous silence plusieurs anecdotes peu intéressantes de mon enfance, qui ne vous offriraient que des répétitions nombreuses de ce que vous avez déjà entendu, et je vous dirai, que je venais d'attendre ma seizième année non sans une très grande expérience du métier que j'exerçais, lorsqu'il [21] me tombe en partage un libertin, dont la fantaisie journalière mérite d'être rapportée. C'était un grave président, âgé de près de cinquante ans, et qui, s'il faut en croire md. Guérin, qui nous dit le connaître depuis bien des années, exerçait régulièrement tous les matins la fantaisie dont je vais vous entretenir. Sa maquerelle ordinaire venant de se retirer l'avait recommandé avant aux soins de notre chère mère, et ce fut avec moi qu'il débuta chez elle; il se plaçait seul au trou, dont je vous ai parlé, dans la chambre qui y répondait se trouvait un crocheteur ou un Savoyard, un homme du peuple enfin, mais propre et sain, c'était tout ce qu'il désirait, l'âge et la figure n'y faisait rien, je fus sous ses yeux, et le plus près du trou possible, branler cet honnête manail prévenu et qui trouvait fort doux de gagner ainsi de l'argent; après m'être prêtée sans aucune restriction à tout ce que le cher homme pouvait désirer de moi. Je le fis décharger dans une soucoupe de porcelaine et le plantant-là, dès qu'il avait répandu la dernière goutte, je passai précipitement dans l'autre chambre, mon homme m'y attend en extase, il se jette sur la soucoupe, avale le foutre tout chaud, le sien coule, d'une main j'excite son éjaculation, de l'autre je reçois précieusement ce qui tombe et à chaque jet, portant ma main fort vite, à la bouche du paillard, je lui fais le plus lestement et le plus adroitement, que je puisse avaler son foutre à mesure qu'il le répand — c'était le tout; il ne me toucha, ni ne me baisa, il ne me troussa seulement pas, et se relevant de son fauteuil avec autant de flègme, qu'il venait de montrer de chaleur, il prit sa canne et se retira, en disant que je branlais fort bien, et que j'avais fort bien saisi son genre. Le lendemain on ramena un autre homme, car il fallait l'en changer tous les jours, ainsi que des femmes, ma sœur l'opéra, il sortit content, pour recommencer le jour d'ensuite, et pendant tout le temps, que j'ai été chez md. Guérin, je ne l'ai pas vu une seule fois négliger cette cérémonie à neuf précises du matin — sans qu'il ait jamais troussé une seule fille, quoiqu'on lui ait fait voir de charmantes."[116])) — „Voulait-il voir le cul du porte-faix?" dit Curval. — „Oui mgr.," répondit Duclos, „il fallait avoir soin quand on amusait l'homme dont il mangeait le foutre, de le tourner et retourner,[117]) et il fallait aussi que le manant tourna et retourna la fille dans tous les sens." — „Ah comme cela, je le conçois," dit Curval, „mais je ne l'entendais guère autrement." — „Peu après," dit Duclos, „nous vîmes arriver au sérail une fille d'environ 30 ans assez jolie, mais rousse comme Judas, nous crûmes d'abord que c'était une nouvelle compagne, mais elle nous désabusa bientôt, en nous disant, qu'elle ne venait que pour une partie. L'homme à qui l'on destina cette nouvelle héroïne, arriva bientôt de son côté, c'était un gros financier d'assez bonne mine, et la singularité de son goût, puisque c'était à lui que l'on destinait une fille dont nul autre n'aurait sans doute voulu, cette singularité, dis-je, me donna la plus grande envie, d'aller les observer; à peine furent-ils dans la même chambre, que la fille se mit toute nue, et nous montra un corps fort blanc et très potelé." — „Allons, saute, saute," lui dit le financier, „échauffe-toi, tu sais bien, que je veux qu'on sue" — et voilà la rousse à cabrioler, à courir par la chambre, à sauter comme une jeune chèvre, et notre homme à l'examiner en se branlant, et tout cela sans que je puisse deviner encore

[22]

le but de l'aventure. Quand la créature fut en nage, elle s'approcha du libertin, leva un bras et lui fit sentir son aisselle dont la sueur dégouttait de tous les poils. — „Ah c'est cela, c'est cela," dit notre homme, en fixant avec ardeur le bras tout gluand sous son nez — „quel odeur! Comme elle me ravit," puis s'agenouillant devant elle, il la sentit et la respira de même dans l'intérieur du vagin et au trou du cul, mais il revenait toujours aux aisselles, soit que cette partie le flatta davantage, soit qu'il y trouva plus de fumet. C'était toujours-là que sa bouche et son nez se reportait avec le plus d'empressement, enfin un vit assez long quoique peu gros, vit qu'il secouait vigoureusement depuis plus d'une heure sans aucun succès s'avise de lever le nez, la fille se plaça, le financier vint par derrière lui nicha son enchoix sous l'aisselle, elle serra le bras, forme à ce qu'il me paraît, un endroit très rétréci de ce local, pendant ce temps-là, par l'attitude, il jouissait de la vue et de l'odeur de l'autre aisselle, il s'en empare, y fourre son grouin tout entier, et décharge en lêchant, dévorant cette partie qui lui donne autant de plaisir.[118]) — „Et il fallait," dit l'évêque, „que cette créature fut absolument rousse?" — „Absolument," dit Duclos, „ces femmes-là, vous ne l'ignorez point mgr., ont dans cette partie un fumet infiniment plus violent, et ce sens de l'odorat était sans doute celui, qui une fois picoté par de choses fortes, reveillait le mieux dans lui les organes de plaisir." — „Soit," reprit l'évêque, „mais il me semble, parbleu, que j'aurais mieux aimé sentir cette femme-là au cul, que de la flairer sous le bras." — „Ah," dit Curval, „l'un et l'autre a bien des attraits, et je vous assure, que si vous en aviez tenté, vous verriez que c'était très délicieux." — „C'est-à-dire, ms. le président," dit l'évêque, „que ce ragoût-là vous amuse aussi." — „Mais j'en ai tenté," dit Curval, „et à quelques épisodes près que j'y mêlais de plus, je vous proteste que je ne l'ai jamais fait, qu'il m'en ne coutât de foutre." — „Eh bien, ces épisodes je les devine, n'est-ce pas," reprit l'évêque, — „vous sentiez les culs..." „Eh, bon, bon," interrompit le duc, — „ne lui faites pas faire des confessions, mgr., il nous dirait des choses que nous ne devons pas encore entendre, continuez Duclos, et ne laissez pas ces causeurs-là aller ainsi sur vos brisées." — „Il y [23] avait," reprit notre narratrice, „plus de 6 semaines que la Guérin défendait absolument à ma sœur de se laver, et qu'elle exigeait au contraire d'elle de se tenir dans l'état le plus sale et le plus impur qu'il pût lui être possible, sans que nous devinassions ces motifs, lorsqu'il arriva enfin un vieux paillard bourgeonne, qui d'un air à moitié ivre demande grossièrement à madame, si la putain était bien sale." — „O je vous en réponds," dit Guérin. On les assemble, on les enferme, je vole au trou, à peine y suis-je, que je vois ma sœur à cheval nue sur un grand bidet rempli de vin de Champagne et là notre homme armé d'une grosse éponge, la nettoyait, l'inondait en recueillant avec soin jusqu'aux moindres gouttes, qui coulaient de son corps ou de son éponge, il y avait si longtemps, que ma sœur ne s'était nettoyée en aucune partie d'elle-même, car on s'était même fortement opposé à ce qu'elle se torchât le derrière, que le vin acquit aussitôt une couleur brune et sale et

vraisemblablement une odeur, qui ne devait pas être très agréable, mais plus cette liqueur se corrompait par les saletés dont elle se chargeait, plus elle plaisait à notre libertin, il la goûte, il la trouve délicieuse, il s'arme d'un verre, et en une demi douzaine de rasades il avale[119] le vin dégoûtant et putréfié, dans lequel il vient de laver un corps chargé depuis si longtemps de souillure. Quand il a bu, il saisit ma sœur, la couche à plat ventre sur le lit et lui dégorgea sur les fesses et sur le trou bien entr'ouvert les flots de l'impudique sémence, que faisaient bouillonner les im-
[24] pures détails de sa dégoûtante manie.[120] Mais une autre bien plus sale encore devait incessamment s'offrir à mes regards; nous avions dans la maison une de ces femmes que l'on appelle de marcheuses, un terme de bordels, et dont le métier est de courir nuit et jour pour aller déterrer [quelque] gibier, — cette créature âgée de plus de 40 ans, joignait à des appas très flêtris et qui n'avaient jamais été bien séduisants l'affreux défaut de puer des pieds, tel était positivement le sujet, qui convenait au marquis de —, il arriva, on lui présenta dame Louise, c'était le nom de l'héroïne, il la trouva délicieuse, et sitôt qu'il la tient au sanctuaire des plaisirs, il la fait déchausser, Louise, à qui l'on avait bien récommandé de ne pas changer ni de bas ni de souliers pendant plus d'un mois, offre au marquis un pied infect, qui eût fait dégobiller tout autre, mais c'était précisément par ce que le pied avait de plus sale et de plus dégoûtant qu'il enflammait le mieux notre homme, il le saisit, le baisa avec ardeur, sa bouche écarte tour à tour chaque doigt et sa langue va recueillir avec le plus

vif enthousiasme dans chaque interval cette crasse noirâtre et puante que la nature y dépose, et que le peu de soin de soi-même multiplia; non seulement il l'attira dans sa bouche, mais il l'avale, il la savoure, et le foutre, qu'il perd en se branlant à cette expédition devient la preuve non-équivoque de l'excessif plaisir, qu'elle lui donne.[121]) „O pour cela, je ne l'entends pas," dit l'évêque. — „Il faudra donc que je travaille à vous le faire comprendre," dit Curval. . . . „Quoi, vous auriez un goût?" dit l'évêque. — „Regardez-moi," dit Curval. — On se lève, on l'entoure, et l'on voit cet incroyable libertin qui réunissait tous les goûts de la plus crapuleuse luxure, tenant embrassés les pieds dégoûtants de Fanchon, de cette sale et vieille servante, qu'on a dépeint plus haut et se pâmant de luxure en la suçant. — „Mois, je comprends tout cela," dit Durcet, „il ne faut qu'être blazé pour entendre toutes les infamies-là, la satiété les inspire au libertinage qui les fait exécuter sur-le-champ, on est là de la chose simple, l'imagination se dépire, et la petitesse de nos moyens, la faiblesse de nos facultés, la corruption de notre esprit nous ramène à des estorminations." „Telle était sans doute [25] l'histoire," dit Duclos en se reprenant, du vieux commandeur des carrières, l'une des meilleures pratiques de la Guérin, il ne lui fallait que des femmes tarrées ou par le libertinage, ou par la nature, ou par la main de la justice. Il ne les recevait en un mot que borgnes, aveugles, boîteuses, bossues, culs de jattes, manchotes, édentées, mutilées de quelques membres ou fouettées, ou marquées, ou clairement flétries par quelqu'autre acte de justice, et toujours avec cela de l'âge le plus mûr, on lui avait donné à la scène, que je surpris, une femme de 50 ans marquée comme vileuse publique et qui de plus était borgne, cette double dégradation lui parut un trésor, il s'enferme avec elle, la fait mettre nue, baise avec transport sur ses épaules les signes certains de son avilissement, suce avec ardeur chaque sillon de cette plaie qu'il appellait honorable.¹²²) Cela fait, toute son ardeur se portait au trou du cul, il entr'ouvrait les fesses baisant délicieusement le trou flêtri qu'elle renfermait, le suçait fort longtemps et revenant se campa à cheval sur le dos de la fille, il fit frotter son vit aux marques qu'elle portait de la justice, en la louant d'avoir mérité le triomphe et se penchant sur son derrière, il consomme le sacrifice, en rebaisant l'autel où il venait de rendre un aussi brûlant hommage et versant un foutre abondant sur ces marques flatteuses, dont il s'était si bien échauffé la tête."¹²³) — „Sacre Dieu," dit Curval à qui la¹²⁴) lubricité tournait l'esprit ce jour-là, „voyez mes amis, voyez à ce vit bandant, à quel point m'échauffe le récit de cette passion!" et appelant la Desgranges: „Viens, bougresse," lui dit-il, „viens-toi, qui ressemble si bien à celle qu'on vient de peindre, viens me procurer le même plaisir, qu'elle donna au commandeur." — La Desgranges approche, Durcet, ami de ces excès, aide le président à la mettre nue, d'abord elle fait quelques difficultés, on se doute du fait, on la gronde de cacher une chose, qui va la faire chérir davantage de la société, enfin son dos flêtri paraît et montre par une vieille m. m. qu'elle a deux fois subi l'opération déshonorante, dont les vestiges allument néanmoins si complètement les impudiques désirs de nos libertins, le reste de ce corps usé et flêtri, ce cul de taffetas chine, ce trou infect et large, qui s'y montre au milieu, cette mutilation d'une talon et de trois doigts, cette jambe courte, qui la fait boîter, cette bouche édentée, tout cela échauffe, anime nos libertins. Durcet la suça par devant, Curval par derrière, et tandis que des objets de la plus grande beauté et de la plus extrème fraîcheur sont sous leurs yeux, prêts à satisfaire leur plus légers désirs, c'est avec ce, que la nature et le crime ont deshonoré, ont flêtri, c'est ainsi l'objet le plus sale et le plus dégoûtant que nos deux paillards en extase vont goûter les plus délicieux plaisirs, — et qu'on explique l'homme après cela, tous deux semblent se disputer ce cadavre anticipé (tels que deux dogues acharnées sur un charogne) après s'être livrés aux plus sales excès dégorgent à la fin leur foutre et malgré l'épuisement, où ce plaisir les met, peut-être en eussent-ils à l'instant repris de nouveau, quoique dans le même genre de crapule et d'infamie, si l'heure du soupé ne fut pas les avertir de s'occuper d'autres plaisirs. Le président désesperé d'avoir perdu son foutre et qui dans ces cas-là ne se ranimait jamais que par des excès de mangeailles et de boissons, se gonfle comme un véritable pourceau, il voulut que le petit Adonis branla Band-au-ciel et lui fit avaler le foutre, et peu content de cette dernière infamie, qu'on exécuta sur-le-champ, il se leva, dit que son imagination lui suggérait des choses plus délicieuses que tout cela et sans s'expliquer davantage, il entraîna avec lui, Fanchon, Adonis et Hercule, fut s'enfermer dans le boudoir du fond et ne reparut qu'aux orgies, mais dans un état si brillant, qu'il fut encore en état d'y procéder à mille autres horreurs, toutes plus singulières les unes que les autres, mais que l'ordre essentiel que nous nous sommes proposés, ne nous permet pas encore de peindre à nos lecteurs. On fut se coucher et Curval, l'inconséquent Curval, qui, ayant cette nuit-là la divine Adélaïde, sa fille, pour partage, pouvait passer avec elle la plus délicieuse des nuits, fut trouvé le lendemain matin vautré sur la dégoûtante Fanchon, avec laquelle il avait fait de nouvelles horreurs toute la nuit, tandis qu'Adonis et Adélaïde privées de sa couche, était l'un dans un petit lit fort éloigné et l'autre à terre sur un matelas.

Sixième journée.

C'était le jour de mgr. d'aller se présenter aux masturbations. Il y fut; si les disciples de la Duclos eussent été des hommes vraisemblablement, mgr. n'eut pas résisté, mais une petite fente au bas du ventre était un furieux tort à ses yeux, et les grâces mêmes l'eussent-elles entourées, dès que cette maudite fente s'offrit[125]) ce n'était assez pour le calmer, il résista donc en héros, je crois même qu'il ne banda point; et les opérations se continuèrent. Il était aisé de voir qu'on avait la plus grande envie de trouver les jeunes filles en faute, afin de se procurer le lendemain qui était le funeste samedi de correction afin de se procurer — dis-je — en cette époque le plaisir de les châtier toutes les 8 il y en avait déjà 6. La douce et belle Zelmire vint faire la septième — et de bonne foi, l'avait-elle bien mérité? Ou le plaisir de la correction qu'on se proposait avec elle ne l'emportait-il pas sur la véritable équité? Nous laissons ce cas sur la conscience du sage Durcet, et nous nous contentons de narrer. Une très belle dame vint aussi grossir la liste des délinquents, c'était la tendre Adélaïde. Durcet, son époux, voulait, disait-il, donner lui-même l'exemple en lui pardonnant moins, qu'à une autre, et c'était à lui-même qu'elle venait de manquer, il l'avait mené à un certain endroit, où les services qu'elle devait lui rendre, après de certaines fonctions, n'étaient pas absolument bien propres, tout le monde n'est pas dépravé comme Curval, et quoiqu'elle fut sa fille, elle n'en avait nullement les goûts, ou elle résista, ou elle se condusit mal, ou peut-être n'y eut-il que de la taquinerie de la part de Durcet, toujours est-il qu'elle fut inscrite sur le livre des pénitences au grand contentement de l'assemblée. La visite faite chez les garçons n'ayant rien produit, on passa aux plaisirs secrets de la chapelle, plaisirs d'autant plus piquantes et d'autant plus singuliers, qu'on refusait même à ceux qui demandaient d'y être admis la permission de venir les procurer. — On n'y vit ce matin-là que Constance 2 des fouteurs subalternes et Michette, au dîner, Zéphire, dont on devenait tous les jours plus content et par les charmes qui semblaient l'embellir chaque jour davantage et par le libertinage volontaire, dont il devenait, Zéphire, dis-je, insulte Constance, qui, quoiqu'elle ne servit plus, paraissait néanmoins toujours au dîner, il l'appelle faiseuse d'enfants et lui donne quelques claques sur le ventre, pour lui apprendre, disait-il, à pondre avec son amant, puis il baisa le duc, le caressa, lui branla un moment le vit, et sut si bien lui échauffer le crâne que Blangis jura que l'après-midi ne se passerait pas, sans qu'il ne le mouillât de foutre, et le petit bonhomme l'agaçait, lui dit, qu'il l'en défiait; comme il était de service au café, il sortit au dessert et parut nu pour le servir au duc, à l'instant où il quitta la table, celui-ci très animé, débuta par quelques poliçonneries, il lui suça la bouche et le vit, le plaça sur une chaise devant lui, le derrière à la hauteur de sa bouche, et le gamahucha un quart d'heure de cette manière, à la fin son vit se mutina, il dressa sa tête altière, et le duc vit bien que l'hommage exigeait enfin de l'encens, cependant tout était interdit excepté ce qu'on avait fait la veille. Le duc se résolut donc d'imiter ses confrères; il courbe Zéphire sur un canapé, lui braque son engin dans les cuisses, mais il arriva, ce qui était arrivé à Curval, l'engin dépassa de 6 pouces. — „Fais comme j'ai fait," lui disait Curval, „branle l'enfant sur ton vit, arrose ton gland de son foutre!" — mais le duc trouva plus plaisant d'en enfiler deux à la fois, il pria son frère de lui ajuster là Augustine, on la colle, les fesses contre les cuisses de Zéphire, et le duc foutant pour ainsi dire à la fois une fille et un garçon, pour y mettre encore plus de lubricité, branle le vit de Zéphire sur les jolies fesses rondes et blanches d'Augustine et les inonde de ce petit foutre enfantin, qui — comme on l'imagine bien — excité pour une si jolie chose, ne tarde pas à couler abondamment. Curval qui trouve le cas plaisant, et qui voyait le cul du duc entr'ouvert et baillant pour un vit comme sont tous les culs de bougres, dans les instants, où leurs vits bandent, vint lui rendre ce qu'il en avait reçu l'avant-veille, et le cher duc n'eut pas plutôt ressenti les voluptueuses secousses de cette intromission que son foutre partant presqu'en même temps que celui de Zéphire, fut inonder à revers, les bords du temple, dont Zéphire arrosait les colonnes. Mais Curval ne déchargea point, et retirant du cul du duc son engin fier et nerveux il menaça l'évêque qui se branlait de même entre les cuisses de Giton, de lui faire éprouver qu'il venait de faire subir au duc, l'évêque le défie, le combat s'engage, l'évêque est enculé, et va délicieusement perdre entre les cuisses du joli enfant qu'il caresse un foutre libertin si voluptueusement provoqué. Cependant Durcet spectateur bénévolant, n'ayant pour lui qu'Hébé et la duègne, quoique presque ivre et mort, ne perdait pas son temps et se livrait silencieusement à des infamies que nous sommes encore contraints à tenir sous le voile, enfin le calme vint, on s'endormit, et 6 heures venant reveille nos acteurs, ils se rendirent aux nouveaux plaisirs que la Duclos leur préparait ce soir-là. Les quadrilles étaient changées d'un sexe à l'autre, toutes les petites filles en matelots, et tous les petits garçons en grisettes, le coup d'œil en fut ravissant. Rien n'échauffe la lubricité, comme ce petit tric voluptueux, on aime à trouver dans un petit garçon ce qui le fait ressembler à une petite fille, et la fille est bien plus intéressante quand elle emprunte pour plaire, le sexe qu'on voudrait qu'elle eût. Ce jour-là chacun avait sa femme sur le canapé, on se loue réciproquement d'un ordre aussi religieux, et tout le monde étant prêt d'entendre, Duclos reprit,

comme on va le voir, la suite de ses lubriques histoires:
[26] „Il y avait chez md. Guérin une fille d'assez 30 ans, blonde, un peu replète, mais singulièrement blanche et fraîche, on la nommait Aurore, elle avait la bouche charmante, les dents belles et la langue voluptueuse, mais qui le croirait? Soit défaut d'éducation, soit faiblesse d'estomac, cette bouche adorable avait le défaut de laisser échapper à tout instant une quantité prodigieuse de vents, et quand elle avait beaucoup mangé surtout, il y en avait quelques fois pour une heure à ne cesser de faire des rots qui eussent fait tourner un moulin, on a raison de le dire, il n'y a pas de défaut, qui ne trouve un sectateur, cette belle fille, en raison même de celui-ci, en avait un des plus ardents, c'était un sage et sérieux docteur de Sorbonne, qui, las de prouver en pure perte l'existence de Dieu dans l'école, venait quelquefois se convaincre au bordel de celle de la créature; il prévenait, et ce jour-là, Aurore, mangeait comme une crévée. Curieuse de ce dévot tête-à-tête je vole au trou, et mes amants réunis après quelques caresses préliminaires toutes dirigées vers la bouche, je vois notre rhéteur poser délicatement sa chère compagne sur une chaise, s'asseoir vis-à-vis d'elle et lui remettant ses reliques entre les mains dans l'état le plus déplorable: „Agissez," lui dit-il, „ma belle petite, agissez; vous connaissez les moyens de me sortir de cet état de langueur, prenez-là vite, je vous conjure, car je me sens pressé de jouir!" — Aurore d'une main reçoit l'outil mollasse du docteur, de l'autre elle lui saisit la tête, colle sa bouche sur la sienne, et la voilà à lui dégorger dans la machoire une soixante de rots l'un sur l'autre,

rien ne peut peindre l'extase du serviteur de Dieu, il était aux nues, il respirait, il avalait tout ce qu'on lui lançait, on eût dit, qu'il eût été désolé d'en perdre le plus leger souffle, et pendant ce temps-là ses mains s'égaraient sur le sein et sous les cotillons de ma compagne, mais ces attouchements n'étaient qu'épisodiques, l'objet unique et capitale était cette bouche, qui l'accablait de soupirs, enfin son vit gonflé par les châtouillements voluptueux, que cette cérémonie lui fait éprouver, décharge enfin dans la main de ma compagne et il se sauve en protestant qu'il n'a jamais eu tant de plaisir. Un homme plus extraordinaire exigea de moi quelque temps après une particularité qui ne mérite pas d'être passée sous silence; la Guérin m'avait fait ce jour-là manger presque par force aussi copieusement que j'avais vu quelques jours auparavant diner ma compagne, elle avait eu soin de me faire servir tout ce qu'elle savait que j'aimais le mieux dans le monde, et m'ayant prévenu en sortant de table de tout ce qu'il y avait affaire avec le vieux libertin, avec lequel elle allait m'unir, elle me fit avaler sur-le-champ trois grains d'émétique dans un verre d'eau chaude, le paillard arrive. C'était un support du bordel, que j'avais déjà vu bien des fois chez nous sans trop m'occuper de ce qu'il y venait faire, il m'embrassa, enfonça une langue sale et dégoûtante dans ma bouche, qui acheva de déterminer par sa puanteur l'effet du vomitif. Il voit que mon estomac se soulève, il est dans l'extase: „Courage, ma petite," s'écriait-il, „courage, je n'en perdrai pas une goutte." — Prévenue de tout ce qu'il y avait à faire, je l'assois sur le canapé, je penche sa tête sur un des bords, ses

[27]

cuisses étaient écartés, je déboutonne sa culotte, j'en saisis un instrument court et mollasse, qui ne m'annonce aucune érection, je secoue, il ouvre la bouche; tout en branlant, tout en recevant les attouchements de ses mains impudiques, qui se promenèrent sur mes fesses, je lui lance à brut pompont dans la bouche toute la digestion imparfaite d'un dîner que faisait dégorger l'émétique. Notre homme est aux nues, il s'extasie, il avale, il va chercher lui-même sur mes lèvres l'impure éjaculation qui l'enivra, il n'en perd pas une goutte et lorsqu'il croit que l'opération va cesser, il en provoque le retour par les châtouillements de sa langue et son vit, ce vit qu'à peine je touche, tant je suis accablée de ma crise, ce vit qui ne s'échauffe sans doute que de telles infamies, souffle, se dresse de lui-même et laisse en pleurant sous mes doigts les preuves, non suspectes des impressions que cette saleté lui procure. — „Ah, sacré Dieu," dit Curval, „voilà une délicieuse passion, mais on pourrait encore la rafiner" . . . „Et comment," dit Durcet d'une voix entrecoupée par les soupirs de la lubricité . . . „Comment?" dit Curval, „eh sacré Dieu par le choix de la fille et des mets". . . „De la fille? . . . ah, j'entends tu voudrais là une Fanchon." — „Eh, sans doute." — „Et les mets," continue Durcet, qu'Adélaïde branlait . . ." „Les mets," reprit le président, „eh double Dieu en la forçant de me rendre ce que je viendrais de lui communiquer de la même manière." „C'est-à-dire," reprit le financier dont la tête commençait à s'égarer tout à fait, „que tu lui dégueulerais dans la bouche, qu'il faudrait qu'elle l'avalât et qu'elle te le rendît." — „Précisément" — et tous deux se jetant dans leur cabinet, le président avec Fanchon, Augustine et Zélamir, Durcet avec la Desgranges, Rosette et Bande-au-ciel, on fut obligé d'attendre près d'une demi heure pour continuer les récits de Duclos. Ils reparurent enfin. — „Tu viens de faire de saletés," dit le duc à Curval, qui rentra le premier. — „Quelqu'une," dit le président, „c'est le bonheur de la vie, et pour moi je n'estime la volupté qu'à ce qu'elle a de plus sale et de plus dégoûtant, mais au moins y a-t-il eu du foutre de répandu par une nuit," dit le président, „crois-tu donc, qu'on te ressemble et qu'on ait comme toi du foutre à perdre à toutes les minutes, je laisse ces efforts-là à toi, et à des champions vigoureux comme Durcet," continua-t-il, en le voyant rentrer pouvant à peine se soutenir d'épuisement. „C'est vrai," dit le financier, „je n'y ai pas tenu, cette Desgranges est si sale et dans ses propos et dans sa tenue, elle a une facilité si grande à tout ce qu'on veut —." „Allons, Duclos," dit le duc, „reprenez, car si nous ne lui coupons la parole, le petit indiscret va nous dire tout ce qu'il a fait sans réfléchir, combien il est affreux de se vanter ainsi des faveurs qu'on reçoit d'une jolie femme." Et la Duclos obéissant reprit ainsi son histoire. „Puisque ces messieurs aiment tant ces drôleries-là," dit notre historienne, „je suis fâchée, qu'ils n'aient pas encore un instant retenu leur enthousiasme, et l'effet en eût été mieux placé, ce me semble après ce que j'ai encore à vous conter ce soir; ce que ms. le président a prétendu qu'il manquait pour perfectionner la passion que je viens de conter, se retrouvait mot à mot dans celle qui suivait, [28] je suis fâchée, qu'il ne m'ait pas donné temps d'achever, le vieux président de Saclanges offre mot à mot les singularités que ms. de Curval paraissait désirer; on avait choisi pour lui tenir tête la doyenne de notre chapitre, c'était une grosse et grande fille d'environ 36 ans bourgeonnée, ivrognesse, jureuse et très poissarde et harangère, quoique d'ailleurs assez jolie. Le président arrive, on leur sert à souper, tous deux se soûlent, tous deux se mettent hors de raison, tous deux vomissent dans la bouche l'un de l'autre, tous deux avalent et se rendent mutuellement ce qu'ils se prêtent, ils tombent enfin dans les débris du souper, dans les saletés dont ils viennent d'arroser le parquet, alors on me détache, car ma camarade n'avait plus ni connaissance ni force, c'était pourtant le moment important du libertin, je le trouve à terre son vit drôle et dur comme une barre de fer, j'empoigne l'instrument, le président balbutie et jure il m'attire à lui, il suce ma bouche et décharge comme un taureau en se tournant et retournant et continuant de se vautrer dans ses ordures.

[29] Cette même fille nous donna peu après le spectacle d'une fantaisie pour le moins aussi sale; un gros moine, qui la payait fort bien, vint se placer à cheval sur son ventre, les cuisses de ma compagne étaient dans le plus grand écartement possible et fixées à de gros meubles pour qu'elles ne pussent varier, dans cette attitude on servit plusieurs mets sur le bas ventre de la fille à cru, et sales qu'ils fussent dans aucun plat, le bonhomme saisit des morceau avec sa main, les enfonce dans le con ouvert de sa dulcinée, les y tourne et retourne, et ne les mange qu'après qu'il les a complètement impregné des sales que le vagin lui procure. — „Voilà une manière de dîner

tout à fait nouvelle," dit l'évêque. .... "Et qui ne vous plairait point même par musique," dit Duclos. "Non ventre Dieu," répondit le serviteur de l'église, "je n'aime pas assez le con pour cela." "Eh bien," [30] reprit notre historienne, "écoutez donc celle par où je vais clore mes narrations de cette soirée, je suis sûre, qu'elle vous amusera davantage. — Il avait huit ans que j'étais chez md. Guérin, je venais d'y prendre ma 17e année et depuis cet intervalle, je n'avais pas été un seul jour sans y voir régulièrement venir tous les matins un certain fermier général, pour lequel on avait de grands égards. C'était un homme pour lors d'environ 60 ans, gros, court et ressemblant assez dans tous les points à ms. Durcet. Il avait comme lui de la fraîcheur et de l'embonpoint. Chaque jour il lui fallait une fille nouvelle, et celles de la maison ne lui servaient jamais qu'à pitaller ou quand l'étrangère manquait au rendez-vous. Ms. Dupont, c'était le nom de notre financier, était aussi difficile dans le choix des filles que dans ces goûts, il ne voulait point absolument que la fille fût un putain, à moins que dans le cas forcé, ainsi que je viens de le dire, il fallait que ce fussent des ouvrières, des filles à boutique, surtout des marchandes de modes, l'âge et la couleur étaient également réglées, il la fallait blonde, depuis 15 ans jusqu'à 18, ni au-dessus ni au-dessous, et pas dessus toute qualité, il fallait qu'elles eussent le cul moulé et d'une netteté si singulière que le plus léger bouton au trou devenait un motif d'exclusion, quand elles étaient pucelles, il les payait double. — On attendait pour lui ce jour-là une jeune ouvrière en dentelles de 16 ans dont le cul passait pour un véritable modèle, mais il ne savait pas que c'était le présent que l'on voulait lui faire et comme la jeune fille fit dire qu'elle ne pouvait se débarrasser ce matin-là de ses parents et qu'on ne l'attendait pas, la Guérin, qui savait que Dupont ne m'avait jamais vue, m'ordonne tout de suite de m'habiller en bourgeoise, d'aller prendre un fiacre au bout de la rue et de débarquer chez elle, un quart d'heure après que Dupont serait entré, en jouant bien mon rôle et me faisant passer pour une apprentisseuse en modes. Mais par-dessus tout soin le plus important à remplir fut de me remplir sur le champ l'estomac d'une demie livre d'anis, pardessus laquelle j'avalai un grand verre d'une liqueur balsamique qu'elle me donna, et dont l'effet devait être celui que vous allez entendre. Toute à l'heure, tout s'exécute au mieux, on avait eu heureusement quelques heures à soi, moyennant quoi rien ne manqua. J'arriva d'un air bien, mais on me présente au financier, qui d'abord me lorgne attentivement, mais comme je m'observais avec la plus scrupuleuse attention, il ne peut rien découvrir en moi, qui démentait l'histoire qu'on lui fabriquait. „Est-elle pucelle?" dit Dupont. — „Non par là," dit Guérin, en mettant la main sur mon ventre, „mais pour l'autre côté je réponds." — Et elle mentait bien impudemment, n'importe, notre homme s'y trompe et c'est tout ce qu'il fallait. — „Troussez, troussez," dit Dupont et la Guérin leva mes jupes par derrière, me pencha un peu sur elle et découvrit par ce moyen au libertin le temple entier de son hommage. — Il lorgne, il touche un moment mes fesses, ses deux mains les écartent et, content sans doute de son examen, il dit, que le cul est bien et qu'il s'en contentera, ensuite il me fait quelques questions sur mon âge, sur le métier que je fais et content de ma prétendue innocence et de l'air d'ingénuité, que j'affecte, il me fait monter dans son appartement, car il en avait un à lui chez la Guérin, un où personne n'entrait que lui et qui n'était point sujet à être observée de nulle part. Dès que nous sommes entrés, il ferme avec soin la porte, et m'ayant encore considérée un instant, il me demande d'un ton et d'un air assez brutal, caractère qu'il conserva toute la scène, il me demande — dis-je — s'il est bien vrai qu'on ne m'ait jamais foutue en cul, comme il était de mon rôle d'ignorer une pareille expression, je me le fis répéter, lui protestant que je ne l'entendais pas, et quand, par ses gestes, il m'eut fait comprendre, ce qu'il voulait dire, d'une manière où il n'y avait plus moyen de ne le pas entendre, je lui répondis avec un air d'effroi et de pudeur, que je serais bien fâchée de m'être jamais prêtée à de pareilles infamies; alors il me dit de quitter seulement mes jupes, et sitôt que j'en obéis, en laissant ma chemise continuer de cacher le devant il la relève sur le derrière le plus qu'il put sous mon corset et comme en me déshabillant mon mouchoir de cou était tombé et que ma gorge paraissait en entier, il se fâcha: „Que le diable emporte les tetons," s'écria-t-il, „et qui vous demande des tetons. Voilà ce qui m'impatiente avec toutes ses créatures-là, c'est toujours cette impudente manie de montrer des tetasses." Et m'empressant de les couvrir, je m'approchai de lui, comme pour lui demander excuse, mais voyant que je lui montrais le devant par l'attitude que j'allais prendre, il s'emporta encore une fois: „Eh, restez donc comme on vous met, sacré Dieu," dit-il, en saisissant mes hanches et me replaçant de manière à ne lui présenter que le cul, „restez comme cela, mortbleu, on ne veut pas plus de votre con que de votre gorge, on n'a besoin ici que de votre cul." — En même temps il se leva, me conduisait au bord du lit, sur lequel il m'installe à demie couchée sur le ventre, puis s'asseyant sur un siège très bas, entre mes jambes, il se trouva par cet arrangement, que sa tête était à la juste hauteur de mon cul. Il me lorgne encore un instant, puis ne me trouvant pas encore comme cela, il se releva pour me placer un carreau sous le ventre, qui faisait porter mon cul encore plus en arrière, il se rasseoit, examine et tout cela avec le sang-froi,[126]) avec le flègme du libertinage réfléchi. Au bout d'un moment, il s'empara de mes deux fesses, les écarte, pose sa bouche ouverte au trou, sur lequel il la colle hermétiquement, et tout de suite suivant l'ordre que j'en ai reçu et l'extrême besoin que j'en avais, je lui lâche au fond du gosier le pet le plus ronflant qu'il eût peut-être reçu de sa vie, il se retire furieux: „Comment donc, petite insolente," me dit-il, „vous avez la hardiesse de me péter dans ma bouche?" et la reposant aussitôt: „Oui monsieur," lui dis-je, en relâchant un second camouflet, „c'est comme cela, que je traite ceux qui me baisent le cul." — „Eh bien, pète, pète, donc, petite coquine, puisque tu ne peux te retenir, pète tant que tu voudras et tant que tu pourras!" De ce moment rien ne me contient plus, rien ne peut exprimer le besoin que me donna, de lâcher ces vents, la drogue que j'avais avalée, et notre homme en extase, tantôt les reçoit dans sa bouche, et tantôt dans sa narine. Au bout d'un quart d'heure de pareils exercices il se coucha enfin sur un canapé, m'attira à lui, toujours mes fesses sur son nez, m'ordonna de le branler dans cette posture en continuant un exercice, dont il éprouva de si divins plaisirs, je pète, je branle, je secoue un vit mollet guère plus long ni plus gros que le doigt, à force de secousses et de pets l'instrument raidit à la fin, l'augmenta des plaisirs de notre homme l'instant de sa crise m'est annoncé par le redoublement d'iniquité de sa part, c'est la langue même qui maintenant provoque mes pets, c'est elle qu'il darde au fond de mon anus comme pour en provoquer les vents, c'est sur elle qu'il veut que je les pousse, il déraisonne, la tête n'y est plus, je m'en aperçois, et le petit vilain engin vient arroser tristement mes doigts de sept ou huit gouffes d'un sperme clair et bonnâtre, qui le mettent enfin à la raison; mais comme la brutalité chez lui et fomentait l'égarement et le remplaçait bien vite, à peine me donna-t-il le temps de me rajuster, il grondait, il grummetait, il m'offrait en un mot l'image odieuse du vice, quand il a satisfait ses passions et cette inconséquente impolitesse, qui dès que le prestige est tombé cherche de se venger par des mépris du culte usurpé par les sens... „Voilà un homme, que j'aime mieux que tous ceux qui précèdent," dit l'évêque... „et savez-vous si le lendemain il eut sa petite novice de 16 ans?" — „Oui mgr., il l'eut et le sur-lendemain une pucelle de 15 ans, encore bien autrement jolie, comme peu d'hommes payaient autant peu étaient aussi bien servis. Cette passion ayant échauffé des têtes si accoutumées aux désordres de cette espèce et en rappellant ce goût qu'ils encensaient si merveilleusement, on ne voulut pas attendre plus longtemps pour les mettre en usage, chacun reconcillait ce qu'il put et prit un peu partout. Le souper vint, on l'entremêla de presque toutes les infamies qu'on venait d'entendre, le duc fit griser Thérèse[127]) et la fit vomir dans sa bouche, Durcet fit péter tout le sérail et en reçut plus de 60 dans la soirée; pour Curval, à qui toute sorte d'extravagance passait par la tête, il dit qu'il voulait faire ses orgies seul et fut s'enfermer dans le boudoir du fond avec Fanchon, Marie, la Desgranges, et trente[128]) bouteilles de vin de Champagne, on fut obligé de les emporter tous quatre, on les trouva nageant dans les flots de leurs ordures et le président endormi, la bouche collée sur celle de la Desgranges qui y vomissait encore. Les trois autres dans des genres ou semblables ou différents en avaient fait pour le moins autant,[129]) ils avaient également passé leurs orgies à boire, ils avaient fait soûler leurs bardaches, ils les avaient fait vomir, ils avaient fait péter les petites filles, ils avaient fait je ne sais quoi, et sans la Duclos, qui avait conservé sa raison, qui mit ordre à tout, et qui les fit[130]) coucher, il est plus que vraisemblable que l'aurore aux doigts des roses, en entr'ouvrant la porte du palais d'Apollon les eût trouvés plongés dans leurs ordures bien plutôt comme des porceaux, que comme des hommes. N'ayant besoin que de repos chacun couche seul et fut reprendre dans le sein de Morphée un peu de force pour le lendemain.

Septième journée.

Les amis ne se soucièrent plus à aller se prêter chaque matin une heure aux leçons de la Duclos, fatigués des plaisirs de la nuit, craignant d'ailleurs que cette opération ne leur fît perdre leur foutre de trop bon matin, et jugeant de plus que cette cérémonie les blasait trop tôt sur des voluptés et sur des objets qu'ils avaient intérêt de se menager; qu'on substituerait chaque matin un des fouteurs, alternativement au lieu d'eux; les visites se firent, il ne manquait plus qu'une des jeunes filles pour que toutes les 8 dussent passer à la correction, c'était la belle et intéressante Sophie accoutumée à respecter tous ses devoirs; quelque ridicules que puissent lui paraître ceux-là, elles les respectait néanmoins, mais Durcet qui avait prévenu Louison sa gardienne sut si bien la faire tomber dans le panneau, qu'elle fut déclarée fautine et inscribée en conséquence sur le livre fatal. La douce Aline également examinée de bien près fut également jugée coupable, et la liste du soir, au moyen de cela, fut donc composée de 8 jeunes filles, de deux épouses, et de quatre jeunes garçons. Ces soins remplis on ne songea plus qu'à s'occuper du mariage qui devait célébrer la fête projetée de la fin de la première semaine, on n'accorda aucune permission des besoins publics à la chapelle ce jour-là, mgr. se revêtit pontificalement et on se rendit à l'autel, le duc qui représentait le père de la fille, et Curval qui représentait celui du jeune garçon amenèrent l'un Michétte et l'autre Giton. Tous deux étaient extraordinairement parés en habit de ville, mais en son contraire, c'est-à-dire, que le petit garçon était en fille, et la fille en garçon, nous sommes malheureusement obligés par l'ordre que nous nous sommes préscrits pour les matières de retarder encore quelque temps le plaisir qu'aurait sans doute le lecteur à apprendre les détails de cette cérémonie religieuse, mais un moment viendra sans doute où nous pourrons la lui dévoiler. On passa au salon, et ce fut en attendant l'heure du dîner que nos quatre libertins, enfermés seuls avec ce charmant petit couple, les firent mettre nus, et les obligèrent à commettre ensemble tout ce que leur âge leur permit des cérémonies matrimoniales à l'exception cependant de l'introduction du membre viril dans le vagin de la petite fille, laquelle aurait pu se faire puisque le jeune garçon bandait fort bien et qu'on ne permit afin que rien n'entamât une fleur destinée à d'autre usage, mais au reste on les laisse se boucher, se caresser. La jeune Michette pollue son petit mari, et Giton à l'aide de ses maîtres branle fort bien sa petite femme. Tous deux pourtant commençaient à sentir trop bien l'esclavage dans lequel ils étaient pour que la volupté même celle que leur âge leur permettait de sentir, pénètre dans leur petit cœur. On dîna, les deux épouses furent du festin, mais au café les têtes s'étant échauffées sur eux, ils furent mis tous nus, comme étaient Zélamir, Cupidon, Rosette et Colombe, qui servaient le café ce jour-là, et la fouterie en cuisses étant devenue à la mode à cette époque de la journée, Curval s'empara du mari, le duc de la femme, et ils les encuissèrent tous deux, l'évêque, qui depuis que le café était pris, s'acharnait au cul charmant de Zélamir, qu'il suçait et faisait péter, l'enfila bientôt dans le même genre pendant que Durcet faisait ses petites villanies de choix au cul charmant de Cupidon, nos deux principaux athlètes ne déchargèrent point, et s'emparent bientôt l'un de Rosette et l'autre de Colombe, ils les enfilèrent en levrette et entre les cuisses de la même manière qu'ils venaient d'agir avec Michette et Giton, en ordonnant à ces charmants enfants de branler avec leurs jolies petites mains et d'après les instructions reçues. Ces monstreux bouts de vit qui dépassaient au-delà de leur ventre et pendant ce temps-là les libertins maniaient à l'aise les trous de culs frais et délicieux de leurs petites jouissances. On ne répandit cependant point de foutre, on savait qu'il y avait de la besogne délicieuse pour le soir, et on se ménagea; de ce moment les droits des jeunes épouses s'évanouirent, et leur mariage, quoique fait dans toute la forme, ne devint plus qu'un jour, ils rentrèrent chacun dans les quadrilles qui leur étaient destinés et on fut écouter la Duclos qui reprit ainsi son histoire: „Un

[31] homme à-peu-près des mêmes goûts que le financier qui termina mes récits d'hier soir, ou si vous le trouvez bon, messieurs, commence ceux d'aujourd'hui; c'était un maître de requêtes d'environ 60 ans, et qui joignait à la singularité de sa fantaisie celle de ne vouloir que des femmes plus vieilles que lui. La Guérin lui donna une vieille maquerelle de ses amis dont les fesses ridées n'offraient plus que l'image d'un vieux parchemin servant à humecter du tabac. Tel était pourtant l'objet qui devait servir aux hommages de notre libertin, il s'agenouilla devant ce cul décrépide, le baise amoureusement, on lui pète au nez, il s'extase,

il ouvre la bouche, on en fait autant, sa langue va chercher avec enthousiasme le vent moëlleux qu'on lui détache, cependant il ne peut résister au délire, où l'entraîne une telle opération, il sort de sa culotte un petit membre vieux pâle, et ridé, comme la divinité qu'il encense. —— ,,Ah, pète donc, pète donc, ma mie!" s'écria-t-il en se branlant de toutes ses forces, ,,pète mon cœur, ce n'est que de tes seuls pets que j'attends le désenchauffement de cet outil rouillé." La maquerelle redouble et le libertin ivre de volupté perd entre les jambes de sa déesse deux ou trois malheureuses gouttes de sperme, auxquelles il devait toute son extase." — O, terrible effet de l'exemple! Qui l'eut dit? Au même instant et comme s'ils se fussent donnés le mot, nos quatre libertins appellent à eux les duègnes de leur quadrilles, il s'emparent de leur vieux et vilains culs, sollicitent des pets, en obtiennent et sont au moment d'être aussi heureux que le maître des requêtes, si le souvenir des plaisirs qui les attendent aux orgies, ne les contient pas; mais ils se les rappellent, et s'en tiennent là, congédient leurs venues et Duclos continue: ,,J'appuyerai peu sur la suivante, messieurs," dit cette aimable fille, ,,je sais qu'elle a parmi vous peu de sectateurs, mais vous m'avez ordonné de tout dire, j'obéis: un homme fort jeune et d'une très jolie figure eut la fantaisie de me gamahucher le con avec mes règles, j'étais couchée sur le dos, les cuisses ouvertes, il était à genoux devant moi, et suçait en soulevant mes reins de ses deux mains pour mieux placer le con a sa portée, il avala et le foutre et le sang, car il s'y prit si adroitement, et il était si joli que je déchargeai. Il se branlait, il

[32]

était au 3e ciel, il paraissait que rien au monde ne pouvait lui faire autant de plaisir et la décharge la plus chaude et la plus ardente faite en opérant toujours, vint bientôt m'en convaincre. Le lendemain il vit Aurore, peu après ma sœur, et en un mois, il nous passa toutes en revue, au bout duquel il fut faire sans doute à toutes les autres bordels de Paris. Cette fantaisie ne vous en conviendra messieurs, n'est pourtant pas plus singulière que celle d'un homme autrefois ami de la Guérin et qu'elle avait fourni longtemps, dont elle nous assura que toute la volupté consistait à manger des faux germes ou des fausses couches, on l'avertissait chaque fois qu'une fille se trouvait dans ce cas-là, il accourait et avalait l'embrion en se pamant de volupté. „J'ai connu cet homme-là," dit Curval, „son existence et ses goûts sont les choses du monde les plus sûres." „Soit, dit l'évêque, mais ce que je connais d'aussi certain que votre homme c'est que je ne l'imiterai pas." „Et d'où vient dit Curval, je suis persuadé, que ça peut produire une décharge et si Constance veut me laisser faire, puisqu'on dit que la voilà grosse, je lui promets de faire arriver son fils avant le terme et de le croquer comme une sardine." „O, l'on connaît votre horreur pour les femmes grosses," répondit Constance, „on sait bien que vous ne vous êtes défait de la mère d'Adélaïde que pour ce qu'elle devint grosse une seconde fois, et si Julie m'en croit elle prendra garde à elle." — „Il est bien certain," dit le président, „que je n'aime pas la progéniture, et que, si la bête est pleine elle m'inspire un furieux dégoût, mais d'imaginer que j'ai tué ma femme pour cela, c'est ce qui pourrait vous tromper, apprenez garce, que vous êtes, que je n'ai pas besoin de motif pour tuer une femme, et surtout une vache comme vous que j'empêcherais bien de faire son veau si elle m'appartenait!" — Constance et Adélaïde se mirent à pleurer, et cette circonstance commença à dévoiler la haine secrète que le président portait à cette charmante épouse du duc, qui bien loin de la soutenir dans cette discussion, répondit à Curval, qu'il devait bien savoir qu'il n'aimait pas plus la progéniture que lui, et que si Constance était grosse, elle n'était pas encore accouchée. — Ici les larmes de Constance redoublèrent, elle était sur le canapé de Durcet, son père qui pour toute consolation lui dit, que si elle ne se taisait pas sur-le-champ malgré son état, il allait la mettre à la porte à coups de pieds au cul, la pauvre infortunée fit tomber sur son cœur navré les larmes qu'on lui reprochait et se contenta de dire: "Hélas grand Dieu, je suis bien malheureuse, mais c'est mon sort, il faut le remplir!" — Adélaïde qui fondait en larmes et que le duc, sur le canapé duquel elle était, lutinait de toutes ses forces pour la faire encore mieux pleurer, parvint à sécher également ses pleurs et cette scène un peu tragique, quoique très réjouissante pour l'âme scélérate de nos libertins étant terminée, Duclos

[34] reprit en ces termes: "Il y avait chez la Guérin une chambre assez plaisamment construite et qui ne servait jamais qu'à un seul homme, elle avait un plafond double, et cet espèce d'entresol tout bas et dans lequel on ne pouvait être que couché servait à placer le libertin d'espèce singulière, dont je servis la passion, il s'enfermait avec une fille dans cette manière de trappe, et sa tête était postée de manière qu'elle ré-

pondait à un trou qu'on ouvrait dans la chambre supérieure; la fille enfermée avec l'homme en question n'avait d'autre emploi que de le branler, et moi, placée au-dessus, je devais en faire autant à un autre homme, le trou très obscurément placé, se trouvait ouvert comme par négligeance et moi, comme par propreté et pour ne point gâter le parquet, je devais en manualisant mon homme faire tous les foutres dans ce trou et par conséquence sur le visage de l'autre qui répondait exactement à cette ouverture; tout était construit avec tant d'art, que rien ne paraissait et l'opération réussissait au mieux. Au moment où le patient recevait sur son nez le foutre de celui qu'on branlait au-dessus, il y joignait le sien et tout était dit. — Cependant [35] la vieille dont je viens de vous parler tout à l'heure reparut, mais elle devait avoir affaire à un autre champion, celui, un homme d'environ 40 ans, la fit mettre nue et la lécha ensuite dans tous les orifices de son vieux cadavre, cul, con, bouche, narine, aisselle, oreille, rien ne fut oublié et à chaque sucée le vilain avalait ce qu'il recueillait, il ne s'en tint pas là, il la fit marcher de branches, de pâtisseries, qu'il avala dans sa bouche même sitôt qu'elle les eut broyées, il la fit garder dans sa bouche longtemps des gorges de vin dont elle se lava, dont elle se gargarisa et qu'il avala de même, et son vit pendant tout ce temps-là était dans une si prodigieuse érection que le foutre paraissait prêt à s'échapper sans qu'il eût besoin de le provoquer. Il le sentit enfin prêt à partir et se précipitant sur la vieille, il lui enfonça la lange dans le trou du cul au mieux d'un pied et déchargea comme un furieux. — „Eh sacré Dieu," dit Curval, „est-il donc besoin, d'être jeune et joli pour faire couler du foutre? Encore un coup: c'est dans toutes les jouissances, la chose sale qui attire le foutre, ainsi plus elle est sale et plus il doit voluptueusement se répandre." — „Ce sont des sels," dit Durcet, „qui s'exhalant de l'objet, qui nous sert en volupté, viennent irriter nos esprits animaux et les mettre en mouvement, or qui doute que tout ce qui est vieux, sale ou puant n'ait une plus grande quantité de ces sels et par conséquent plus de moyen pour irriter et terminer notre éjaculation?" On discuta encore un moment cette thèse de part et d'autres et comme il y avait beaucoup d'ouvrages à faire après soupé, on fit servir d'un peu meilleures heures, et au dessert les jeunes filles, toutes condamnées à des pénitences, repassèrent dans le salon, où elles devaient s'exécuter, avec les quatre garçons et les deux épouses également condamnés, ce qui formait un total de quatorze victimes, savoir les 8 filles comme Adélaïde et Aline, et les quatre garçons Narcisse, Cupidon, Zélamir, Giton. — Nos amis déjà ivres de la volupté si fort dans leurs goûts qui les attendait achevèrent de s'irriter les têtes par une prodigieuse quantité de vins et de liqueurs et sortirent de table pour passer au salon où les patients les attendaient dans un tel état d'ivresse, de fureur et de lubricité, qu'il n'est assurément personne qui eût voulu être à la place de ces malheureux délinquents. Il ne devait se trouver aux orgies ce jour-là que les coupables et les quatre vieilles pour le service, tout était nu, tout frémissait, tout pleurait, tout attendait son sort, quand le président, s'asseyant sur un fauteuil, demanda à Durcet le nom et la faute de chaque sujet. Durcet aussi gris que ses confrères prit le cahier et voulut lire, mais les objets lui paraissant trembler et n'en pouvant venir au bout, l'évêque le remplaça et quoique aussi ivre que son confrère mais contenant mieux son vit il lut à haute voix tous à tous le nom de chaque coupable et sa faute, et aussitôt le président prononçait une pénitence analogue aux forces de l'âge du délinquent et néanmoins toujours fort dure. Cette cérémonie faite on exécuta. Nous sommes désesperés de ce que l'ordre de notre plan nous empêche de peindre ici les lubriques corrections mais que nos lecteurs ne nous en veulent pas, ils sentent comme nous l'impossibilité où nous sommes de les satisfaire pour ce moment-ci, ils peuvent être sûrs qu'ils n'y perdent rien. La cérémonie fut fort longue, il y avait 14 sujets à punir et on y mêlait de très plaisants épisodes; tout fut délicieux sans doute puisque nos quatre scélérats déchargèrent et qu'ils se retirèrent si fatigués eux-mêmes, si ivres et de vins et de plaisirs que sans les secours des 4 fouteurs qui vinrent les prendre, ils n'eussent jamais pu gagner leurs appartements, où, malgré tout ce qu'ils venaient de faire, de nouvelles lubricités les attendaient encore. Le duc qui avait cette nuit-là Adélaïde, n'en voulut pas, elle avait été du nombre des corrigées et si bien corrigée par lui qu'ayant complètement versé du foutre en son honneur, il ne voulut plus d'elle ce soir-là et la faisant coucher à terre sur un matelas, il donna sa place à Duclos, toujours mieux que jamais dans ses bonnes grâces.

Huitième journée.

Les exemples de la veille en ayant imposés, on ne trouva ni ne put trouver personne en faute le lendemain, les leçons se continuèrent sur les fouteurs et comme il n'y eut aucun évènement jusqu'au café, nous ne prendrons cette journée que cette époque, il était servi par Augustine, Zelmire, Narcisse et Zéphire, les fouteries en cuisses commencèrent. Curval s'empara de Zelmire, et le duc d'Augustine, et après avoir admiré et baisé leurs jolies fesses, qui avait, je ne sais trop pourquoi ce jour-là des grâces, des attraits, un vermillon qu'on n'y avait pas observé auparavant, — après, dis-je, que nos libertins les eurent bien baisés, bien caressés ces charmants petits culs, on exigea des pets, l'évêque qui tenait Narcisse en avait déjà obtenu, on entendait ceux que Zéphire lançait dans la bouche de Durcet 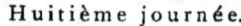 pourquoi ne pas les imiter? Zelmire avait réussi, mais Augustine avait beau faire, beau s'efforcer, beau menacer du sort pour samedi prochain pareil à celui qu'on avait éprouvé la veille, rien ne sortit et la pauvre petite pleurait déjà, quand une vesse vint enfin le satisfaire, il respira et content de cette marque de docilité du joli enfant, qu'il aimait assez, il lui campe son énorme engin dans les cuisses et le retirant au moment de sa décharge il lui arrosa complètement les deux fesses. Curval en avait fait autant avec Zelmire, mais l'évêque et Durcet se contentèrent de ce qu'on appelle la petite voie et la méridienne faite, on passa au salon, où la belle Duclos mise ce jour-là avec tout, ce qui pouvait le mieux faire oublier son âge parut vraiment belle aux lumières, et si tellement, que nos libertins échauffés sur son compte ne voulurent pas lui permettre de continuer, que du haut de sa tribune elle n'eût fait voir ses fesses à l'assemblée. — „Elle a vraiment un beau cul," dit Curval. — „Eh bon, mon ami," dit Durcet, „,je te certifie, que j'en ai peu vu de meilleurs." — Et ses éloges reçus, notre héroïne rabaissa ses jupes, s'assit et reprit le fil de son histoire de la façon dont le lecteur va le lire, s'il se donne la peine de continuer, ce que nous lui conseillons pour l'intérêt de ses plaisirs. — „Une réflexion, et un évènement, furent cause, messieurs, que ce qu'il me reste à vous conter maintenant n'est plus dans le même champ de bataille; la réflexion est bien simple: ce fut l'état malheureux de ma bourse, qui la fit naître, depuis 9 ans que j'étais chez md. Guérin quoique je dépensasse fort peu, je ne me trouvais pourtant pas cent louis devant moi, cette femme extrêmement à droite et entendant au mieux ses intérêts trouvait toujours le moyen de garder pour elle au moins les deux tiers des recettes et imposait même de grandes retenues sur l'autre tiers; ce manège me déplut et vivement sollicitée par une autre maquerelle nommée Fournier, d'aller habiter avec elle, sachant que cette Fournier recevait chez elle de vieux débauchés d'un bien meilleur ton et bien plus riches que la Guérin, je me déterminais à prendre congé de celle-ci pour aller chez l'autre. — Quant à l'évènement qui vint appuyer mes réflexions, ce fut la perte de ma sœur, je m'étais fortement attachée à elle, et je ne pus rester davantage dans une maison où tout me la rappellait sans la retrouver. Depuis près de 6 mois cette chère sœur était visitée par un grand homme sec et noir, dont la physionomie me déplaisait infiniment, ils s'enfermaient ensemble, et je ne sais ce qu'ils y faisaient, car jamais ma sœur ne me l'a voulu dire, et ils ne se plaçaient point dans l'endroit où j'aurais pu les voir; quoiqu'il en soit, un beau matin elle vient dans ma chambre, m'embrasse et me dit que sa fortune est faite, qu'elle est entretenue par[131]) un grand homme que je n'aimais pas et tout ce que j'en appris, c'est que c'était à la beauté de ses fesses qu'elle devait ce qu'elle allait gagner. Cela fait elle me donna son adresse, fit ses comptes avec la Guérin, nous embrassa toutes et partit; je ne manquai pas, comme vous l'imaginez bien, d'aller deux jours après à l'adresse indiquée. Mais on n'y savait seulement pas, ce que je voulais dire, je vis bien que ma sœur avait été trompée elle-même, car d'imaginer qu'elle eût voulu me priver du plaisir de la voir, je ne le pouvais supposer. Quand je me plaignis à la Guérin de ce qui m'arrivait en ce sujet-là je vis qu'elle en souriait malignement et qu'elle réfusait de s'expliquer. Je conclus donc de là, qu'elle était dans le mystère de toute l'aventure mais qu'on ne voulut que je la démêlasse. Tout cela m'affecta et me fit prendre mon parti et comme je n'aurais plus occasion de vous parler de cette chère sœur, je vous dirai que quelques perquisitions que j'aie faites, quelques soins que je me sois donnés pour la découvrir, il m'a été parfaitement impossible de jamais savoir ce qu'elle était devenue. — „Je le crois bien," dit alors la Desgranges, „car elle n'existait plus de 24 heures après t'avoir quittée, elle ne te trompait pas, elle était dupée elle-même, mais la Guérin savait ce dont il s'agissait." — „Juste ciel, que m'apprenez-vous," dit alors la Duclos, „hélas! Quoique privée de la voir je me flattais encore de son existence." — „Très à tort," reprit la Desgranges, „mais elle ne t'avait pas menti. Ce fut la beauté de ses fesses, la supériorité étonnante de son cul, qui lui valut l'aventure où elle se flattait de trouver sa fortune, et où elle ne rencontra que la mort." . . . „Et le grand homme sec?" dit Duclos. — „Il n'était que le courtier de l'aventure, il ne travailla pour son compte." — „Mais cependant," dit Duclos, „il la voyait assidument depuis 6 mois." — „Pour la tromper," reprit Desgranges, — „mais reprends ton récit. Ces éclaircissements pourraient ennuyer ces messieurs, et cette anecdote-là me regarde, je leur en rendrai ton compte." — „Grâce de l'attendrissement, Duclos," lui dit sèchement le duc, en voyant qu'elle avait peine de retenir puelques larmes involontaires, „nous ne connaissons pas ces regrets-là ici, et toute la nature se croulerait, que nous n'en pousserions pas un soupir, laissez les pleurs aux imbéciles et aux enfants et qu'ils ne souillent jamais les joues d'une femme raisonnable et que nous estimons." A ces mots notre héroïne se contint et reprit aussitôt son récit: „En raison des deux causes que je viens d'expliquer, je pris donc mon parti, messieurs, et la Fournier m'offrant un meilleur logement, une table bien autrement servie, des parties bien plus chères, quoique plus pénibles, mais toujours le partage égal et sans aucune retenue, je me déterminai sur-le-champ. Md. Fournier occupait une maison toute entière, et cinq jeunes et jolies filles composaient son sérail. Je fus la 6me. Vous trouverez bon que je fasse ici, comme chez md. Guérin, c'est-à-dire que je ne vous peigne mes compagnes, qu'à mesure qu'elles joueront un personnage. Dès le lendemain de mon arrivé on me donna de l'occupation, car les pratiques allaient grand train chez la Fournier, et nous en faisions souvent cinq ou six par jour chacune, mais je ne vous parlerai [ainsi que je l'ai fait jusqu'à présent], que de celles qui peuvent exciter votre attention par leur piquant ou leur singularité. Le premier homme, que je vis dans mon nouveau séjour, fut un payeur de rentes, homme d'environ 50 ans, il me fit mettre à genoux, la tête penchée sur le lit, et s'établissant sur le lit également à genoux au-dessus de moi, il se branla le vit dans ma bouche, en m'ordonnant de la tenir très ouverte, je n'en perdis pas une goutte, et[132] le paillard s'amusa prodigieusement des contorsions et des efforts pour vomir que je me fis faire.[133] Après ce dégoûtant gargarisme vous voudrez, messieurs," continua la Duclos,[134] „que je place tout de suite, quoiqu'arrivées à des temps différents les quatre aventures du même genre que j'eus encore chez md. Fournier. Ces récits, je le sais, ne déplairont à ms. Durcet, et il me saura gré de l'entretenir le reste de la soirée d'un goût qu'il aime et qui m'a procuré l'honneur de le connaître pour la première fois." — „Quoi, dit Durcet, „tu vas me faire jouer un rôle dans ton histoire?" — „Si vous le trouvez bon, — monsieur," répondit la Duclos, en observant seulement d'avertir ces messieurs, „quand j'en serai à votre article." — „Et ma pudeur. Quoi, devant toutes les jeunes filles, tu vas comme cela dévoiler toutes

[36]

[37] mes turpitudes?" Et chacun ayant ri de la crainte plaisante du financier, Duclos reprit ainsi: „Un libertin bien autrement vieux et bien autrement dégoûtant que celui que je viens de citer, vint me donner la seconde représentation de cette manie, il me fit coucher toute nue sur un lit, s'étendit à contre sens sur moi, mit son vit dans ma bouche et sa langue dans mon con et dans cette attitude il exigea que je lui rendisse la titillation de volupté, qu'il prétendait que devait me procurer sa langue, je suçai de mon mieux. — C'était mon pucelage pour lui, — il lécha, barbota, travailla, sans doute dans toutes ses manœuvres infiniment plus pour lui que pour moi — quoiqu'il en soit, je restai muette bien heureuse de n'être pas horriblement dégoûtée, et le libertin déchargea, opération que d'après la prière de la Fournier, qui m'avait prévenue de tout, — opération, dis-je, que je lui fis faire le plus lubriquement possible, en serrant mes lèvres, en suçant, en exprimant de mon mieux dans ma bouche le jus qu'il exhalait, et passant mes mains sur ses fesses, pour lui chatouiller l'anus, épisode qu'il m'indiquait de faire en la remplissant de son côté de mieux que lui était possible. — L'affaire faite notre homme décampe en assurant la Fournier qu'on ne lui avait point encore fourni de fille qui sût le contenter mieux que moi. — Peu après cette [38] aventure, curieuse de savoir ce que venait faire au logis une vieille sorcière âgée de plus de 70 ans, et qui avait l'air d'attendre pratique, on me dit qu'effectivement. Elle allait me faire excessivement curieuse de voir à quoi l'on allait faire servir une telle emplâtre. Je demandai à mes compagnes, s'il n'y

avait pas chez elles, une chambre, d'où l'on peut voir ainsi que chez la Guérin. L'une m'ayant répondi qu'oui, m'y mena et comme il y avait de la place pour deux nous nous y plaçâmes et voici ce que nous vîmes et ce que nous entendîmes car les deux chambres n'étant séparées que par une cloison, il était très aisé de ne pas perdre un mot, la vieille arriva la première, et s'étant regardée au miroir, elle s'ajusta sans doute comme si elle eût cru que ses charmes allaient encore avoir quelque succès, à quelques minutes de là, nous vîmes arriver le Daphnis de cette nouvelle Chloë. Celui-ci avait tout au plus 60 ans, c'était un payeur de rentes, homme très à son aise et qui aimait mieux dépenser son argent avec des salopes de rebut comme celle-là qu'avec de jolies filles et cela par cette singularité de goût, que vous comprenez, dites-vous, messieurs, et que vous expliquez si bien. Il s'avance de sa dulcinée qui lui fait une profonde révérence : „Pas tant de façons, vieille garce," lui dit ce paillard, „et mets-toi nue — mais voyons, d'abord, as-tu des dents?" „Non, monsieur, il ne m'en reste pas une seule," dit la vieille en ouvrant sa bouche infecte — „regardez plutôt." — Alors notre homme s'approcha, et saisissant sa tête, il lui colla sur les lèvres un des plus ardents baisers, que j'ai vus donner de ma vie, non seulement il baisait, mais il suçait, mais il dévorait, mais il dardait amoureusement sa langue au plus profond du gosier putréfait, et la bonne vieille qui de long-temps ne s'était trouvée à une pareille fête, les lui rendit avec une tendresse qu'il me serait difficile de vous peindre. — „Allons," dit le financier, „mets-toi nue." Pendant ce temps-là, il défait aussi ses culottes et met en l'air un membre noir et ridé qui ne promettait pas de grossir de long-temps, cependant la vieille est nue, et vient effrontément offrir à son amant un vieux corps jaune et ridé, sec, pendant et décharné dont la description [à quelques points que soient vos fantaisies sur cela] vous ferait trop d'horreur pour que je veuille l'entreprendre, mais loin d'en être dégoûté, notre libertin s'extasie, il la saisit, l'attire à lui sur le fauteuil où elle se manualisait, en attendant qu'elle se déshabillât, lui darda encore une fois sa langue dans la bouche, et la retournant il offre à l'instant son hommage au revers de la médaille, je le vis distinctement manier les fesses,[135] mais que dis-je „les fesses", les deux torchons ridées qui de ses hanches tombaient en ondulation sur ses cuisses, — telles qu'elles étaient enfin, il les ouvrit, colla voluptueusement ses lèvres sur la cloaque infame qu'elles renfermaient, y enfonça sa langue à plusieurs reprises différentes et tout cela pendant que la vieille tâchait de donner un peu de consistance au membre mort, qu'elle sécouait. — „Venons au fait," dit le Céladon, „sans mon épisode de choix, tous tes efforts seraient inutiles, on t'a prévenue?" — „Oui monsieur." — „Et tu sais bien, qu'il faut avaler?" — „Oui mon toutou, oui mon poulet, j'avalerai, je dévorerai tout ce que tu feras, et en même temps, le libertin la campe sur le lit, la tête à bas; en cette posture il lui met son engin mollasse dans le bec, l'enfonce jusqu'aux couillons revient prendre les deux jambes de sa jouissance, se les campe sur les épaules et par ce moyen son gosier se trouve absolument niché entre les fesses de la duégne. Sa langue se replace au fond de ce trou délicieux, l'abeille allant pomper le nectar de la rose ne suce plus voluptueusement, cependant la vieille suça, notre homme s'agita: „Ah foutre," s'écria-t-il au bout d'un quart d'heure de cet excercice libidineux, „suce, suce, bougresse, suce et avale, il coule, double Dieu, il coule, ne le sens-tu pas?" Et baisant pour le coup tout ce qui s'offre à lui, cuisse, vagin, fesse, anus, tout est léché, tout est sucé, la vieille avale et le pauvre caduque qui sans doute se retire aussi mol qu'il est entré, et qui vraisemblablement a déchargé sans érection, se sauve tout honteux de son égarement, et gagne le plus promptement qu'il puisse la porte afin de s'éviter de voir de sens froid l'objet hideux, qui vient de le séduire. — „Et la vieille," dit le duc. — „La vieille toussa, cracha, se moucha, se vêtit le plutôt qu'elle pût et partit. A quelques jours de là cette même compagne[136]) qui m'avait procuré le plaisir de cette scène

[39] eut son tour, c'était une fille d'environ 16 ans, blonde et de la physionomie du monde la plus intéressante, je ne manquai pas d'aller la voir en besogne. L'homme à qui l'on l'assemblait était pour le mieux aussi vieux que le payeur des rentes, il la fit mettre à genoux entre ses jambes, lui fixa la tête en lui, saisissant les oreilles et lui campa dans la bouche un vit, qui me parut plus sale et plus dégoûtant qu'un chiffon traîné dans le ruisseau. Ma pauvre compagne voyant approcher de ses lèvres fraîches ce dégoûtant morceau, voulut se jeter à la renverse, mais ce n'était pas pour rien, que notre homme la tenait, comme un barbet, par les oreilles: „Allons donc, garce," lui dit-il, „tu fais la difficile," et la menaçant d'appeler la Fournier

qui sans doute lui avait recommandé bien de la complaisance, il parvint à vaincre ses résistances. — Elle ouvre les lèvres, se récule, les ouvre encore et engloutit enfin, en poussant des hoquets, cette relique infame dans la plus gentille des bouches. De ce moment ce ne furent plus que des mauvais propos de la part du scélérat. „Ah coquine," disait-il en fureur, „il le faut bien des façons pour sucer le plus beau vit de la France, ne crois-tu pas qu'on va faire bidet tous les jours exprès pour toi? Allons, garce, suce la dragée." Et s'échauffant de ces sarcasmes et du dégoût qu'il inspira à ma compagne, — tant il est vrai, messieurs, que le dégoût que vous nous[137] procurez, devient une aiguille à votre jouissance, — le libertin s'extasie et laisse dans la bouche de cette pauvre fille des preuves non équivoques de sa virilité. Moins complaisante que la vieille, elle n'avale rien, et beaucoup plus dégoûtée qu'elle, elle vomit dans la minute tout ce qu'elle avait dans l'estomac, et notre libertin en se rajustant sans trop prendre garde à elle, ricanait entre ses dents des suites cruelles de son [40] libertinage. — C'était mon tour, mais, plus heureux que les deux précédentes, c'était à l'amour même que j'étais destinée, et il ne me resta après l'avoir satisfait, que l'étonnement de trouver des goûts si étranges dans un jeune homme, si bien taillé pour plaire; il arrive, me fait mettre nue, s'étend sur le lit, m'ordonne de m'accroupir sur son visage et d'aller avec ma bouche essayer de faire décharger un vit très médiocre, mais qu'il me recommande et dont il me supplie d'avaler le foutre, dès que je le sentirais couler. „Mais ne restez pas oisive ce temps-là," ajouta le petit libertin, „que votre con inonde ma bouche d'urine, que je vous promets d'avaler, comme vous avalerez mon foutre et que ce beau cul me pète dans le nez!" Je me mets à l'œuvre et remplis à la fois mes trois besognes avec tant d'art, que le petit enchoix dégorge bientôt toute sa fureur dans ma bouche pendant et que je l'avale et que mon Adonis fait autant de l'urine dont je l'inonde et tout cela en respirant les pets, dont je ne cesse de le parfumer.[138]) — „En vérité mademoiselle," dit Durcet, „vous auriez bien pu vous dispenser de relever ainsi les enfantillages de ma jeunesse." — „Ah, ah," dit le duc en riant, „eh comment? Toi, qui à peine oses regarder un con aujourd'hui, tu les faisais pisser dans ce temps-là?" — „C'est vrai," dit Durcet, „j'en rougis, il est affreux d'avoir à se reprocher des turpitudes de cette sorte, c'est bien à présent, mon ami, que je sens tous les poids des remords.[139]) — Culs délicieux!" s'écria-t-il dans son enthousiasme, en baisant celui de Sophie qu'il avait attirée à lui, pour la manier un instant,[140]) „c'est délicieux! Combien je me reproche l'encens, que je vous ai dérobé! O culs délicieux, je vous promets un sacrifice expiatoire, je fais serments sur vos autels de ne plus m'égarer de la vie." „Et, ce beau derrière l'ayant un peu échauffé, [il] plaça la novice dans une posture fort indécente sans doute, mais dans laquelle il pouvait, comme on l'a vu plus haut, faire têter son petit enchoix en suçant l'anus le plus frais et le plus voluptueux. Mais Durcet, trop blasé sur ce plaisir-là, n'y retrouvait que bien rarement sa vigueur, on eut beau le sucer, il eut beau le rendre, il fallut se retirer dans le même état de défaillance et remettre en pestant et jurant contre les jeunes filles à quelques moments plus heureux, des plaisirs que la nature lui réfusait pour lors. Tout le monde n'était pas aussi malheureux; le duc, qui avait passé dans son cabinet avec Colombe, Zélamir, Brise-cul et Thérèse, fit entendre des hurlements qui prouvaient son bonheur et Colombe crachotant de toute sa force en sortant, ne laissa plus de doute sur le temple, qu'il avait encensé. Pour l'évêque tout naturellement couché sur son canapé, les fesses d'Adélaïde sur son nez et le vit dans sa bouche, il se pâmait en faisant péter la jeune femme, tandis que Curval debout faisant emboucher son énorme trompette à Hébé perdait son foutre en s'égarant d'ailleurs. — On servit; le duc voulut soutenir au soupé, que, si le bonheur consistait dans l'entière satisfaction de tous les plaisirs des sens, il était difficile d'être plus heureux qu'ils étaient. — „Ce propos n'est pas d'un libertin," dit Durcet, „et comment est-il, que vous puissiez être heureux, dites que vous pouvez vous satisfaire à tout instant. Ce n'est pas dans la jouissance que consiste le bonheur, c'est dans le désir, c'est à briser les freins qu'on oppose à ces désirs, or tout cela se trouve-t-il ici, où je n'ai que souhaiter pour avoir, je fais serment," dit-il, „que depuis que je suis, mon foutre n'a pas coulé une seule fois pour les objets qui y sont, il ne s'est jamais répandu que pour ceux qui n'y sont pas, et puis d'ailleurs," ajouta le financier, „il manque selon moi une chose essentielle à notre bonheur: — C'est le plaisir de la comparaison, plaisir qui ne peut naître que du spectacle du malheureux, et nous n'en voyons point ici, c'est de la vue de celui qui ne jouit pas de ce que j'ai et qui souffre, que naît le charme de pouvoir se dire „je suis donc plus heureux que lui." Partout où les hommes seront égaux, et où ces différences-là n'existeront pas, le bonheur n'existera jamais, c'est l'histoire d'un homme qui ne connaît bien le prix de la santé que quand il a été malade." — „Dans ce cas-là," dit l'évêque, „vous établiriez donc une jouissance réelle à aller contempler les larmes de ceux que la misère accable?" — „Très assurément," dit Durcet, „il n'y a peut-être point au monde de volupté plus sensuelle, que celle dont vous parlez-là." — „Quoi, sans les soulager?" dit l'évêque, qui était bien aise de faire entendre Durcet, sur un chapitre si fort du goût de tous et qu'on le connaissait si capable de traiter au fond. — „Qu'appelez vous soulager," dit Durcet, „mais la volupté qui naît pour moi de cette douce comparaison de leur état au mien n'existerait plus, si je les soulageais, car alors, les sortant de leur état de misère je leur ferais goûter un instant du bonheur qui les assimilant à moi, ôterait toute jouissance de comparaison." „Eh bien, d'après cela," dit le duc, „il faudrait en quelque façon, pour mieux établir cette différence essentielle au bonheur, il faudrait, dis-je, aggraver leur situation?" — „Cela n'est pas douteux," dit Durcet, „et voilà qui explique les infamies qu'on m'a reprochées sur cela toute ma vie. Ces gens, qui ne connaissaient pas mes motifs, m'appelaient dur, féroce et barbare, mais me moquant de toutes les dénominations, j'allais mon train, je faisais [j'en conviens] ce que les sots appellent des atrocités, mais j'établissais des jouissances, des comparaisons délicieuses, et j'étais heureux." — „Avoue le fait," lui dit le duc, „conviens, qu'il t'est arrivé plus de vingt fois de faire ruiner des malheureux rien que pour servir en ce sens-là les goûts pervers, dont tu conviens ici." — „Plus de vingt fois?" dit Durcet, „plus de deux cent, mon ami, et je pourrais sans exagération citer plus de 400 familles réduites aujourd'hui à l'aumône, et qui n'y sont que par moi!" — „En as-tu profité au moins?" dit Curval. — „Presque toujours, mais souvent aussi je ne l'ai fait que par cette certaine méchanceté, qui presque toujours réveille en moi les organes de la lubricité, je bande à faire le mal, je trouve au mal un attrait assez piquant pour réveiller en moi toutes les sensations du plaisir, et je me livre pour lui seul, et sans autre intérêt que lui seul." — „Il n'y a rien que je conçoive comme ce goût-là," dit Curval, „j'ai cent fois donné ma voix, quand j'étais au parlement pour faire prendre des malheureux que je savais bien être innocents, et je ne me suis jamais livré à cette petite injustice-là, sans éprouver au-delà de moi-même un chatouillement voluptueux, où les organes du plaisir de la couille se seraient enflammés bien vite, jugez ce que j'ai ressenti, quand j'ai fait pis." — „Il est certain," dit le duc, qui commençait à s'échauffer la cervelle en maniant Zéphire, „que le crime a suffisamment de charme pour enflammer lui seul tous les sens, sans qu'on soit obligé d'avoir reconnue à aucun autre expédient, et personne ne conçoit comme moi, que les forfaits mêmes les plus éloignés de ceux du libertinage puissant faire bander comme ceux qui lui appartiennent, moi, qui vous parle, j'ai bandé à voler, à assassiner, à incendier et je suis parfaitement sûr, que ce n'est pas l'objet du libertinage qui nous anime, mais l'idée du mal, qu'en conséquence c'est pour le mal seul, qu'on bande et non pas pour l'objet en telle sorte que, si cet objet était au-dessus de la possibilité de nous faire mal, nous ne banderions plus pour lui." — „Rien de plus certain," dit l'évêque, „et de là naît la certitude du plus grand plaisir à la chose la plus infame et le système dont on ne doit point s'écarter qui est que : plus l'on voudra faire naître le plaisir dans le crime et plus il faudra que le crime soit affreux, et pour moi, messieurs," ajouta-t-il, „s'il m'est permis de me citer, je vous avoue que je suis au point de ne plus ressentir cette sensation dont vous parlez, de ne la plus éprouver, dis-je, pour les petits crimes, el si celui que je commets ne réussit par autant de noirceur, autant d'atrocité, autant de fourberie et de trahison, qu'il est possible, la sensation ne naît plus." — „Bon," dit Durcet, „est-il possible de commettre des crimes comme on les conçoit et comme vous les dites là, pour moi j'avoue que mon imagination a toujours été sur cela au-delà de mes moyens, j'ai toujours mille fois plus conçu que je n'ai fait et je me suis toujours plaint de la nature, qui en me donnant le désir de l'outrager m'en ôtait toujours les moyens." — „Il n'y a que deux ou trois crimes à faire dans le monde," dit Curval, „et sous ses faits tout est dit, le reste est inférieur, et on ne sent plus rien. Combien de fois, sacré Dieu, n'ai-je pas désiré qu'on pût attaquer le soleil, en priver l'univers, ou s'en servir pour embraser le monde entier, ce serait des crimes cela, et non pas les petits écarts où nous nous livrons, qui se bornent à métamorphoser au bout de l'an une douzaine de créatures en mottes de terre." — Et sur cela, comme les têtes s'allumaient, que deux ou trois filles s'en étaient déjà ressenties, et que les vits commencèrent déjà à dresser, on sortit de table pour aller verser dans de jolies bouches les flots de cette liqueur, dont les picotements trop aigus faisaient préférer tant d'horreurs. On s'en tint ce soir-là aux plaisirs de la bouche, mais on inventa cent façons de les varier et quand on s'en fut bien rassasié, on fut essayer de trouver dans quelques heures de repos des forces nécessaires à recommencer.

Neuvième journée.

Duclos avertit ce matin-là, qu'elle croyait prudent, ou d'offrir aux jeunes filles d'autres plastrons pour l'exercice de la masturbation, que les fouteurs, qu'on y employait, ou de cesser leur leçons, les croyant suffisamment instruites. Elle dit avec beaucoup de raison et de vraisemblance qu'employant ces jeunes gens sous le nom de fouteurs il pouvait en résulter des intrigues, qu'il était prudent d'éviter; que d'ailleurs ces jeunes gens, n'étaient rien du tout pour cet exercice-là attendu qu'ils déchargeaient tout de suite et que c'était autant de pris sur les plaisirs qu'en attendaient les culs de ces messieurs, on décida donc que les leçons cesseraient, et d'autant mieux qu'il s'en trouvaient déjà parmi elles, qui branlaient à merveille. Augustine, Sophie et Colombe auraient pu le disputer pour l'adresse et la légèreté du poignet aux plus fameuses branleuses de la capitale; de toutes, Zelmire était la moins habile, non qu'elle ne fut très leste et très adroite dans tout ce qu'elle faisait, mais c'est que son caractère tendre et mélancolique ne[141]) lui permettait pas d'oublier ses chagrins et qu'elle était toujours triste et pensive. A la visite du déjeuner de ce matin-là, sa duègne l'accusait d'avoir été surprise la vieille au soir à prier Dieu avant de se coucher, on la fit venir, on l'interrogea, on lui demanda qu'elle était le sujet de ses prières, d'abord elle réfusa de le dire, puis se voyant menacée, elle avoue en pleurant, qu'elle priait Dieu de la délivrer des périls où elle était, et surtout avant qu'on n'eût attenté à sa virginité, le duc alors lui déclara qu'elle méritait la mort, et lui fit lire l'article expresse des ordonnances sur ce sujet. — „Eh bien," dit-elle, „tuez-moi, Dieu, que j'invoque, aura au moins pitié de moi, tuez-moi avant de me déshonorer, et cette âme que je lui consacra volera au moins pure dans son sein, je serai délivrée du tourment de voir[142]) et d'entendre tant d'horreurs chaque jour." — Une réponse où régnait tant de vertu, de candeur et d'aménité fit prodigieusement bander nos libertins, il y en avait, qui opinait à la dépuceler sur-le-champ, mais le duc les rappelant aux engagements inviolables, qu'ils avaient pris, se contenta de la condamner unanimement avec ses confrères à une violente punition pour le samedi d'ensuite, et en attendant, de venir à genoux sucer un quart d'heure le vit de chacun des amis dans sa bouche, avec avertissement à elle donné qu'en cas de récidive, elle y perdrait décidément la vie et serait jugée à toute la rigueur des lois. — La pauvre enfant vint accomplir la première partie de sa pénitence, mais le duc que la cérémonie avait échauffé, et qui après l'arrêt prononcé lui avait prodigieusement manié le cul, répandit comme en vilain toute sa sémence dans cette jolie petite bouche, en la menaçant de l'étrangler, si elle en rejetait une goutte, et la pauvre petite malheureuse avale tout non sans de furieuses répugnances, les trois autres furent sucées à leur tour, mais ne perdirent rien; et après les cérémonies ordinaires de la visite chez les garçons et de la chapelle qui ce matin-là produisit peu, parce qu'on avait presque refusé tout le monde, on dîna et on passa au café, il était servi par Fanni, Sophie, Hyacinthe et Zélamir. Curval imagina, de foutre Hyacinthe en cuisses et d'obliger Sophie à venir entre les cuisses d'Hyacinthe sucer ce qui dépasserait de son vit. La scène fut plaisante et voluptueuse, il branla et fit décharger le petit bon homme sur le nez de la petite fille, et le duc qui à cause de la longueur de son vit était le seul, qui pût imiter cette scène s'arrangea de même avec Zélamir et Fanni, mais le jeune garçon ne déchargeait point encore, aussi il fut privé d'une épisode très agréable, dont Curval jouissait. Après eux, Durcet et l'évêque s'ajustèrent des quatre enfants et s'en firent aussi sucer, mais personne ne déchargea et après une courte méridienne on passa au salon d'histoire, où tout le monde étant arrangé, la Duclos reprit ainsi le fil de sa narration: „Avec tout autre que vous, messieurs," dit cette aimable fille, „je craindrais d'entamer le sujet des narrations qui va nous occuper toute cette semaine, mais quelque crapuleux qu'il soit, vos goûts me sont trop connus, pour qu'au lieu d'appréhender de vous déplaire je ne sois au contraire très persuadée de vous être agréable, vous allez, je vous en préviens en-

[41] tendre des saletés abominables, mais vos oreilles y sont faites, vos cœurs les aiment et les désirent et j'entre en détails sans plus de délais. Nous avions une vieille pratique chez md. Fournier, qu'on appelait le chevalier, je ne sais ni pourquoi, ni comment, dont la coutume était de venir régulièrement tous les soirs à la maison pour une cérémonie aussi simple que bizarre: Il déboutonnait sa culotte, et il fallait qu'une de nous chacune à son tour vint lui pousser sa scelle dedans. Il la reboutonnait aussitôt et sortait bien vite en emportant ce paquet; pendant qu'on le lui fournissait, il se branlait un instant, mais on ne le voyait jamais décharger et l'on ne savait pas plus où il allait avec son étron, ainsi enculotté."[143]) „Oh parbleu," dit Curval, qui n'entendait jamais rien qu'il n'eût envie de le faire, „je veux qu'on chie dans ma culotte et garder cela toute la soirée", et ordonnant à Louison de venir lui rendre ce service, le vieux libertin donna à l'assemblée la représentation effective du goût, dont elle ne venait que d'entendre le récit. „Allons continuez," dit-il flegmatiquement à Duclos, en se campant sur le canapé, „je ne vois à cela que la belle Aline, ma charmante compagne de soirée, qui pourra se trouver incommodée de cette affaire-ci, par pour[144]) moi, je m'en accomode fort." — Et Duclos reprit en [42] ces termes: „Prévenue," dit-elle, „de tout ce qui devait se passer chez le libertin, où on m'envoyait, je me vêtis en garçon et comme je n'avais que vingt ans, de beaux charmes et une jolie figure, ce vêtement m'allait à merveille; j'ai la précaution de faire avant de partir, dans ma culotte ce que ms. le président vient de se faire faire dans la sienne; mon homme

m'attendait au lit, je m'approche, il me baise deux
ou trois fois très lubriquement sur la bouche, il me
dit que je suis le plus joli petit garçon qu'il ait encore vu, et tout en me louant, il cherche à déboutonner ma culotte, j'usa un peu de défense dans la
seule intention de mieux enflammer ses désirs. Il me
presse, il réussit, mais comment vous peindre l'extase
qui le saisit dès qu'il aperçoit et le paquet que je
porte, et la bigarrure qu'il a fait sur mes deux fesses:
„Comment, petit coquin," me dit-il, „vous avez chié
dans vos culottes — mais peut-on faire des cochonneries
comme cela?" et dans l'instant, me tenant toujours
tournée et les brayes rabattues, il se branle, il se sé-
coue, s'acolle contre mon dos et lança son foutre sur
le paquet en m'enfonçant sa langue dans ma bouche.
„Et quoi," dit le duc, „il ne toucha rien, il ne mania
rien de ce que vous savez?" — „Non mgr.," dit la
Duclos, „je vous dis tout et ne vous cache aucune
circonstance, mais un peu de patience et nous arrive-
rons par degrés à ce que vous voulez dire." — „Allons
[43] en voir un bien plaisant," me dit md. ma compagne,
„celui-là n'a pas besoin de filles, il s'amuse tout seul."
Nous nous rendons au trou, instruites que, dans la
chambre voisine où il devait se rendre, il y avait un
pot de chaise percé qu'on nous avait ordonné de remplir depuis quatre jours, et il devait y avoir au moins
plus d'une douzaine d'étrons. Notre homme arrive,
c'était un vieux soufermier d'environ 70 ans, il s'enferme, va droit au pot, qu'il sait renfermer les par-
fums, dont il a demandé les jouissances. Il le prend
et s'asseyait sur un fauteuil, il examine amoureusement une heure toutes les richesses dont on le rend

possesseur, il respire, il touche, il manie, semble les sortir tous, les uns après les autres, pour avoir le plaisir de les mieux contempler, extasié à la fin il sort de sa bragette un vieux chiffon noir qu'il secoue de toutes ses forces, une main branle, l'autre s'enfonce dans le pot rapporte à cet outil qu'on fête une pâture capable d'enflammer ses désirs, mais il n'en dresse pas davantage, il y a des moments où la nature est si rétive, que les excès qui nous délectent le mieux ne parviennent pas à lui rien arracher, il eut beau faire, rien ne dressa, mais à force de secousses faites avec la même main, qui venait d'être trempée dans l'excrément même, l'éjaculation part, il se roidit, il se renverse, sent, respire, frotte son vit et décharge sur le tas de merde, qui vient de le si bien

[44] délecter.¹⁴⁵) — Un autre soupa tête-à-tête avec moi, et voulut sur la table douze assiettes pleines des mêmes mets, entremêlées avec celles du souper, il les flairait, il les respirait tour à tour, il m'ordonna de le branler après le repas, sur celui qui lui avait paru

[45] le plus beau. — Un jeune maître des requêtes payait tout par le lavement que l'on voulait recevoir; lorsque je passai avec lui, j'en pris sept qu'il m'administra tous sept de sa main, sitôt que j'en avais garde en quelque minute il fallait monter sur une échelle double, il se plaçait dessous, et je lui rendais sur son vit, qu'il branlait, toute l'immersion, dont il venait d'abreuver mes entrailles." — On imagine aisément que toute cette soirée se passa à des saletés à-peu-près du genre de celle qu'on venait d'entendre et l'on le croira d'autant plus aisément que ce goût-là était général chez nos quatre amis et quoique Curval fût

celui qui le porta le plus loin, les trois autres n'en étaient guère moins enfichés, les 8 étrons des petites filles furent placés parmi les plats du soupé, et aux orgies on en chérit encore sans doute surtout cela avec les petits garçons et c'est ainsi que se termina cette 9e journée, dont on vit arriver la fin avec d'autant plus de plaisir que l'on se flattait que le lendemain ferait entendre sur l'objet qu'on chérissait autant des récits un peu plus circonstanciés.

Dixième journée.

[Souvenez-vous de mieux voiler dans le commencement ce que vous allez éclaircir ici.] Plus nous avançons, mieux nous pouvons éclaircir nos lecteurs sur de certains faits que nous avons été obligés de lui tenir voilés, dans le commencement, à présent par exemple nous pourrons lui dire, quel était l'objet des visites de matin dans les chambres des enfants; la cause qui les faisait punir, quand il se trouvait quelque délinquent à ces visites, et[146]) quelles étaient les voluptés qu'on goûtait à la chapelle; il était expressément défendu aux sujets de quelque sexe qu'ils fussent, d'aller à la garderobe sans une permission expresse, afin que ces besoins ainsi conservés pussent fournir aux besoins de ceux qui les désiraient. La visite servait à approfondir si personne n'avait manqué à cet ordre, l'ami de mois, visitait avec soin tous les pots de chambre, et s'il en trouvait un de plein, le sujet était à l'instant marqué, sur le livre des punitions, cependant on accorda une facilité à ceux ou celles qui ne pouvaient plus se retenir, c'était de se rendre un peu avant dîner à la chapelle dont on avait formé une garderobe, contournée de manière à ce que nos libertins puissent jouir du plaisir, que la satisfaction de ce besoin pouvait leur procurer, et le reste qui avait pu garder le paquet, le perdait dans le cours de la journée de la manière qui plaisait le plus aux amis, et toujours moins, bien surément, d'une de celles dont on va entendre les détails, puisque ces détails rempliront toutes les manières de se livrer à ce genre de volupté. — Il y avait encore un autre motif de punition, et le voici. Ce qu'on appelle la cérémonie du bidet ne plaisait pas exactement à nos quatre amis, Curval par exemple ne pouvait pas souffrir que les sujets qui devaient avoir affaire à lui se lavassent, Durcet était de même moyennant quoi l'un et l'autre avertissait les duègnes des sujets avec lesquelles ils prévoyaient de s'amuser le lendemain et l'on défendait à ces sujets, de s'abstenir de toutes ablutions, ou frottements de quelque nature qu'il pût être, et les deux autres qui ne haïssaient point cela quoique cela ne leur fût essentiel comme aux deux premiers, se prêtaient à l'exécution de cette épisode et si après l'avertissement d'être impure, un sujet s'avisait d'être propre, il était à l'instant marqué sur la liste des punitions. Ce fut l'histoire de Colombe et d'Hébé dans cette matinée-là. Elles avaient chié, la veille des orgies, et sachant qu'elles étaient du café le lendemain, Curval qui comptait s'amuser avec toutes les deux, et qui les avait même prévenues qu'il ferait péter avait recommandé qu'on laissait bien la chose dans l'état où elle était, quand les enfants furent se coucher, elles n'en firent rien; à la visite, Durcet prévenu, fut très surpris de les trouver dans la plus grande netteté, elles s'excusèrent en disant qu'elles ne s'en étaient pas souvenues, et n'en furent pas moins inscrites sur le livre des punitions.. On n'accorda ce matin-là aucune permission de chapelle, et le lecteur voudra bien se souvenir de ce que nous entendrons par là, à l'avenir, on[147]) prévoyait trop le besoin qu'on aurait de cela le soir à la narration pour ne pas réserver tout à cette époque; ce jour-là on fit également cesser la leçon de masturbation aux jeunes garçons. Elles devenaient inutiles, et tous branlaient comme les plus habiles putains de Paris, Zéphire et Adonis l'emportaient surtout par leur adresse et leur légèreté, et il est peu de vits qui n'eussent éjaculé jusqu'au sang, branlés par de petites mains si lestes et si délicieuses. Il n'y eut rien de nouveau jusqu'au café, il était servi par Giton, Adonis, Colombe et Hébé, ces quatre enfants prévenus étaient farnis de toutes les drogues, qui peuvent le mieux provoquer des vents, et Curval, qui s'était proposé de faire péter, en reçut une très grande quantité, le duc se fit sucer par Giton, dont la petite bouche ne put pas venir au bout de resserrer l'énorme vit que l'on lui présentait. Durcet fit de petites horreurs de choix avec Hébé, et l'évêque foutait[148]) Colombe en cuisses. 6 heures sonnèrent, on passa au salon, où tout étant disposé la Duclos se

[46] mit à raconter ce qu'on va lire: „Il venait d'arriver chez md. Fournier une nouvelle compagne, qui, en raison du rôle qu'elle va jouer dans le détail de la passion qui suit, mérite que je vous la peigne au moins en gros, c'était une jeune ouvrière en mode, débauchée par le séducteur dont je vous ai parlé chez la Guérin et qui travaillait aussi pour la Fournier, elle

avait 14 ans, cheveux châtains, les yeux bruns et pleins de feu, la petite figure la plus voluptueuse qu'il fût possible de voir, la peau blanche comme le lis et douce comme du satin, assez bien faite, mais pourtant un peu grosse, léger, inconvénient, d'où il résultait le cul le plus frais et le plus mignon, le plus potelé et le plus blanc qu'il y eut peut-être à Paris. L'homme que je lui vis expédier par le trou était son [premier amant] car elle était encore pucelle et très assurément de touts côtés. Aussi un tel morceau bon n'est qu'à un grand ami de la maison. C'était le vieil abbé de Fierville, aussi connu par ses richesses que par sa débauche, goutteux jusqu'aux bout des doigts; il arrive tout embéguiné, s'établit dans la chambre, visite tous les utensils qui vont lui devenir nécéssaires, prépare tout, et la petite arriva. On la nommait Eugénie. Un peu effrayée de la figure grotesque de son premier amant, elle baisse les yeux et rougit. „Approchez, approchez," lui dit le libertin, „et faites-moi voir vos fesses." — „Monsieur," dit l'enfant, interdit. „Allons donc, allons donc," dit le vieux libertin, „il n'y a rien de pis que toutes ces petites novices-là, ça ne conçoit pas, qu'on veuille voir un cul, allons troussez donc, troussez donc," et la petite s'avança à la fin de peur de déplaire à la Fournier, à laquelle elle promit d'être bien complaisante, se trousse à moitié par derrière. — „Plus haut donc, plus haut," dit le vieux paillard, „croyez-vous que je vais prendre cette peine-là moi-même, et à la fin le beau cul paraît tout à fait. L'abbé le lorgne, la fait tenir droite, la fait courber, lui fait resserrer les jambes, les lui fait écarter, et l'appuyant[149]) contre le lit, il frotte un moment avec grossièreté toutes ses parties de devant qu'il mit à l'air contre le joli cul d'Eugénie,[150] comme pour s'électriser, comme pour attirer à lui un peu de la chaleur de ce bel enfant, de là il passe aux baisers, il s'agénouille pour y prendre plus à l'aise et tenant de ses deux mains ces belles fesses dans le plus grand écartement possible, et sa langue et sa bouche en vont parfouiller les trésors. „On ne m'a point trompé," dit-il „vous avez un assez beau cul, y a-t-il longtemps que vous n'ayez chié?" — „Toute à l'heure, monsieur," dit la petite, „madame avant de monter m'a fait prendre cette précaution-là . . ." „Ah, ah . . ., de façon qu'il n'y a plus rien dans les entrailles?" dit le paillard, „eh bien nous allons voir, et s'emparant de la séringue, il la remplit de lait; revient près de son objet, braque la canule et darde le clistère; Eugénie prévenue se prêt à tout, mais à peine le remède était dans le ventre, que, se couchant à plat sur un canapé, il ordonna à Eugénie de venir se mettre à califourchon sur lui et de lui rendre toutes ces petites affaires dans la bouche, la timide créature se place comme on lui a dit, elle pousse, le libertin se branle, sa bouche hermétiquement collée sur le trou, on ne lui laisse pas perdre une goutte de la liqueur précieuse qui en découle. Il avale tout avec le soin le plus exact, et à peine est-il à la dernière gorgée que son foutre s'échappe et le plonge dans le délire, mais quelle est donc cette humeur, ce dégoût, qui chez presque tous les veritables libertins suit la chute de leurs illusions. L'abbé rejetant la petite fille loin de lui brutalement dès qu'il a fini, se rajuste, dit qu'on l'a trompé, en disant qu'on ferait chier cet enfant, qu'elle n'avait

sûrement point chié, et qu'il a avalé la moitié de
son étron, [elle] remarqua que l'abbé ne voulait que
du lait. Il grogne, il jure, il peste, dit qu'il ne payera
point, qu'il ne reviendra plus, que c'est bien la peine
qu'il se déplace pour des petites morceaux comme cela, et part en ajoutant à cela mille autres invectives
que je trouverai occasion de vous raconter dans une
autre passion, dont elles sont le principal, au lieu
qu'elles ne seraient ici qu'un très mince accessoire.
„Parbleu," dit Curval, „voilà un homme bien délicat,
se fâcher parcequ'il a reçu un peu de merde, et ceux
qui en mangent. . . ." „Patience, patience mgr.," dit
Duclos, „permettez que mon récit aille dans l'ordre,
que vous avez vous-mêmes exigé et vous verrez que
nous viendrons au tour des libertins singuliers dont
vous parlez là.*)

[47] Deux jours après ce fut mon tour, on m'avait prévenu et je me ret[enais] depuis 36 heures. Mon héros
était un vieil aumônier du roi, perclu de goutte comme
le précédent, il ne fallait l'approcher que nue. Mais
le devant et le sein devait être couvert avec le plus
grand soin, on m'avait récommandé cette clause avec
la plus grande exactitude en m'assurant que, s'il venait malheureusement à découvrir la plus petite apparence de ces parties, je ne viendrais jamais au bout
de le faire décharger; j'approche, il examine attentivement mon derrière, me demande mon âge, s'il est
vrai, que j'aie une forte envie de chier, de quelle es-

---

*) Cette bande a été écrite en 20 soirées de 7 à heures et est finie le
12. 9bre 1785. Lisez le reste au revers de la bande ce qui suit, fait
la suite de la fin du revers.

pèce est ma merde, si elle est molle, si elle est dure, et mille autres questions qui me paraissaient l'animer, car peu-à-peu tout en causant son vit dressa, et il me le fit voir. Ce vit d'environ 4 pouces de long, sur deux ou trois de circonférence avait malgré son brillant un air si humble et si piteux qu'il fallait presque des lunettes pour se douter de son existence, je m'en emparai pourtant aux sollicitations de mon homme et voyant que mes secousses irritaient assez bien ses désirs, il se mit en train de consommer le sacrifice. — „Mais est-elle bien réelle, mon enfant," me dit-il, „cette envie de chier que vous m'annoncez? Car je n'aime pas à être trompé, voyons, voyons si vous avez réellement de la merde dans le cul," et en disant cela il enfonça le doigt du milieu de sa main droite dans le fondement pendant que de la gauche il soutenait l'érection que j'avais excitée sur son vit. Ce doigt sondeur n'eut pas besoin d'aller loin pour se souvaincre du besoin réel, dont je l'assurais, à peine eut-il touché qu'il s'extasiait: „Ah ventre Dieu," dit-il, „elle ne me trompe pas, la poule va pondre et je viens de sentir l'œuf," le paillard enchanté me baise à l'instant le derrière, et voyant que je le presse et qu'il ne me devient plus possible de retenir, il me fait monter sur une espèce de machine, assez semblable à celle que vous avez ici, messieurs, dans votre chapelle, là mon derrière parfaitement exposé à ses yeux pouvait déposer son cac dans un vase placé un peu au-dessous, à deux ou trois doigts de son nez, cette machine avait été faite pour lui; et il en faisait un fréquent usage, car il ne passait guère de jour, sans venir chez la Fournier pour de pareilles expéditions tant avec des étrangères qu'avec des filles de la maison, un fauteuil placé au-dessous du cercle qui supportait mon cul, était le trône du personnage dès qu'il me voit en attitude, il se place et m'ordonne de commencer, quelques pets préludents, il les respire, enfin l'étron paraît. Il se pâme: „Chie, ma petite, chie, mon ange," s'écria-t-il tout en feu, „fais moi bien voir l'étron sortir de ton beau cul, et il l'aidait, les doigts pressant l'anus facilitaient l'explosion, il se branlait, il observait, il s'enivrait de volupté et l'[excès de] plaisir le transportant à la fin hors de lui, ses cris, ses soupirs, ses attouchements, tout me convain[que] qu'il touche au dernier période du plaisir, et j'en deviens sûre en tournant la tête, et voyant son engin en miniature dégorger quelques gouttes de sperme dans le même vase que je viens de remplir. Celui-là sortit sans humeur, il m'assura même qu'il me ferait l'honneur de me revoir, quoique je fus persuadée du contraire, sachant qu'il ne revoyait jamais deux fois la même fille.[151]) — „Mais je conçois cela," dit le président, qui baisait le cul d'Aline, sa compagne du canapé, „il faut en être où nous en sommes, il faut être réduit à la disette qui nous accable pour faire chier un cul plus d'une fois." — „M. le président," dit l'évêque, „vous avez un certain son de voix entrecoupé, qui me fait voir que vous bandez." „Ah pas un mot," reprit Curval, „je baise les fesses de mlle. votre fille, qui n'a pas seulement la complaisance de nous décocher un malheureux pet." — „Je suis donc plus heureux que vous," dit l'évêque, „car voilà md. votre femme qui vient de me faire le plus bel étron et le plus copieux..." „Allons, silence messieurs, silence," dit le duc dont la voix semblait être étouffée par quelque chose qui lui couvrait la tête, „silence, mort bleu, nous sommes ici pour entendre et non pas pour agir!" — „C'est donc à dire que tu ne fais rien," lui dit l'évêque, „et c'est pour écouter que te voilà vautré, sous trois ou quatre culs?" — „Allons, allons, il a raison," continua Duclos, „il sera plus sage à nous, d'écouter des sottises que d'en faire, il faut se réserver," et Duclos allait reprendre, lorsque l'on entendit les hurlements ordinaires et les blasphèmes accoutumés des décharges du duc, lequel, entouré et faisant avec Sophie, Zéphire et Giton tout plein de petites sottises très analogues au genre de celle, qu'on racontait. „Ah sacre Dieu," dit Curval, „je ne puis souffrir ces mauvais exemples-là, et je ne connais rien qui fasse décharger comme une décharge, et voilà cette petite putain," dit-il en parlant d'Aline, „qui ne pouvait rien tout à l'heure, et qui fait tout ce qu'on veut à présent — n'importe, je l'y aidrai, ah tu as beau chier, garce, tu as beau chier, je ne déchargerai pas." — „Je vois bien, messieurs," dit Duclos, „qu'après vous avoir perverti, c'est à moi de vous mettre à la raison et pour y parvenir je vais reprendre mon récit sans attendre vos ordres." — „Eh non, non," dit l'évêque, „je ne suis pas si réservé que ms. le président, moi, le foutre me pique et il faut qu'il sorte." Et en disant cela, on lui vit faire devant tout le monde des choses que l'ordre que nous nous sommes préscrit ne nous permet pas de dévoiler encore, mais dont la volupté fit très rapidement couler le sperme dont le piquotement commençait à gêner ses couilles. Pour Durcet absorbé dans le cul de Thérèse, on ne l'entendit pas; et vraisemblablement la nature lui refusait ce qu'elle accordait aux deux autres, car il n'était pas muet ordinairement, quand elle lui accordait des fureurs; la Duclos pour le coup voyant donc tout calmé, reprit ainsi la suite de ses lubriques aventures: „Un mois après, je vois un homme, qu'il fallait presque voiler pour une opération assez semblable à celle que je viens de vous rapporter, je chie dans une assiette, et lui apporte sous le nez dans un fauteuil où il s'occupait à lire sans avoir l'air de prendre garde à moi. Il m'invective, me demande comment je suis assez insolente pour faire des choses comme celle-là devant lui, mais à bon compte il sent l'étron, il le regarde et le manie, je lui demande excuse de ma liberté, il continue de me dire des sottises, et décharge, l'étron sous le nez, en me disant, qu'il me retrouverait et que j'aurais un jour affaire à lui. [Un autre] n'employait à semblables fêtes que de femmes

[48]

[49] de 70 ans, je le vis opérer avec une qui avait au moins 80, il était couché sur un canapé, la matrone à califourchon sur lui, lui déposa son vieux cac sur le ventre en lui branlant un vieux vit ridé qui ne déchargea presque pas. Il y avait chez la Fournier

[50] un autre meuble assez singulier, c'était une espèce de chaise percée, dans laquelle un homme pouvait se placer de telle sorte que son corps dépassait dans une autre chambre et que sa tête seule se trouvait à la plaine du pot; j'étais du côté de son corps et à genoux, entre ses jambes, je lui suçais le vit de mon mieux, pendant l'opération; or cette singulière cérémonie consistait à ce qu'un homme du peuple, gagé pour cela sans savoir ni approfondir ce qu'il faisait,

entra par le côté où était le siège de la chaise, se posa dessus et y poussa ses scelles qui par ce moyen tombaient à plomb sur le visage du patient que j'expédiais, mais il fallait que cet homme fût exactement un manant et pris dans tout ce que la crapule pouvait offrir de plus affreux, il fallait de plus qu'il fût vieux et laid, on le lui faisait voir avant et sans toutes ces qualités il n'en voulait pas, je ne vis rien, mais j'entendis; l'instant du chie fut celui de la décharge de mon homme, son foutre s'élança dans mon gosier à mesure que l'étron en couvrait la face et je le vis sortir de là, dans un état qui me fit voir qu'il avait été bien servi. Le hazard, l'opération finie, me fit rencontrer ce gentilhomme, qui venait d'y servir, c'était un bon et honnête Auvergnat, servant de manœuvres aux maçons, bien enchanté de rapporter un petit écu d'une cérémonie, qui en ne faisant que le dégager du superflu de ses entrailles, lui devenait infiniment plus douce et plus agréable, que de porter l'oiseau. Il était effroyable à force de laideur et paraissait plus de 40 ans. „Sacre Dieu," dit Durcet, „voilà comme il le faut," et passant dans son cabinet avec le plus vieux des fouteurs, Thérèse et la Desgranges, on l'entendit brailler quelques minutes après, sans qu'il voulût au retour faire part à la compagnie des excès auxquels il venait de se livrer. On servit, le soupé fut pour le moins aussi libertin qu'à l'ordinaire, et les amis ayant en fantaisie cet après-souper-là de se caser tous chacun de leur côté, au lieu de s'amuser à cet instant-là tous ensemble comme ils en avaient coutume: le duc occupé en boudoir du fond avec Hercule, La Martaine, sa fille Julie, Zelmire, Hébé, Zélamir et Cupidon et Marie. Curval s'empare du salon d'histoire, avec Constance, qui frémissait toujours chaque fois qu'il fallait se trouver avec lui, et qu'il était fort loin de rassurer, avec Fanchon, la Desgranges, Brise-cul, Augustine, Fanni, Narcisse et Zéphire, l'évêque passe au salon d'assemblée, avec la Duclos, qui fit ce soir-là infidélité au duc, pour se venger de celle qu'il lui faisait en emmenant Martaine avec Aline, Bande-au-ciel, Thérèse, Sophie, la charmante petite Colombe, Céladon et Adonis; pour Durcet il resta au salon à manger qu'on déservait et dans lequel on jeta des tapis et des carreaux, il s'y enferma, dis-je, avec Adélaïde, sa chère épouse, Antinous, Louison, Champville, Michette, Rosette, Hyacinthe et Giton, un redoublement de lubricité plutôt qu'aucune autre raison avait sans doute dicté cet arrangement, car les têtes s'échauffèrent toute cette soirée-là, que d'un avis unanime personne ne se coucha, mais on revancha, ce qui avait été fait, de saletés et d'[impuretés] de chaque chambre, [on] ne s'imagine pas. Vers la pointe du jour on voulut se remettre à table quoiqu'on eût [dormi] beaucoup peu pendant la nuit, on s'y mit tout pêlemêle et indistinctement et les cuisinières que l'on reveilla envoyèrent des œufs brouillés, des chincara, des potages à l'oignon et des omelettes, on but encore, mais Constance était dans une tristesse que rien ne pouvait calmer, la haine de Curval croissait en même temps que son pauvre ventre, elle venait d'en éprouver pendant les orgies de cette nuit-là, excepté le corps, [parcequ'on était convenu, de laisser grossir la poire], d'en éprouver, dis-je, excepté cela tout ce qu'on peut s'imaginer de mauvais procédés; elle voulait s'en pleindre à Durcet et au duc, son père et son mari, qui l'envoyèrent au diable et lui dirent qu'il fallait bien qu'elle eût quelque défaut, dont il ne s'apercevait pas, pour déplaire ainsi au plus vertueux et au plus honnête des hommes, voilà tout ce qu'elle en eut. Et on fut se coucher.

Onzième journée.

On se leva fort tard et supprimant absolument pour ce jour-là toutes les cérémonies d'usage, on se mit à table, en sortant du lit, le café servi par Giton, Hyacinthe, Augustine et Fanni fut assez tranquille, cependant Durcet voulut absolument faire péter Augustine; et le duc le mettre en bouche à Fanni, or, comme, du désir à l'effet, il n'y avait jamais qu'un pas avec de telles têtes, on se satisfit heureusement, qu'Augustine était préparée, elle en fit près d'une douzaine dans la bouche du petit financier, qui faillirent presque à le faire bander, pour Curval et l'évêque ils s'en tinrent de manier les fesses des deux petits garçons, et on passa au salon d'histoire. Duclos reprit ainsi: „Regarde donc," me dit un jour la petite Eugénie qui commençait à se familiariser avec nous et que 6 mois de bordel n'avaient que rendue plus jolie, „regarde Duclos," me dit-elle, en se troussant, [51] „comme md. Fournier veut que j'aie le cul toute la journée, et en disant cela, elle me fit voir un placard de merde d'un pouce d'épaisseur, dont son joli petit trou de cul était entièrement couvert, — „et que veut-elle, que tu fasses de cela," lui dis-je. — „C'est pour un vieux monsieur qui vient ce soir," dit-elle, „et qui veut me trouver de la merde au cul." — „Eh bien," dis-je, „il sera content, car il est impossible, d'en avoir davantage," et elle me dit qu'après avoir chié, la Fournier l'avait ainsi barbouillée à dessein; curieuse de voir cette scène, dès qu'on appela cette jolie petite créature je volai au trou. C'était un moine, mais un de ceux qu'on appelle de „gros bonnets", il était de l'ordre des citeaux, gros, grand, vigoureux et approchant de la soixantaine, il caressa l'enfant, la baisa sur la bouche, et lui ayant demandé si elle est bien propre, il la trousse pour vérifier lui-même un état constant de netteté, qu'Eugénie lui assurait, quoiqu'elle sût bien le contraire, mais on lui avait dit de parler ainsi. „Comment, petite coquine," lui dit le moine, en voyant l'état des choses, „comment, vous osez me dire, que vous êtes propre, avec un cul de cette saleté-là, il faut qu'il y ait plus de quinze jours que vous n'avez torché votre cul, voyez un peu la peine que je me donne, car enfin je veux le voir propre, et il fardredona d'après cela que ce soit moi qui en prenne le soin," et en disant cela, il avait appuyé la jeune fille contre un lit et s'était placé aux genoux à bas de ses fesses, en les écartant de ses deux mains, on dirait d'abord qu'il ne fait que [d'examiner] la situation, il en paraît surpris, peu-à-peu il s'y apprivoise, sa langue approche, elle en détache les morceaux, ses sens s'éveillent, son vit dresse, le nez, la bouche, la langue, tout semble travailler à la fois, son extase paraît si délicieuse, qu'à peine lui reste-t-il le pouvoir de parler, le foutre monte à la fin, il saisit son vit, le branle et arrive en déchargeant de nettoyer si complètement cet anus, qu'il ne semblait seulement plus qu'il eût pu être sale un instant. Mais le libertin n'en restait pas là et cette voluptueuse manie n'était pour lui qu'un préliminaire, il se rélève, baise encore la petite fille, lui expose un gros, vilain cul sale, qu'il lui ordonne de secouer et de socratiser, l'opération le fait rebander, il s'empare du cul de ma compagne, l'accable de nouveaux baisers; et comme ce qu'il fit après, n'est ni de mon ressort ni placé dans ces narrations préliminaires, vous trouverez bon, que je remette à madame Martaine à vous parler des déportements d'un scélérat qu'elle n'a que trop connu et que pour éviter même toute question de votre part, messieurs, auxquelles il ne me serait pas permis par vos lois-mêmes de satisfaire, je passe à un autre détail. — „Qu'un mot, Duclos," dit le duc, „je parlerai à mots couverts, ainsi tes réponses n'enfraindront point nos lois: le moine l'avait-il gros et était ce la première fois qu'Eugénie?" . . . „Oui, monseigneur, c'était la première fois et le moine l'avait presque aussi gros que vous." — „Ah foutre," dit Durcet, „la bonne scène et comme j'aurais voulu voir cela!" — „Peut-être eussiez-vous eu la même curiosité," dit Duclos en se reprenant, „pour le personnage, qui me palia quelques jours après par la main menée du vase, contenant 8 ou 10 étrons, pris de toute part, et dont il eût été bien fâché de connaître les auteurs. Il fallait que de ma main je le frottasse toute entière de cette pomade odoriférante, rien ne fut épargné que même le visage, et quand j'en fus au vit, que je branlai, en même temps, l'infame cochon qui se regardait ainsi avec complaisance devant une glace, me laissa dans la main les preuves de sa triste virilité; enfin nous y voilà, mes-

[53] sieurs! Enfin l'hommage va se rendre au véritable temple! On m'avait dit de me tenir prête, je me réservais depuis deux jours, c'était un commandeur de Malthe, qui, pour pareille opération, voyait tous les matins une fille nouvelle, c'était chez lui que se passait la scène, — „les belles fesses," me dit-il „en embrassant mon derrière, „mais mon enfant," continua-t-il, „ce n'est pas tout que d'avoir un beau cul, il faut encore que ce beau cul-là chie! En avez-vous envie?" „A tel point que je m'en meurs, monsieur," lui repondis-je. — „Ah parbleu, c'est délicieux," dit le commandeur, „c'est ce qu'on appelle servir son monde à souhait, mais voudrez bien chier, ma petite, dans le pot de chambre que je vais vous présenter." — „Ma foi, monsieur," lui répondis-je,[152] „je chierais partout, de l'envie, que j'en ai, et même dans votre bouche" ... „Ah, dans votre bouche! Elle est délicieuse, eh bien, c'est précisément-là le seul vase que j'aie à vous offrir." — „Eh bien, donnez, monsieur, donnez bien vite," lui répondis-je, „car je n'en puis plus!" Il se place, je monte à califourchon sur lui, en opérant, je le branle, il soutient une hanche de ses mains et reçoit, mais en le rendant, morceau par morceau tout ce que je lui dépose dans le bec, cependant il s'extasie, à peine mon poignet peut-il suffire à faire jaillir les flots de sémence, qu'il perd, je branle, j'achève de chier, notre homme s'extasie et je le quitte enchanté de moi, à ce qu'il eut au moins la complaisance de faire dire à la Fournier en lui en redemandant une autre pour le lendemain. — Celui [54] qui suivit, avec à-peu-près les mêmes épisodes y joignait celle de garder plus longtemps les morceaux dans sa

bouche, il les reduisait à fluide, s'en rinçait longtemps la bouche et ne les rendait qu'amollis. Voici, qui [55] en avait une fantaisie plus bizarre, encore, s'il est possible; il voulait trouver quatre étrons sans une goutte d'urine dans le pot d'une chaise percée. On l'enfermait seul dans la chambre, où était ce trésor. Jamais il ne prenait des filles avec lui, et il fallait avoir le plus grand soin, que tout fût bien clos, qu'il ne pût être vu, ni aperçu d'aucun côté, alors il agissait, mais de vous dire comment, c'est ce que m'est impossible de faire, car jamais personne ne l'a vu, tout ce qu'on sait est que lorsqu'on retournait dans la chambre après lui, on trouvait le pot très vide et extrêmement propre, mais ce qu'il faisait des 4 étrons, je crois que le diable lui-même aurait de la peine à vous le dire, il avait la facilité de les jeter dans des lieux, mais peut-être en faisait-il autre chose, ce qui semble faire croire, qu'il n'en faisait cette autre chose que vous pourriez supposer, c'est qu'il laissait à la Fournier le soin de lui fournir les 4 étrons sans jamais s'informer de qui ils venaient et sans jamais faire sur eux la moindre récommandation. Un jour pour voir, si ce que nous allions lui dire l'alarmerait, alarme qui aurait pu nous donner quelque lumière sur le sort des étrons; nous lui dîmes que ceux qu'on lui avait donné ce jour-là étaient de plusieurs personnes malsaines et attaqués de la vérole, il en rit avec nous sans s'en fâcher, ce qu'il est pourtant vraisemblable qu'il eût fait, s'il eût employé ces étrons à autre chose qu'à les jeter. Lorsque nous avons voulu quelques fois pousser plus loin nos questions, il nous a fait taire, et nous n'en avons jamais su davantage. C'est tout ce que j'ai à vous dire pour ce soir," dit Duclos, „en attendant que j'entre demain dans un nouvel ordre des choses, au moins relativement à mon existence. Car pour ce qui touche ce goût charmant, que vous idolâtrez, il me reste encore au moins deux ou trois jours, messieurs, à avoir l'honneur de vous en entretenir." — Les opinions se partagèrent sur le sort des étrons de l'homme dont on venait de parler et tout en raisonnant on en fit faire quelqu'uns, et le duc qui voulait que tout le monde vit le goût qu'il prenait pour la Duclos, fit voir à toute la société la manière libertine dont il s'amusa avec elle et l'aisance, l'adresse, la promptitude accompagnées des plus jolis propos, dont elle avait tant, de le satisfaire, — le souper et les orgies furent assez tranquilles et comme il n'y eut aucun évènement de conséquence jusqu'à la soirée d'ensuite, c'est par le récit dont la Duclos l'égayait que nous allons commencer l'histoire de la 12me journée.

Douzième journée.

„Le nouvel état dans lequel je vais entrer m'oblige," dit la Duclos, „de vous ramener, messieurs, un instant au détail de mon personnel, on se figura mieux les plaisirs que l'on peint, quand l'objet qui les procure est connu. Je venais d'atteindre ma vingtième année; j'étais brune, mais la peau malgré cela d'un blanc le plus agréable, l'immensité des cheveux, qui couvraient ma tête, redescendaient en boucles flottantes et naturelles jusqu'au bas de mes cuisses, j'avais les yeux que vous me voyez et qu'on a toujours trouvés beaux, ma taille était un peu remplie, quoique grande, souple et déliée; à l'égard de mon derrière, de cette partie, si intéressante parmi les libertins du jour, il était de l'aveu de tout le monde, supérieur à tout ce qu'on peut voir de plus sublime en ce genre, et peu de femmes dans Paris l'avaient aussi délicieusement tourné, il était plein, rond, fort gras et très potelé, sans que cet embonpoint diminuât rien de son élégance. Le plus léger mouvement découvrait à l'instant cette petite rose, que vous chérissez tant, messieurs, et qui [je le pense bien comme vous] est l'attrait le plus délicieux d'une femme, quoiqu'il y eut très long-temps que je fus dans le libertinage; il était impossible d'être plus fraîche, tant à cause du bon tempérament, que m'avait donné la nature que par mon extrême sagesse sur les plaisirs, qui pouvaient gâter ma fraîcheur, ou nuire à mon tempérament. J'aimais très peu les hommes et je n'avais jamais en eu, qu'un seul attachement, il n'y avait guère dans moi que la tête de libertine, mais elle l'était extraordinairement. Et après vous avoir peint mes attraits, il est bien juste que je vous entretienne un peu de mes vices, j'ai aimé les femmes, messieurs, je ne m'en cache point, pas cependant au degré de ma chère compagne md. Champville qui vous dira sans doute qu'elle s'est ruinée pour elles. Mais je les ai toujours préférées aux hommes, dans mes plaisirs, et ceux qu'elles me procuraient ont toujours eu sur mes sens un empire plus puissant, que les voluptés masculines, j'ai eu outre cela le défaut d'aimer à voler, il est inouï, à quel point j'ai poussé cette manière, entièrement convaincue que tous les biens doivent être égaux sur la terre et que ce n'est que la force et la violence qui s'opposent à cette égalité, première loi de la nature. J'ai tâché de corriger le sort et de rétablir l'équilibre du mieux, qu'il m'a été possible et sans cette maudite manie peut-être serais-je encore avec le mortel bienfaisant, dont je vais vous entretenir. — „Et as-tu beaucoup volé dans ta vie?" lui demanda Durcet. — „Étonnamment, monsieur; si je n'avais pas toujours dépensé ce que je dérobais je serais bien riche aujourd'hui." — „Mais y as-tu mis quelques détails aggravants," continua Durcet, „il y eut-il de brisements de portes, abus de confiance, tromperies manifestes?" „Il y a de tout ce qu'il peut y avoir, je n'ai pas crû devoir vous arrêter, sur ces objets, pour ne troubler l'ordre de ma narration. Mais puisque je vois que cela peut vous amuser, je n'oublierai plus à l'avenir de vous en entretenir. — A ces défauts on m'a toujours reproché d'en joindre un autre, celui d'un très mauvais cœur, mais est-ce ma faute? N'est-ce pas de la nature, que nous tenons nos vices ou nos perfections, et puis j'[adorais] ce cœur qu'elle a fait insensible, je ne sache pas d'avoir de ma vie pleuré ni sur mes maux ni sur ceux d'autrui, j'ai aimé ma sœur et je l'ai perdu sans la plus petite douleur, vous avez été témoins du flègme avec lequel je viens d'apprendre sa perte, je verrais, Dieu merci, périr l'univers que je n'en verserais pas une larme." — „Voilà comme il faut être," dit le duc, „la compassion est la vertu des sots et en bien s'examinant, on voit, qu'il n'y a jamais qu'elle qui nous fait perdre des voluptés. Mais avec ces défauts-là tu as du faire des crimes, car l'insensibilité y mène toute droite." — „Mgr.," dit la Duclos, „les règles que vous avez préscrits à nos récits me défendent de vous entretenir de bien des choses, vous en avez laissé le soin à mes compagnes, mais je n'ai qu'un mot à vous dire; c'est que quand elles se peindront scélérates à vos yeux, d'être parfaitement sûr, que je n'ai jamais valu mieux qu'elles." — ,,Voilà, qui s'appelle, ,se rendre justice'," dit le duc, ,,allons, continue, il faut se contenter de ce que tu nous diras, puisque nous t'avons bornée nous mêmes, mais souviens-toi, que dans le tête-à-tête je ne te ferai pas grâce de tes petites inconduites particulières." — ,,Je ne vous cacherai rien, mgr., puissiez vous après m'avoir entendue, un peu vous répentir d'avoir accordé un peu de bienveillance à un aussi mauvais sujet et je reprends. Malgré tous ces défauts et plus que tout celui de méconnaître entièrement le sentiment humiliant de la reconnaissance, que je n'admettais que comme poids injurieux à l'humanité, et qui dégrade tout à fait la fierté que nous avons reçue de la nature, avec tous les défauts [dis-je] [56] mes compagnes m'aimaient, et j'étais de toutes la plus réchérchée des hommes. Telle était ma situation, lorsqu'un fermier général nommé d'Aucourt vint faire une partie chez la Fournier; comme il était une de ses pratiques, [mais plus pour les filles étrangères que pour elle] de la maison, on avait de grands égards pour lui, et Madame qui voulait absolument nous faire faire connaissance, me prévint un jour à l'avance de lui garder ce que vous savez, et ce qu'il aimait plus qu'aucun des hommes, que j'en eu encore vus, vous l'allez voir par le détail. d'Aucourt arriva, et m'ayant baisée, il gronde Md. Fournier, de ne lui avoir toujours procuré plutôt une aussi jolie créature, je le remercie de son honnêteté et nous montons.

d'Aucourt était un homme d'environs 50 ans, gros, mais d'une figure agréable, ayant de l'esprit et ce qui me plaisait le plus en lui, une douceur et une honnêteté de caractère, qui m'enchantèrent dès le premier moment. — „Vous devez avoir le plus beau cul du monde," me dit d'Aucourt en m'attirant vers lui et me fourrant la main sous les jupes qu'il dirigea sur-le-champ au derrière. „Je suis connaisseur et les filles de votre tournure ont presque toujours un beau cul, eh bien, ne le disais-je pas bien," continua-t-il dès qu'il l'eut palpé un instant, „comme c'est frais, comme c'est rond," — et me retournant lestement, en relevant d'une main mes jupes sur mes reins, et en palpant de l'autre, il se mit en devoir d'examiner l'autel où s'adressaient ses vœux. „Parbleu," s'écriat-il, „c'est réellement un des plus beaux culs que j'ai vus de ma vie, et j'en ai pourtant beaucoup vu, — écartez, voyez cette fraise — que je la suce — que je la dévore — c'est réellement un très beau cul cela en vérité, ... eh dites-moi, ma petite, vous a-t-on prévenu?" — „Oui, monsieur." — „Vous a-t-on dit que je faisais chier?" — „Oui, monsieur." — „Mais votre santé?" reprend le financier. — „Oh, monsieur, elle est sûre." — „C'est que je pousse la chose un peu loin," continua-t-il, „et si vous n'étiez pas absolument bien saine, j'y risquerais." — „Monsieur," lui dis-je, „vous pouvez faire absolument tout ce que vous voudrez, je vous réponds de moi, comme de l'enfant qui vient de naître, vous pouvez agir en sûreté." Après ces préambules, d'Aucourt me fit pencher vers lui, toujours en tenant mes fesses écartés et collant sa bouche sur le mien, il suça ma salive un quart d'heure, il se reprenait pour lécher quelque foutre, et se remettait aussitôt à pomper amoureusement: „Crachez, crachez dans ma bouche!" me disait-il de temps en temps, „remplissez le bien de salive," et alors je sentis sa langue, qui tournait tout autour de mes gencives, qui s'enfonçait le plus avant qu'elle pouvait et qui semblait attirer tout, ce qu'elle rencontrait, à elle. — „Allons," dit-il, „je bande, mettons nous à l'ouvrage!" alors il se remit à considérer mes fesses, en m'ordonnant de donner l'essort à son vit, je sortis un petit engin gros comme trois doigts, et long de près de 5 pouces, lequel était fort raide et fort en fureur. — „Quittez vos jupes!" me dit d'Aucourt, „moi, je vais quitter ma culotte, il faut d'une part et d'autre, que les fesses soient bien à l'aise pour la cérémonie que nous allons faire." Puis dès qu'il se vit obéi: „Relève bien," continua-t-il, „votre chemise sous votre corset et dégagez absolument le derrière! — Consternez vous à plat sur le lit!" Alors, il s'assit sur une chaise, et il se remit à caresser mes fesses dont il semblait que la vue l'enivrait, un instant il les écarte et je sentis sa langue peut-être dans le plus intérieur, „pour vérifier," disait-il, „d'une manière incontestable, s'il était bien vrai que la poule eut envie de pondre", je vous rends ses propres expressions, cependant je ne le touchais pas, il agitait légèrement lui-même ce petit membre sec, que je venais de mettre à découvert: „Allons," dit-il, „mon enfant, mettons nous à l'œuvre, la merde est prête, je l'ai sentie, souvenez vous de chier peu-à-peu, et d'attendre toujours que j'aie dévoré un morceau avant de pousser l'autre, mon opération est longue; mais ne la presse pas, un petit coup sur les fesses vous avertira de pousser, mais que ce soit toujours en détail!" S'étant alors placé le plus à l'aise possible relativement à l'objet de son culte, il colla sa bouche et je lui dépose tout de suite, un morceau d'étron gros comme un petit œuf, il le suça, il le tourne et retourne mille fois dans sa bouche, il le mâche, il le savoure et au bout de deux ou trois minutes, je le lui vois distinctement avaler, je repousse mes cérémonies, et comme mon envie était prodigieux, dix fois de suite sa bouche se remplit et se vide, sans qu'il ait jamais l'air d'être rassassié. — ,,C'est fait, monsieur," lui dis-je à la fois, ,,je pousserais en vain maintenant." — ,,Oui," dit-il ,,ma petite, s'est-il fait? Allons, il faut donc que je décharge, oui, que je décharge en torchant ce beau cul, oh sacre Dieu que tu me donnes de plaisir, je n'ai jamais mangé de merde plus délicieuse, je le certifierais à toute la terre. Donne, donne, mon ange, donne ce beau cul que je le suce, que je le dévore encore." Et en y enfonçant un pied de langue et se manualisant lui-même, le libertin répand son foutre sur mes jambes, non sans une multitude de paroles sales et de jurements nécessaires, à ce qu'il me parut, à compléter son extase; quand il eut fait, il s'assit, me fit mettre auprès de lui et me regardant avec intérêt, il me demanda, si je n'étais point lasse de la vie du bordel, et si j'aurais quelque plaisir à trouver quelqu'un qui consentit à m'en retirer. Le voyant pris, je fis la difficile et pour vous éviter en détail qui n'aurait rien d'intérêt pour vous, après une heure de débat, je me laissai persuader et il fut décidé, que j'irais le lendemain vivre chez lui en raison de 20 louis par mois et nourrie et comme il était seul, je pourrais sans inconvénient, occuper un entresol de son hôtel, que là j'aurais une fille pour me servir et la société de trois de ses amis et de leurs maîtresses avec lesquels il se réunissait pour des soupers libertins quatre fois de la semaine, tantôt chez l'un, tantôt chez l'autre. Que mon unique occupation serait de beaucoup manger et toujours ce qu'il me ferait servir, parce que faisant ce qu'il faisait, il était essentiel qu'il me fît nourrir à sa mode, de bien manger, dis-je, de bien dormir pour que les digestions fussent faciles, de purger régulièrement tout les mois, et de lui chier deux fois par jour dans la bouche; que ce nombre ne devait pas m'effrayer, parce qu'en me gonflant de nourriture, comme il allait faire, j'aurais peut-être plutôt besoin d'y aller trois que deux; le financier pour premier gage du marché, me remit un très joli diamant, m'embrassa, me dit de prendre tous mes arrangements avec la Fournier, et de me tenir prête le lendemain matin, époque où il me viendrait chercher lui-même; mes adieux furent bientôt faits, mon cœur ne regrettait rien, car il ignorait l'art de s'attacher, mais mes plaisirs regrettaient Eugénie, avec laquelle j'avais depuis 6 mois des liaisons très intimes et je partis. D'Aucourt me reçut à merveille et m'établit lui-même dans le très joli appartement, qui devait faire mon habitation, et je fus bientôt parfaitement établie. J'étais condamnée de faire quatre repas, desquels on retranchait une infinité de choses que j'aurais pourtant beaucoup aimées, tels que le poisson, le huitre, la salaison, les œufs et toute espèce de laitages, mais j'étais si bien dédommagée d'ailleurs qu'en vérité il y aurait de l'humeur en moi, de me plaindre. Le fond de mon ordinaire consistait en une immensité de blanc de volaille, et de gibier désossé, accommodés de toute sorte de façons, peu de viande de boucherie, mille sortes de graisse, fort peu de pain et de fruits. Il fallait manger de la sorte de viande même le matin, à déjeuner, et le soir à goûter, et ces heures-là, on me les servait sans pain, et d'Aucourt peu-à-peu me pria de m'en abstenir tout à fait, au point que dans le dernier temps je n'en mangeais plus du tout, non plus de potage, il résultait de ce régime, comme il l'avait prévu, deux scelles par jour, très adoucies, très molles et d'un goût le plus exquis à ce qu'il prétendait, ce qui n'en pouvait pas être avec une nourriture ordinaire, et il fallait le croire, car il était connaisseur. Nos opérations se faisaient à son réveil et à son coucher; les détails étaient à-peu-près les mêmes que je vous aie dits, il commençait toujours par sucer très longtemps ma bouche, qu'il fallait toujours lui présenter dans l'état naturel et sans jamais être lavée, il ne m'était permis de la rincer qu'après, d'ailleurs il ne déchargeait pas à chaque fois. Notre arrangement n'exigeant aucune fidélité de sa part, d'Aucourt m'avait chez lui comme le plat de résistance, comme la pièce de bœuf, mais il n'en allait pas moins, tous les matins se divertir ailleurs; d'un jour après mon arrivée, ses camarades de débauche vinrent souper chez lui, et comme chacun des trois offrait dans le goût que nous analysons un genre différent de passion, quoique qu'il dans le fond — vous prouvera-t-on — mêmes que devant faits rouler dans notre recueil, j'appuye un peu sur les fantaisies auxquelles ils se livraient. Les convives arrivèrent. Le premier était un vieux conseiller au parlement d'environ 60 ans, qui s'appelait d'Erville, il avait pour maîtresse une femme de quarante ans, fort belle, et n'ayant d'autre défaut qu'un peu trop d'embonpoint, on la nommait md. du Cange. Le second était un militaire retiré de 45 à 50 ans, qui s'appelait Desprès, sa maîtresse était une très jolie personne, de 26 ans, blonde et le plus joli corps, qu'on puisse voir, elle se nommait Marianne; le troisième était un vieux abbé de 60 ans, qu'on nommait du Coudrais et dont la maîtresse était un jeune garçon de 16 ans, beau comme le jour et qu'il faisait passer pour son neveu. On servit dans les entresols, dont j'occupais une partie, le repas fut aussi gai que délicat et je remarquai que la demoiselle et le jeune garçon étaient à-peu-près au même régime que moi; les caractères s'ouvrirent pendant le souper, il était impossible d'être plus libertin que ne l'était d'Erville, ses yeux, ses propos, ses gestes, tout annonçait la débauche, tout peignait le libertinage. Desprès avait l'air plus de sens-froid, mais la luxure n'en était pas moins l'âme de sa vie, pour l'abbé c'était le plus fier athée qu'on pût voir, les blasphèmes volaient sur ses lèvres presque chaque parole; quant aux demoiselles, elles imitaient leurs aimants, elles étaient babillardes et néanmoins des têtes assez agréables, pour le jeune homme il me parut aussi sot qu'il était joli et la Ducange qui en paraissait un peu férue avait beau lui lancer de temps à autre de tendres regards, à peine avait-il l'air de s'en douter. Toutes les bienséances se perdirent au dessert et les propos devinrent aussi sales que les actions, d'Erville félicitait d'Aucourt sur sa nouvelle acquisition, et lui demanda si j'avais un beau cul, et si je chierais bien. — „Parbleu," lui dit mon financier, „il ne tiendra qu'à toi de le savoir, tu sais qu'entre nous tous les biens sont communs et que nous nous prêtons aussi volontiers nos maîtresses que nos bourses." „Ah parbleu," dit d'Erville, „j'accepte et me prenant aussitôt par la main, il me[153]) proposa de passer dans un cabinet, comme j'hésitais, la Ducange me dit, éffrontément: „Allez, allez, mademoiselle, nous ne faisons pas de façons ici, j'aurai soin de votre mari, pendant ce temps-là", et d'Aucourt, dont je consultai les yeux, m'ayant fait un signe d'approbation, je suivis le vieux conseiller, c'est lui, messieurs, qui va vous offrir ainsi que les deux suivants, les trois épisodes du goût, que nous traitons et qui doivent composer la meilleure partie de ma narration de cette soirée. Dès que je fus enfermée avec d'Erville très échauffé des fumés de Bacchus, il me baisa sur la bouche avec les plus grands transports et me lança trois ou quatre hoquets de vin[154]) qu'il s'amusa à me faire rejeter par la bouche, ce qu'il me parut bientôt avoir grande envie, de voir sortir; d'ailleurs il me trousse, examine mon derrière avec toute la lubricité d'un libertin consommé, puis me dit, qu'il ne s'étonnait du choix de d'Aucourt, car j'avais un des plus beaux culs de Paris, il me pria de débuter par quelques pets, et quand il en eut reçu une demi-douzaine, il se remit à me baiser la bouche, en me maniant et ouvrant fortement les fesses. „L'envie, n'y est-elle?" me dit-il. — „Elle est toute venue," lui dis-je. — „Eh bien, bel enfant," me dit-il, „chiez dans cette assiette," et il avait à cet effet apporté une de porcelaine blanche, qu'il tint pendant que je poussais, et qu'il examinait scrupuleusement l'étron sortir de mon derrière. „Spectacle délicieux qui l'enivrait," disait-il, de plaisir. Dès que j'eus fait, il prit l'assiette respira délicieusement les mets voluptueux, qu'elle contenait, mania, baisa, flaira l'étron, puis me disant, qu'il n'en pouvait plus et que la lubricité l'enivrait à la vue d'un étron plus délicieux qu'aucun qu'il eût jamais vu de sa vie. Il me pria de lui sucer le vit; quoique cette opération n'eût rien de trop agréable, la crainte de fâcher d'Aucourt en manquant à son ami, me fit tout accepter, il se plaça dans le fauteuil, l'assiette appuyée sur une table voisine, sur laquelle il se coucha à mi corps, le nez sur la merde, il étendit ses jambes, je me plaça sur un siège plus bas près de lui, et ayant tiré de sa bragette un scrupon de vit très mollasse au lieu d'un membre réel, je me mis malgré ma répugnance à sucoter celle belle rélique, espérant qu'elle prendrait au moins un peu de consistance dans ma bouche; je me trompais. Dès que je lui récueille, le libertin commença son opération, il dévora plutôt qu'il mangea le joli petit œuf tout frais, que je venais de lui faire, ce fut l'affaire de trois minutes, pendant lesquelles ses extensions, ses mouvements, ses contorsions m'annoncèrent une volupté des plus ardentes et des plus expressives; mais il eut beau faire, rien en dresse, et le petit vilain outil après avoir pleuré de dépit dans ma bouche, se retira plus honteux que jamais, et laissa son maître dans cet abattement, dans cet abandon, dans cet épuisement, suite funeste des grandes voluptés. Nous rentrâmes. „Ah Jérémias," dit le conseiller, „je n'ai jamais vu chier comme cela"; il n'y avait que l'abbé et son neveu, quand nous revînmes; [58] et comme ils opéraient, je puis vous le détailler tout de suite; on avait beau changer ses maîtresses dans la société, du Coudrais, toujours content, n'en prenait jamais d'autre et ne cédait jamais la sienne. Il lui aurait été impossible, m'apprit-on, de s'amuser avec une femme, c'était la seule différence qu'il y eut entre d'Aucourt et lui, il s'y prit d'ailleurs de même pour les cérémonies. Et quand nous parûmes, le jeune homme était appuyé sur un lit, présentait le cul à son cher oncle, qui à genoux devant lui recevait amoureusement dans sa bouche et avalait à mesure; et le tout en branlant lui-même un fort petit vit, que nous lui vîmes prendre entre ses cuisses. L'abbé déchargea malgré notre présence, en jurant que cet enfant-là chiait toujours de mieux en mieux. Marianne et d'Aucourt, qui s'amusèrent ensemble reparurent bien-[59] tôt et furent suivis de Desprès et du Cange qui n'avaient, disaient-ils, que flotter en m'attendant: „Parce que," dit Desprès, „elle et moi sommes des vieilles connaissances, plutôt que vous, ma belle reine, que je vois pour la première fois m'inspire le plus ardent désir de m'amuser tout à fait avec vous." „Mais, monsieur," lui dis-je, „monsieur le conseiller a tout pris, je n'ai plus rien à vous offrir." — „Eh bien," me dit-il, en riant, „je ne vous demande rien, c'est moi qui fournira tout, je n'ai besoin que de vos doigts." — Curieuse de voir ce que signifiait cet énigme, je le suis et dès que nous sommes enfermés, il me demande mon cul à baiser seulement par une minute, je le lui offre et après deux ou trois suçons sur le trou, je déboutonnai sa culotte et me pris, de lui rendre ce qu'il vient de me prêter. L'attitude, où il s'était mis me donnait quelques soupçons, il était à cheval sur une chaise, se soutenant au dos et ayant sous lui un vase prêt à recevoir, moyennant quoi le voyant prêt à faire lui-même l'opération, je lui demandai, quelle nécéssité qu'il y avait à ce que je lui baisa le cul. „La plus grande, mon cœur," me dit-il, „car mon cul, le plus capricieux de tous les culs, ne chie jamais que quand on le baise." Je baise, mais sans m'y hazarder, et lui s'en apercevant: „Plus près, mortbleu, plus près, milloi," mit dit-il impérieusement, „avez-vous donc peur d'un peu de merde?" — Enfin par[155] [couder], je postai mes lèvres jusqu'aux environs du trou, mais à peine les a-t-il senties qu'il débonde, et l'irruption fut si violente, qu'une de mes joues s'en trouva toute barriolée, il n'eut besoin, que d'un seul jet, pour combler le plat, de ma vie je n'avais vu un tel étron, il remplissait à lui tout seul un très profond saladier, notre homme s'en empare, se couche avec lui sur le bord du lit, me présenta son cul, tout merdeux, et m'ordonna de le lui branler fortement pendant qu'il va faire subitement repasser dans ses entrailles, ce qu'il vient de dégorger; quelque sale que fût ce derrière il fallut obéir sans doute. „Sa maîtresse le fait," me dis-je, „il ne faut pas être plus difficile qu'elle." J'enfonçai trois doigts dans l'orifice bombeur, qui se présenta, notre homme est ac[cablé], il se plonge dans ses propres excréments, il y barbote, il s'en nourrit, une de ses mains soutient le plat, l'autre secoue un vit qui s'annonce très majestueusement entre ses cuisses, cependant je redouble mes soins, il réunissait, je m'aperçois aux resserrements de son anus, que les muscles érecteurs sont prêts à lancer la sémence, je ne [tarde point], le plat se vuide et mon homme décharge. De retour au salon, je retrouvai mon inconstant d'Aucourt avec la belle Marianne, ce fripon-là avait passé toutes les darts. — Il ne lui restait plus que le page dont je crois, qu'il se serait fort bien arrangé aussi, si le jaloux abbé eût consenti à le céder. Quand tout le monde fut réuni, on parla de se mettre tous nus et de faire tous les uns devant les autres quelques extravagances. Je fus bien aise du projet, parce qu'il allait me mettre à même de voir le crop de Marianne, que j'avais fort envie d'examiner, il était délicieux, ferme, blanc, soutenu et son cul que je maniai deux ou trois fois à plaisantant, me parut un véritable chef d'œuvre. „A quoi vous sert un aussi joli fils," dis-je d'après, „pour le plaisir, que vous me paraissez chérir." — „Ah," me dit-elle, „vous ne connaissez pas tous nos mystères!" — Il me fut impossible d'en apprendre davantage, et quoique j'aie vécu plus d'un an avec eux, ni l'un ni l'autre ne voulut me rien éclaircir et j'ai toujours ignoré le reste de leurs intelligences secrètes, qui de quelque sorte qu'elles puissent être n'empêchent pas que lequel que son amant satisfit avec moi, ne sont [des] passions complètes et dignes à tous égards d'avoir une place dans ce recueil ce qui pouvait en être ailleurs ne pouvait qu'être épisodique et a été, vous sera certainement raconté dans nos soirées après quelques libertinages assez indécents, quelques pets encore, quelque petits restes d'étrons, beaucoup propos et de grandes impiétés de la part de l'Abbé, qui paraissait mettre à en dire une de ses plus parfaites voluptés, on se r'habilla et chacun fut se coucher. Le lendemain matin, je parus comme à mon ordinaire, au lever de d'Aucourt sans que nous nous reprochassions ni l'un ni l'autre nos petites infidélités de la veille, il me dit qu'après moi, il ne connaissait pas de filles, qui chient mieux que Marianne, je lui fis quelques questions sur ce qu'elle faisait avec un amant qui se suffisait si bien lui-même, mais il me dit, que c'était un secret, que ni l'un ni l'autre n'avait jamais voulu reveler. Et nous reprîmes, mon amant et moi, notre petit train ordinaire; je n'étais pas tellement concigé chez d'Aucourt, qu'il ne me fut permis de sortir quelques fois. Il s'en rapportait, disait-il, pleinement à mon honnêteté, je devais voir le danger où je l'exposerais en dérangeant ma santé, et il me laissait maîtresse de tout; je lui gardai donc foi et hommage pour ce qui regardait cette santé, à laquelle il prenait égoïstement tant d'intérêt, mais sur tout le reste, je me crus permis de faire à-peu-près tout ce qui me procurerait de l'argent, et en conséquence vivement sollicitée par la Fournier, d'aller faire des parties chez elle, je me livrais à toutes celles qu'elle m'assura un honnête profit, ce n'était plus une fille de sa maison, c'était une demoiselle entretenue par un fermier général et qui pour lui faire plaisir, voulait bien venir passer une heure chez elle! — Jugez, comme ça se payait. Ce fut dans [60] le cours de ces infidélités passagères que je rencontrai le nouveau sectateur de merde dont je vais vous rendre compte." — „Un moment," dit l'évêque, „je n'ai pas voulu vous interrompre, que vous ne fussiez en un endroit de repos, mais puisque vous y voilà, éclaircissez-nous, je vous prie, deux ou trois objets essentiels de cette dernière partie. Quand vous célébrâtes vos orgies après les tête-à-têtes, l'abbé qui n'avait jusque là caressé que son bardache, lui fit-il infidélité, et vous mania-t-il, et les autres en firent-ils à leurs femmes pour caresser le jeune homme?" — „Mgr.," dit Duclos, „jamais l'abbé ne quitta son jeune garçon à peine jeta-t-il même des regards sur nous, quoique nous fussions nues et à ses côtés, mais il s'amusa des culs de d'Aucourt, de Desprès et de d'Erville, il les baisa, il les gamahucha, d'Aucourt et d'Erville lui chièrent dans la bouche, et il avala plus d'une moitié de ces deux étrons, mais pour les femmes, il ne les toucha pas.[156]) Il n'en fut pas de même des trois autres amis, relativement à son jeune bardache, il le baisèrent, lui léchèrent le trou du cul, et Desprès s'enferma avec lui pour, je ne sais quelle, opération." „Bon," dit l'évêque, „vous voyez, que vous n'aviez pas tout dit, et que ceci, que vous ne nous contiez pas forme une passion de plus, puisqu'elle offre l'image du goût d'un homme qui se fait chier dans la bouche par d'autres hommes quoique fort âgées." — „Cela est vrai, monseigneur," dit Duclos, „vous me faites encore sentir mieux mon tort, mais je n'en suis pas fâchée, puisque au moyen de cela, voici ma soirée finie, et qu'elle n'était déjà que trop longue[157]) une certaine cloche, que nous allons entendre m'aurait convaincue que je n'aurais pas eu le temps de terminer la soirée par l'histoire que j,allais entamer et sous votre bon plaisir nous la remettrons à demain." Effectivement la cloche sonna et comme personne n'avait déchargé de la soirée et que tous les vits étaient pourtant très en l'air, on fut souper en se promettant bien de se dédommager aux orgies, mais le duc ne pouvait jamais aller si loin, et ayant ordonné à Sophie de venir lui présenter les fesses, il fit chier cette belle fille et avala l'étron pour son dessert; Durcet, l'évêque et Curval tout également occupés firent faire la même opération l'un à[158]) Hyacinthe, le second à Céladon et le troisième à Adonis; ce dernier n'ayant point pu satisfaire, fut inscrit sur le fatal livre de punitions et Curval en jurant comme un scélérat se vengea sur le cul de Thérèse qui lui lécha à brûle-pourpoint l'étron le plus complet qu'il fut possible de voir, les orgies furent libertines et Durcet renonçant aux étrons de la jeunesse, dit qu'il ne voulait pour cette soirée que ceux des trois vieux amis. On le contenta et le petit libertin déchargea comme un étalon en dévorant la merde de Curval. La nuit vint mettre un peu de calme à tant d'intempérance, et rendre à nos libertins et des désirs et des forces.

Treizième journée.

Le président, qui couchait cette nuit-là avec sa fille Adélaïde, s'en étant amusé, jusqu'à l'instant de son premier sommeil, l'avait réléguée sur un matelas par terre près de son lit pour donner sa place à Fanchon qu'il voulait toujours avoir près de lui, quand la lubricité le reveillait, ce qui lui arrivait presque toutes les nuits, vers les trois heures, il se reveillait en sursaut, jurait et blasphémait comme un scélérat, il lui prenait alors une espèce de fureur lubrique, qui quelquefois devenait dangereuse, voilà pourquoi il aimait à avoir cette vieille Fanchon près de lui alors, parce qu'elle avait au mieux trouvé l'art de le calmer, soit en s'offrant elle-même, soit en lui présentant tout de suite quelqu'un des objets qui couchaient dans sa chambre. Cette nuit, le président qui se rappelle tout de suite quelques infamies faites à sa fille en s'endormant, la redemande tout de suite pour les recommencer, mais elle n'y était pas, qu'on juge du trouble et de la rumeur qui excite aussitôt un tel avènement, Curval se lève en fureur, demande sa fille, on allume des bougies, on cherche, on fouille, rien ne paraît, le premier mouvement fut de passer dans l'appartement des filles, on visite tous les lits et l'intéressante Adélaïde se trouve enfin assise à déshabille auprès de celui de Sophie, les deux charmantes filles qui unissaient au caractère de tendresse égal[ement] une piété, des sentiments de vertu, de candeur et d'aménité absolument les mêmes, s'étaient prises de la plus belle tendresse l'une pour l'autre et elles se consolaient mutuellement du sort affreux qui les accablait, on ne s'en était pas douté jusque lors, mais les suites firent découvrir que ce n'était pas la première fois que cela arrivait, et l'on sut que la plus âgée entretenait l'autre de ces meilleurs sentiments et l'engageait surtout à ne pas s'éloigner de la religion et de ses devoirs envers un Dieu, qui les consolerait un jour de tous leurs maux. Je laisse au lecteur de juger de la fureur et des emportements de Curval lorsqu'il découvrit là la belle missionaire, il la saisit par les cheveux et l'accabla d'injures, il la traîna dans sa chambre, où il l'attacha à la colonne du lit et la laissa là jusqu'au lendemain matin réfléchir à son incartade. Chacun des amis étant accouru à cette scène, on imagine aisément avec quel empressement Curval fit inscrire les deux délinquantes sur le livre des punitions, le duc était d'avis d'une correction subite, et celle qu'il proposait, n'était pas douce, mais l'évêque lui ayant fait quelques objections très raisonnables sur ce qu'il voulait faire, Durcet se contenta de les inscrire, il n'y avait pas moyen de s'en prendre aux vieilles, messieurs les avaient ce soir-là tout à fait couchées dans une autre chambre. [On se consola] donc sur ce défaut d'administration, et on s'arrangea à l'avenir, pour qu'il resta toujours assidûment au moins une vieille chez les filles, et une chez les garçons, on fut se recoucher et Curval que la colère n'avait rendu que plus cruellement impudique, fit à sa fille des choses que nous ne pouvons pas encore dire, mais qui en précipitant sa décharge le firent au moins rendormir tranquille. Le lendemain toutes les poules étaient si effrayées, qu'on ne trouva aucunes délinquantes et seulement chez les garçons, le petit Narcisse à qui Curval avait défendu depuis la veille de se torcher le cul, voulant l'avoir merdeux au café, que cet enfant devait servir ce jour-là, et qui malheureusement ayant oublié l'ordre s'était nettoyé l'anus avec le plus grand soin, il eut beau dire que sa faute était réparable, puisqu'il avait envie de chier, on lui dit de le garder, et qu'il n'en serait moins inscrit au fatal livre, cérémonie que le redoutable Durcet vint faire à l'instant sous ses yeux, en lui faisant sentir toute l'énormité de sa faute et qu'il ne faudrait peut-être que cela, pour faire manquer la décharge de notre président. Constance qu'on ne gênait plus sur cela à cause de son état, la Desgranges et Brise-cul furent les seuls, qui eurent des permissions de chapelle, et tout le reste avait ordre de se reserver pour le soir, l'évènement de la nuit fit la conversation des amis, on raîlla le président de laisser ainsi sauter les oiseaux de sa cage, le vin de Champagne lui rendit sa gaieté, et on passa au café, Narcisse et Céladon, Zelmire et Sophie le servaient. Cette dernière était bien honteuse, on lui demanda, combien de fois cela était arrivé, elle répondit que ce n'était que la seconde, que madame de Durcet lui donnait de si bons conseils qu'il était en vérité très injuste de les punir toutes les deux, pour cela. Le président l'assura que ce qu'elle appelait „de bons conseils" en était de très mauvais dans la situation, et que les dévotions qu'elle lui mettait dans la tête ne serviraient qu'à la faire punir tous les jours, qu'elle ne devait avoir où elle se trouvait d'autres maîtres et d'autres dieux que ses trois confrères et lui, et d'autre religion que de les servir et de les obéir aveuglément dans tout. Et tout en sermonnant il la fit mettre à genoux entre ses jambes, et lui ordonna de lui sucer le vit, ce que la pauvre petite malheureuse exécutait tout en tremblant; le duc toujours partisan de fouteries en cuisses, en défaut de mieux, enfilait Zelmire de cette manière, en se faisant chier dans la main par elle et gobant à mesure qu'il recevait, et tout cela pendant que Durcet fit décharger Céladon dans sa bouche, et que l'évêque faisait chier Narcisse; on se livra à quelques minutes de méridienne et s'étant arrangés au salon d'histoire, Duclos reprit ainsi le fil de son histoire: „Le galant

[61] octogénaire, que me destinait la Fournier, était, mes-

sieurs, un maître de comptes petit, replet, et d'une fort désagréable figure, il établit un vase entre nous deux, nous nous postâmes dos à dos, nous chiâmes à la fois, il s'empara du vase de ses doigts mêla les deux étrons et les avala tous deux, pendant que je le fais décharger dans ma bouche, à peine regarda-t-il mon derrière, il ne le baisa point, mais son extase n'en fut pas moins très vive, il trépigna, il jura tout en gobant et en déchargeant et se retira en me donnant quatre louis pour cette bizarre cérémonie; cependant mon financier prenait chaque jour plus de confianec à moi et plus d'amitié et cette confiance dont je ne tardai pas d'abuser, devint bientôt la cause de notre éternelle séparation. Un jour qu'il m'avait laissée seule dans son cabinet, je remarquai qu'il remplissait sa bourse pour sortir dans un tiroir fort large et entièrement rempli d'or. ,,Oh quelle capture," me dis-je en moi-même, et ayant dès cet instant conçu l'idée de m'emparer de cette somme, j'observai avec le plus grand soin tout ce qui pouvait me l'approprier. D'Aucourt ne fermait point ce tiroir, mais il emportait la clef du cabinet, et ayant vu que cette porte et cette serrure étaient très légères, j'imaginai qu'il me faudrait bien peu d'effort pour faire sauter l'une et l'autre avec facilité. Ce projet adopté, je ne m'occupai plus que de saisir avec empressement le premier jour où d'Aucourt s'absenterait pour tout le jour, comme cela lui arrivait deux fois de la semaine, jours de bacchanales particulières, où il se rendit avec Després et l'abbé pour des choses que md. Desgranges vous dira peut-être mais qui ne sont pas de mon ministère, ce favorable instant se présenta bientôt, les valets, aussi libertins, que leurs maîtres, ne manquaient jamais d'aller à leurs parties, ce jour-là, de façon que je me trouvais presque seule à la maison; pleine d'impatience d'exécuter mon projet, je me rends tout de suite à la porte du cabinet, d'un coup de poing je le jette au dedans, je vole au tiroir, j'y trouve la clef, je la savais; j'en tire tout ce que j'y trouve, il n'y avait moins de trois mille louis, je remplis mes poches, je fouille les autres tiroirs, un écrin fort riche s'offre à moi, je m'en empare, mais que trouvai-je dans les autres tiroirs de ce fameux secrétaire?! Heureux d'Aucourt! Quel bonheur pour toi, que ton imprudence ne fut découverte que par moi, il y avait de quoi le faire rouer, messieurs, c'est tout ce que je puis vous dire, indépendamment de billets clairs et expressifs que Desprès et l'abbé lui adressaient sur leurs bacchanales secrètes, il y avait tous les meubles, qui pouvaient servir à ces infamies... mais je m'arrête, les bornes que vous m'avez prescrites m'empêchent de vous en dire davantage, et la Desgranges vous expliquera tout cela, pour moi, mon vol fait,[159]) je décampai en frémissant intérieurement de tous les dangers que j'avais peut-être courus à fréquenter de tels scélérats, je passai à Londres et comme mon séjour dans cette ville, où je vécus six mois sur le plus grand ton, ne vous offrirait, messieurs, aucun des détails qui vous intéressent seuls, vous permettrez que je coule légèrement sur cette partie des évènements de ma vie, je n'avais conservé commerce à Paris qu'avec la Fournier, et comme elle m'instruisait de tout le tapage que faisait le financier pour ce malheureux vol, je résolus à la fin de le faire taire, en lui écrivant sèchement, que celle qui avait trouvé l'argent, avait aussi trouvé autre chose, et que s'il se décidait à continuer ses poursuites, j'y consentais, mais que chez le même juge où je déposerais ce qu'il y avait dans les petits tiroirs, je le citerais de déposer ce qui était dans les grands. — Notre homme se tût, et comme 6 mois après leur débauche à tous trois vint à éclater et qu'ils passèrent eux-mêmes en pays étrangers, n'ayant plus rien à redouter, je revins à Paris, et faut-il vous avouer mon inconduite, messieurs ? J'y revins aussi pauvre que j'en étais partie, et si tellement, que je fus obligée de me remettre chez la Fournier ; comme je n'avais que 23 ans, les aventures ne me manquèrent pas, je vais laisser celles, qui ne sont pas de notre ressort, et reprendre sous votre bon plaisir, messieurs les seules auxquelles je sais que vous prenez maintenant quelqu'intérêt. —

[62] Huit jours après mon retour, on plaça dans l'appartement destiné aux plaisirs un tonneau entier de merde, mon Adonis arrive, c'est un saint ecclésiastique, mais si tellement blasé sur ces plaisirs-là, qu'il n'était plus susceptible de s'émouvoir que par l'excès, que je vais peindre, il entra, j'étais nue, il regarda un moment mes fesses, puis après les avoir touchés assez brutalement, il me dit de le déshabiller et à entrer dans le tonneau, je le mets nu, je le soutiens, le vieux pourceau se place dans son élément, par un trou préparé il en fait au bout d'un instant sortir son vit presque bandant, et m'ordonne de le branler, malgré la saleté et les horreurs, dont il est couvert, j'exécute, il plonge sa tête dans le tonneau, il barbote, il avale, il hurle, il décharge, et va se jeter dans un baignoire, où je le laisse entre

[63] les mains de deux servantes de la maison, qui le nettoyèrent un quart d'heure. — Un autre parut peu après, il y avait huit jours que j'avais chié et pissé dans un vase soigneusement conservé, ce terme était nécessaire, pour que l'étron fût au point où le désirait notre libertin, c'était un homme d'environ 35 ans, et que je soupçonnais dans les finances, il me demanda en entrant: „Où est le pot?" Je le lui présenta, il le respira. — „Est-il bien certain," me dit-il „qu'il y a 8 jours que c'est fait?" — „Je puis vous en répondre," lui dis-je, „monsieur, et vous voyez comme il est déjà presque moisi." — „Oh, c'est ce qu'il me faut," me dit-il, „il ne peut jamais l'être trop pour moi. Faites-moi voir, je vous en prie," continua-t-il, „le beau cul qui a chié cela." — Je le lui présente. „Allons," dit-il, „placez-le bien en face de moi, et de manière à ce que je puisse l'avoir pour perspective en dévorant son ouvrage." Nous nous arrangeons, il goûte, il s'extasie, il se renfonce dans son opération et dévore en une minute ce mets délicieux, en ne s'interrompant que pour observer mes fesses mais sans aucune autre espèce d'épisode, car il ne sortit pas même son vit de sa culotte. — Un mois

[64] après le libertin, qui se présenta, ne voulut avoir affaire qu'à la Fournier elle-même, et quel objet choisissait-il, grand Dieu! Elle avait alors 68 ans faits, une érésipèle lui mangeait toute la peau, et 8 dents pourries dont sa bouche était décorée, lui communiquaient un odeur si fétide, qu'il devenait comme impossible de lui parler de près, mais c'étaient des défauts mêmes, qui enchantaient l'amant auquel elle allait avoir affaire, curieuse d'une telle scène, je vole

17

au trou, l'adonis était un vieux médecin, mais pourtant plus jeune qu'elle; dès qu'il la tient, il la baise sur la bouche un quart d'heure, puis lui faisant présenter un vieux fessier ridé, qui ressemblait au pis d'une vieille vache, il le baisa et suça avec avidité, on apporte une séringue et 3 demies bouteilles de liqueurs. Le sectateur d'Aesculape darda au moyen de la séringue l'anodine boisson dans les entrailles de son Iris, elle reçoit, elle garde, cependant le médecin ne cesse pas de la baiser, de la lécher dans toutes les parties de son corps. „Ah, mon ami," dit à la fin la vieille maman, „je ne puis plus, je ne puis plus, prépare-toi, mon ami, il faut que je rende." — L'écolier de Salerne, s'agenouille, tire de sa culotte un chiffon noir et ridé, qu'il branla avec emphase, la Fournier lui colla son grand vilain fessier sur la bouche, elle pousse, le médecin boit, quelques étrons sans doute se mêlent aux liquides, tout passe; le libertin décharge et tombe ivre, mort à la renverse. C'était ainsi que ce débauché satisfaisait à la fois deux passions, son ivrognerie et sa lubricité." — „Un moment," dit Durcet, „ces excès-là me font toujours bander. Desgranges," continua-t-il, „je te suppose un cul assez semblable à celui, que Duclos vient de peindre, viens me l'appliquer sur la face." La vieille maquerelle obéit, „lâche, lâche," lui dit Durcet, dont la voix paraissait étouffée sous ce duplicate de fesses épouvantable, „lâche, bougresse, lâche, si ce n'est pas de liquide, ce sera de dur, et j'avalerai toujours!" Et l'opération se termine, pendant que l'évêque fait autant avec Antinous, Curval avec Fanchon, et le duc avec Louison, mais nos quatre athlètes ferus à glace sur tous les excès, s'y livrèrent avec un flègme accoutumé et les quatre étrons furent gobés sans qu'il y eût ni d'un part ni d'autres une seule goutte de foutre de répandue. „Allons achever, à présent, Duclos," dit le duc, „si nous ne sommes pas plus tranquilles, au moins sommes-nous moins impatients, et plus en état de l'entendre." — „Hélas, messieurs," dit notre héroïne, „cela qui me reste à vous conter ce soir, est, je crois, beaucoup trop simple pour l'état où je vous vois." — „N'importe c'est son tour, il faut qu'elle tienne sa place."' „Le héros de l'aventure était

[65] un vieux brigadier des armées du roi, il fallait le mettre tout nu, ensuite l'emmalloter comme un enfant, en cet état, je devais chier devant lui dans le plat et lui faire manger mon étron avec le bout de mes doigts, en guise de bouillie, tout s'exécute, notre libertin avale tout et décharge dans ses linges et contrefaisant les cris d'un enfant.[160]) — „Ayons donc recours aux enfants," dit le duc, „puisque tu nous laisses sur une histoire d'enfants, Fanni," continua le duc, „viens me chier dans la bouche et souvenez-vous de secouer mon vit en opérant, car encore faut-il décharger." — „Soit fait ainsi qu'il est réglé," dit l'évêque, „approchez-vous donc, Rosette, vous avez entendu ce qu'on ordonne à Fanni, faites en autant." — „Qu'à mon ordre vous servez," dit Durcet à Hébé qui approche également, „il faut donc se mettre à la mode," dit Curval, „Augustine imitez vos compagnes et faites-moi autant, faites couler à la fois mon foutre dans votre gosier, et votre merde dans ma bouche." Tout s'exécute, et, pour cette fois, tout partit, on entendit de toute part des pets merdeux et des décharges et

la lubricité satisfaite, on fut contenter l'appétit. Mais aux orgies on raffina, et l'on fit coucher tous les enfants, les heures délicieuses ne furent employées qu'avec les quatre fouteurs d'élite, les 4 servantes et les 4 historiennes, on s'y enivra complètement, et on fit des horreurs d'une saleté si complète que je ne pourrais les peindre, sans faire torts aux tableaux moins libertins qu'il me reste encore à offrir aux lecteurs. Curval et Durcet furent emportés sans connaissance. Mais le duc et l'évêque aussi de sens froid que s'ils n'eussent rien fait n'en furent pas moins se livrer tout le reste de la nuit à leurs voluptés ordinaires.

Quatorzième journée.

On s'aperçut ce jour-là que le temps venait favoriser encore les projets infames de nos libertins, et les soustraire mieux que leur précautions mêmes aux yeux de l'univers entier, il était tombé une quantité effroyable de neige, qui remplissant les vallons d'Alenton, semblaient interdire la retraite de nos quatre scélérats aux approches même des bêtes, car pour des humains, il ne pouvait plus exister un seul qui pût oser arriver jusqu'à eux; on n'imagine pas comme la volupté est servie par ces sûretés-là, et ce qu'on entreprend, quand on peut se dire, „je suis seul ici, je suis au bout du monde soustrait à tous les yeux et sans qu'il puisse devenir possible à aucune créature d'arriver à moi", plus de freins, plus de barrière de ce moment-là, les désirs s'élancent avec une impétuosité, qui ne connaît plus de bornes, et l'impunité qui les favorise en accroît bien délicieusement notre ivresse, on n'a plus là que Dieu et la conscience ; or de quelle force peut-être le premier frein aux yeux d'un athée de cœur et de réflexion, et quel empire peut avoir la conscience sur celui, qui s'est si bien accoutumé à vaincre ses remords qu'il deviennent pour lui presque des jouissances. Malheureux troupeau livré à la dent meurtrière de tels scélérats que vous eussiez frémi, si l'expérience, qui vous manquait, vous eût permis l'usage de la réflexion ! Ce jour était celui de la fête de la seconde semaine, on ne s'occupa qu'à la célébrer, le mariage qui devait se faire était celui de Narcisse et Hébé. Mais ce qu'il y avait de cruel, c'est que les deux époux étaient tous deux dans le cas d'être corrigés le même soir, ainsi du sein des plaisirs de l'hymen, il fallait passer aux amertumes de l'école, — quel chagrin ! Le petit Narcisse, qui avait de l'esprit, le remarqua, et on n'en procéda pas moins aux cérémonies ordinaires.[161]) On conjoignait les deux époux et on leur permit de se faire l'un devant l'autre, et aux yeux de tout le monde tout ce qu'ils voudraient, mais qui le croirait ? — L'ordre était déjà trop étendu, et le petit bonhomme qui s'instruisait fort bien, très enchanté de la tournure de sa petite femme, et ne pouvant pas venir au bout de lui mettre, allait pourtant la dépuceler avec ses doigts, si on l'eût laissé faire, on s'y opposa à temps et le duc s'en emparant, la foutit en cuisses sur-le-champ, pendant que l'évêque en faisait autant à l'époux. On dîna, ils furent admis au festin, et comme on les fit prodigieusement manger, tous deux en sortant de table satisfirent en chiant, l'un Durcet, l'autre Curval, qui gobèrent délicieusement ces petites digestions enfantines ; le café fut servi par Augustine, Fanni, Céladon et Zéphire.[162]) Le duc ordonna à Augustine de branler Zéphire et à celui-ci de lui chier dans sa bouche en même temps qu'il déchargerait, l'opération réussit à merveille et si bien que l'évêque voulut en faire autant à Céladon, Fanni le branla, et le petit bonhomme eut de chier dans la bouche de mgr. en même temps qu'il sentirait son foutre couler. Mais il n'y eut pas de ce côté un succès aussi brillant que de l'autre. L'enfant ne put jamais chier en même temps qu'il déchargeait, et comme ceci n'était qu'une épreuve et que les règlements n'ordonnaient rien sur cela, on ne lui infligea aucune punition. Durcet fit chier Augustine et l'évêque qui bandait ferme, se fit sucer par Fanni, pendant qu'elle lui chiait dans la bouche; il déchargea, et comme sa crise avait été violente, il brutalisa un peu Fanni, et ne put malheureusement point la faire punir, quelqu'envie, qu'il paraissait bien, qu'il en eût. Il n'y avait rien si taquin que l'évêque sitôt qu'il avait déchargé, il aurait volontiers voulu voir au diable l'objet de sa jouissance, on le savait, et il n'y avait rien que les jeunes filles, les épouses et les jeunes garçons craignissaient autant que de lui faire perdre du foutre, après la méridienne on passa au salon où chacun ayant pris place, Duclos reprit ainsi le fil de sa narration. — ,,J'allais quelquefois faire des parties en ville et comme elles étaient communément plus lucratives, la Fournier tâchait de se procurer de celles-là les plus qu'elle pouvait, elle m'envoya un jour chez un vieux chevalier de Malthe, qui m'ouvrit une espèce d'armoire, toute remplie de cases ayant chacune un vase de porcelaine, dans lequel était un étron, le

[66]

vieux débauché était arrangé avec md. sa sœur qui était abbesse d'un des plus considérables couvents de Paris. Cette bonne fille à sa sollicitation lui envoyait tous les matins des caisses pleines des étrons de ses plus jolies pensionnaires, il rangeait tout cela par ordre, et quand j'arrivai il m'ordonna de prendre un tel numéro qu'il m'indiqua et qui était le plus ancien, je le lui présentai. — „Ah," dit-il, „c'est celui d'une fille de Mans, belle comme le jour, branle-moi, pendant que je vais le manger." Toute la cérémonie consistait à le secouer, et à lui présenter les fesses pendant qu'il dévorait, puis mettre sur le même plat mon étron à la place de celui qu'il venait de gober, il me le regardait faire, me torchait le cul avec sa langue et déchargea en me suçant l'anus. Ensuite les tiroirs se renfermaient, j'étais payée et notre homme, à qui je rendais cette visite d'assez bon matin, se rendormait comme si de rien n'était. Un autre, selon moi plus extraordinaire (c'était un vieux moine), entra, demanda 8 ou 10 étrons des premiers venus filles ou garçons, ça lui est égal. Il les mêle, les paîtrit, mord au milieu et décharge en en dévorant au moins la moitié, pendant que je le suce. Un troisième, et c'est celui de tous qui sans doute m'a donné le plus de dégoût dans ma vie, il m'ordonne de bien ouvrir la bouche, j'étais nue, couchée à terre sur un matelas, et lui, à califourchon sur moi, il me dépose son cac dans le dans ma vie, il m'ordonne de bien ouvrir la bouche, en m'arrosant les tetons de foutre. — „Ah, ah, il est plaisant, celui-là," dit Curval, „parbleu, j'ai précisément envie de chier, il faut que je l'essaye, qui prendrai-je, M. le duc?" — „Quoi," reprit Blangis, „ma foi,

je vous conseille Julie, ma fille, elle est là sous votre main, vous aimez sa bouche, servez-vous en!" — „Merci, du conseil," dit Julie en restrignant, „que vous ai-je fait, pour dire de telles choses contre moi?" — „Eh, puisque cela fâche," dit le duc, „et que c'est une assez bonne fille, prenez mdlle. Sophie, c'est frais, c'est joli. Ça n'a que 14 ans." — „Allons soit, va pour Sophie," dit Curval dont le vit turbulent commençait à gesticuler, „Fanchon approche la victime!" — Le cœur de cette pauvre petite misérable se soulève, déjà d'avance, Curval en rit, il approche son gros vilain et sale fessier de ce petit visage charmant et nous donne l'idée d'un crapaud qui veut flétrir une rose, on le branle, la bombe part, Sophie n'en perd pas une miette, et le crapuleux vient repomper ce qu'il a rendu, et avale tout en 4 bouchées, pendant qu'on les suce sur le ventre de la pauvre petite infortunée, qui l'opération faite vomit triple et boyaux, au nez de Durcet, qui vint le recevoir avec emphase et qui se branle en s'en faisant couvrir. „Allons, Duclos, continue," dit Curval, „et réjouis-toi de l'effet de tes discours, tu vois comme ils opèrent." Alors Duclos se reprit dans ces termes, toute enchantée au fond de l'âme de ré-
[69] ussir si bien dans ses récits. „L'homme que je vis après celui dont l'exemple vient de vous séduire," dit Duclos, „voulait absolument que la femme qui lui fut présentée eût une indigestion, en conséquence la Fournier qui ne m'avait prévenue de rien me fit avaler au dîner une certaine drogue qui ramollit ma digestion et la rendit fluide comme si ma scelle fût devenue la suite d'une médecine, notre homme arriva et après quelques baisers préliminaires à l'objet de son culte

dont je ne pouvais souffrir le retardement à cause de colique, dont je commençais à être tourmentée, il me laisse libre d'opérer, l'injection part, je tenais son vit, il pâme, il avale tout, m'en redemande encore, je lui fournis une seconde bordée, bientôt suivie d'une troisième et le choix libertin laisse enfin dans mes doigts des preuves non équivoques de la sensation qu'il a reçue. Le lendemain j'expédiai un personnage dont la manie baroque aura peut-être quelques sectateurs parmi vous, messieurs, on le plaça d'abord dans la chambre à côté de celle où nous avions coutume d'opérer et dans laquelle était ce trou si commode aux observations, il s'y arrange seul, un autre acteur m'attendant dans la chambre voisine, c'était un cocher de fiacre, qu'on avait envoyé prendre au hazard et qu'on avait prévenu de tout, comme je l'étais également, les personnages furent bien remplis. Il s'agissait de faire chier le phaëton positivement en face du trou, afin que le libertin caché ne perdit rien de l'opération, je reçois l'étron dans un plat, j'aide bien à ce qu'il soit déposé tout entier, j'écarte les fesses, je presse l'anus, rien n'est oubliée par moi de tout ce qui peut faire chier commodément; dès que mon homme a fait, je lui saisis le vit et le fais décharger sur sa merde et tout cela toujours bien en perspective de notre observateur, enfin le paquet prêt je volai à l'autre chambre. „Tenez, gobez vite, monsieur," m'écriai-je, il est tout chaud!" Il ne se le fait pas répéter, il saisit le plat, m'offre son vit que je branle et le coquin avale tout ce que je lui présente, pendant que son foutre exhala sous les mouvements élastiques de ma main diligente. „Eh quel âge avait le cocher," dit Curval. — „Trente ans à-peu-près," dit Duclos. — „Oh, ce n'est rien que cela," répondit Curval, „Durcet vous dira quand vous voudrez, que nous avons connu un homme qui faisait la même chose et positivement avec les mêmes circonstances, mais avec un homme de 60 ou 70 ans, qu'il fallait prendre dans tout ce que la lie du peuple a de plus crapuleux." — „Mais il n'est joli que comme cela," dit Durcet, dont le petit engin commençait à lever le nez, depuis l'aspersion de Sophie, „je parie quand on voudra le faire avec le doyen des invalides." — „Vous bandez, Durcet," dit le duc, „je vous connais : quand vous commencez à devenir sale, c'est que votre petit foutre bouille, tiens, je ne suis pas le doyen des invalides, mais pour satisfaire votre intempérance, je vous offre ce que j'ai dans les entrailles, et je crois que cela sera copieux." —„Oh, ventre Dieu," dit Durcet, „c'est une bonne fortune que cela, mon cher duc." — Le duc acteur se rapprochant, Durcet s'agenouille au bas des fesses, qui vont le combler d'aise. Le duc pousse, le financier avale, et le libertin, que cet excès de crapule transporte, décharge en jurant qu'il n'eut jamais tant de plaisir. „Duclos," dit le duc, „viens me rendre ce que j'ai fait à Durcet." — „Mgr.," répondit notre historienne, „vous savez que je l'ai fait ce matin et que vous l'avez même avalé." — „Ah, c'est vrai, c'est vrai," dit le duc. — „Eh bien, Martaine, il faut donc, que j'aie recours à toi, car je ne veux pas d'un cul d'enfant, je sens que mon foutre veut partir, et pourtant, qu'il ne se rendra qu'avec peine, moyennant quoi je veux d'une singulière manie." — Martaine était dans le cas de Duclos, Curval l'avait fait chier le matin.

— „Comment, double Dieu," dit le duc, „je ne trouverais donc pas un étron ce soir?" — Et alors Thérèse s'avança et vint offrir le cul le plus sale, le plus large et le plus puant qu'il fût possible de voir. „Ah, passe pour cela," dit le duc, en se postant, „et si dans le désordre où je suis cet infame cul-là ne fait pas son effet, je ne sais plus, à quoi il faudra que j'aie recours." Thérèse pousse, le duc reçoit, l'encens était aussi affreux que le temple, dont il exhalait, mais quand on bande comme bandait le duc, ce n'est jamais de l'excès de la saleté, qu'on se plaint; ivre de volupté, le scélérat avale et fait sauter au nez de Duclos, qui le branle, les preuves les plus incontestables de sa mâle vigueur. On se mit à table. — Les orgies furent consacrées aux punitions, il y avait cette semaine-là 7 délinquantes Zelmire, Colombe, Hébé, Adonis, Adélaïde, Sophie et Narcisse, la tendre Adélaïde ne fut pas ménagée, Zelmire et Sophie remportèrent aussi quelques marques des traitements qu'elles avaient éprouvés et sans plus de détail puisque les circonstances ne nous les permettent pas encore, chacun fut se coucher et prendre dans les bras de Morphée les forces nécessaires à se sacrifier de nouveaux à Vénus.

Quinzième journée.

Rarement le lendemain des corrections offrait de coupables, il n'y en avait aucun ce jour-là, mais toujours stricte sur les permissions de chier le matin, on n'accorda cette faveur qu'à Hercule, Michette, Sophie et la Desgranges, et Curval pensa décharger en voyant opérer cette dernière, on fit peu de choses au café, on se contenta d'y manier des fesses et d'y sucer quelques trous de culs, et l'heure sonnant, on fut promptement s'installer au cabinet d'histoire, où Duclos reprit à ces termes: „Il venait d'arriver chez la Fournier une jeune fille d'environ 12 ou 13 ans, toujours fruit des séductions de cet homme singulier, dont je vous ai parlé, mais je doute que depuis longtemps il eût débauché rien d'aussi mignon, d'aussi frais, et d'aussi joli; elle était blonde, grande pour son âge, faite à peindre, la physionomie tendre et voluptueuse, les plus beaux yeux, qu'on pût voir et dans toute sa charmante personne un ensemble doux et intéressant, qui achevait de la rendre enchanteresse. Mais à quel avilissement tant d'appas allaient-ils être livrés! Et quel début honteux ne leur préparait-on pas! C'était la fille d'un marchand à lingère du palais très à son aise et qui très sûrement était destinée à un sort plus heureux que celui de faire la putain. Mais plus par ses perfides séductions notre homme en question faisait perdre de bonheur à sa victime, et mieux il jouissait. La petite Lucile était destinée à satisfaire dès son arrivée les caprices sales et dégoûtantes d'un homme qui ne se contentant d'avoir le goût le plus crapuleux, voulait encore l'exercer sur une pucelle, il arriva, c'était un vieux notaire cousu d'or, et qui avait avec sa richesse toute la brutalité, que donne l'avarice et la luxure dans une vieille âme. Quand elles y sont réunies, on lui fait voir l'enfant, quelque jolie qu'elle fut, son premier mouvement est celui du dédain, il bougonne, il jure entre ses dents, qu'il n'est plus possible à présent de trouver une jolie fille à Paris, il demande enfin, si elle est bien certainement pucelle,

on l'assure qu'oui, on lui offre de le lui faire voir. —
„Moi voir un con, md. Fournier? Moi voir un con?
Vous n'y pensez pas, je crois, m'en avez-vous vu beaucoup considérer, depuis que je viens chez vous, je m'en
sers, il est vrai, mais d'une manière, je crois, qui ne
prouve pas mon grand attachement pour eux." —
„Eh bien, monsieur," dit la Fournier, „en ce cas rapportez-vous en à nous, je vous proteste qu'elle est
vierge, comme l'enfant, qui vient de naître." On monta
et comme vous l'imaginez, bien curieuse d'un tel tête-
à-tête, je vais m'établir à mon trou. La pauvre petite Lucile était d'une honte qui ne saurait se peindre
qu'avec les expressions superlatives, qu'il faudrait employer pour peindre l'impudence, la brutalité et la
mauvaise humeur de son sexagénaire amant. „Eh bien
qu'est-ce que vous faites là toute droite comme une
bête?" lui dit-il d'un ton brusque, „faut-il que je vous
dise de vous trousser, ne devrais-je pas déjà avoir vu
votre cul depuis 2 heures?" — „Eh bien, allons
donc!" — „Mais, monsieur, que faut-il faire?" — „Eh
sacre Dieu, est-ce que ça se demande? — Que faut-
il faire? Il faut vous trousser et me montrer les fesses!"
— Lucile obéit en tremblant et découvre un petit cul
blanc et mignon, comme le serait celui de Vénus même.
— „Huss — la belle médaille," dit le brutal, — „approchez vous!" — puis lui empoignant durement les
deux fesses en les écartant, „est-il bien sûr, qu'on ne
vous a jamais rien fait par là?" — „Oh, monsieur,
jamais personne ne m'a touchée. — „Allons pétez."
— „Mais, monsieur, je ne peux pas." — „Eh bien,
efforcez-vous." — Elle obéit, un léger vent s'échappe
et vient retentir dans la bouche empoisonnée du vieux

libertin, qui s'en délecta en mouvement. — „Avez-vous envie de chier?" continua le libertin. — „Non, monsieur." — „Eh bien, j'en ai envie, moi, et un copieux, afin que vous le sachiez, ainsi préparez-vous à le satisfaire — quittez les jupes." — Elles disparaissent — posée bon sur ce sopha, les cuisses très élevées et la tête fort basse, Lucile se place, le vieux notaire l'arrange et la pose de manière à ce que ses jambes très séparées laissent voir un petit con dans le plus grand écartement possible, et si bien placé à la hauteur du fessier de notre homme, qu'il peut s'en servir comme d'un pot de chambre, telle était sa céleste intention et pour rendre le vase plus commode il commence par l'écarter de ses deux mains autant qu'il a de force — il se place, il pousse, un étron vint se poser dans ce sanctuaire où l'amour même n'eût pas dédaigné d'avoir un temple, il se retourne et de ses doigts enfonçant autant qu'il peut dans le vagin entr'ouvert le sale excrément qu'il vint de déposer, il se replace, en pousse un second, puis un troisième, et toujours à chaque la même cérémonie d'introduction, enfin un dernier; il le fait avec tant de brutalité, que la petite jeta un cris et perdit peut-être par cette dégoûtante opération la fleur précieuse, dont la nature ne l'avait ornée que pour en faire part à l'hymen, telle était l'instant de jouissance de notre libertin; avoir rempli le jeune et joli petit con, l'y fouler et l'y refouler tel était son délice suprême, il sort toujours en agissant une manière de vit de sa brayette, tout mou, qu'il est, il le secoue et parvient en s'occupant de son dégoûtant ouvrage à jeter à terre quelques gouttes d'un sperme rare et flêtri et dont il devrait bien regretter la perte, quand elle n'est due qu'à de telles infamies. Son affaire finie, il décampe, [72] Lucile se lave et tout est dit. On m'en découcha un quelque temps après dont la manie me parut plus dégoûtante, c'est un vieux conseiller du grand chambre, il fallait non seulement le regarder chier, mais l'aider faciliter de mes doigts le dégorgement de la matière. En pressant, ouvrant, comprimant l'anus, et l'opération faite lui nettoyer de ma langue avec le plus grand soin toute la partie qui venait d'être souillée. „Eh parbleu voilà en effet une corvée bien fatiguante," dit l'évêque, est-ce que ces quatre dames que vous voyez ici et qui sont pourtant nos épouses, nos filles et nos nièces, n'ont pas ce département-là toujours, et à quoi diable servirait, je vous prie, la langue d'une femme, si ce n'était à torcher de culs? Pour moi, je ne lui connais que cet usage-là. „Constance," poursuivit[163]) l'évêque à cette belle épouse du duc, qui était pour lors sur son sopha — „prouvez un peu à la Duclos votre habileté dans cette partie-là, voilà mon cul, tout sale, il n'a pas été torché depuis ce matin, je vous le gardais, — allons déployer ton talent!" Et la malheureuse trop accoutumée à ces horreurs, les exécute en femme consommée; que ne produisent pas, grand Dieu, la crainte et l'esclavage. „Oh parbleu," dit Curval en présentant son vit au trou bombeau à la charmante Aline, „tu ne seras pas la seule à donner ici l'exemple, allons petite putain," dit-il à cette belle et vertueuse fille, „surpassez votre compagne," et on exécute. „Allons, continuez, Duclos," dit l'évêque, „nous voulions seulement te faire voir, que tes hommes n'exigeaient rien de trop singulier et qu'une langue de femme n'est bonne qu'à torcher un cul." L'aimable Duclos se mit à rire et continua ce qu'on va lire. — „Vous me permettez, messieurs," dit-elle „d'interrompre un instant le récit des passions, pour vous faire part d'un évènement qui n'y a aucun rapport, il me regarde seule, mais comme vous m'avez ordonné de suivre les évènements intéressants de mon histoire, même quand ils ne tiendront pas ces récits des goûts, j'ai cru que celui-ci était de nature à ne devoir pas rester dans le silence. Il y avait très longtemps que j'étais chez md. Fournier, devenue la plus ancienne de son sérail, et celle en qui elle avait le plus de confiance, c'était moi le plus souvent, qui arrangeais les parties, et qui en recevais les souds. Cette femme m'avait tenu lieu de mère, elle m'avait secourue dans différents besoins, m'avait écrit fidèlement en Angleterre, m'avait amicalement ouvert sa maison au retour, quand mon dérangement m'y fit désirer un nouvel asile, vingt fois elle m'avait prêté de l'argent et souvent sans en exiger la reddition, l'instant vint de lui prouver ma reconnaissance, et de répondre à son extrême confiance en moi et vous allez juger, messieurs, comme mon âme s'ouvrait à la vertu, et l'accès facile qu'elle y a fait. La Fournier tomba malade et son premier soin est de me faire appeler: „Duclos, mon enfant, je t'aime," me dit-elle, „tu le sais et je vais te le prouver par l'extrême confiance que je vais avoir en toi dans ce moment-ci, je te crois malgré ta mauvaise tête incapable de tromper une amie, me voilà fort malade, je suis vieille, et ne sais par conséquent ce que ceci deviendra; j'ai des parents qui vont tomber sur ma succession, je veux au moins leur frustrer cent mille francs que j'ai encore dans ce petit coffre, tiens, mon enfant," dit-elle, „le voilà, je te les remets en exigeant de toi, que tu en fasses la disposition que je te vais préscrire." — „Oh, ma chère mère," lui dis-je, en lui tendant les bras, „ces précautions me désolent, elles seront sûrement inutiles, mais si malheureusement elles devenaient nécessaires, je vous fais serment de mon exactitude à remplir vos intentions." — „Je le crois, mon enfant," me dit-elle, „et voilà pourquoi j'ai jeté les yeux sur toi, ce petit coffre contient cent mille francs en or, j'ai quelques scrupules, ma chère amie, quelques remords de la vie que j'ai menée, de la quantité des filles que j'ai jetées dans le crime et que j'ai arrachées à Dieu, je veux donc employer deux moyens pour me rendre la divinité moins sévère; celui de l'aumône et de la prière, les deux premières portions de cette somme, que tu composeras de quinze mille francs chacune, l'une pour être remise aux capucins de la rue St. Honoré, afin que ces bons pères disent à perpétuité une messe pour le salut de mon âme, l'autre part de ma somme, tu la remettras, dès que j'aurai fermé les yeux, au curé de la paroisse afin qu'il la distribue en aumône pour les pauvres du quartier. C'est une excellente chose que l'aumône, mon enfant, rien ne répare comme elle aux yeux de Dieu les péchés que nous avons commis sur la terre, les pauvres sont ses enfants, et il chérit tous ceux qui les soulagent, on ne lui plaît jamais autant que par des aumônes, c'est la véritable façon de gagner le ciel, mon enfant. A l'égard de la troisième part tu le formeras de 6o mille livres que tu remettras tout de suite après ma mort au nommé Pétignon, garçon cordonnier, rue du Bouloir. Ce malheureux est mon fils, il ne s'en doute pas, c'est un bâtard adultérin. Je veux donner à ce malheureux orphelin en mourant des marques de ma tendresse. A l'égard des 10 mille autres livres restantes, ma chère Duclos, je te prie de les garder comme une faible marque de mon attachement pour toi et pour te dédommages des soins, que va te donner l'emploi du reste, puisse cette faible somme t'aider à prendre un parti et quitter l'indigne métier que nous faisons, dans lequel il n'y a point de salut ni d'espoir de le jamais faire!" — Intérieurement enchantée de tenir une si bonne somme et très décidée de peu[164]) m'embrouiller dans les partages, de n'en faire qu'un seul dot pour moi seule, je me jetai artificieusement en larmes dans les bras de la vieille matrone, lui renouvelant mes serments de fidélité, et ne m'occupais plus que des moyens d'empêcher qu'un cruel retour de santé n'allait lui faire changer de résolution. Ce moyen se présente dès le lendemain, le médecin ordonna l'émétique, et comme c'était moi, qui la soignait, ce fut à moi qu'il remit le paquet, me faisant observer qu'il y en avait deux prises, de prendre bien garde de les séparer, parce que je la faisais crever, si je lui donnais tout à la fois; et de n'administrer la seconde dose que dans le cas où la première ne ferait pas assez d'effet, je promis bien à l'esculape, d'avoir tous les égards possibles, et dès qu'il eut le dos tourné, bannissant de mon cœur tous les subtiles sentiments de reconnaissance, qui auraient arrêté une âme faible, écartant tout répentir et toute faiblesse, et ne considérant que mon or, que la douce chance de le posséder, et le chatouillement délicieux qu'on éprouve toujours chaque fois, qu'on projette une mauvaise action, pronostic certain du plaisir qu'elle donnera, ne me livrais qu'à tout cela, dis-je, je campai sur-le-champ les deux prises dans un verre d'eau et présentai le breuvage à ma douce amie, qui l'avalant avec sécurité y trouva bientôt la mort que j'avais tâchée de lui procurer. Je ne puis vous peindre, ce que je sentis, quand je vis réussir mon ouvrage. Chacun des vomissements par lesquels s'exhalait sa vie, produisait une sensation vraiment délicieuse sur toute mon organisation, je l'écoutais, je la regardais, j'étais exactement dans l'ivresse, elle m'étendait son bras, elle m'adressait un dernier adieu et je jouissais et je formais déjà mille projets avec cet or que j'allais posséder. Ce ne fut pas long, la Fournier créva dès le même soir et je me vis maîtresse de l'argent.[165] — „Duclos," dit le duc, „sois vraie, te branlas-tu, la sensation fine et voluptueuse d'un crime atteignait-elle l'organe de la volupté?" — „Oui, mgr., je vous l'avoue, et j'en déchargeai 5 fois de suite dès le même soir." — „Il est donc vrai," dit le duc, en s'écriant, „il est donc vrai que le crime a par lui-même un tel attrait, qu'indépendamment de toute volupté il peut suffire à enflammer toutes les passions et à jeter dans le même délire que les actes mêmes de la lubricité." — „Eh bien — eh bien, mgr., le duc, je fis enterrer honorablement la matrone, héritai du bâtard Pétignon, me gardai bien de faire dire des messes et encore plus de distribuer des aumônes, espèce d'action que j'ai toujours eu en véritable horreur, quelque bien que m'ait pu dire la Fournier; je maintiens qu'il faut qu'il y ait des malheureux dans le monde, que la nature le veut, qu'elle l'exige et que c'est aller contre ses lois, en prétendant remettre l'équilibre, si elle a voulu de désordre."¹⁶⁶) — „Comment donc, Duclos," dit Durcet, „mais tu as des principes, je suis bien aise de t'en voir sur cela, tout soulagement fait à l'infortuné, est un crime réel contre l'ordre de la nature, l'inégalité qu'elle a mis dans nos individues prouve, que cette discordance lui plaît, puisqu'elle l'établit et qu'elle la veut dans les fortunes comme dans le corps, et comme il est permis aux faibles de la réparer par le vol, il est également permis au fort de la rétablir par le réfus de son secours. L'univers ne subsisterait pas un instant, si la ressemblance était exécutée dans tous les êtres, c'est de cette dissemblance que naît l'ordre qui conserve et qui conduit tout, il faut donc bien se garder de la troubler, d'ailleurs en croyant faire un bien à cette malheureuse classe d'homme, je fais beaucoup de mal à une autre; car l'infortuné est la pépinière, où le riche va chercher les objets de ses luxures ou de sa cruauté, je le prive de cette branche de plaisir en empêchant par mes secours cette classe de se livrer à lui, je n'ai donc par mes aumônes obligé que faiblement une partie de la race humaine, et prodigieusement nui à l'autre. Je regarde donc l'aumône non seulement comme une chose mauvaise en elle-même, mais je la considère encore comme un crime réel envers la nature, qui en nous indiquant des différences n'a nullement prétendu que nous les troublions ainsi, bien loin d'aider les pauvres, de consoler les veuves et de soulager les orphelins, si j'agis d'après les véritables intentions de la nature non seulement je les laisserais dans l'état où la nature les a mis, mais j'aiderais même ses vues, en leur prolonguant cet état et en m'opposant vivement à ce qu'il en change et je croirais sur cela tout les moyens permis." — „Quoi," dit le duc, „même de les voler ou de les ruiner?" — „Assurément," dit le financier, „même d'en augmenter le nombre, puisque leur classe sert à une autre et qu'en les multipliant, si je fais un peu de peine à l'une, je ferais beaucoup de bien à l'autre." — „Voilà un système bien dur, mon ami," dit Curval, „il est pourtant, dit-on, si doux de faire de bien aux malheureux." — „Alors," reprit Durcet, „cette jouissance ne tient pas contre l'autre, la première est chimérique, l'autre est réelle, la première tient aux préjugés, l'autre est fondée sur la raison, l'une par l'organe de l'orgueil, le plus faux de toutes nos sensations, peut chatouiller un instant le cœur, l'autre est la véritable jouissance de l'esprit et qui enflamme toute la passion par cela même, qu'elle contrarie les opinions communes, en un mot: je bande à l'une," dit Durcet, „et je sens très peu de choses à l'autre!" — „Mais faut-il toujours tout rapporter à ses sens?" dit l'évêque. — „Tout, mon ami," dit Durcet, „ce sont eux seuls, qui doivent nous guider dans toutes les actions de la vie, parce que ce sont eux seuls, dont l'organe est vraiment impérieux." — „Mais mille et mille crimes peuvent naître de ce système," dit l'évêque. — „Eh, que m'importent les crimes?" dit Durcet, „pourvu que je me délecte; le crime est un mode de la nature, une manière dont elle meut l'homme, pourquoi ne voulez-vous pas, que je me laisse mouvoir aussi bien par elle en ce sens-là que par celui de la vertu, elle a besoin de l'un et de l'autre, et je la sers aussi bien dans l'un que dans l'autre. Mais nous voici dans une discussion, qui nous mènerait trop loin, l'heure du souper va venir et Duclos est bien loin d'avoir fini sa tâche, poursuivez, charmante fille, poursuivez, et croyez que vous venez de nous avouer là une action et des systèmes, qui vous méritent à jamais notre estime, ainsi que celle de tous les philosophes." — „Ma première idée dès que ma bonne patronne fut enterrée fut de prendre moi-même sa maison, et de la maintenir sur le même pied qu'elle, je fis part de ce projet à mes compagnes qui toutes, et Eugénie surtout, — qui était toujours ma bien aimée, — me promirent de me regarder comme leur maman, je n'étais point trop jeune pour prétendre à ce titre, j'avais près de trente ans et toute la raison qu'il fallait pour diriger le conseil, — ainsi, messieurs, ce n'est plus sur le pied des filles du monde, que je vais finir le récit de mes aventures, c'est sur celui d'abbesse, assez jeune et assez jolie pour faire souvent ma pratique moi-même comme cela m'arriva souvent, et comme j'aurai soin de vous le faire démasquer chaque fois que cela sera. Toutes les pratiques de la Fournier me restèrent, et j'eus le secret d'en attirer encore de nouvelles, tant par la propreté de mes appartements que par l'excessive soumission de mes filles à tous les caprices des libertins, et par le choix heureux de mes sujets. Le premier [73] chaland qui m'arriva fut un vieux trésorier de France, ancien ami de la Fournier, je le donnai à la jeune Lucile, dont il parut fort enthousiasmé, sa manie d'habitude, aussi sale que désagréable pour les filles, consistait à chier sur le visage même de sa dulcinée, en lui barbouillant toute la face avec son étron, et puis de la baiser, de la sucer en cet état. Lucile par amitié pour moi, se laissa faire tout ce que voulut le vieux satire, et il lui déchargea sur le ventre en baisant et rebaisant son dégoûtant ouvrage.

[74] Peu après, il en vint un autre, qu'Eugénie passa, il se faisait apporter un tonneau, plein de merde, il y plongeait la fille, nue, et la léchait sur toutes les parties du corps en avalant, jusqu'à ce qu'il l'eût rendue aussi propre qu'il l'avait prise, celui-là était un fameux avocat, homme riche et très connu et qui ne possédant pour la jouissance des femmes que les plus minces qualités, y remédiait par ce genre de libertinage, qu'il avait aimé toute sa vie. Le marquis de

[75] ...., vieille pratique de la Fournier, vint peu après sa mort, m'assurer de sa bienveillance, il m'assure qu'il continuerait de venir chez moi et pour m'en convaincre dès le même soir, il vit Eugénie; la passion de ce vieux libertin consistait à baiser d'abord prodigieusement la bouche de la fille, il avalait le plus qu'il pouvait de sa salive, ensuite il lui baisait les fesses un quart d'heure, faisait péter et enfin demandait la grosse affaire, dès qu'on avait fini, il gardait l'étron dans sa bouche, et faisait pencher la fille sur lui, qui l'embrassait d'une main et le branlait de l'autre, pendant qu'il goûtait le plaisir de cette masturbation en chatouillant le trou merdeux, il fallait que la demoiselle vint manger l'étron qu'elle venait de lui déposer dans la bouche; quoiqu'il payât ce goût-là fort cher, il trouvait fort peu de filles, qui voulussent s'y prêter, voilà pourquoi le marquis vint me faire sa cour, il était aussi jaloux de conserver ma pratique que je

pouvais l'être d'avoir la sienne." En cet instant le duc échauffé dit que le souper dut-il sonner, il voulait[167]) avant que de se mettre à table exécuter cette fantaisie-là, et voici comme il s'y prit; il fit approcher Sophie, reçut son étron dans la bouche, puis obligea Zélamir à venir manger l'étron de Sophie. Cette manie eût pu devenir une jouissance pour tout autre, que pour un enfant tel que Zélamire; pas assez formé pour en sentir tout le délicieux, il n'y vit que du dégoût et voulut faire quelques façons, mais le duc le menaçant de toute sa colère, s'il balançait une seule minute, il exécuta. L'idée fut trouvée si plaisante, que chacun l'imita de plus au moins, car Durcet prétendit, qu'il fallait partager les faveurs, et qu'il n'était pas juste, que les petits garçons mangeassent la merde des filles, pendant que les filles n'auraient rien pour elles, et en conséquence, il se fit chier dans la bouche par Zéphire et ordonne à Augustine de venir manger la marmelade, ce que cette belle et intéressante fille fit en vomissant jusqu'au sang. Curval imita ce bouleversement, et reçut l'étron de son cher Adonis, que Michette vint manger, non sans imiter les répugnances d'Augustine; pour l'évêque, il imita son frère, et fit chier la délicate Zelmire, en obligeant Céladon à venir avaler la confiture; il y eut de détails de répugnance très intéressants pour des libertins, aux yeux desquels les tourments, qu'ils infligent, sont des jouissances. L'évêque et le duc déchargèrent, les deux autres ou ne le purent ou ne le voulurent, et on pensa à souper, on y loua étonnamment l'action de la Duclos. „Elle a eu l'esprit de sentir," dit le duc qui la partageait étonnamment, „que la reconnaissance était une chimère, et que ses liens ne doivent jamais ni arrêter ni suspendre même les effets du crime, par ce que l'objet qui nous a servi, n'a nul droit à notre cœur, il n'a travaillé que pour lui, sa seule présence est une humiliation pour une âme forte, et il faut le haïr ou s'en défaire." „Cela est si vrai," dit Durcet, „que vous ne verrez jamais un homme d'esprit chercher à s'attirer de la reconnaissance, bien sûr de se faire des ennemis; il n'y travaillera jamais." — „Ce n'est pas à vous faire plaisir, que travaille celui qui vous sert," interrompit l'évêque, „c'est à se mettre au-dessus de vous par ses bienfaits, or je demande ce que mérite un tel projet en nous servant, il ne dit pas, „je vous sers parce que je veux vous faire de bien," il dit seulement, „je vous oblige pour vous rabaisser et pour me mettre au-dessus de vous." — „Ces réflexions," dit Durcet, „prouvent donc l'abus du service qu'on rend et combien la pratique du bien est absurde, mais, vous dit-on, c'est pour soi-même, soit pour ceux dont la faiblesse de l'âme peut se prêter à ces petites jouissances-là; mais ceux qu'elles répugnent, comme nous, seraient, ma foi, bien dupes de se les procurer." — Ce système ayant échauffé les têtes, on but beaucoup et fut célébrer les orgies, pour lequels nos inconstants libertins imaginèrent de faire coucher les enfants et de passer une partie de la nuit à boire, rien qu'avec les 4 vieilles et les 4 historiennes, et de s'exhaler là à qui mieux mieux, en infamies et atrocités comme parmi ces 12 intéressantes personnes, il n'y en avait une, qui n'eût mérité la corde et la roue plusieurs fois, et je laisse au lecteur à penser et à imaginer ce qu'il y fut dit de propos; on passe aux actions, le duc s'échauffe, et je ne sais ni pourquoi ni comment, on prétendit que Thérèse porta quelque temps les marques qu'on y mit ce soir.[168] — Laissons nos acteurs passer de ces bacchanales au [service] de leurs épouses, qu'on leur avait préparé à chacun pour ce soir-là et voyons ce qui se passe le lendemain.

Seizième journée.

Tous nos héros se levèrent frais comme s'il fussent arrivés de confesse, excepté le duc, qui commençait à un peu se dépuiser, on en accusa Duclos; il est certain que cette fille avait entièrement saisi l'art de lui procurer des voluptés, et qu'il avoua ne décharger lubriquement qu'avec elle, tant il est vrai, que pour ces choses-là tout tient absolument aux caprices, que l'âge, la beauté, la vertu, que tout cela n'y fait rien, qu'il n'est question que d'un certain tacte bien plus souvent saisi par des beautés dans leur automne, que par celles sans expérience, que le printemps couronne encore de tous ses dons. Il y avait aussi une autre créature dans la [société] qui commençait à se rendre très aimable et à y devenir très intéressante, c'était Julie; elle annonça déjà de l'imagination de la débauche et du libertinage assez politique, pour sentir qu'elle avait besoin de protection, assez fausse pour caresser eux-mêmes, dont peut-être elle ne soucissait au fond, elle se faisait amie de Duclos pour tâcher de rester toujours un peu en faveur auprès de son père, dont elle connaissait le crédit dans la société. Toutes les fois que c'était son tour de coucher avec le duc, elle se réunissait si bien à la Duclos, elle employait tant d'adresse et tant de complaisance, que le duc était toujours sûr, d'obtenir des décharges délicieuses, toutes les fois, que ces deux créatures-là s'employaient à les lui procurer. Néanmoins il se blasait prodigieusement sur sa fille et peut-être sans les secours de la Duclos qui la soutenait de tout son crédit, n'aurait-elle jamais pu réussir dans ses vues; son mari Curval en était à-peu-près au même point, et quoique par le moyen de sa bouche et de ses baisers empressés, elle obtenait encore de lui quelques décharges. Le dégoût n'était cependant pas éloigné, on eût dit qu'il naissait sous le feu même de ses impudiques baisers; Durcet l'estimait assez peu et elle ne l'avait pas fait décharger que deux fois depuis qu'on était réuni, il ne lui restait donc plus que l'évêque, qui aimait beaucoup son jargon libertin, et qui lui trouvait le plus beau cul du monde, — il est certain qu'elle l'avait fourni comme celui de Vénus même, elle se cantonna donc de ce côté, car elle voulut absolument plaire, et à quelque prix que ç fût, comme elle sentait l'extrême besoin d'une protection, elle en voulait une. — Il ne parut à la chapelle ce jour-là qu'Hébé, Constance et la Martaine, et l'on n'avait trouvé personne en faute ce matin. Après que ces 3 sujets eurent déposé leur cac, Durcet eut envie d'en faire autant. Le duc qui tournaillait dès ce matin autour de son derrière, saisit ce moment pour se satisfaire, et ils s'enfermèrent à la chapelle avec la seule Constance qu'on garda pour le service. Le duc se satisfit et le petit financier lui chia complètement dans la bouche, ces messieurs ne s'en tinrent pas là, et Constance dit à l'évêque qu'ils avaient tous deux en-

semble des infamies une demi heure de suite. Je l'ai
dit — ils étaient amis dès l'enfance, et n'avaient pas cessé
depuis lors de se rappeler leurs plaisirs d'écolier. A l'é-
gard de Constance elle servit à peu de choses dans
ce tête-à-tête, elle torcha de culs, suçait, branlait quelques fois, tout au plus, on passa au salon, où après
un peu de conversation entre les 4 amis, on vint leur
annoncer le dîner. Il fut splendide et libertin comme
à l'ordinaire et après quelques attouchements et baisers libertins, plusieurs propos scandaleux, qui l'assai-
sonnèrent, on passa au salon dans lequel on trouva
Zéphire et Hyacinthe, Michette et Colombe pour servir le café. Le duc foutit Michette en cuisses, et Curval Hyacinthe. Durcet fit chier Colombe et l'évêque
le mit en bouche à Zéphire, Curval se ressouvenant
d'une des passions racontées la veille par Duclos voulut
chier dans le con de Colombe, la vieille Thérèse qui
était du café, la plaça, et Curval agit, mais comme
il faisait des selles prodigieuses et proportionées à
l'immense quantité des vivres dont il se gonflait tous
les jours, presque tout culbuta par terre et ce ne fut,
pour ainsi dire, que superficiellement qu'il allait mer-
difier ce joli petit con vierge, qu'il ne semblait pas,
que la nature eût destiné sans doute à d'ainsi sales
plaisirs. L'évêque délicieusement branlé par Zéphire,
perdit son foutre plus [fré]quemment en joignant
au plaisir qu'il sentait celui du délicieux tableau, dont
on le rendait spectateur, il était furieux, il grond à
Zéphire, il grond à Curval, il s'en prit à tout le monde,
on lui fit avaler un grand verre d'élixir pour reparer
ses forces; Michette et Colombe le couchèrent sur un
sopha pour sa méridienne, et ne le quittèrent pas. Il

se réveilla assez bien rétabli, et pour lui rendre encore mieux ses forces, Colombe le suça un instant, son engin remonta le nez, et l'on passa au salon d'histoire — il avait ce jour-là Julie sur le canapé, comme il l'aimait assez, cette vue lui rendit un peu de bonne humeur, le duc avait Aline, Durcet Constance, et le président sa fille, tout étant prêt, la belle Duclos s'installa sur son trône et commença ainsi: „Il est bien faux de dire que l'argent acquis par un crime ne porte pas bonheur, nul système aussi faux, j'en réponds — tout prospérait dans ma maison, jamais la Fournier n'y avait vu tant de pratique; ce fut alors, qu'il me passa par la tête une idée un peu cruelle, je l'avoue, mais qui pourtant, j'ose m'en flatter, messieurs, ne vous déplaira pas à un certain point, — il me semble que quand on n'avait pas fait à quelqu'un le bien que l'on devait lui faire, il y avait une certaine volupté méchante à lui faire du mal et ma perfide imagination m'inspira cette taquinerie libertine contre ce même petit Pétignon, fils de ma bienfaitrice, et auquel j'avais été chargé de compter une fortune bien attrayante certainement pour ce malheureux, et que je commençai déjà à dissiper en folies, voici ce qui en fit naître l'occasion. Ce malheureux garçon cordonnier marié avec une pauvre fille de son état, avait pour unique fruit de cet hymen infortuné, une jeune fille de 12 ans et que l'on m'avait dépeinte comme réunissant aux attraits de l'enfance tous les attributs de la plus tendre beauté; cet enfant qu'on élévait pauvrement mais cependant avec tout le soin que pouvait permettre l'indigence des parents, dont elle faisait les délices, me parut une excellente capture à faire, Pétignon ne venait jamais au logis, il ignora les droits qu'il y avait, mais sitôt que la Fournier m'en eût parlé, mon premier soin fut de me faire informer de lui et de tous ses entours, et ce fut ainsi que j'appris qu'il possédait un trésor chez lui. Dans ce même temps, le cte. de Mesanges, libertin fameux et de profession dont la Desgranges sans doute aura plus d'une fois occasion de vous entretenir, vint s'adresser à moi, pour lui faire avoir une pucelle qui n'eût pas 13 ans et cela à quelques prix que ce fut. Je ne sais ce qu'il en voulait faire, car il ne passait pas pour un très vigoureux homme, sur cette article, mais il y mettait pour clause après que son prestige aurait été constaté par des experts, de l'acheter de ma main, une somme préscrite, et que de ce moment-là, il n'aurait plus affaire à qui que ce fut, attendu, disait-il, que l'enfant serait dépaisé et ne reviendrait peut-être jamais en France. — Comme le Marquis était une de mes pratiques, et que vous l'allez voir bientôt lui-même sur la scène, je mis tout à l'œuvre, pour le satisfaire et la petite fille de Pétignon me parut positivement ce qu'il m'y fallait, mais comment la dépaiser? L'enfant ne sortait jamais, on l'instruisait dans la maison même, c'était retenu avec une sagesse, une circonspection, qui ne me laissait aucun espoir. Il ne m'était possible d'employer pour lors ce fameux débaucheur de filles, dont j'ai parlé, il était pour lors à la campagne et le marquis me pressait. Je ne trouvai donc qu'un moyen et ce moyen servait on ne peut mieux la petite méchanceté secrète qui me portait à faire ce crime, car il l'aggravait, je suscitai des affaires au mari et à la femme, de tâcher de les faire enfermer tous deux, et la petite fille se trouvant par ce moyen ou moins gênée ou chez des amis, il me serait aisé de l'attirer dans mon piège. Je leur lançai donc un procureur de mes amis, homme à toute main, et dont j'étais sûre pour de tels coups d'adresse, il s'informa déterra des créanciers, les excite, les soutient, bref, en huit jours le mari et la femme sont en prison. De ce moment, tout me devint aisé, une marcheuse adroite accosta bientôt la petite fille abandonnée chez des pauvres voisins, elle vint chez moi, tout répondait à son extérieur, c'était la peau la plus douce, et la plus blanche, les petits appas les plus ronds, les mieux formés... il était difficile en un mot, de trouver un plus joli enfant, comme elle me revenait près de vingt louis tous frais faits, et que le marquis voulait la payer une somme préscrite, au delà du payement de laquelle il ne prétendait ni en entendre parler ni avoir affaire en personne, je la lui laissai pour cent louis et comme il devenait essentiel que l'on n'eût jamais vent de mes démarches, je me contentai de gagner 60 louis sur cette affaire et fis passer encore 20 à mon procureur pour embrouiller les choses de manière à ce que le père et la mère de cette jeune enfant ne pussent savoir de longtemps des nouvelles de leur fille; il en surent, sa fuite était impossible à cacher, les voisins coupables de négligence s'excusèrent comme ils purent, et quant au cher cordonnier et à son épouse, mon procureur fit si bien, qu'ils ne purent jamais rémédier à cet accident, car ils moururent tous deux en prison au bout de près d'onze ans de capture. Je gagnai doublement à ce petit malheur, puisqu'en même temps qu'il m'assurait la possession certaine de l'enfant que j'avais vendu, il m'assurait aussi celle de 60 mille francs qui m'avaient été comptés pour lui. Quant à la petite fille, le marquis m'avait dit vrai, jamais je n'en entendis parler, et ce sera vraisemblablement md. Desgranges qui vous finira son histoire. Il est temps de vous ramener à la mienne et aux événements journaliers qui peuvent vous offrir les détails voluptueux dont nous avons entamé la liste." — „Oh, parbleu," dit Curval, „j'aime ta prudence à la folie, il y a là une scélératesse réfléchie, un ordre qui me plaît, on ne saurait davantage, et la taquinerie d'ailleurs, d'avoir[169]) donné le dernier coup à une victime que tu n'avais encore qu'accidentellement écorchée me paraît un raffinement d'infamie qui peut se placer à côté de nos chef-d'œuvres." „Moi j'aurais peut-être fait pis," dit Durcet, „car enfin ces gens-là pouvaient obtenir la délivrance, il y a tant de sots dans le monde qui ne songent qu'à soulager ces gens-là, pendant tout le temps de leur vie, c'étaient des inquiétudes pour toi." — „Non," reprit la Duclos, „quand on n'a pas dans le monde le crédit que vous y avez, et que pour ses coquineries il faut employer des gens en son ordre, la circonspection devient souvent nécessaire, et l'on n'ose pas alors tout ce que l'on voudrait bien faire." — „C'est juste, c'est juste," dit le duc. „Elle ne pouvait en faire davantage." Et cette aimable créature reprit ainsi la suite de sa narration: „Il est affreux," dit cette belle fille, d'avoir encore à vous entretenir de turpitudes semblables à celles dont je vous parle depuis plusieurs jours, mais [vous] avez exigé que [je] réunisse tout ce qui pouvait y avoir trait, et que je ne laisse rien sous le

voile. Encore trois exemples de ces saletés atroces,
[76] et nous passerons à d'autres fantaisies. Le premier
que je vous citerai est celui du vieux directeur des
domaines âgé d'environ 66 ans. Il faisait mettre la
femme toute nue, et après lui avoir caressé un instant
les fesses avec plus de brutalité que de délicatesse, il
l'obligeait de chier devant lui à terre au milieu de
la chambre, quand il avait joui de la perspective, il
venait à son tour déposer son cac à la même place, puis
les réunissant avec ses mains tous deux, il obligeait
la fille à venir à quatre pattes manger la galimafrée,
toujours en présentant bien le derrière qu'elle devait
avoir eu l'attention de laisser très merdeux, il se manualisait pendant la cérémonie, et déchargeait quand
tout était mangé. Peu de filles, comme vous le croyez
bien, messieurs, consentaient à se soumettre à de telles
cochonneries, et cependant il les lui fallait jeunes et
fraîches. — Je les trouvais parce que tout se trouve
[77] à Paris, mais je les lui faisais payer. — Le second
exemple des trois qui me restent à vous citer en ce
genre, exigeait de même une furieuse docilité de la
part de la fille, mais comme le libertin la voulait extrêmement jeune, je trouvais plus facilement des enfants pour se prêter à ces choses-là que des filles faites.
Je lui donnai à celui, que je vais vous citer, une petite bouquetière de 13 à 14 ans, fort jolie. Il arrive,
fait quitter à la fille seulement ce qui la couvre de
la ceinture en bas, lui maniait un instant le derrière,
la faisait péter, puis se donnait lui-même quatre ou
cinq lavements qu'il obligea la petite fille à recevoir
dans sa bouche et à avaler à mesure que le flot tombait dans sa gorge. Pendant ce temps-là comme il

était à cheval sur sa poitrine, d'une main il branlait un assez gros vit, et de l'autre il lui paîtrissait la motte, et il lui fallait en raison de cela toujours sans le plus leger poil. Celui dont je vous parle, voulut encore recommencer après 6 parce que sa décharge n'était pas faite. La petite fille qui vomissait à mesure, lui demanda grâce, mais il lui rit au nez, et n'en fut pas moins son train, et ce ne fut que le 6me, que je vis son foutre couler. Un vieux banquier vient enfin nous fournir le dernier exemple de ces saletés, prises au principal, car je vous avertis, que comme accessoire nous les reverrons encore souvent. Il lui fallait une femme belle, mais de 40 à 45 ans, et dont la gorge était extrêmement flacque. Dès qu'il fut avec elle, il la fit mettre nue seulement de la ceinture en haut, et ayant manié brutalement les tetons: „Les beaux pics de vaches," s'écria-t-il, „à quoi des triples comme cela peuvent-elles être bonnes si ce n'est à torcher mon cul?" Ensuite il les pressait, les tortillait l'une avec l'autre, les tiraillait, les broyait, crachait dessus et mettait quelquefois son pied crotté dessus, toujours en disant que c'était une chose bien infame qu'une gorge et qu'il ne concevait pas à quoi la nature avait destiné ces peaux-là, et pourquoi il en avait gâté et déshonoré le corps de la femme. Après tous ces propos saugrenus, il se mit nu comme la main, mais, Dieu, quel corps! Comment vous le peindre, messieurs! Ce n'était qu'un ulcère dégoûtant, sans cesse de pus, depuis les pieds jusqu'à la tête et dont l'odeur infect se faisait même sentir de la chambre voisine, où j'étais. Tel était pourtant la belle relique qu'il fallait sucer." — „Sucer?" dit le duc. — „Oui, messieurs," dit Duclos, „sucer depuis les pieds jusqu'à la tête sans laisser une seule place large comme un louis d'or, où la langue n'eût passé; la fille que je lui avais donnée eut beau être prévenue, dès qu'elle vit ce cadavre ambulant, elle recula d'horreur." — „Comment dont, garce," dit-il, „je crois que je te dégoûte, il faut pourtant que tu me suces, que ta langue lèche absolument toutes les parties de mon corps. Ah, ne faites pas tant la dégoûtée, d'autres que toi l'ont bien fait, allons, allons, point de façons!" On a bien raison de dire que l'argent fait tout faire, la malheureuse que je lui avais donnée était dans la plus extrême misère; il y avait deux louis à gagner, elle fit tout ce qu'on voulut et le vieux podagre enchanté de sentir une langue douce se promener sur son corps hideux, et adoucir l'âcreté dont il était dévoré, se branlait voluptueusement pendant l'opération. Quand elle fut faite, et comme vous le croyez bien ce ne fut pas sans de terribles dégoûts de la part de cette infortunée, quand elle fut faite, dis-je, il la fit étendre à terre sur le dos, se mit à cheval sur elle, lui chia sur les tetons, et les pressant après l'une après l'autre, il s'en torcha le derrière, mais de décharge je n'en vis point, et je sus quelque temps après qu'il lui fallait plusieurs semblables opérations pour en déterminer une et comme c'était un homme qui ne revenait guère d'une fois dans le même endroit, je ne le revis plus et j'en fus en vérité fort aise." — „Ma foi," dit le duc; „je trouve la clôture de l'opération de cet homme-là très raisonnable, et je n'ai jamais compris que des tetons pussent réellement servir à autre chose qu'à torcher des culs." — „Il est certain," dit Curval qui maniait assez brutalement ceux de la tendre et délicate Aline, „il est certain, en vérité, que c'est une chose bien infame que des tetons, je n'en vois jamais, que ce ne me mette en fureur — je prouve en voyant cela, un certain dégoût, une certaine répugnance, je ne connais que le con, qui m'en fasse éprouver une plus vive." Et en même temps ils se jeta dans son cabinet en entraînant par le sein Aline, et se faisant suivre de Sophie et de Zelmire, les deux filles de son sérail, et de Fanchon. On ne sait trop ce qu'il y fit, mais on entendit un grand cri de femme, et peu après les hurlements de sa décharge, il rentra, Aline pleurait et tenait un mouchoir sur son sein, et comme tous ces évènements-là ne faisaient jamais sensation, ou tout au plus celle de rire, Duclos reprit

[79] en continuant le fil de son histoire. „J'expédiai moi-même," dit-elle, quelques jours après, un vieux moine dont la manie plus fatiguante pour les mains, n'était cependant pas aussi répugnante au cœur. Il me livra un gros vilain fessier dont la peau était comme du parchemin, il fallait lui paîtrir le cul, le lui serrer de toutes mes forces, mais quand j'en fus au trou, rien ne paraissait assez violent pour lui, il fallait saisir la peau de cette partie-là, la frotter, la pincer, l'agiter fortement entre mes doigts, et ce n'était qu'à la vigueur de l'opération qu'il répandait son foutre, du reste il se branlait lui-même pendant l'opération, et ne me troussa seulement pas. Mais il fallait que cet homme-là avait une fierce habitude de cette manipulation, car son derrière, d'ailleurs mollasse et pendant, était pourtant revêtu d'une peau aussi épaisse, que

[80] de cuir. Le lendemain sur les éloges sans doute, qu'il

fit en son couvent de ma manière d'agir, il m'amena un de ses confrères, sur le cul duquel il fallait appuyer des claques de toutes mes forces avec mes mains, mais celui-ci plus libertin et plus examinateur, visitait soigneusement avant les fesses de la femme, et mon cul fut baisé, langoté à dix ou douze reprises de suite, dont les intervalles furent remplis par des claques sur le sien. Quand sa peau fut devenue écarlate, son vit dressa et je puis certifier que c'était un des plus beaux engins que j'eusse encore maniés, alors il me le remit entre les mains, en m'ordonnant de le branler pendant que je continuerais de claquer de l'autre."¹⁷⁰⁾ — „Ou je me trompe," dit l'évêque, „ou nous voici à l'article des fustigations passives." — „Oui, mgr.," dit la Duclos, „et comme ma tâche d'aujourd'hui est remplie vous trouverez bon, que je remette à demain le commencement des goûts de cette nature, dont nous aurons plusieurs soirées de suite à nous occuper." — Comme il restait encore près d'une demi-heure avant l'instant du souper, Durcet dit, que pour se donner de l'appétit, il voulait prendre quelques lavements, on se doute du fait, et toutes les femmes frémissaient, mais l'arrêt était porté, il n'y avait plus à en revenir. Thérèse qui le servait ce jour-là, assura qu'elle le donnait à merveille, de l'assertion elle passa à la preuve, et dès que le petit financier eut les entrailles chargées, il signifia à Rosette d'avoir à venir tendre le bec, il y eut un peu de réguignements, un peu de difficultés, mais il fallut obéir, et la pauvre petite en avala deux, quitte à les rendre après, ce qui comme on l'imagine bien ne fut pas long, heureusement, que le souper vint, car il allait sans doute recommencer, mais cette nouvelle ayant chargé la disposition de tous les esprits, on fut s'occuper d'autres plaisirs, aux orgies on poussa quelques scelles sur des tetons et on fit beaucoup chier de cul, le duc mangea devant tout le monde l'étron de la Duclos, pendant que cette belle fille le suçait et que les mains du paillard s'égaraient un peu partout, son foutre partit avec abondance, et Curval l'ayant imité avec la Champville, on parla enfin de s'aller coucher.

Dix-septième journée.

La terrible antipathie du président pour Constance éclatait tous les jours, il avait passé la nuit avec elle par un arrangement[171]) avec Durcet, à qui elle revenait, et il en fit le lendemain les plaintes les plus amères: „Puisqu'à cause de son état," dit-il, „on ne veut pas la soumettre aux corrections ordinaires, de peur qu'elle n'accouche avant l'instant, où nous nous disposons à recevoir ce fruit-là, au moins, sacre Dieu," disait-il, „faudrait-il trouver un moyen de punir cette putain, quand elle fait des sottises!" Mais que l'on voie un peu ce que c'est que le maudit esprit des libertins, lorsqu'on analyse ce tort prodigieux, o lecteur, devine ce que c'était, il s'agissait de s'être malheureusement tournée par devant lorsqu'on lui demandait le derrière, et ces torts-là, ne se pardonnaient pas, mais ce qu'il y a de pis encore, c'est qu'elle ne vit le fait, elle prétendait — avec assez de fondement, — que c'était aux calomnies du président qui ne cherchait qu'à la perdre et qu'elle ne couchait jamais avec lui, sans qu'il n'inventa de pareils mensonges, mais comme les lois étaient formulées sur cela, et que jamais les femmes n'étaient crues, il fut question de savoir, comment on punirait à l'avenir cette femme sans risque de gâter son fruit, on décida qu'à chaque délit elle serait obligée à manger un étron et en conséquence Curval exigea qu'elle commença sur le champ, on approuva, on était pour lors au déjeuner dans l'appartement des filles, elle eut ordre de s'y rendre, le président chia au milieu de la chambre, et il lui fut enjoint d'aller à 4 pattes dévorer ce que le cruel homme venait de faire, elle se jeta aux genoux, elle demanda pardon, rien n'attendrit, et la nature avait mis de bronze au lieu d'un cœur dans ce ventre-là, rien de plus plaisant que toutes les simagries que la pauvre petite femme fit avant d'obéir, et Dieu sait comme on s'en amusait, enfin il fallait prendre son parti, le cœur bondit à la moitié de l'ouvrage, il n'en fallut pas moins l'achever, et tout y passa, chacun de nos scélérats excité par cette scène, se faisait, en la voyant, branler par une petite fille et Curval singulièrement excité de l'opération et qu'Augustine branlait à merveille, se sentant prêt à débonder, appela Constance qui finissait à peine son triste déjeuner: „Viens putain," lui dit-il, „quand on a gobé le poisson, il y faut mettre de la sauce, elle est blanche, viens la recevoir, il fallut encore passer par là et Curval, qui tout en opérant faisait chier Augustine, lâcha le cul dans la bouche de cette malheureuse épouse du duc, en avalant la petite merde fraîche et délicate de l'intéressante Augustine. Les visites se firent, Durcet trouva de la merde dans le pot de chambre de Sophie. — La pauvre personne s'excusa en disant qu'elle s'était trouvée incommodée. ,,Non," dit Durcet, en maniant l'étron, ,,une scelle d'indigestion est en foire, et ceci est un étron très sain," et en prenant aussitôt son funeste cahier, il inscrivit dessus le nom de cette charmante créature, qui fut cacher ses larmes, et déplorer sa situation, tout le reste était en règle, mais dans la chambre des garçons, Zélamir, qui avait chié la veille aux orgies et à qui l'on avait fait dire de ne pas se torcher le cul, se l'était nettoyé sans permission; tout cela était des crimes capitaux; Zélamir fut inscrit — Durcet malgré cela lui baise le cul et s'en fit sucer un instant, puis l'on passa à la chapelle, où l'on vit chier deux fouteurs subalternes, Aline, Fanni, Thérèse et la Chanville. Le duc reçut dans sa bouche l'étron de Fanni, et le mangea, l'évêque celui des deux fouteurs dont il en goba un, Durcet celui de Chanville, et le président celui d'Aline, qu'il envoya malgré sa décharge à côté de celui d'Augustine. La scène de Constance avait échauffé les têtes, car il y avait longtemps qu'on ne s'était permis de telles incartades le matin. On parla morale au dîner, le duc dit qu'il ne concevait pas comment les lois en France sévissaient contre le libertinage, puisque le libertinage en occupant les citoyens les distraisait de cabales et de révolutions, l'évêque dit que les lois ne sévissaient pas positivement contre le libertinage, mais contre les excès, alors on les analysa, et le duc prouva qu'il n'y en avait aucun de dangereux, aucun qui pût être suspect au gouvernement et qu'il y avait d'après cela non seulement de la cruauté, mais même de l'absurdité, en vouloir fronder contre de telles minuties; des propos on vint aux effets, le duc à moitié ivre s'abandonna dans les bras de Zéphire et suça une heure la bouche de ce bel enfant, pendant qu'Hercule profitant de la situation, enfonça au duc son énorme engin dans l'anus, Blangis se laissa faire et sans autre action, sans autre mouvement, il changea de sexe, sans s'en apercevoir. Ses compagnons se livrèrent de leur côté à d'autres infamies, et l'on fut prendre le café; comme on venait de faire beaucoup de sottises, il fut assez tranquille, et ce fut peut-être le seul de tout ce voyage, où il n'y eut de foutre de répandu; Duclos, déjà sur son estrade, attendait la compagnie et lorsqu'elle fut placée, elle s'annonça de la manière suivante: „Je venais de faire une perte dans ma maison, qui m'était sensible de toutes les manières, Eugénie, que j'aimais passionément, et qui m'était singulièrement utile à cause de ses extraordinaires complaisances, pour tout ce qui pouvait me rapporter de l'argent, Eugénie, dis-je, venait de m'être enlevée de la plus singulière façon, un domestique ayant payé la somme convenue était venu la chercher, disait-il, pour un souper à la campagne, dont elle rapporterait peut-être sept ou huit louis, je n'étais pas à la maison lorsque cela était arrivé, car je ne l'aurais jamais laissée ainsi sortir avec un inconnu, mais on ne s'adressa qu'à elle, et elle accepta — de mes jours je ne l'ai revue." — „Ne la reverras," dit la Desgranges, „la partie qu'on lui proposait, était la dernière de sa vie et ce sera à moi de dénouer cette partie-là du roman de cette belle fille." — „Ah, grand Dieu," dit Duclos, „une si belle fille à 20 ans, la figure la plus fine et la plus agréable." — „Et," ajouta la Desgranges, „le plus beau corps de Paris, tous ces attraitslà lui devinrent funestes, mais poursuivez, et n'empiétons pas sur les circonstances." — „Ce fut Lucile," dit Duclos, „qui la remplaça et dans mon cœur et dans mon lit, mais non pas dans les emplois de la maison, car il s'en fallait beaucoup qu'elle eût et sa soumission et sa complaisance, — quoiqu'il en soit, ce [81] fut entre ses mains que je confiai peu après le prieur des bénédictins, qui venait de temps en temps me faire visite et qui communément s'amusait avec Eugénie; après que ce bon père avait branlé le con avec sa langue, et qu'il avait bien sucé la bouche, il fallait le fouetter légèrement avec des verges, seulement sur le vit et les couilles, et il déchargeait sans bander, du seul frottement, de la seule application des verges sur ces parties-là. Son plus grand plaisir alors consistait à voir la fille faire sauter en l'air avec le bout des verges, les gouttes de foutre, qui sortaient de son [82] vit. Le lendemain, j'en expédiai moi-même un, auquel il fallait appliquer cent coups de verges bien comptés sur le derrière, précédemment il baisait le derrière, et pendant qu'on le fessait, il se branlait lui-[83] même. — Un troisième voulut encore de moi quelque temps après; mais il y mettait en tous les points plus de cérémonie, j'étais avertie de 8 jours à l'avance, et il fallait que j'eusse passé tout ce temps-là sans me laver en aucune partie de mon corps, et principalement ni le con, ni le cul, ni la bouche, que du moment de l'avertissement, j'eusse mis, trempé dans un pot, plein d'urine et de la merde, au moins trois poignets de verge. Il arriva enfin, c'était un vieux receveur de gabelles, homme fort à son aise, veuf sans enfants et qui faisait très souvent de pareilles parties;

la première chose dont il s'informa, est de savoir, si j'avais été exacte sur l'abstinence des ablutions, qu'il m'avait préscrites, je l'assurai que oui et pour s'en convaincre, il commença par m'appliquer un baiser sur les lèvres, qui le satisfit sans doute, car nous montâmes et je savais que si à ce baiser qu'il me faisait, moi étant à jeûne, il avait reconnu, que j'eusse usé de quelque toilette, il n'aurait pas voulu consommer la partie. Nous montons donc, il regarde les verges dans le pot, où je les avais placées, puis m'ordonnant de me déshabiller, il vient avec attention, flairer toutes les parties de mon corps, où il m'avait le plus expressivement défendu, de me laver, comme j'avais été très exacte, il y trouva sans doute le fumet, qu'il y désirait, car je le vis s'échauffer dans son harnois, et s'écrier: ,,Ah, foutre, c'est bien cela que je veux"; alors je lui maniai le derrière de mon tour, c'était exactement un cuir bouilli, tant pour la couleur que pour la dureté de la peau. Après avoir un instant caressé, manié, entr'ouvert ce fessier rabouteux, je m'empare des verges et sans les essuyer je commence par lui en cingler dix coups de toutes mes forces, mais non seulement il ne fit aucun mouvement, mais même mes coups ne parurent seulement pas effleurer cette inentamable citadelle. Après cette première reprise, je lui enfonça trois doigts dans l'anus, et je me mis de l'y secouer de toute ma force, mais notre homme était également insensible partout, il ne frétilla seulement pas, ces deux premières cérémonies faites, ce fut lui qui agit, je m'appuyai le ventre sur le lit, il s'agenouilla, écarta mes fesses et promena sa langue alternativement dans les deux trous, lesquels sans doute d'après ses ordres ne devaient pas être très odoriférants. Après qu'il a bien sucé je refouette et je socratise, lui se ragenouille et me lèche, et ainsi de suite au moins pendant quinze reprises; enfin, instruite de mon rôle et me réglant sur l'état de son vit que j'observais, sans le toucher, avec le plus grand soin, à l'une de ses agenouillades, je lui lâche mon étron sur le nez, il renverse, me dit que je suis une insolente, et décharge en se branlant lui-même, et en jetant des cris qu'on eût entendus dans la rue, sans les précautions que j'avais prises pour empêcher qu'il ne pussent percer, mais l'étron tomba à terre, il ne fit que le voir et le sentir, ne le reçut point dans sa bouche, et n'y toucha point; il avait reçu au moins deux cent coups de fouet, et je puis le dire, — sans qu'il y parût, sans que son derrière raccorni par une longue habitude en eût seulement les plus légères marques.[172]) — „Oh, parbleu," dit le duc, „voilà un cul, président, qui peut faire parole au tien." — „Il est bien certain," dit Curval en balbutiant, parce qu'Aline le branlait, „il est bien certain que l'homme dont on parle là a positivement mes fesses et mes goûts, car j'approuve infiniment l'absence du bidet, mais je la voudrais plus longue, je voudrais qu'on n'eût pas touché d'eau, au moins de trois mois." — „Président, tu bandes," lui dit le duc. — „Croyez-vous," dit Curval, „ma foi, demande-le à Aline, elle vous dira ce qu'il en est, car pour moi, je suis si accoutumé à cet état, que je ne m'aperçois jamais ni quand il cesse ni quand il commence, tout ce que je puis vous certifier, c'est que dans le moment, où je vous parle, je voudrais une putain très impure, je voudrais qu'elle débouchât pour moi de la lunette des commodités, que son cul sentît bien la merde, et que son con sentît la marée. — Hélas, Thérèse, dont la saleté remonte au déluge, toi, qui, depuis le baptême n'as pas torché ton cul, et dont l'infame con empeste à trois lieues à la ronde, viens apporter tout cela sur mon nez, je te prie, et joins y même un étron, si tu veux!" — Thérèse approche, de ses appas sales dégoûtants et flêtris elle frotte le nez du président, elle y pose de plus l'étron désiré, Aline branle, le libertin décharge, et Duclos reprend

[84] ainsi la suite de sa narration. — „Un vieux garçon qui recevait tous les jours une fille nouvelle pour l'opération, que je vais dire, me fit prier par une de mes amies, d'aller le voir et on m'instruisit en même temps du cérémonial en usage chez ce paillard d'habitude. J'arrive, il m'examine avec ce coup d'œil flegmatique, que donne l'habitude du libertinage, coup d'œil sûr et qui dans une minute apprécie l'objet qu'on lui offre. — „On m'a dit que vous aviez un beau cul," me dit-il, „et comme j'ai depuis près de 60 ans un faible décidé pour de belles fesses, j'ai voulu voir, si vous souteniez votre réputation. — Troussez!" — Ce mot énergique était un ordre suffisant, non seulement j'offre la médaille, mais je l'approche le plus que je peux du nez de ce libertin de profession; d'abord je me tiens droite, peu-à-peu je me penche et lui montre l'objet de son culte, sous toutes les formes qui peuvent lui plaire le plus, à chaque mouvement je sentais la main du paillard, qui se promenait sur la surface et qui perfectionnait la situation, soit en la consolidant, soit en la faisant prendre un peu mieux

à sa guise. „Le trou est bien large," me dit-il, „il faut que vous vous soyez furieusement prostituée sodomitement dans votre vie." — „Hélas, monsieur," lui dis-je, „nous vivons dans un siècle, où les hommes sont si capricieux que pour leur plaire il faut bien un peu se prêter à tout." Alors je sentis sa bouche se coller hermétiquement au trou de mes fesses, et sa langue essaya de pénétrer dans l'orifice, je saisis l'instant avec adresse, ainsi que cela m'était recommandé, et lui fais glisser sur la langue le vent le mieux nourri et le plus moëlleux. Le procédé ne lui déplaît nullement, mais il ne s'en émeut pas davantage, enfin au bout d'une demie douzaine, il se lève, me conduisit dans la ruelle de son lit, et m'y fait voir un sceau de fayence dans lequel trempaient quatre poignets de verges, au-dessus du sceau pendaient plusieurs martinets attachés à des clous à crochets dorés. — „Armez-vous," me dit le paillard, „de l'une et de l'autre de ces armes, voilà mon cul, il est, comme vous le voyez, sec, maigre et très endurci, touchez!" et comme je venais d'obéir: — „Vous le voyez," continuait-il, „c'est un vieux cuir endurci aux coups et qui ne s'échauffe plus qu'aux excès les plus incroyables, je vais me tenir dans cette attitude," dit-il, en s'étendant sur les pieds de son lit, couché sur le ventre et les jambes à terre, „servez-vous tour à tour de ces deux instruments, tantôt les verges et tantôt le martinet, ce sera long, mais vous aurez une marque sûre de l'approche du dénouement, dès que vous verrez, qu'il arrivera à ce cul quelque chose d'extraordinaire, tenez-vous prête à imiter ce que vous lui verrez faire, nous changerons de place, je m'agenouillerai devant vos belles fesses, vous ferez ce que vous m'aurez vu faire et je déchargerai, mais surtout ne vous impatientez pas, parce que je vous préviens encore une fois, qu'il y en a pour très longtemps." Je commence, je change de meuble, comme il me l'a recommandé, mais quel flegme, grand Dieu! j'étais en nage; pour frapper plus à mon aise, il m'avait fait mettre le bras nu jusqu'au cou, il y avait plus de trois quarts d'heure, que j'y allais à tour de bras, tantôt avec les verges, tantôt avec le martinet et je n'en voyais pas ma besogne plus avancer, notre paillard immobile ne remuait pas plus que s'il eût été mort, on eût dit, qu'il savourait en silence les mouvements infermes de volupté, qu'il recevait de cette opération, mais aucun vestige extérieur, nulle apparence qu'elle influa seulement sur sa peau, enfin deux heures sonnèrent — et j'étais depuis onze à l'ouvrage, — tout à coup, je le vois soulever les reins, il écarte les fesses, j'y passe et repasse mes verges dans de certains intervalles, tout en continuant de fouetter; un étron part, je fouette, mes coups vont voler la merde au planger. „Allons courage," lui dis-je, „nous voilà au port," — alors notre homme se relève en fureur, son vit dur et mutin, était collé contre son ventre. „Imitez-moi," me dit-il, „imitez-moi, il ne me faut plus que de la merde, pour vous donner du foutre!" — Je me courbe promptement à sa place, il s'agenouille, comme il l'avait dit, et je lui ponds dans la bouche un œuf, qu'à ce dessein je gardais depuis près de trois jours, en le recevant, son foutre part, et il se jette en arrière en hurlant de plaisir, mais sans avaler et sans même garder plus d'une seconde l'étron que je venais de lui déposer, au reste, excepté vous, messieurs, qui, sans doute — êtes des modelles en ce genre, j'ai vu peu d'hommes avoir des crispations plus aigues; il s'évanouit presque en répandant son foutre. La sauce me valut deux louis. Mais à peine rentrée à la maison, [85] que je trouvais Lucile aux prises avec un autre vieillard, qui sans lui avoir fait aucun attouchement préliminaire, se faisait simplement fustiger, depuis le haut des reins jusqu'au bas des jambes, avec des verges trempés dans le vinaigre, et les coups dirigés tant que la force de son bras y pouvait suffire; celui terminait l'opération en se faisant sucer, la fille se mettait à genoux devant lui, dès qu'il en donnait le signal, et faisant flotter ses vieilles couilles usées sur ses tetons, elle prenait l'engin mollasse dans sa bouche, où le pêcheur amendé ne tardait pas à pleurer ses fautes" — et Duclos ayant terminé ce qu'elle avait à dire dans sa soirée, comme l'heure du soupé n'était pas encore venue, on fit quelques poliçonneries en l'attendant. „Tu dois être rendu, président," dit le duc à Curval, „voilà deux décharges que je te vois faire aujourd'hui, et tu n'es guère accoutumé à perdre dans un jour une telle quantité de foutre." — „Gageons pour une troisième," dit Curval, qui patinait les fesses de la Duclos. — „Oh tout ce que tu voudras," dit le duc, — „Mais j'y mets une clause," dit Curval, „c'est que tout me sera permis." — „Oh, non," reprit le duc, „tu sais bien, qu'il y a des choses que nous nous sommes promis de ne pas faire avant les époques, où elles nous seront comptées, nous faire foutre était du nombre, avant d'y procéder, nous devions attendre qu'on nous citât dans l'ordre reçu quelque exemple de cette passion et cependant vos représentations à tous messieurs, nous avons passé par le dessein, il est beaucoup de jouissances particulières que nous aurions dû nous interdire également jusqu'au temps de leur narration et que nous tolérons, pourvu qu'elles se passent ou dans nos chambres ou dans nos cabinets, tu viens de t'y livrer tout à l'heure avec Aline, es ce pour rien qu'elle a jeté un cri percent et qu'elle maintenait son mouchoir sur sa gorge? Eh bien, choisis donc ou dans les jouissances mystérieuses ou dans celles, que nous nous permettons publiquement, et que ta troisième vienne d'une de ces seules espèces de choses, et je parie cent louis que tu ne la fais pas." Alors le président demanda, s'il pourrait passer au boudoir du fond, avec tels sujets que bon lui semblerait, — on le lui accorda, avec la seule clause, que Duclos serait présente, et qu'on ne s'en rapportait qu'à elle sur la certitude de cette décharge. „Allons," dit le président, „j'accepte," et pour débuter, il se fit donner d'abord devant tout le monde cinq cent coups de fouet par la Duclos, cela fait, il emmena avec lui sa chère et[173]) seule amie Constance, à qui l'on le pria pourtant de ne rien faire qui puisse faire tort à sa grossesse, il y joignit sa fille Adélaïde, Augustine, Zelmire, Céladon, Zéphire, Thérèse, Fanchon, la Chanville, la Desgranges et la Duclos avec trois fouteurs. „Oh foutre," dit le duc, „nous n'étions pas convenus que tu te servirais de tant de sujets." — Mais l'évêque et Durcet prenant le parti du président, assurèrent qu'il n'avait été question du nombre, le président avec sa troupe fut donc s'enfermer, et au bout d'une demi heure que l'évêque Durcet et le duc[174]) avec ce qui leur restait de sujets ne passèrent pas à prier Dieu, au bout d'une demi heure — dis-je — Constance et Zelmire rentrèrent en pleurant et le président les suivit bientôt avec le reste de sa troupe. Soutenu sur la Duclos qui rendit témoignage de sa vigueur et certifia qu'à bonne justice il méritait une couronne de myrte, le lecteur trouvera bon que nous ne revélions pas ce que le président avait fait, les circonstances ne nous le permettent point encore, mais il avait gagné la gageure, et c'était là l'essentiel. ,,Voilà cent louis," dit-il, en les recevant, ,,qui me serviront à payer une amende, à laquelle je crains d'être bientôt condamné." — Voilà encore une chose que nous prions le lecteur de nous permettre de ne lui expliquer qu'à l'évènement, mais qu'il y voie seulement comme ce scélérat prévoyait ses fautes d'avance, et comme il prenait son parti sur la punition qu'elle devaient lui mériter, sans se mettre le moins du monde en peine, ou de les prévenir ou de les éviter. — Comme il ne se passa absolument que des choses ordinaires depuis cet instant là jusqu'à celui où les narrations du lendemain commencèrent, nous allons tout de suite y transporter le lecteur.

Dix-huitième journée.

Duclos, belle, pariée et toujours plus brillante, que jamais commença ainsi les recits de la 18me soirée. — ,,Je venais de faire l'acquisition d'une grosse et grande créature, nommée Justine, elle avait 25 ans, 5 pieds 6 de haut, membrée comme une servante de cabaret, d'ailleurs de beaux traits, une belle peau, et le plus beau cul du monde, comme ma maison abondait en ces sortes de vieux paillards, qui ne retrouvent quelque motion de plaisirs que dans les supplices qu'on leur

fait éprouver, je crus qu'une telle pensionnaire ne pouvait que m'être d'un grand secours; dès le lendemain de son arrivée, pour faire l'épreuve de ses talents fustigateurs, que l'on m'avait prodigieusement vantés, je la
[86] mis aux prises avec un vieux commissaire de quartier, qu'il fallait fustiger à tour des bras depuis le bas de la poitrine jusqu'aux genoux et depuis le milieu du dos jusqu'aux gras des jambes, et cela jusqu'à ce que le sang destilla de partout, l'opération faite, le libertin troussait tout simplement la donzelle et lui plantait son paquet sur les fesses. Justine se comporta en véritable héroïne de Cythère, et notre paillard vint m'avouer que je possédais là un trésor et que de ses jours il n'avait été fustigé comme par cette coquine-là. — Pour lui
[87] faire voir le cas que je faisais d'elle, je l'assemblai peu de jours après à un vieux invalide de Cythère, qui se faisait donner plus de mille coups de fouets sur toutes les parties du corps indistinctement et lorsqu'il était tout sanglant, il fallait que la fille pissât dans sa main à elle, et le frottât de son urine sur toutes les parties les plus molestes de son corps, cette lotion faite, on recommençait la besogne, alors, il déchargeait, la fille receuillait avec soin dans ses mains le foutre qu'il rendait[175]) et elle le frictionnait une seconde fois avec ce nouveau baume. Succès égaux de la part de ma nouvelle emplette, et chaque jour plus amples louanges, mais il n'était plus possible de l'employer avec le cham-
[88] pion qui se présentait cette fois-ci; cet homme singulier ne voulut de féminin que l'habit, mais dans le fait il fallait que ce fût un homme, et pour m'expliquer mieux: c'était par un homme habillé en femme, que le paillard voulait être fessé, et de quelle arme encore se servait-

on! N'imaginez pas que ce fussent des verges, c'était un faisceau[176]) d'osier, dont il fallait barbarement lui déchirer les fesses, dans le fait cette affaire-ci sentait un peu la sodomie, je ne devais pas trop m'en mêler, cependant comme c'était une ancienne pratique de la Fournier, un homme véritablement attaché de tout temps à notre maison, et qui par sa place pouvait me rendre quelque service, je ne fis pas la difficile, et ayant fait joliment déguiser un jeune garçon de 18 ans, qui faisait quelques fois nos commissions et qui était d'une très jolie figure, je le lui présentai, armé du faisceau d'osier. Rien de plus plaisant que la cérémonie, vous imaginez bien que je voulus la voir — il commença par bien regarder sa prétendue pucelle, et l'ayant sans doute trouvée très à son gré, il débuta par cinq ou six baisers sur la bouche, qui sentaient le fagot d'un lieu loin. Cela fait, il montra ses fesses, et ayant dans le propos toujours l'air de prendre le jeune homme, pour une fille, il lui dit de les lui manier et de les lui paîtrir un peu durement, le petit garçon, que j'avais bien instruit, fit tout ce qu'on lui demandait. „Allons," dit le paillard, „fouette-moi et surtout ne m'épargne pas," le jeune garçon s'empare du paquet de gaule, laisse tomber alors d'un bras vigoureux cinquante coups tout de suite sur les fesses qui lui sont offertes, le libertin déjà vigoureusement marqué des cinglons, fournies par ces honnines, se jeta sur sa masculine fouetteuse, il la troussa, une main vérifia son sexe, l'autre saisit avidement les deux fesses, d'abord il ne sait pas, quel temple il encensera le premier, le cul le détermine enfin, il y colla sa bouche avec ardeur, oh quel différence du culte rendu par la nature à celui, qu'on dit qui l'outrage, juste dieu! Si cet outrage était réel, l'hommage aurait-il tant d'ardeur? Jamais cul de femme n'a été baisé comme le fut celui de ce jeune garçon, trois ou quatre fois la langue du paillard disparut en entier dans l'anus, se replaçant enfin. „O cher enfant," s'écria-t'il, „tiens continue tes opérations," on reflagelle mais comme il était plus animé, il soutient cette seconde attaque avec bien plus de force, on le met en sang, pour le coup son vit dresse, et il le fait empoigner avec empressement au jeune objet de ses transports, pendant que celui-ci le lui mania, l'autre veut lui rendre un pareil service, il trousse encore, mais c'est au vit qu'il en veut cette fois, il le touche, il le branle, il le secoue, et l'introduit bientôt dans sa bouche, après ces caresses préliminaires, il se représente une troisième fois aux coups, cette dernière scène le mit tout-à-fait en fureur, il jeta son Adonis sur le lit et s'étend sur lui, presse à la fois et son vit et le sien, colle sa bouche sur les lèvres de ce beau garçon, et étant venu à l'échauffer par ses caresses, il lui procure le divin plaisir au même instant, qu'il le goûte lui-même, tous deux déchargent à la fois. Notre libertin enchanté de la scène, tâcha de lever mes scrupules, et me fit promettre de lui procurer souvent le même plaisir, soit avec celui-là, soit avec d'autres, je voulus travailler à sa conversion. Je l'assurai que j'avais des filles charmantes, qui le fouetteraient tout aussi bien, il ne voulut seulement pas les regarder."[177] — „Je le crois," dit l'évêque, „quand on a décidemment le goût des hommes, il ne change point, la différence est si extrême qu'on n'est pas tenté de l'épreuve." — „Mgr.," dit le président, „vous entamez là une thèse qui mériterait une dissertation de deux heures." —

„Et qui finirait toujours à l'avantage de mon assertion, parce qu'il est sans replique, qu'un garçon vaut mieux qu'une fille." — „Sans contredit," reprit Curval, „mais on pourrait pourtant vous dire, qu'il y a quelques objections au système et que pour les plaisirs d'une certaine sorte, tels que ceux par exemple, dont nous parleront Martaine et Desgranges, une fille vaut mieux qu'un garçon." — „Je le nie," dit l'évêque, „et même pour ceux que vous voulez dire, le garçon vaut mieux que la fille. Considérez-le du côté du mal, qui est presque toujours le véritable attrait du plaisir, le crime vous paraîtra plus grand avec un être absolument de votre espèce, qu'avec un qui n'en est pas, et de ce moment-là la volupté est double." — „Oui," dit Curval. „Mais ce despotisme, cet empire, ce délice qui naît de l'abus qu'on fait de sa force sur le faible, il s'y trouve tout de même," répondit l'évêque, „si la victime est bien à vous, cet empire que dans ce cas-là vous croyez mieux établi avec une femme, qu'avec un homme, ne vient que du préjugé, ne vient que de l'usage, qui soumet et plus ordinairement ce sexe-là à vos caprices, que l'autre, mais renoncez pour un instant à ces préjugés d'opinion et que l'autre soit parfaitement dans vos chaînes, avec la même autorité, vous retrouvez l'idée d'un crime plus grand et nécessairement votre lubricité doit doubler." — „Moi, je pense comme l'évêque," dit Durcet, „et une fois, qu'il est certain que l'empire est bien établi, je crois l'abus de la force plus délicieux à exercer avec son semblable, qu'avec une femme." — „Messieurs," dit le duc, „je voudrais bien que vous remettiez vos discussions pour l'heure du repas et que ces heures-ci, qui sont destinées à écouter les narrations, vous ne les employassiez pas à des sophismes." — „Il a dit raison," dit Curval, „allons Duclos, reprenez," et l'aimable directrice des plaisirs de Cythère se renoua [89] dans les termes suivants. — „Un vieux griffier du parlement," dit-elle, „vient me rendre visite un matin, et comme il était accoutumé du temps de la Fournier, à n'avoir affaire qu'à moi, il ne voulut pas changer sa méthode; il s'agissait en le branlant de le souffletter par gradation, c'est-à-dire doucement d'abord, puis un peu plus fort, à mesure que son vit prenait de la consistance et enfin à tour de bras, lorsqu'il déchargeait, j'avais si bien saisi la manie de ce personnage, qu'au vingtième soufflet je faisais partir son foutre." — „Au 20e," dit l'évêque," corbleu! il ne m'en faudrait pas tant pour me faire débander tout d'un coup." — „Tu le vois, moi aussi," dit le duc, „chacun a sa manie, nous ne devons jamais ni blâmer, ni nous étonner de celles de personne. [90] Allons, Duclos, encore une, et termine." — „Celle dont il me reste à vous parler pour ce soir," dit Duclos, „me fut apprise par une de mes amies, elle vivait depuis deux ans avec un homme, qui ne bandait jamais qu'après qu'on lui avait appliqué vingt nazardes sur le nez, tiré les oreilles jusqu'au sang, mordu les fesses, le vit et les couilles; excité par les dures titillations de ces préliminaires, il bandait comme un étalon et déchargeait en jurant comme un diable presque toujours sur le visage de celle, dont il venait de recevoir un si singulier traitement." — De tout ce qui venait d'être dit, messieurs, n'ayant échauffé leur cervelle, que de ce qui tenait aux fustigations masculines, on n'imita ce soir là que cette fantaisie, le duc s'en fit donner jusqu'au sang par Hercule, Durcet par Bande-au-ciel, l'évêque par Antinous, et Curval par Brise-cul; l'évêque qui n'avait rien fait de la journée déchargea, dit on, aux orgies en mangeant l'étron de Zélamir, qu'il se faisait garder depuis deux jours. Et l'on fut se coucher.

Dix-neuvième journée.

Dès le matin, d'après quelques observations faites sur la merde des sujets destinés aux lubricités, on décida, qu'il fallait essayer une chose, dont Duclos avait parlé dans ses narrations, je veux dire, le retranchement du pain et de la soupe, à toutes les tables excepté à celles des messieurs, ces deux objets furent soustraits, on y redoubla au contraire la volaille et le gibier, on ne fut pas huit jours à s'apercevoir d'une différence essentielle dans les excréments: ils étaient plus moëlleux, plus fondants, d'une délicatesse infiniment plus grande, et l'on trouva que le conseil de d'Aucourt à Duclos était celui d'un libertin véritablement consommé dans ces matières-là; on prétendit qu'il en résulterait peut-être un peu d'altération dans les haleines. ,,Eh qu'importe," dit sur cela Curval, à qui le duc faisait l'objection, ,,il est très mal vu, de dire, qu'il faille pour donner du plaisir, que la bouche d'une femme ou d'un jeune garçon soit absolument saine, mettons apart toute manie, je vous accorderai tant que vous voudrez, que celui qui veut une bouche puante n'agit que par dépravation, mais accordez moi de votre côté qu'une bouche qui n'a pas la moindre odeur, ne donne aucune sorte de plaisir à baiser, il faut toujours qu'il y ait un certain sel, un certain piquant à tous ces plaisirs-là, et ce piquant ne se trouve que dans un peu de saleté, tel propos que soit une bouche, l'amant qui la suce fait assûrément une saleté, et il ne se doute pas que c'est cette saleté-là même qui lui plaît, — donne un degré de force de plus au mourant, et vous voudrez que cette bouche ait quelque chose d'impur, qu'elle ne sente pas la pourriture ou le cadavre, à la bonne heure, mais qu'elle n'ait qu'une odeur de lait ou d'enfant, voilà ce que je confirme ne devoir pas être; ainsi le régime, que nous ferons suivre, aura tout au plus l'inconvénient d'altérer un peu sans corrompre, et c'est tout ce qu'il faut." — Les visites de matin ne rendirent rien — on s'observait, personne ne demanda de permission pour la garderobe du matin, et l'on se mit à table, Adélaïde, au service ayant été sollicitée par Durcet à péter dans un verre de vin de Champagne, et ne l'ayant pu faire, fut à l'instant écrite sur le fatal livre, par ce même mari barbare, qui depuis le commencement de la semaine ne cherchait qu'une occasion de la trouver en faute; on passa au café, il était servi par Cupidon, Giton, Michette et Sophie; le duc foutit Sophie en cuisses, en la faisant chier dans sa main, et en s'en barbouillant le visage, l'évêque en fit autant à Giton, et Curval à Michette, pour Durcet il le mit en bouche à Cupidon, en venant de le faire chier, on ne déchargea point, et la méridienne faite, on

[91] fut écouter la Duclos. — „Un homme que nous n'avions pas encore vu," dit cette aimable fille, „vint me proposer une cérémonie assez singulière; il s'agissait de l'attacher sur le 3e échelon d'une échelle double, à ce 3e échelon on attachait ses pieds, son vit portait, et ses mains élevées étaient au plus haut de l'échelle. Il était nu en cette situation, il fallait le flageller à tour de bras,

et avec la manche des verges, quand les pointes étaient usées, il était nu, il n'était nullement nécessaire de le toucher, il ne se touchait pas non plus lui-même, mais au bout d'une certaine dose, son instrument monstrueux prenait l'essor, on le voyait balloter entre des échellons comme le bâton d'une cloche, et peu après lancer avec impétuosité son foutre au milieu de la chambre, on le détachait, il payait et tout était dit.[178]) — Il nous envoya

[92] le lendemain un de ses amis, auquel il fallait piquoter le vit et les couilles, les fesses et les cuisses avec une aiguille d'or, il ne déchargeait que quand il était en sang, ce fut moi-même qui l'expédiai, et comme il me disait toujours, d'aller plus fort, ce fut en lui enfonçant presque jusqu'à la tête l'aiguille dans le gland, que je vis jaillir son foutre dans ma main, en le lâchant, il se jeta sur ma bouche, qu'il suça prodigieusement et

[93] tout fut dit. — Un troisième toujours de la connaissance des deux premiers, m'ordonna de le flageller avec des chardons, sur toutes les parties du corps indistinctement, je le mis en sang, il se regarda dans une glace et ce fut qu'en se voyant en cet état qu'il lâcha son foutre, sans rien toucher, sans rien manier, sans rien exiger de moi. — Ces excès-là me divertissaient fort, et j'avais une volupté secrète à les servir, aussi tous ceux qui s'y livraient étaient-ils enchantés de moi. Ce fut environ vers le temps de ces trois scènes-là, qu'un seigneur danois,[179]) m'ayant été adressé pour des parties de plaisirs différents et qui ne sont pas de mon ressort, eut l'impudence de venir chez moi avec dix mille francs de diamants, autant de bijoux et cinq cent louis d'argent comptant, la capture était trop bonne pour la laisser échapper, entre Lucile et moi, le gentilhomme fut volé

jusqu'à son dernier sou, il voulut faire des plaintes, mais comme je soudoyais fortement la police et que dans ce temps-là avec de l'or on en faisait ce qu'on voulait, le gentilhomme eut ordre de se taire et ses effets m'appartinrent à quelques bijoux près qu'il me fallut céder aux exempts pour jouir tranquillement du reste. — Il ne m'était jamais arrivé de faire un vol, sans qu'un bonheur ne m'arrivât le lendemain, cette bonne fortune-ci fut une nouvelle pratique, mais une de ces pratiques journalières, qu'on peut[180] regarder comme les pièces de bœuf d'une maison, celui-ci était un vieux courtisan qui las des hommages qu'il recevait dans les palais des rois, aimait à venir changer de rôle chez des putains. Ce fut par moi, qu'il voulut débuter, il fallait que je lui fisse dire sa leçon, et à chaque faute qu'il y faisait, il était condamné à se mettre à genoux, et à recevoir tantôt sur les mains, tantôt sur le derrière de vigoureux coups de ferrules de cuir, telles que celles, dont les régents font usage en classe, c'était à moi de m'apercevoir quand il était bien en feu, je m'emparai alors de son vit et je le secouais adroitement toujours en le grondant, en l'appellant: „petit libertin", „petit mauvais sujet" et autres invectives enfantines, qui le faisaient voluptueusement décharger. Cinq fois de la semaine pareille cérémonie devait s'exécuter chez moi, mais toujours avec une fille nouvelle et bien instruite, et je recevais pour cela 25 louis par mois. Je connaissais tant de femmes dans Paris, qu'il me fut aisé de lui promettre ce qu'il demandait, et de le lui tenir, j'ai eu dix ans dans ma pension ce charmant écolier qui s'avisa vers cette époque d'aller prendre d'autre leçons en enfer.[181]) Cependant je pre-

nais des années, et quoique ma figure fut d'espèce à se conserver, je commençais à m'apercevoir que ce n'était plus guère que par caprice, que les hommes voulaient avoir affaire à moi, j'avais cependant encore d'assez jolies pratiques, quoique âgée de 36 ans — et le reste des aventures où j'ai eu part, s'est passé pour moi depuis cet âge jusqu'à celui de 40. — Quoiqu'âgée,
[95] dis-je, de 36 ans, le libertin dont je vais vous conter la manie, qui va clore cette soirée-ci, ne voulut avoir affaire qu'à moi. C'était un abbé âgé d'environ 60 ans, car je ne recevais jamais que des gens d'un certain âge, et toute femme, qui voudra faire sa fortune dans notre métier, m'imitera sur cela sans doute, le St. homme arriva, et dès que nous sommes ensemble, il me demande à voir mes fesses: „Voilà le plus beau cul dans le monde," me dit-il, „mais malheureusement ce n'est pas lui, qui va me fournir la pitance que je vais dévorer, tenez," me dit-il, en mettant ses fesses entre les mains, „voilà celui qui va me la fournir — faites moi chier, je vous en prie, je m'empare d'un vase de porcelaine, que je place sur mes genoux, l'abbé se place à hauteur, je presse son anus, je l'entr'ouvre et lui donne en un mot toutes les différentes agitations, que j'imagine devoir hâter son évacuation, elle a lieu, un énorme étron remplit le plat, je l'offre au libertin il le saisit, se jette au dessus, dévore et décharge au bout d'un quart d'heure de la plus violente fustigation administrée par moi sur ces mêmes fesses, qui viennent de lui pondre un si bel œuf; tout était avalé, il avait si bien compassé ses besognes que son éjaculation n'avait lieu qu'à la dernière bouchée. Tout le temps que je l'avais fouillé, je n'avais cessé de l'exciter par de

propos analogues : „Allons donc, petit coquin," lui dis-je, „petit malpropre, pouvez vous manger de la merde, comme cela, ah, je vous apprendrai, petit drôle, à vous livrer à de telles infamies," et c'était par ces procédés et par ces propos que le libertin arrivait au comble de ses plaisirs." — Ici Curval, avant le souper voulut donner à la société le spectacle en réalité, dont Duclos ne venait donner que la peinture, il appela Fanchon, elle le fit chier, et le libertin dévore, pendant que cette vieille sorcière l'étrillait en tours de bras. Cette lubricité ayant échauffé les têtes, on voulut de la merde de tous les côtés, et alors Curval qui n'avait point déchargé, mêla à son étron celui de Thérèse qu'il fit chier sur-le-champ. L'évêque accoutumé à se servir des jouissances de son frère, en fit autant avec la Duclos, le duc avec Marie, et Durcet avec Louison, il était atroce, inouï, je le répète, de se servir de vieilles go[uines] comme celles-là, quand on avait à ses ordres d'aussi jolis objets, mais on le sait, la satiété naît au sein de l'abondance et c'est au milieu des voluptés, que l'on se délecte par des supplices. Ces saletés faites, sans qu'il n'eût coûté qu'une décharge, et ce fut l'évêque, qui la fit, on fut se mettre à table; en train de faire des saletés, on ne voulut aux orgies que les 4 vieilles et les 4 historiennes, et on renvoya tout le reste, on en dit tant, on en fit tant, que pour-le-coup, tout le monde partit et nos libertins ne furent se coucher que dans les bras de l'épuisement et de l'ivresse.

Vingtième journée.

Il était arrivé quelque chose de très plaisant ce soir-là précédent, le duc absolument ivre, au lieu de gagner sa chambre avait été se mettre dans le lit de la jeune Sophie, et quelque chose que pût lui dire cet enfant, qui savait bien que ce qu'il faisait était contre les règles il n'en démordit pas, soutint toujours qu'il était dans son lit, avec Aline, qui devait être sa femme de nuit, mais comme il pouvait prendre avec Aline de certaines privautés qui lui étaient encore interdites avec Sophie, quand il voulut mettre celli-ci en posture pour s'amuser à sa guise et que le pauvre enfant, à qui on n'avait encore rien fait de pareil, sentit l'énorme tête du vit du duc frapper à la porte étroite de son jeune derrière, et vouloir l'enfoncer, la pauvre petite se mit à faire des cris affreux, et à se sauver toute nue, au milieu de la chambre, le duc la suit en jurant comme un diable après elle, la prenant toujours pour Aline: „Bougresse," lui disait-il, „est-ce donc la première fois," et croyant l'attraper dans sa fuite, il tomba sur le lit de Zelmire, qu'il prend pour le sien, et embrasse cette jeune fille, croyant qu'Aline soit mise à la raison, même procédé avec celle-ci qu'avec l'autre, parce que le duc voulut décidemment en venir à la fin, mais dès que Zelmire s'aperçoit du projet, elle imite sa compagne, pousse un cri terrible et se sauve, cependant Sophie qui s'était sauvée la première, voyant bien qu'il n'y avait d'autre moyens de mettre ordre à ce qui pro quo, que d'aller chercher et de la lumière et quelqu'un de sens froid, qui pût venir mettre ordre à tout, en conséquence elle était allée trouver Duclos, mais celle-ci qui s'était saoûlée comme une bête aux orgies, était étendue sans presque de connaissance, dans le milieu du lit du duc, et ne pût lui donner aucune raison, désespérée et ne sachant à qui avoir recours, dans une telle

circonstance, et entendant toutes ses camarades appeller au secours, elle osa entrer chez Durcet, qui couchait avec Constance, sa fille, et elle lui dit, ce qui arrivait, Constance à tout évènement osa se lever, malgré les efforts que Durcet, ivre, faisait pour la retenir, en lui disant qu'il voulait décharger, elle prit une bougie et vint dans la chambre des filles, elle les trouva toutes en chemise au milieu de la chambre, et le duc les poursuivant les unes après les autres et croyant toujours n'avoir affaire qu'à la même, qu'il prenait pour Aline, et qu'il disait être sorcière cette nuit-là, enfin Constance lui montra son erreur, et le pria de permettre qu'elle le conduisit à sa chambre, où il trouverait Aline très soumise à tout ce qu'il voudrait en exiger; le duc qui, très ivre, et de très bonne foi, n'avait réellement point d'autre dessein, que d'enculer Aline, se laissa conduire, cette belle fille le reçut, et on se coucha, Constance se retira et tout rentre dans le calme, chez les jeunes filles. On rit beaucoup tout le lendemain de cette avanture nocturne et le duc prétendit que si malheureusement dans un tel cas, il eût fait sauter une pucelage, il n'aurait pas été dans le cas de l'amende, parce qu'il était saoûl. On l'assura qu'il se trompait, et qu'il l'aurait très bien payée. On déjeuna chez les sultanes à l'ordinaire, et toutes avouèrent qu'ils avaient eu une furieuse peur. On n'en trouva cependant aucune en faute malgré la révolution, tout était de même en ordre chez les garçons, et le diner non plus que le café n'ayant rien offert d'extraordinaire on passa au salon d'histoire où la Duclos bien remise, de ses excès de la veille, amusa l'assemblée ce soir-là des cinq récits suivants. — ,,Ce
[96] fut encore moi," dit-elle, ,,messieurs, qui servit à la

partie que je vais vous conter, c'était un médecin, son premier soin fut de visiter mes fesses, et comme il les trouva superbes, il fut plus d'une heure à ne faire autre chose que les baiser, enfin il m'avoua ses petites faiblesses, il s'agissait de chier, je les servais et m'étais arrangée en conséquence, je remplis un vase de porcelaine blanche, qui me servait à ces sortes d'expéditions, dès qu'il est maître de mon étron, il se jette dessus et le dévore, à peine est-il à l'œuvre, que je m'arme d'un nerf de bœuf, — tel était l'instrument, dont il fallait lui caresser le derrière, — je le menace, je frappe, le gronde des infamies auxquelles il se livre, et sans m'écouter, le libertin tout en avalant décharge, et se sauve avec la rapidité de l'éclair en jetant un louis sur la table. J'en remis un autre peu après entre les mains de Lucile, qui n'eut pas peu de peine à le faire décharger, il fallait d'abord qu'il fût sûr, que l'étron, qu'on allait lui présenter était d'une vieille pauvresse, et pour l'en convaincre, la vieille était obligée d'opérer devant lui, je lui en donnai une de 70 ans, pleine d'ulcères et d'érésypèle, et qui depuis 13 ans n'avait plus une dent aux gencives. ,,C'est bon, c'est excellent," dit il, ,,voilà comment il me les faut!" Puis s'enfermant avec Lucile et l'étron, il fallut que cette fille aussi adroite que complaisante l'excitât à manger cette merde infame, il la sentait, il la regardait, il la touchait, mais il avait bien de la peine, à se décider à autre chose, alors Lucile employant les grands moyens, met la pelle au feu, et la retirant toute rouge, elle lui annonce qu'elle va lui brûler les fesses, pour le déterminer à ce qu'elle exigea de lui, s'il ne s'y décida pas sur-le-champ. Notre homme frémit, il s'essaye encore, même dégoût, alors Lucile

[97]

ne le menageant plus, rabaisse ses culottes et s'exposant un vilain cul, **tout flêtri, tout exoré** à de semblables opérations, elle lui grécille légèrement les fesses, le paillard jure, Lucile redouble, elle finit par le brûler très serré sur le milieu du derrière, la douleur le détermina enfin, il mord une bouchée, on le réexcite par de nouvelles brûlures et tout y passe à la fin. Telle fut l'instant de sa décharge, et j'en n'ai pas vu de plus violentes, il jeta les hauts cris, il se roûla par terre, je le crus frénétique ou attaqué d'épilepsie, — enchanté de nos bonnes manières, le libertin promit sa pratique, mais aux conditions, que je lui donnerais et la même fille et toujours de nouvelles vieilles. „Plus elles seront dégoûtantes," me dit-il, „et mieux je vous les payerai. Vous n'imaginez pas," ajouta-t-il, „jusqu'où je porte la dépravation sur cela, je n'ose presque le convenir

[89] moi-même. Un de ses amis, qu'il envoya le lendemain le portait cependant selon moi plus loin que lui, car avec la seule différence qu'au lieu de lui gréciller les fesses, il fallait les lui frapper fortement avec des pincettes rouges, avec cette seule différence, dis-je, il lui fallait l'étron du plus vieux, du plus sale, et du plus dégoûtant de tous les crocheteurs; un vieux valet de 80 ans, que nous avions dans la maison depuis un temps immense, lui plut étonnemment pour cette opération, et il en goba délicieusement l'étron tout chaud, pendant que Justine le rossait avec des pinces, qu'on pouvait à peine toucher, tant elles étaient brûlantes et encore fallait-il lui pincer avec de gros morceaux de chair et les lui rôtir presque.

[99] — Un autre se faisait piquer les fesses, le ventre, les couilles et le vit avec une grosse aleine de saretier et cela avec à-peu-près les mêmes cérémonies, c'est-à-dire

jusqu'à ce qu'il eût mangé un étron que je lui présentais dans un pot de chambre, sans qu'il voulût savoir, de qui il était. — On n'imagine pas, messieurs, où les hommes portent le délire dans le feu de leur imagina-
[100] tion! N'en ai-je pas vu un qui toujours dans les mêmes principes exigeait, que je le rossasse à grands coups de canne sur les fesses, jusqu'à ce qu'il eût mangé l'étron, qu'il faisait tirer devant lui du fond même de la fosse des lieux! Et sa perfide décharge ne coulait dans ma bouche à cette expédition, que lorsqu'il avait dévoré cette fange impure." — „Tout cela se conçoit," dit Curval, en maniant les fesses de Desgranges, „je suis persuadé qu'on peut encore aller plus loin, que tout cela." — „Plus loin," dit le duc, qui plottait un peu ferme le derrière nu d'Adélaïde, sa femme du jour, „et que, diable veux-tu que l'on fasse?" — „Pis," dit Curval,[182]) „pis et je trouve qu'on n'en fait jamais assez sur toutes ces choses-là." — „Je pense bien comme lui," dit Durcet, qui enculait Antinous, „et je sens que ma tête raffinerait encore sur toutes ces cochonneries." — „Je parie que je sais ce que Durcet veut dire," dit l'évêque, qui n'opérait encore, „et qui diable est-ce donc?" dit le duc. — Alors l'évêque se leva, parla bas à Durcet, qui dit que c'était cela, et l'évêque fut le rendre à Curval, qui dit: „Eh vraiment oui," et au duc, qui s'écria: „ah foutre, je n'aurais jamais trouvé celle-là." Comme les messieurs ne s'expliquèrent pas davantage, il nous a été impossible de savoir ce qu'ils ont voulu dire, et[183]) je crois que nous ferions bien par pudeur de la tenir toujours sous le voile, car il y a tout plein de choses, qu'il ne faut qu'indiquer, une prudente circonspection l'exige, on peut rencontrer des oreilles

chastes et je suis intimément persuadé que le lecteur nous sait déjà gré de toutes celles, que nous employons avec lui, plus il ira en avant, plus nous serons sur cet objet dignes de ses plus sincères louanges. C'est de quoi nous pouvons déjà l'assûrer enfin, quoiqu'on en puisse dire, chacun en son âme à sauver et de quelle punition et dans ce monde et dans l'autre n'est pas digne celui qui sans aucune modération se plairait par exemple à divulguer tous les caprices, tous les goûts, toutes les horreurs secrètes auxquels les hommes sont sujets dans le feu de leur imagination, en serait reveler des secrets qui doivent être enfouis pour le bonheur de l'humanité ce sera entreprendre la corruption générale des mœurs et précipiter ses frères en Jésus Christ en tous les écarts où pourraient porter de tels tableaux, et Dieu, qui voit le fond de nos cœurs, ce Dieu puissant qui a fait le ciel et la terre, et qui doit nous juger un jour, sait si nous aurions envie d'avoir à nous entendre reprocher, par lui de tels crimes. — On acheva quelques horreurs qui étaient commencées, Curval par exemple fit chier Desgranges, les autres ou les mêmes choses avec différents sujets, ou d'autres, qui ne valaient pas mieux, et l'on passa au souper. Aux orgies Duclos ayant entendu ces messieurs disserter sur le nouveau régime indiqué plus haut, et dont l'objet était de rendre la merde plus abondante et plus délicate, leur dit que pour des amateurs comme eux, elle était étonnée de leur voir ignorer le véritable secret, d'avoir des étrons très abondants et très délicats, interrogée sur la façon, dont on devait s'y prendre, elle dit, que le seul moyen était de donner sur-le-champ une légère indigestion au sujet, non pas en lui faisant manger des choses contraires ou malsaines, mais en l'obligeant à manger précipitamment hors des heures de ses repas; l'expérience fut faite, dès le même soir, on fit réveiller Fanni, dont on ne s'était pas soucié ce soir-là et qui s'était couchée après son souper, on l'obligea de manger sur-le-champ quatre très grands biscuits, et le lendemain elle fournit un des plus gros et des plus beaux étrons, que l'on se fut encore procurés. On adopte donc ce système avec la clause cependant, de ne point donner du pain, que Duclos approuva, et qui ne pouvait qu'améliorer les fruits que produisait l'autre secret, il n'y eut pas de jours où l'on ne donnât ainsi de demies indigestions à ces jeunes filles et à ces jolis petits garçons, et ce que l'on en obtint ne s'imagine pas, (je le dis en passant, afin que si quelqu'amateur veuille user de ce secret, il soit fermement persuadé qu'il n'en est pas de meilleur). Le reste de la soirée n'ayant rien produit d'extraordinaire, on fut se coucher afin de se préparer le lendemain aux noces brillantes de Colombe et de Zélamir, qui devaient former la célébration de la fête de la 3e semaine.

Vingt et unième journée.

On s'occupa dès le matin de cette cérémonie suivant l'usage accoutumé, mais je ne sais si c'était fait exprès ou non, mais la jeune épouse se trouva coupable dès le matin, Durcet assura qu'il avait trouvé de la merde dans son pot de chambre, elle s'en défendit, elle dit que pour la faire punir, c'était la vieille qui était venue faire cela, et qu'on lui faisait souvent de ces tromperies-là, quand on avait envie de les punir. Elle eut beau dire,

elle ne fut pas écoutée et comme son petit mari était
déjà sur la liste, on s'amusait beaucoup du plaisir de
les corriger tous deux. Cependant les jeunes époux
furent conduits en pompe après la messe au grand salon de compagnie, où la cérémonie devait se compléter
avant l'heure de repas; ils étaient tous deux du même
âge, et l'on livra la jeune fille nue à son mari, en permettant à celui-ci d'en faire tout ce qu'il voudrait, —
rien ne parle comme l'exemple, il était impossible d'en
recevoir de plus mauvais, et de plus contagieux, le
jeune homme saute donc comme un trait sur sa petite
femme et comme il bandait fort dur, quoiqu'il ne déchargea point encore, il l'aurait inévitablement enfilé;
mais quelque légère qu'eût été la brèche, messieurs
mettaient toute leur gloire à ce que rien n'altérait ces
tendres femmes, qu'ils voulaient ensouillir seuls, moyen
en quoi l'évêque, arrêtant l'enthousiasme du jeune
homme, profita lui-même de l'érection, et se fit mettre
dans le cul l'engin très joli et déjà très ferme dont
Zélamir allait enfiler sa jeune moitié, — quelle différence pour ce jeune homme! Et quelle distance entre
ce cul fort large du vieil évêque et le jeune con étroit
d'une petite vierge de 13 ans! Mais on avait à faire à
des gens, avec lesquels il n'y avait pas à raisonner.
Curval s'empara de Colombe et la foutit en cuisses
par devant en lui léchant les yeux, la bouche, les narines
et la totalité du visage, sans doute on lui rendit pendant
ce temps-là quelques services, car il déchargea et Curval
n'était pas homme à perdre son foutre pour de niaiseries
semblables. On dîna, les deux époux furent admis
au café, comme ils l'avaient été au repas et ce café fut
servi ce jour-là par l'élite des sujets, je veux dire par

Augustine, Zelmire, Adonis et Zéphire. Curval, qui voulait rebander, voulut de la merde absolument et Augustine lui lâcha le plus bel étron qu'on pût faire, le duc se fit sucer par Zelmire, Durcet par Colombe et l'évêque par Adonis, ce dernier chia dans la bouche de Durcet, quand il eut expédié l'évêque. Mais point de foutre, il devenait rare, on ne s'était point ménagé dans les commencements, et comme l'on sentait l'extrême besoin, que l'on en aurait vers la fin, on se ménageait. On passa au salon d'histoire, où la belle Duclos invitée à montrer son derrière avant que de commencer, après l'avoir exposé libertinement aux yeux de l'assemblée, reprit le fil de son discours. — „Encore un trait de mon caractère, messieurs," dit cette belle fille, „après lequel vous l'ayant assez fait connaître, vous voudrez bien juger ce que je vous cacherai sur ce que je vous aurai dit et me dispenser de vous entretenir davantage de moi. La mère de Lucile venait de tomber dans une misère effroyable, et c'était par le plus grand hazard du monde, que cette charmante fille, qui n'avait point eu de leurs nouvelles, depuis qu'elle s'était sauvée de chez eux, apprit sa malheureuse détresse; une de nos marcheuses aux haquets d'une jeune fille, qu'une de mes pratiques me demandait dans le même goût que celle, que m'avait demandée le Marquis de Mésanges, c'est-à-dire à acheter pour n'en jamais entendre parler, une de nos marcheuses, dis-je, vint me rapporter comme j'étais au lit avec Lucile, qu'elle avait trouvé une petite fille des 15 ans, très surement pucelle, extrêmement jolie et ressemblant, disait-elle, comme deux gouttes d'eau à Mlle. Lucile, mais qu'elle était dans un tel état de misère qu'il faudrait la garder quelques jours, pour l'empâter, avant de la vendre, et alors elle fit la description de la vieille femme avec qui elle l'avait trouvée et de l'état d'indigence effroyable dans lequel était cette mère. A ces traits au détail de l'âge et de la figure, à tout ce qui concernait l'enfant, Lucile eut un pressentiment secret que ce pouvait bien être sa mère et sa sœur. Elle savait qu'elle avait laissé celle-ci en bas âge avec sa mère lors de sa fugue, et elle me demanda permission d'aller vérifier ses doutes. — Mon infernal esprit me suggéra ici une petite horreur, dont l'effet embrasa si promptement mon physique, que faisant aussitôt sortir notre marcheuse, et ne pouvant calmer l'embrasement de mes sens, je commençai par prier Lucile de me branler, ensuite m'arrêtant au milieu de l'opération. — „Que veux-tu aller faire chez cette vieille femme," lui dis-je, „et quel est ton dessein?" — „Eh mais," dit Lucile, qui n'avait pas encore mon cœur, s'il s'en fallait. — „La soulager, si je puis, et principalement si c'est ma mère." — „Imbécile," lui dis-je, en la repoussant, „va, va sacrifier seule à tes préjugés populaires, et perds en n'osant les braver la plus belle occasion d'irriter tes sens, par une horreur qui te fera décharger dix ans." — Lucile étonnée me regarda, et je vis bien alors qu'il fallait lui expliquer en philosophie, qu'elle était loin d'entendre, je lui fis comprendre, combien sont viles les liens, qui nous enchaînent aux auteurs de nos jours, je lui démontrai qu'une mère pour nous avoir porté dans son sein au lieu de mériter de nous quelque reconnaissance, ne méritait que de la haine, puisque pour son seul plaisir et au risque de nous exposer à tous les malheurs, qui pouvaient nous atteindre dans le monde, elle nous avait cependant mises au jour, dans la seule intention de satisfaire à sa brutale lubricité. J'ajoutai à cela tout ce qu'on pouvait dire pour étaler ce système, que le bon sens dicte et que le cœur conseille, quand il n'est pas absorbé par les préjugés de l'enfance. — „Et que t'importe," ajoutai-je, „que cette créature-là soit heureuse ou infortunée, éprouves-tu quelque chose de sa situation? Ecarte ces viles liens dont je viens de te démontrer l'absurdité, et isolant alors entièrement cette créature, la séparant tout à fait de toi, tu verras que non seulement son infortune doit t'être indifférente, mais qu'il peut même devenir très voluptueux, de la redoubler, car enfin tu lui dois de la haine, cela est démontré, et tu te venges, tu fais ce que les sots appellent une mauvaise action, et tu sais l'empire que le crime eut toujours sur les sens, voici donc des motifs du plaisir dans les outrages, que je veux que tu lui fasses, et ces délices de la vengeance, et ceux qu'on goûte toujours à faire le mal." Soit que je misse avec Lucile plus d'éloquence, que je bien employe pour vous rendre le fait, soit que son esprit déjà libertin et très corrompu avertît sur-le-champ son cœur de la volupté de mes principes, mais elle les goûta, et je vis sa belle joue se colorer de cette flamme libertine qui ne manque jamais de paraître chaque fois qu'on brise le frein. — „Eh bien," me dit-elle, „que faut-il faire?" — „Nous en amuser," lui dis-je, „et en tirer de l'argent, quant au plaisir, il est sûr, si tu adoptes mes principes, quant à l'argent, il l'est de même, puisque je peux les faire servir, et ta vieille mère et ta sœur, à deux différentes parties, qui nous deviendront très lucratives." — Lucile accepte, je la branle pour l'exciter encore mieux au crime, et nous ne nous occupons plus que des arrangements — occupons nous d'abord de vous détailler le premier plan, puisqu'il fait nombre dans la classe des goûts que j'ai à vous conter, quoique je le dérange un peu de sa place, pour suivre l'ordre des évènements, et quand vous serez instruits de cette première branche de mes projets, je vous éclairerai [101] sur la seconde. Il y avait un homme dans le monde fort riche, fort en crédit et du dérèglement d'esprit, qui passe tout ce qu'on peut dire, comme je ne le connaissais, que sous le titre du comte, vous trouverez bon, quelque instruite que je puisse être de son nom, que je ne vous le désigne que par ce seul titre. Le cte. était dans toute la force des passions, âgé au plus de 35 ans, sans foi, sans loi, sans Dieu, sans religion et doué surtout comme vous, messieurs, d'une invincible horreur pour ce qu'on appelle le sentiment de la charité, il disait, qu'il était plus fort que lui, de le comprendre, et qu'il n'admettait pas qu'on pût imaginer d'outrager la nature au point de déranger l'ordre qu'elle avait mis dans les différentes classes de ses individus, en élevant un par des secours à la place de l'autre, et en employant à ces secours absurdes et révoltants des sommes bien plus agréablement employées à ses plaisirs. Pénétré de ses sentiments, il ne s'en tenait par là, non seulement il trouvait une jouissance réelle dans le refus des secours, mais il améliorait même cette jouissance par des outrages à l'infortuné, une de ses voluptés par exemple était de faire chercher de ces asiles ténèbres où l'indigence affamée mange comme elle peut un pain arrosé de ses larmes et dû à ses travaux, il bandait à aller, non seulement jouir de l'amertume de telles pleurs, mais même,[184]) à en redoubler la source et arracher s'il le pouvait ce malheureux soutien des jours de ces infortunés, et ce goût-ci n'était pas une fantaisie, c'était une fureur, il n'avait pas, disait-il, de délices plus vives et rien ne pouvait irriter, enflammer son âme comme cet excès-là. Ce n'était point, m'assurait-il un jour, le fruit de la dépravation, il avait dès l'enfance cette extraordinaire manie, et son cœur perpétuellement endurci aux accents plaintifs du malheur, n'avait jamais conçu des sentiments plus doux; comme il est essentiel que vous connaissiez ce sujet, il faut que vous sachiez d'abord que le même homme avait trois passions différentes, celle que je vais vous conter, une que vous expliquera la Martaine en vous la rappellant par son titre, et une plus atroce encore que la Desgranges vous réservera sans doute pour la fin de ses récits, comme une des plus fortes qu'elle ait sans doute à vous raconter. Mais commençons par ce qui me regarde: aussitôt que j'eu prévenu le cte. de l'asile infortuné, que je lui avais découvert, et des attenances qu'il avait, il fut transporté de joie, mais comme des affaires de la plus grande importance pour ses fortunes et son avancement, — qu'il négligeait d'autant moins, qu'il y voyait une sorte de tenir à ses écarts, comme, dis-je, ses affaires allaient l'occuper près de 15 jours, et qu'il ne voulait pas manquer la petite fille, il aima mieux perdre quelque chose du plaisir, qu'il se promettait à cette première scène et s'assurer la seconde, en conséquence il m'ordonna de faire à l'instant enlever l'enfant à tel prix que ce fût, et de la faire remettre à l'adresse, qu'il m'indiqua, et pour ne pas vous tenir plus longtemps en suspends, messieurs, cette adresse était celle de la Desgranges, qui la fournissait dans la troisième partie secrète, ensuite non loin jour jusque là nous fûmes trouver la mère de Lucile, tel pour préparer la reconnaissance avec sa fille que pour aviser aux moyens d'enlever sa sœur. Lucile, bien instruite, ne reconnut sa mère que pour l'insulter, lui dire qu'elle était cause de ce qu'elle s'était jetée dans le libertinage, et mille autre propos semblables qui déchiraient le cœur de cette pauvre femme, et troublaient tout le plaisir qu'elle avait à retrouver sa fille. Je crus dans ce début trouver nos textes, et je présentai à la mère qu'ayant retiré sa fille aînée du libertinage, je m'offrais d'en retirer la seconde, mais [le] moyen ne réussit pas, la malheureuse pleura et dit que pour rien au monde on ne lui arracherait le seul secours, qui lui restait dans sa seconde fille, qu'elle était vieille, infirme, qu'elle recevait des soins de cet enfant, et que l'en priver, serait lui arracher la vie, ici, je l'avoue à ma honte, messieurs, mais je sentis un petit mouvement au fond de mon cœur, qui me fit connaître que ma volupté allait croître du raffinement d'horreur que j'allais dans ce cas mettre à mon crime, et ayant prévenu la vieille que dans peu de jours, sa fille viendrait lui rendre une seconde visite avec un homme en crédit, qui pourrait lui rendre de grands services, nous nous retirâmes, et je ne m'occupai que d'employer mes cordes ordinaires, pour me rendre maîtresse de cette jeune fille. Je l'avais bien examinée, elle en valait la peine, 15 ans, une jolie taille, une très belle peau, et de très jolis traits; trois jours après, elle arriva, et après l'avoir examinée sur toutes les parties de son corps, et n'y avoir rien trouvé que de charmant, que de très potelé et de très frais, malgré la mauvaise nourriture, où elle était condamnée depuis si long temps, je la fis passer à Md. Desgranges avec qui j'avais cette fois le commerce pour la 1e fois de ma vie; notre homme revient enfin de ses affaires, Lucile le conduisit chez sa mère et c'est ici que commence la scène que j'ai à vous peindre. On trouva la vieille mère au lit, sans feu, quoique au milieu d'un hiver très froid; ayant près de son lit un vase de bois, dans lequel était un peu de lait, où le cte. pissa dès en entrant, pour empêcher toute espèce de train et être bien maître du reduit. Le cte. avait mis deux grands coquins à sa gage dans l'escalier, qui devaient fortement s'opposer à toute montée ou des [entrées] hors de propos. „Vieille bougresse," lui dit le cte., „nous venons ici avec ta fille, que voilà et qui est, par ma foi, une très jolie putain, nous venons, vieille sorcière, pour soulager tes maux, mais il faut nous les peindre, allons," dit-il, en s'asseyant et commençant de palper les fesses de Lucile, „allons, détaille-nous tes souffrances." — „Hélas," dit la bonne femme, „vous venez avec cette coquine plutôt pour les insulter que pour les soulager. „Coquine," dit le cte., „tu oses insulter ta fille? allons," dit-il, en se levant et arrachant la vieille de son grabat, hors du lit, tout à l'heure, „et demande-lui excuse à genoux de l'insulte que tu viens de lui faire," il n'y avait pas moyen de résister, „et vous, Lucile, troussez-vous, faites baiser vos fesses, à votre mère, que je m'assure bien qu'elle va les baiser, et que la réconciliation se rétablisse." L'insolente Lucile frotte son cul sur le visage de sa pauvre mère, en l'accablant de sottises, le cte. permit à la vieille de se recoucher, et il rentama la conversation. „Je vous dis encore un coup," continua-t-il, „que si vous me contez toutes vos doléances je les soulagerai!" —

Et les malheureux croyant tout ce qu'on leur dit, ils aiment à se plaindre, la vieille dit tout ce qu'elle souffrait et se plaignit surtout amèrement du vol, qu'on lui avait fait de sa fille, accusant vivement Lucile, de savoir où elle était, puisque la dame avec laquelle elle était venue la voir, il y avait peu de temps, lui avait proposé d'en prendre soin, et elle calculait de là avec assez de raison que c'était cette dame qui l'avait enlevée. Cependant le comte en face du cul de Lucile, dont il avait fait quitter les jupes, baisant de temps à autre ce beau cul et se branlant lui-mème, écoutait, interrogeait, demandait des détails et réglait toutes les titillations de sa perfide volupté sur les réponses qu'on lui faisait. Mais quand la vieille dit, que l'absence de la fille qui par son travail lui procurait de quoi vivre, allait la conduire insensiblement au tombeau, puisqu'elle manquait de tout et n'avait vécu depuis quatre jours, que de ce peu de lait, qu'on venait de lui gober: „Eh bien, garce," dit-il, en dirigeant son foutre sur la vieille et en continuant de serrer fortement les fesses de Lucile, „eh bien, putain, tu crèveras, le malheur ne sera pas grand," et en achevant de lâcher son sperme, „je n'y aurai, si cela arrive, qu'un seul et unique regret, c'est de ne pas en hâter l'instant." — Mais tout n'était pas fait, le comte n'était pas un homme à s'appaiser par une décharge, Lucile, qui avait son rôle s'occupa dès qu'il eut fait, à empêcher que la vieille ne vit ses manœuvres, et le cte. furetant partout, s'empara d'un gobelet d'argent, unique reste du petit bien être qu'avait eu autrefois cette malheureuse et le mit dans sa poche. Ce redoublement d'outrage l'ayant fait rebander, il tira la vieille du lit, la mit nue, et ordonna à Lucile de le branler sur le corps flêtri de cette vieille matrone, il fallut bien encore se laisser faire, et le scélérat darda son foutre sur cette vieille chair, en redoublant ses injures et en disant à cette pauvre malheureuse, qu'elle pouvait se tenir pour dit, qu'il n'en resterait pas là et qu'elle aurait bientôt de ses nouvelles, et de celles de sa petite fille, qu'il voulait bien lui apprendre être entre ses mains, il procéda à cette dernière décharge avec des transports de lubricité, vivement allumés parce que sa perfide imagination lui faisait déjà concevoir d'horreurs de toute cette malheureuse famille, et il sortit, mais pour n'avoir plus à revenir à cette affaire. Ecoutez, messieurs, jusqu'à quel point je comblai la mesure de ma scélératesse: le cte. voyant qu'il pouvait avoir confiance en moi, m'instruisit de la seconde scène qu'il préparait à cette vieille et à sa petite fille, il me dit, qu'il fallait que je la lui fisse enlever sur-le-champ, et que de plus, comme il voulait réunir toute la famille, je lui cédasse aussi Lucile, dont le beau corps l'avait vivement ému et dont il ne me cachait pas, qu'il projetait la perte ainsi que des deux autres. J'aimais Lucile, mais j'aimais encore mieux l'argent, il me donnait un prix [net] de ces trois créatures, je consentis à tout, quatre jours après, Lucile, sa petite sœur et la vieille mère furent réunis, ce sera à Md. Desgranges, à vous conter, comment, pour quant à moi, je reprends le fil de mes récits interrompu par cette anecdote, qui n'aurait dû vous être racontée qu'à la fin de mes récits, comme une de mes plus fortes." — „Un moment," dit Durcet, „je n'entends pas ces choses-là de sens froid, elles ont un empire sur moi, qui se peindrait difficilement, je retiens mon foutre depuis le milieu du récit, trouvez bon que je le perde," et se jetant dans son cabinet avec Michette, Zélamir, Cupidon, Fanni, Thérèse et Adélaïde, on l'entendit hurler au bout de quelques minutes, et Adélaïde rentra en pleurant et disant qu'elle était bien malheureuse, que l'on alla encore échauffer la tête de son mari, par des récits comme ceux-là, et que c'était à celles qui les contaient à être victimes elles-mêmes; pendant ce temps-là le duc et l'évêque n'avaient pas perdu leur temps, mais la manière, dont ils avaient opéré, étant encore du nombre de celles que les circonstances nous obligent de voiler, nous prions nos lecteurs, de trouver bon, que nous tirions le rideau, et que nous passions tout de suite au quatre récits qu'il restait à faire à la Duclos pour terminer la 21e soirée.

[102] — „Huit jours après le départ de Lucile, j'expédiai un paillard d'une assez plaisante manie: prévenue de plusieurs jours à l'avance, j'avais laissé dans ma chaire percée accumuler un grand nombre d'étrons et j'avais prié quelqu'unes de mes demoiselles, d'y en ajouter encore; notre homme arrive, déguisé en Savoyard, c'était le matin, il balaiya ma chambre, s'empare du pot de la chaire percée, monte au lieu pour le ouider, ce qui, par parenthèse, l'occupa fort longtemps, il revient, me fait voir, avec quel soin il l'a nettoyé, et me demande son payement, mais prévenue du cérémonial, je tombe sur lui, la mouche à balai à la main: „Ton payement, scélérat," lui dis-je, „tiens-le, voilà ton payement! Et je lui en affesse au moins une douzaine de coups, il veut fuir, je le suis, et le libertin, dont c'était-là l'instant, déchargea tout du long de l'escalier, en criant à tuer bête, qu'on l'estropie, qu'on le tue, et qu'il est chez une coquine, et non pas chez une honnête

[103] femme, comme il le croyait. — Un autre voulait que je lui insinuasse dans le canal de l'urèthre un petit bâton noué, qu'il portait à ce dessein dans un étui, il fallait secouer vivement le petit bâton, qu'on introduisait de 3 pouces, et de l'autre main lui branler le vit à tête décalottée, à l'instant de sa décharge on retirait le bâton, on se troussait par devant, et il déchargeait sur [104] la motte. Un abbé, que je vis 6 mois après, voulait que je lui laissasse dégoutter de la cire de bougie brûlante sur le vit et les couilles, il déchargeait de cette seule sensation, et sans qu'on fut obligé de le toucher, mais il ne bandait jamais, et pour que son foutre partît, il fallait[185]) que tout fût enduit de cuir, et qu'on n'y re- [105] connût plus figure humaine. — Un ami de ce dernier se faisait cribler le cul d'épingles d'or et quand son derrière ainsi garni ressemblait à une casserole, bien plus, qu'à un fessier, il s'asseiyait pour mieux sentir les piqûres, on lui présentait les fesses très écartées, il se branlait lui-même, et déchargeait sur le trou de cul.[186] „Durcet," dit le duc, „j'aimerais assez à voir ton beau cul, tout grassouillet, tout couvert comme cela, d'épingles d'or, je suis persuadé qu'il serait, — on ne saurait plus, — intéressant." — „Ms. le duc," dit le financier, „vous savez qu'il y a quarante ans, que je fais gloire et honneur de vous imiter, ayez la bonté de me donner l'exemple et je vous réponds de le suivre." — „Je renie Dieu," dit Curval, qu'on n'avait pas encore entendu, „comme l'histoire de Lucile m'a fait bander, je me tenais muet, mais je n'en pensais pas moins, tenez," dit-il, en faisant voir son vit collé contre son ventre, „voyez, si je vous mens, j'ai une furieuse impatience de savoir le dénouement de l'histoire de ces trois bougresses-là, je

me flatte qu'un même tombeau doit les réunir." — „Doucement, doucement," dit le duc, „n'empiétons pas sur les évènements, parce que vous bandez, M. le président, vous voudriez, qu'on vous parlât tout de suite de roues et de potences, vous ressemblez beaucoup aux gens de votre robe, dont on prétend que le vit dresse toujours, chaque fois qu'ils condamnent à mort." — „Laissons-là l'état et la robe," dit Curval, „le fait est que je suis si échauffé des procédés de Duclos, que je la trouve une fille charmante et que son histoire du comte m'a mis dans un état affreux; dans un état, où je crois que j'irais volontiers sur le grand chemin arrêter et voler une coche." — „Il faut mettre ordre à cela, président," dit l'évêque, „autrement nous ne serions pas ici en sûreté, et le moins que tu puisses faire, serait, de nous condamner tous à être pendus." — „Non pas vous, mais je ne vous cache pas, que je condamnerais de bon cœur ces demoiselles et principalement Md. la duchesse, que voilà-là couchée, comme un veau sur mon canapé, et qui parce qu'elle a un peu de foutre modifié dans la matrice, s'imagine qu'on ne peut plus la toucher." — „Oh," dit Constance, „ce n'est assurément pas avec vous, que je compterais sur mon état, pour m'attirer un tel respect, on sait trop, à quel point vous détestez les femmes grosses." — „Oh prodigieusement," dit Curval, „c'est la vérité," et il allait dans son transport commettre je crois quelque sacrilège — sur ce beau ventre, lorsque Duclos s'en empara: „Venez, venez," dit-elle, M. le président, „puis que c'est moi, qui ai fait le mal, je veux le réparer," — et ils passèrent ensemble dans le boudoir de fond, suivis d'Augustine, d'Hébé, de Cupidon et de Thérèse, on ne fut pas longtemps sans entendre brailler le président, et malgré tous les soins de Duclos, la petite Hébé revint toute en pleurs, il y avait même quelques choses de plus que des larmes, mais nous n'osons pas encore dire ce que c'était, les circonstances ne nous le permettent pas ; un peu de patience, ami lecteur, et bientôt nous ne te cacherons plus rien. Curval rentré et grummulant encore entre ses dents, disant que toutes ces lois-là faisaient qu'on ne pouvait pas décharger à son aise, — si on fut se mettre à table. Après le souper on s'enferma pour les corrections, elles étaient ce soir-là peu nombreuses, il n'y était eu faute que Sophie, Colombe, Adélaïde et Zélamir. Durcet dont la tête dès le commencement de la soirée s'était fortement échauffée contre Adélaïde, ne la menagea pas, Sophie, de qui l'on avait surpris des larmes pendant le récit de l'histoire du comte, fut punie pour son ancien délit et pour celui-là, et le petit ménage du jour, Zélamir et Colombe fut, dit-on, traité par le duc et Curval avec une sévérité, qui tenait un peu de la barbarie. Le duc et Curval singulièrement en train, dirent qu'ils ne voulaient pas se coucher, et ayant fait apporter de liqueur, ils passent la nuit à boire avec les quatre historiennes et Julie dont le libertinage s'augmentant tous les jours la faisait passer pour une créature fort aimable, et qui méritait d'être mise au rang des objets, pour lesquels on avait des regards. Tous les sept furent trouvés le lendemain ivres morts par Durcet qui vint les visiter, on trouve la fille nue entre le père et le mari, et dans une attitude, qui ne prouvait ni la vertu, ni même la décence dans le libertinage, il paraissait enfin, pour ne pas tenir le lecteur en suspends, qu'ils en avaient joui tous les deux à la fois.

Duclos qui vraisemblablement avait servi de second, était couchée morte-ivre auprès d'eux, et le reste était l'un sur l'autre dans un autre coin, vis-à-vis le grand feu, qu'on avait eu soin d'entretenir toute la nuit.

Vingt-deuxième journée.

Il résulta de ces bacchanales nocturnes, qu'on fit très peu de choses ce jour-là; on oublia la moitié des cérémonies, on dîna en l'air, et ce ne fut guère qu'au café, que l'on commença à se reconnaître, il était servi par Rosette, et Sophie, Zélamir et Giton; Curval, pour se remettre, fit chier Giton, et le duc avala l'étron de Rosette, l'évêque se fit sucer par Sophie, et Durcet par Zélamir, mais personne ne déchargea. On passa au salon, la belle Duclos, très malade des excès de la veille, ne s'y offrit qu'en battant l'œil, et ses récits furent si courts, elle y mêla si peu d'épisodes que nous avons pris le parti de les suppléer, et d'extraire au lecteur ce qu'elle dit aux amis; suivant l'usage, elle raconta cinq

[106] passions. La première fut celle d'un homme, qui se faisait branler le cul avec un godmiché d'étain, que l'on remplissait d'eau chaude et qu'on lui seringuait dans le cul fondement à l'instant de son éjaculation, à laquelle il procédait de lui-même et sans qu'on le touchât.

[107] Le second avait la même manie, mais on y procédait avec un bien plus grand nombre d'instruments, on débutait par un très petit et augmentant peu-à-peu et de ligne à ligne, on arrivait jusqu'à un dernier dont la taille était enorme. Et il ne déchargeait qu'à celui-là.

[108] Il fallait beaucoup plus de mystères au 3e, il s'en faisait d'entrée déjà mettre un énorme dans le cul, ensuite

on le retirait, il chiait, mangeait ce qu'il venait de rendre, et alors on le fouettait. Cela fait, on remettait l'instrument dans son derrière, on le retirait encore, à cette fois c'était la putain, qui chiait et qui le fouettait, pendant qu'il mangeait ce qu'elle venait de faire, on renfonça pour la 3e fois l'instrument, pour cette fois il lâchait son foutre sans qu'on le touchât, et en achevant de manger l'étron de la fille. — Duclos parla dans le
[109] 4e récit d'un homme qui se faisait lier toutes les articulations avec des ficelles, pour rendre sa décharge plus délicieuse, on lui serrait même le cou et en cet état il lâchait son foutre en face du cul de la putain — et
[110] dans son 5e, d'un autre qui se faisait fortement lier le gland avec une corde, à l'autre bout de la chambre, une fille nue passait entre ses cuisses le bout de la corde, et le tirait devant elle en présentant les fesses au patient, qui déchargeait ainsi. L'historienne véritablement exédée, après sa tâche remplie, demanda permission de se retirer, elle lui fut accordée. On poliçonna quelques instants, après quoi on fut se mettre à table. Mais tout se sentait encore du désordre de nos deux acteurs principaux, on fut également aussi sage aux orgies, qu'il était possible, que de tels libertins le fussent, et tout le monde fut au lit assez tranquille.

Vingt-troisième journée.

„Peut-on brailler, peut-on hurler comme tu le fais, en déchargeant?" dit le duc à Curval en le voyant le 23e au matin, „à qui diable en avais-tu, pour crier de la sorte? Je n'ai jamais vu des décharges de cette violence-là." — „Ah parbleu!" dit Curval,[187] c'est bien à toi qu'on entend d'une lieue[188] m'adresser une pareille reproche! Ces cris-là, mon ami, viennent de l'extrême sensibilité de l'organisation, les objets de nos passions donnent une commotion si vive aux fluides électriques, qui coulent dans nos nerfs. Le choc reçu par les esprits animaux qui composent ce fluide, est d'un tel degré de violence que toute la machine en est étranglée et qu'on n'est pas plus le maître de retenir ses cris à ces secousses terribles de plaisir, qu'on ne le pourrait aux émotions puissantes de la douleur." — „Voilà qui est fort bien défini, mais quel était le délicat objet, qui mettait ainsi tes esprits animaux en vibration?" — „Je suçais violemment et le vit et la bouche et le trou du cul d'Adonis, mon compagne de couche, désespéré de ne pouvoir encore lui en faire davantage, et cela, pendant qu'Antinous, aide de votre chère fille Julie, travaillaient, chacun dans leur genre à faire évacuer cette liqueur dont l'écoulement a occasionné ces cris qui ont frappé vos oreilles." — „De façon qu'aujourd'hui," continua le duc, „vous voilà sur les dents." — „Point du tout," dit Curval, „si vous daignez me suivre et me faire l'honneur de m'examiner, vous verrez que je me conduirai pour le moins aussi bien que vous." On en était à ce propos, quand Durcet vint dire que le déjeuner était servi, on passa à l'appartement des filles, où l'on vit ces huit charmantes petites sultanes mêmes présenter des tasses et du café à l'eau; alors le duc demanda à Durcet, le directeur du mois, pourquoi le café à l'eau le matin?" — „Il sera au lait, quand vous voudrez," dit le financier, „en desirez vous?" — „Oui," dit le duc. — „Augustine," dit Durcet, „servez du lait à M. le duc." — Alors la jeune fille préparée, veut placer son joli petit cul sur la tasse, et répandit par son anus sur la tasse du duc trois au quatre cuillères d'un lait très clair et nullement souillé, on rit beaucoup de la plaisanterie, et chacun demande du lait, tous les culs étaient préparés comme celui d'Augustine, c'était une surprise agréable, que le directeur des plaisirs du mois voulait donner à ses amis. Fanni vint en répandre dans la tasse de l'évêque, Zélamir dans celle de Curval, et Michette dans celle du financier, on reprit une seconde tasse, et les quatre autres sultanes vinrent faire dans ces nouvelles tasses la même cérémonie que leur compagnes avaient faite dans les anciennes. On trouva la plaisanterie fort bonne, elle échauffa la tête de l'évêque qui voulut autre chose que du lait, et la belle Sophie vient le satisfaire; quoique toutes eussent envie de chier, on leur avait très recommandé de se retenir dans l'excercice du lait, et de ne donner cette première fois absolument que du lait, on passa chez les garçons, Curval fit chier Zélamir, et le duc Giton, les garderobes de la chapelle ne fournirent que deux fouteurs subalternes, Constance et Rosette. C'était une de celles, sur laquelle on avait essayé la veille l'histoire des indigestions, elle avait eu une peine affreuse à se retenir au café et elle lâcha pour lors l'étron le plus superbe, qu'il fut possible de voir, on félicita Duclos de son secret, et on en usa tous les jours depuis avec le plus grand succès. La plaisanterie du déjeuner anima la conversation du dîner et fit imaginer dans le même genre des choses dont nous aurions peut-être occasion de parler dans la suite. On passa au café, servi par quatre jeunes sujets du même âge, Zelmire, Augustine,

Zéphire et Adonis, tous quatre de 12 ans, le duc foutit Augustine en cuisses en lui châtouillant l'anus, Curval en fit autant à Zélmire, le duc à Zéphire et le financier foutit Adonis en bouche, Augustine dit qu'elle attendait qu'on la faisait chier à cette époque, et qu'elle n'en pouvait plus, c'était encore une de celles sur laquelle l'on avait éprouvé les indigestions la veille. Curval à l'instant lui tendit le bec, et la charmante petite fille y déposa un étron monstrueux que le président goba à trois bouchées, non sans perdre entre les mains de Fanchon, qui le secouait, une rivière abondante de foutre. — „Eh bien," dit-il au duc, „vous voyez que les excès de la nuit ne portent aucuns préjudices aux plaisirs du jour, et vous voilà en arrière, M. le duc." „Je n'y serai pas longtemps," dit celui-ci, à qui Zelmire toute aussi pressée rendait le même service qu'Augustine venait de rendre à Curval, et dans le même instant le duc jette des cris, avale de la merde, et décharge comme un furieux. — „En voilà assez," dit l'évêque, „que deux de nous conservent au moins leur force pour les récits. Durcet, qui n'avait pas comme ça deux messieurs de foutre à commandement y consentit de tout son cœur et après un instant de méridienne, on fut s'établir au salon, où l'intéressante Duclos reprit dans les termes suivants le fil de sa brillante et lascive histoire : „Comment est-il, messieurs," dit cette belle fille, „qu'il y ayant des yeux dans le monde à qui le libertinage ait tellement engourdi le cœur, tellement abruti tous les sentiments d'honneur et de délicatesse, que l'on les voie se plaire et s'amuser uniquement de ce qui les dégrade et les avilit, on dirait que leur jouissance ne se trouve qu'au sein de l'opprobre, qu'elle ne peut exister pour eux, que dans ce qui les reproche du déshonneur et de l'infamie, dans ce que je vais vous raconter, messieurs, dans les différents exemples, que je vais vous donner en preuve de mon assertion, ne m'alléguez pas la sensation physique! Je sais qu'elle s'y trouve, mais soyez bien parfaitement sûrs, qu'elle n'existe à quelque sorte que par l'élan puissant que lui donne la sensation morale, et que si vous fournissiez à ces gens-là la même sensation physique, sans y joindre tout ce qu'ils retirent dans la morale, vous ne réussirez pas à les émouvoir. —

[111] Il venait très souvent chez moi un homme dont j'ignorais le nom et la qualité, mais que je savais pourtant bien être certainement un homme d'érudition, l'espèce des femmes, avec qui je le mariais, lui était parfaitement égale, belle ou laide, vieille ou jeune; tout lui était indifférent, il ne s'agissait que de bien jouer son rôle, et voici ce dont il s'agissait: il venait ordinairement le matin, il entrait comme par mégarde dans une chambre, où se trouvait une fille sur un lit, troussée jusqu'au milieu du ventre, et dans l'attitude d'une femme, qui se branle, dès qu'on le voyait entrer, la femme, comme surprise, se jetait aussitôt au bas du lit: „Que viens tu faire ici, scélérat," lui disait-elle, „qui te donne, coquin, la permission de me troubler?" — Il demanda excuse, on ne l'écoutait pas et tout en l'accablant d'un nouveau déluge d'invectives les plus dures, et les plus piquantes, elle tombait sur lui à grand coups de pieds dans le cul, et il lui devenait d'autant plus difficile de manquer son coup, que le patient, loin d'éviter, ne manquait jamais de se tourner et de présenter le derrière, quoiqu'il eût l'air d'éviter et de vouloir fuir. On redoublait, il demanda grâce, les coups

et les sottises étaient toute la réponse, qu'il recevait, et dès qu'il se sentait suffisamment excité, il sortit promptement son vit d'une culotte, que jusqu'à cet instant il avait avec soin tenue très boutonnée, et se donnant légèrement trois ou quatre coups de poignets, il déchargeait en se sauvant, pendant que l'on con-
[112] tinuait et les invectives et les coups. Un second ou plus dur, ou plus accoutumé à cette sorte d'exercice, ne voulait y procéder qu'avec un porte-faix ou un crocheteur, qui comptait son argent, le libertin entrait furtivement, le malotru criait au voleur, de ce moment, comme sur l'autre, les coups et les sottises se distribuèrent, mais avec cette différence, que celui-ci tenant toujours sa culotte baissée, voulait recevoir en plein sur le milieu des fesses à nu les coups, que l'on lui appliquait, et qu'il fallait que l'assaillant eût un gros soulier ferré, plein de boucles. Au moment de sa décharge, celui-ci ne s'esquivait pas, planté, ses culottes bien basses, au milieu de la chambre en se secouant de toutes ses forces, il recevait les coups de son ennemi, et à ce dernier instant, le déficit de lui faire demander quartier, l'insulte à son tour, et jurant qu'il mourait de plaisir; plus l'homme que je donnais à celui-ci était vile, plus il était de la lie du peuple, plus son soulier était grossier et sale, et plus je le comblais de volupté, je devais mettre à ces raffinements-là les mêmes soins qu'il faudrait employer avec un autre homme, pour farder
[113] et embellir une femme. Un troisième voulait se trouver dans ce qu'on appelle dans une maison. Le sérail à l'instant, où deux hommes payés et apportés exprès y élevèrent un dispute. On s'en prenait à lui, il demandait grâce, il se jetait à genoux, on ne l'écoutait pas, et

l'un des deux champions tombant aussitôt sur lui, l'accablait de coups de cannes jusqu'à l'entrée d'une chambre préparée et dans laquelle il se sauvait, là une fille le recevait, le consolait, le caressait comme on ferait à un enfant qui vient se plaindre, elle troussait ses jupes, lui montrait le derière, et le libertin déchargeait dessus.

[114] Un quatrième exigeait les mêmes préliminaires, mais dès que les coups de cannes commençaient à pleuvoir sur son dos, il se branlait devant tout le monde. Alors on suspendait un instant la dernière opération, quoique les coups de cannes et les invectives roulassent toujours, puis dès qu'on le voyait s'animer, et que son foutre était prêt à partir, on ouvrait une fenêtre, on le saisissait par le milieu du corps, et on le jetait de l'autre coté sur le fumier préparé exprès, et que ne lui faisait faire une chute tout au plus que de 6 pieds, tel était l'instant de sa décharge, son morale était excité par les apprêts qui précédaient, et son physique ne le devenait que par l'élan d'une chute, et ce n'était jamais que sur le fumier que son foutre coulait, on ne le revoyait plus, une petite porte, dont il avait la clef, se

[115] trouvant en bas, il disparaissait sur le champ. Un homme payé pour cela et mis en tapageur, entrait brusquement dans la chambre, où l'homme qui nous fournit le 5e exemple se trouvait enfermé avec une fille, dont il baisait le derrière en attendant l'exécution. Le tapageur s'en prenant au miché, lui demandait insolemment en enfonçant la porte, de quel droit il prenait ainsi sa maîtresse, puis mettant l'épée à la main, il lui disait de se défendre, le miché tout confus se jetait à genoux, demandait pardon, baisait la terre, baisait les pieds de son ennemi, et lui jurait qu'il pouvait reprendre sa

maîtresse, et qu'il n'avait pas envie de se battre pour une femme, le tapageur rendu plus insolent par ces souplesses de son adversaire, devenait bien plus impérieux, il traitait son ennemi de poltron, de plat déjà à foutre et le menaçait de lui couper le visage avec la lame de son épée, et plus l'un devenait méchant plus l'autre aussitôt s'humiliait, enfin au bout de quelqu'instants de débat, l'assaillant offrait une composition à son ennemi. — „Je vois bien que tu [demandes pardon]," lui disait-il, „je te fais grâce mais à condition que tu baiseras mon cul." — „Oh, monsieur, tout ce que vous voudrez," disait l'autre enchanté, „je vous le baiserai merdeux même, si vous voulez pourvu que vous ne me fassiez aucun mal." Le tapageur rengainant, exposait à l'instant son derrière, le miché trop heureux se jetait dessus avec enthousiasme, et pendant que le jeune homme lui lâchait une demi douzaine de pets au nez, le vieux paillard au comble de sa joie lâchait du foutre en mourant de plaisir.[189])

„Tous ces excès se conçoivent," dit Durcet, en bégayant parce que le petit libertin bandait au récit de ces turpitudes, „rien de si simple que d'aimer l'avilissement et de trouver des jouissances dans le mépris. Celui qui aime avec ardeur les choses qui déshonorent, trouve du plaisir à l'être, et doit bander quand on lui dit, qu'il l'est, la turpitude est une jouissance très commode, c'est aimer ainsi, on aime à s'entendre dire ce qu'on aime à mériter, et il est impossible de savoir, où peut aller sur cela l'homme qui ne rougit plus de rien, c'est ici l'histoire de certains malades qui se plaisent dans leur cacochymie." — „Tout cela est l'affaire du cynisme," dit Curval en maniant les fesses de Fanchon,

„qui ne sait pas que la punition même produit des enthousiasmes et n'a-t-on pas vu des gens bander à l'instant où l'on les déshonorait publiquement?" Tout le monde sait l'histoire du Marquis de .... qui dès qu'on lui eut appris la sentence, qui le brûlait en effigie, sortit son vit de sa culotte et s'écria: „foutre Dieu," me voilà au point où je me voulais, me voilà couvert d'opprobre et d'infamie, laissez-moi, laissez-moi, il faut que j'en décharge," et il le fit au même instant. — „Ce sont des faits," dit à cela le duc, „mais expliquez m'en la cause." — „Elle est dans notre cœur," reprit Curval, „une fois que l'homme s'est dégradé, qu'il s'est avili par des excès, il a fait prendre à son âme une espèce de tournure vicieuse, dont rien ne peut plus la sortir; dans tout autre cas, la honte servirait de contrepoids aux vices, où son esprit lui conseillerait de se livrer, mais ici, cela ne se peut plus, c'est le premier sentiment qu'il a éteint, c'est le premier, qu'il a banni loin de lui, et de l'état où l'on est, en ne rougissant plus, à celui d'aimer tout ce qui fait rougir, il n'y a exactement qu'un pas. Tout ce qui affectait désagréablement, trouvant une âme différemment préparée, s'a métamorphosé alors à plaisir, et de ce moment-là tout ce qui rappelle le nouvel état, que l'on adopte, ne peut plus être que voluptueux." — „Mais quel chemin il faut avoir fait dans les vices, pour en être là!" dit l'évêque. — „J'en conviens," dit Curval, „mais cette route se fait imperceptiblement, on ne la suit que sur des fleurs, un excès amène l'autre, l'imagination toujours insatiable nous amène bientôt au dernier terme, et comme elle ne parcourt sa carrière qu'en endurcissant le cœur, dès qu'elle a touché le but, ce cœur, qui contenait jadis quelque vertu, ne reconnait plus une seule, accoutumé à des choses plus vives, il secoue promptement les premières impressions molles et sans douceur, qui l'avaient enivré jusque lors et comme il sent bien que l'infamie et le déshonneur vont être la suite de ses nouveaux mouvements pour n'avoir pas à le redouter, il commence par se familiariser avec eux, il ne les a pas plutôt caressés, qu'il les aime parce qu'ils tiennent à la nature de ses nouvelles conquêtes, et il ne change plus." — „Voilà donc ce qui rend la correction si difficile," dit l'évêque. — „Dites impossible," mon ami, et comment les punitions infligées à celui que vous voulez corriger réussiraient-elles à les convertir, puisque à cela près de quelques privations, l'état d'avilissement, qui caractérise celui où vous le placez, en le punissant lui plaît l'amuse, le délecte, et il jouit au dedans de lui même d'avoir été assez loin pour mériter d'être ainsi traité." — „O quel énigme, que l'homme," dit le duc. — „Oui mon ami," dit Curval, „et voilà ce qu'on a fait dire à un homme de beaucoup d'esprit, „qu'il valait mieux de foutre que de le comprendre." — Et le souper venant interrompre nos interlocuteurs, on fut se mettre à table sans avoir rien fait de la soirée. Mais Curval au dessert bandant comme un diable, déclara qu'il voulait faire sauter un pucelage, dût-il en payer vingt amendes, et s'emparant aussitôt de Zelmire, qui lui était destinée, il allait l'entraîner dans le boudoir, lorsque les trois amis se jettent au devant de lui, le supplièrent de se soumettre à ce que lui-même avait préscrit, et puisqu'eux avaient pour le moins autant d'envie d'enfraindre ces lois, s'y soumettaient cependant, il devait les imiter au moins par complaisance, et comme on avait sur-le-champ envoyé chercher Julie qu'il aimait, elle s'empara de lui avec la Chanville et Brisecul et ils passèrent tous trois dans le salon, où les autres amis les rejoignant bientôt pour commencer les orgies, les trouvèrent aux prises et Curval lâchant enfin son foutre au milieu des plus lubriques postures et des épisodes les plus libertins. Durcet aux orgies se fit donner deux ou trois cent coups de pieds au cul par les vieilles; l'évêque, Curval et le duc, par les fouteurs et personne avant d'aller se coucher ne fut exempt de perdre plus ou moins de foutre, suivant les facultés qu'il en avait reçues de la nature. Comme on craignant quelque nouveau retour de la fantaisie déflorante, que Curval venait d'annoncer, on fit coucher avec soin les vieilles dans les chambres des filles et des garçons, mais ce soin ne fut pas nécessaire, et Julie qui s'en empara toute la nuit, le rendit le lendemain à la société aussi souple qu'un gant.

Vingt-quatrième journée.

C'est une véritable maladie de l'âme, la dévotion, on a beau faire, on ne s'en corrige point, plus facile de s'imprégner dans l'âme des malheureux, parce qu'elle les console, parce qu'elle leur offre des chimères pour les consoler de leurs maux, il est bien plus difficile encore de l'extirper dans ces âmes-là, que d'âmes d'autres : c'était l'histoire d'Adélaïde, plus le tableau de la débauche et du libertinage se développait à ses yeux, plus elle se rejeta dans les bras de ce Dieu consolateur, qu'elle espérait avoir un jour pour libérateur des maux, où elle ne voyait que trop qu'allait l'entraîner sa malheureuse situation ; personne ne sentait mieux son état qu'elle ; son esprit lui présageait au mieux tout ce qui devait suivre ; le funeste commencement dont elle était déjà victime, quoique légèrement ; elle comprenait à merveille qu'en mesure que les récits deviendraient plus forts, les procédés des hommes envers les compagnes et elle deviendraient aussi plus féroces, tout cela, quelque chose qu'on pût lui dire, lui faisait, tant qu'elle pouvait, rechercher avec avidité la société de sa chère Sophie, elle n'osait plus y aller la nuit, on s'en était trop aperçu et on s'opposait trop bien à ce que de pareilles incartades purent arriver désormais, mais sitôt qu'elle avait un instant elle y volait, et cette même matinée-ci, dont nous écrivons le journal, s'étant levée de très bonne heure d'auprès de l'évêque avec qui elle avait couchée, elle était venue dans la chambre des jeunes filles, causer avec sa chère Sophie ; Durcet qui, à cause des fonctions de son mois, se levait aussi plus matin que les autres, l'y trouva et lui déclara qu'il ne pouvait pas s'empêcher d'en rendre compte et que la société en déciderait, comme il lui plairait. Adélaïde pleura, c'était là toutes ses armes, et se laissa faire, la seule grâce qu'elle osa demander à son mari, fut de tâcher de ne point faire punir Sophie, qui ne pouvait pas être coupable, puis que c'était elle, qui était venue la trouver, et non Sophie, qui était venue dans sa chambre. Durcet dit qu'il dirait le fait, comme il était, et qu'il n'en déguiserait rien, rien ne s'attendrit, moins qu'un correcteur, qui a le plus grand intérêt à la correction ; c'était ici le cas, il n'y avait rien de si joli à punir que Sophie ; par quel motif Durcet l'aurait-il épargnée ? On s'assemble et le financier rendit compte, c'était une récidive ; le président se ressouvint que quand il était au palais, ses ingénieux confrères prétendaient que comme une récidive prouvait que la nature agissait dans un homme plus fortement que l'éducation et que les principes, que par conséquent en récidivant il attestait pour ainsi dire, qu'il n'était pas maître de lui-même, il fallait le punir doublement. [Il] voulut raisonner aussi conséquemment, avec autant d'esprit que ses anciens condisciples, et déclara qu'en conséquence, il fallait les punir, elle et sa compagne, dans toute la rigueur des ordonnances ; mais comme ces ordonnances portaient peine de mort pour un tel cas, et qu'on avait envie de s'amuser encore quelque temps avec ces dames, avant d'en venir là, on se contenta de les faire venir, de les faire mettre à genoux, et de leur lire l'article des ordonnances en leur faisant sentir tout ce qu'elles venaient de risquer en s'exposant à un tel délit, cela fait, à leur infliger une pénitence triple de celle qu'elles avaient endurée samedi dernier, on les fit jurer, que cela n'arriverait plus, on leur protesta que si ça arrivait encore, on userait de toute rigueur envers elles, et on les inscrivit sur le livre fatal. — La visite de Durcet y fit placer encore trois noms de plus, deux chez les filles, et un chez les garçons, c'était le résultat de la nouvelle expérience des petites indigestions, elles réussissaient fort bien, mais il en arrivait, que ces pauvres enfants ne pouvant plus se retenir, se mettaient à tout instant dans le cas d'être punis, c'était l'histoire de Fanni, d'Hébé chez les sultanes, et d'Hyacinthe chez les garçons, ce qu'on trouva dans leur pot, était énorme, et Durcet s'en amusa longtemps, on n'avait jamais tant demandé [de] permission[s] du matin, et tout le monde jurait après Duclos de ce qu'elle avait indiqué un beau secret. Malgré la multitude des permissions demandées on n'en accorda qu'à Constance, Hercule, 2 fouteurs subalternes, Augustine, Zéphire et la Desgranges, on s'en amusa un instant et l'on se mit à table. — „Tu vois," dit Durcet à Curval, „le tort que tu as eu de laisser instruire tes filles de la religion, on ne peut plus maintenant la faire renoncer à ces imbécillités-là, je te l'avais bien dit dans le temps." — „Ma foi," dit Curval, „je croyais que de les connaître serait pour elle une raison de plus de les détester, et qu'avec l'âge elle se convaincrait de l'imbécillité de ces infames dogmes." — „Ce que tu dis-là est bon dans une tête raisonnable," dit l'évêque, „mais il ne faut pas s'en flatter avec un enfant." — „Nous serons obligés d'en venir à des parties violentes," dit le duc, qui savait bien qu'Adélaïde l'écoutait. „On y viendra," dit Durcet, „je lui réponds d'avance, que si elle n'a que moi pour avocat, elle sera mal défendue." — „Oh je le crois, monsieur," dit Adélaïde, en pleurant, „vos sentiments pour moi sont assez connus." — „Des sentiments," dit Durcet, „je commence, ma belle épouse, par vous prévenir, que je n'en ai jamais eu pour aucune femme, et moins assurément pour vous, qui êtes la mienne, que pour toute autre, j'ai la religion en haine, ainsi que tous ceux, qui la pratiquent, et de l'indifférence que je prouve pour vous je vous préviens, que je passerais bien promptement à la plus violente aversion, si vous continuez de révérer d'infames et exécrables chimères, qui firent de tous temps l'objet de mon mépris; il faut avoir perdu l'esprit pour admettre un Dieu et être devenu tout à fait imbécile, pour l'adorer, je vous déclare en un mot devant votre père et ces messieurs, qu'il n'y aura point d'extrémités, où je ne me porte vis-à-vis de vous, si je vous reprends encore à pareille faute, il fallait vous faire religieuse, si vous vouliez adorer votre Jean Foutre de Dieu, vous l'auriez prié là tout à votre aise." — „Ah," reprit Adélaïde en gémissant, „religieuse, grand Dieu, religieuse, plût au ciel, que je le fusse." — Et Durcet, qui se trouvait alors vis-à-vis d'elle, impatienté de la réponse, lui lança de côté une assiette d'argent au visage, qui l'aurait tuée, si elle l'eût atteinte à la tête, car le choc en fut si violent qu'elle se plia contre la muraille. „Vous êtes une insolente créature," dit Curval à sa fille, qui pour éviter l'assiette s'était jetée entre son père et Antinous, „vous mériteriez, que je vous donnasse cent coups de pieds dans le ventre," et la rejetant loin de lui avec un coup de poing: „allez faire à genou des excuses à votre mari," lui dit-il, ou nous allons vous faire subir tout à l'heure la plus cruelle des punitions, elle fut se jeter en larmes aux pieds de Durcet, mais celui-ci qui avait vivement bandé en jetant l'assiette, et qui disait que pour mille louis, il n'aurait pas voulu manquer son coup, dit, qu'il fallait qu'il y eût sur-le-champ une correction générale et exemplaire, sans faire tort à celle de samedi, qu'il demandait que pour cette fois, sans conséquence, on congédia les enfants du café, et que cette expédition se fit à l'heure où l'on avait coutume de s'amuser en venant de prendre le café, tout le monde consentit. Adélaïde et les deux seules vieilles Louison et Fanchon, les plus méchantes des quatre et les plus craintes des femmes, passèrent au salon de café, où les circonstances nous obligent de tirer le rideau sur ce qui se passa, ce qu'il y a de certain, c'est que nos quatre héros déchargèrent, et qu'on permit à Adélaïde de s'aller coucher. — C'est au lecteur à faire sa combinaison et à trouver agréable, s'il lui plaît que nous le transportions tout de suite aux narrations de Duclos. Chacun s'étant placé auprès des épouses, excepté le duc, qui ce soir la devait avoir Adélaïde, et qui la fit remplacer par Augustine, chacun donc s'étant arrangé, Duclos reprit ainsi le fil de son histoire. — „Un jour," dit cette belle fille, „que je soutenais à une de mes compagnes en maquerellage, que j'avais sûrement vu au fait de flagellations passives tout ce qu'il était possible de voir de plus fort, puisque j'avais fouetté et vu fouetter des hommes avec des épines et avec des nerfs de bœufs." — „Oh parbleu," me dit-elle, „pour te convaincre qu'il s'en faut beaucoup, que tu aies vu, ce qu'il y a de plus fort dans ce genre, je veux t'envoyer demain une de mes pratiques," — et m'ayant fait avertir le matin de l'heure de la visite, et du cérémonial à observer avec ce vieux fermier, qui se nommait, je m'en souviens, M. de Grancourt, je préparais tout ce qu'il fallait et j'attendais notre homme, c'était à moi, qu'il devait avoir affaire, les choses étaient ainsi arrangées; il arriva, et après nous être enfermés: „Monsieur," lui dis-je, „je suis désespérée de la nouvelle que j'ai à vous apprendre, mais vous voilà prisonnier, et vous ne pouvez plus sortir d'ici, je suis désespérée, que le parlement ait jeté les yeux sur moi, pour exécuter votre arrêt, mais il l'a voulu ainsi, et j'ai son ordre dans ma poche, la personne qui vous a envoyé chez moi, vous a tendu une piége, car elle savait bien de quoi il était question, et certainement elle aurait pu vous éviter cette scène, au reste vous savez votre affaire, on ne se livre pas impunément aux crimes noirs et affreux, que vous avez commis, et je vous trouve fort heureux, d'en être quitte à si bon marché." — Notre homme avait écouté ma harangue avec la plus grande attention, et dès qu'elle fut finie, il se jeta en pleurant à mes genoux en me suppliant de le menager. „Je sais bien," dit-il, „que je me suis grandement oublié, j'ai puissamment offensé Dieu et la justice, mais puisque c'est vous, ma bonne dame, qui êtes chargée de ma correction, je vous demande avec instance de me menager." — „Monsieur," lui dis-je, „je ferai mon devoir, que savez-vous si je ne suis pas moi-même examinée, et si je suis maîtresse, de me livrer à la compassion, que vous m'inspirez, — déshabillez-vous et soyez docile, c'est tout ce que je puis vous dire." — Grancourt obéit et dans une minute il fut nu comme la main, mais grand Dieu! Quel corps offrait-il à ma vue, je ne puis vous le comparer qu'à un taffetas chiné, il n'y avait pas une place de son corps tout marqué, qui ne portât les preuves des déchirures, cependant j'avais mis au feu une discipline de fer armée de pointes aigues qui m'avait été envoyée le matin avec l'instruction[190]) de cette arme meurtrière, se trouva rouge à peu près au même instant, où Grancourt ce trouva nu, je m'en empare et commençant à le flageller avec doucement d'abord, puis un peu plus fort, et puis à tour de bras, et cela indistinctement depuis la nuque du cou jusqu'aux talons, en un instant je mets mon homme en sang. — „Vous êtes un scélérat," lui disais-je, en frappant [son corps], „qui avez commis toute sorte de crimes, rien n'est sacré pour vous et dernièrement encore, on dit, que vous avez empoisonné votre mère." — „Cela est vrai, madame, cela est vrai, disait-il, en se branlant, „je suis un monstre, je suis un criminel, il n'y a pas d'infamies et que je n'aie pas faites, et que je ne sois prêt à faire encore, allez, vos coups sont inutiles, je ne me corrigerai jamais, j'ai trop de volupté dans le crime, — vous me tueriez que je le commettrais encore, le crime est mon élément, il est ma vie, j'y ai vécu, et j'y veux mourir." — „Et vous sentez," [dit Duclos] „combien [il] m'animait lui-même par ce propos, je redoublais et mes invectives et mes coups, le foutre lui échappe, pourtant c'était le signal, à ce mot je redouble de vigueur et tâche de le frapper sur les endroits les plus sensibles, il cabriole, il saute, il m'échappe et va se jeter en déchargeant dans un cuve d'eau tiède préparée tout exprès pour la purition de cette sanglante cérémonie. — Oh! pour le coup je cédais à ma compagne l'honneur d'en avoir vu plus que moi, sur cet article, et je crois, que nous pouvions bien nous dire alors les deux seules de Paris, qui en eussions vu autant, car notre Grancourt ne variait jamais, et il y avait plus de vingt ans, qu'il allait tous les 3 jours chez cette femme, pour pareille expé-

[117] dition. — Peu après, cette même amie m'adresse chez un autre libertin dont la fantaisie, je le crois, vous paraîtra pour le moins aussi singulière: la scène se passait à sa petite maison, en route, on m'introduit dans une chambre assez sombre, où je vois un homme au lit, et dans le milieu de la chambre une bière: „Vous voyez," me dit notre libertin, „un homme au lit de la mort, et qui n'a voulu fermer les yeux sans rendre encore une fois hommage à l'objet de son culte, j'adore les culs, et je veux mourir en en baisant un, dès que

j'aurai fermé les yeux, vous me placerez vous-même dans cette bière, après m'avoir enséveli et vous m'y clouerez, il entre dans mes intentions, de mourir ainsi dans le sein du plaisir, et d'être servi dans ce dernier moment par l'objet même de la lubricité. ,,Allons," continua-t-il, d'une voix faible et entrecoupée, ,,dépêchez-vous, car je suis au dernier moment." — J'approche, je me tourne, je lui fais voir mes fesses. ,,Ah le beau cul," dit-il, ,,que je suis bien aise d'emporter au tombeau l'idée d'un si joli derrière, et il le maniait et il l'entr'-ouvrait, et il le baisait, comme l'homme du monde qui se porte le mieux. ,,Ah," dit-il, au bout d'un instant en quittant sa besogne et se retournant de l'autre côté, ,,je savais bien que je ne jouirais pas longtemps de ce plaisir, j'expire, souvenez-vous de ce que je vous ai recommandé, et en disant cela, il pousse un grand soupir, se roidit, et joue si bien son rôle, que le diable m'emporte, si je ne le crus mort, je ne perds pas la tête. Curieuse de voir la fin d'une si plaisante cérémonie, je l'ensévélis, il ne bougeait plus, et soit qu'il eût un secret pour paraître ainsi, soit que mon imagination fût frappée, mais il était raid et froid comme une barre de fer, son vit seul donnait quelque signe d'existence, car il était dur et collé contre son ventre, et des gouttes de foutre semblaient s'en exhaler, malgré lui, sitôt qu'il est empaqueté dans un drap, je l'emporte, et ce n'était pas là le plus aisé, car la manière, dont il se raidissait le rendit aussi lourd qu'une bombe, j'en viens pourtant au bout, et je l'étends dans sa bière, dès qu'il y est, je me mets à réciter l'office des morts, et je le cloue enfin, telle était l'instant de sa crise, à peine a-t-il entendu les coups de marteau, qu'il s'écrie comme un furieux:

„Ah, sacre nom du Dieu, je décharge, sauve-toi, putain, sauve toi, car si je t'attrappe, tu es morte!" — La peur me prend, je me lance sur l'escalier, où je rencontre un valet de chambre adroit et au fait des manies de son maître, qui me donne deux louis, et qui entre précipitamment dans la chambre du patient, pour le délivrer de l'état où je l'avais mis.[191]) — „Voilà un plaisant goût," dit Durcet, „eh bien, Curval, le connaissais-tu celui-là?" — „A merveille," dit Curval, „ce personnage-là est un homme qui veut se familiariser avec l'idée de la mort, et qui n'a pas vu de meilleur moyen pour cela, que de le lier avec une idée libertine, il est parfaitement sûr, que cet homme là mourra en maniant des culs." — „Ce qu'il y a de certain," dit Chanville, „c'est que c'est un fier impie, je le connais, et j'aurais occasion de vous faire voir comme il [agit] avec les plus saintes mystères de la religion." — „Ce doit être," dit le duc, „c'est un homme qui se moque de tout et qui veut s'accoutumer à penser et à agir de même à ses derniers instants." — „Pour moi," ajouta l'évêque, „je trouve quelque chose de très piquant à cette passion, et je ne vous cache pas, que je bande; continue, Duclos, continue, car je sens que je ferais quelque sottise, et je n'en veux plus faire aujourd'hui." — „Eh bien," dit cette belle fille, „en voici un moins compliqué; il s'agit d'un homme qui me suivit cinq ans de suite pour l'unique plaisir de se faire coudre le trou du cul; il s'étendait à plat ventre sur un lit, je m'asseyais entre ses jambes, et là, armée d'une aiguille, et d'une demi aune de gros fil ciré, je lui cousais exactement l'anus tout autour, et la peau de cette partie était chez cet homme tellement dur, et tellement fait au coup

[118]

d'aiguille, que mon opération n'en faisait pas sortir une goutte de sang; il se branlait lui-même, pendant ce temps-là et déchargeait comme un diable au dernier coup d'aiguille, son ivresse dissipée, je défaisais promptement mon ouvrage, et tout était dit. [119] — Un autre se faisait frotter avec de l'esprit du vin sur tous les endroits de son corps, où la nature avait placé du poil, puis j'allumais cette liqueur spiritueuse, qui consommait à l'instant tous les poils, il déchargeait en se voyant en feu, pendant que je lui faisais voir mon ventre, ma motte et le reste. Car celui-là avait le mauvais goût de ne regarder que des devants. — Mais qui [210] de vous, messieurs, a connu Miracont, aujourd'hui président de grande chambre et dans ce temps conseiller clair?" — „Moi," répondit Curval. — „Eh bien, monsieur," dit Duclos, „savez-vous, quelle était et quelle est encore à ce que je crois sa passion?" — „Non, et comme il passe on veut passer pour un dévot, je serais fort aise de le savoir." — „Eh bien," répondit Duclos, „il veut qu'on le prenne pour un âne." . . . „Ah morbleu," dit le duc à Curval, „mon ami, c'est un goût debat que ceci, je parierais qu'alors, cet homme-là croit qu'il va juger, eh bien, ensuite," dit le duc. — „Ensuite, Mgr.," reprit Duclos, „il faut le mener par le cou, le promener ainsi à l'heure dans la chambre, il braye, on le miche, et dès qu'on est dessus, on le fouette sur tout le corps avec une houcine, comme pour presser sa marche, il le redouble, et comme il se branle pendant ce temps-là, dès qu'il décharge, il jette les hauts cris, fait une ruade, et jette la fille les quatre [pattes] en l'air." — „Oh, pour celle-là," dit le duc, „elle est plus divertissante, que lubrique et dis moi, je te prie, Duclos, cet homme-là t'at-il dit, s'il avait quelques camarades de son goût?" — „Oui, Mgr.," dit l'aimable Duclos, en entrant avec esprit dans la plaisanterie, et descendait de son estrade, parce que sa tâche était remplie, „oui, Mgr., il me dit, qu'il en avait beaucoup, mais qu'ils ne voulaient partout se laisser monter." La scène étant finie, on voulait faire quelques sottises avant souper. Le duc serrait Augustine, de fort près: „Je ne m'étonne pas," disait-il, en la branlant sur le clitoris, et en lui faisant empoigner son vit, „je ne m'étonne pas, qu'il prenne quelque fois à Curval des tentations de rompre le pacte, et de faire sauter un pucelage, car je sens que dans ce moment-ci par exemple, j'enverrais de bon cœur au diable celui de Augustine." — „Lequel," dit Curval. — „Ma foi, tous deux," dit le duc, „mais il faut être sage, en attendant ainsi nos plaisirs, nous les rendrons plus délicieux. Allons, petite fille, faites-moi voir vos fesses, ça fera changer peut-être la nature de mes idées. — Sacre Dieu, le beau cul, qu'à cette petite putain-là, Curval, que me conseilles-tu, d'en faire?" — „Une vinaigrette," dit Curval. — „Peut à Dieu," dit le duc, „mais patineé . . tu verras, que tout viendra avec le temps." — „Mon très cher frère," dit le prélat d'une voix coupée, „vous tenez des propos, qui sentent le foutre." — „Eh vraiment, c'est que j'ai grande envie d'en perdre." — „Et qui vous en empêche?" dit l'évêque. — „Oh tout plein de choses," reprit le duc, „d'abord il n'y a pas de merde, et j'en voudrais, et puis je ne sais, j'ai envie de tout plein de choses." — „Et de quoi?" dit Durcet, à qui Antinous chiait dans la bouche — „De quoi?" dit le duc, „d'une petite infamie, à laquelle il faut que je me livre," — et passant au boudoir du fond avec Augustine, Zélamir, Cupidon, Duclos, Desgranges et Hercule, on entendit au bout d'une minute des cris et des jurements qui prouvaient, que le duc venait enfin de calmer et sa tête et ses couilles. On ne sait pas trop, ce qu'il avait fait à Augustine, mais malgré son amour pour elle, on la vit revenir en pleurant, et un de ses doigts entortillé, nous sommes désolés de ne pouvoir pas encore expliquer tout cela, mais il est certain, que ces messieurs, sous main et avant que cela ne fût bien exactement permis, se livraient à des choses qu'on ne leur avait pas encore racontées, et à cela, ils manquaient formellement aux conventions qu'ils avaient établies, mais quand une société entière commet les mêmes fautes, elle se les pardonne assez communément; le duc rentra et vit avec plaisir, que Durcet et l'évêque n'avaient pas perdu leur temps, et que Curval entre les bras de Brise-cul faisait délicieusement, tout ce qu'on peut faire, avec tout ce qu'il avait pu rassembler près de lui d'objets voluptueux. On servit, — les orgies à l'ordinaire, et l'on fut se coucher, toute [écarbouillée] qu'était Adélaïde, le duc qui devait l'avoir cette nuit-là, la voulut, et comme il était revenu des orgies un peu ivre à son ordinaire, on dit, qu'il ne la menagea pas, enfin la nuit se passa comme toutes les précédentes, c'est à dire dans le sein du délire et de la débauche, et la blonde Aurore étant venue, comme disent les poètes, ,,ouvrir le palais d'Apollon," ce Dieu assez libertin lui-même, ne monta sur son char azuré que pour venir éclairer de nouvelles luxures.

Vingt-cinquième journée.

Une nouvelle intrigue se formait pourtant à la soudaine dans les murs inpénétrables du château de Silliny, mais elle n'était pas d'une conséquence aussi dangereuse, que celle d'Adélaïde et de Sophie; cette nouvelle société se tramait entre Aline et Zelmire, la conformité de caractère de ces deux jeunes filles avait aidé beaucoup à ce lieu, toutes deux douces et sensibles, deux ans et demi de différence au plus dans leur âge, bien de l'enfance, bien de la bonhommie dans leur caractère, en un mot, presque toutes deux les mêmes vertus et presque toutes deux les mêmes vices, car Zelmire, douce et tendre, était nonchalante et paresseuse, comme Aline, en un mot, elles se convenaient si bien que le matin du 25e on les trouva dans le même lit, et voici comme cela eut lieu, Zelmire était destinée à Curval, couchait comme on sait dans sa chambre cette-même nuit, Aline était femme de lit de Curval, mais Curval revenu ivremort des orgies, ne voulut coucher qu'avec Bande-au-ciel, et moyennant cela les deux petites colombes abandonnées et réunies par hasard, se campèrent, de crainte du froid, toutes les deux dans le même lit. Et là on prétendit que leurs petits doigts s'étaient grattés ailleurs, qu'au coude. Curval en ouvrant les yeux le matin et voyant les deux oiseaux dans le même nid, leur demanda, ce qu'elles faisaient là, et leur ordonnant de venir à l'instant toutes deux dans son lit, il les flaira au dessous du clitoris et reconnut clairement, qu'elles étaient encore toutes deux plein de foutre, le cas était grave, on voulait bien que ces demoiselles fussent des victimes d'impudicité, mais on n'exigeait qu'entre elles il y eut de la décence, car que n'exige pas le libertinage dans sa perpétuelle inconséquence, et si l'on voulait bien quelquefois leur permettre d'être impures entre elles, il fallait que ce fût et par ordre de ces messieurs, et sous leurs yeux moyennant quoi le cas fut porté au conseil, et les deux délinquantes qui ne purent ou n'osèrent désavouer, eurent ordre de montrer comme elles s'y prenaient, et de faire voir devant tout le monde, quel était leur petit talent particulier, elles le firent en rougissant beaucoup, en pleurant, et en demandant pardon de ce qu'elles avaient fait, mais il était trop doux d'avoir ce joli petit couple à punir le samedi d'ensuite, pour qu'on imaginât de leur faire grâce et elles furent subitement inscrites sur le fatal livre de Durcet, — qui par parenthèse — se remplissait très agréablement cette semaine. Cette expédition faite, on acheva le déjeuner et Durcet fit ses visites. Les fatales indigestions valurent encore une délinquante, c'était la petite Michette, elle n'en pouvait plus, disait-elle, on l'avait fait trop manger la veille, et mille autres petites excuses enfantines, qui ne l'empêchèrent pas d'être inscrite. Curval qui bandait beaucoup, saisit le pot de chambre et dévora tout ce qui était dedans. Et jetant ensuite sur elle des yeux courroucés: „Oh oui, parbleu, petite coquine," lui dit-il, „oh oui, parbleu, vous serez corrigée, et de ma main encore, il n'est pas permis de chier comme cela; vous n'aviez qu'à nous avertir au moins, vous savez bien qu'il n'y a pas d'heures, où nous ne soyons prêts à recevoir de la merde." Et il lui maniait fortement les fesses en lui adressant la leçon. Les garçons se trouvèrent intacts. On n'accorda nulle permission pour la chapelle, et l'on se mit à table. On raisonna beaucoup pendant le dîner sur l'action d'Aline, on la croyait une St. Nitouche, et tout à coup voilà des preuves de son tempérament. „Eh bien," dit Durcet à l'évêque, „mon ami, faut-il s'en rapporter à l'air des filles?" Maintenant on convint unanimement qu'il n'y avait rien de si trompeur, et que, comme elles étaient toutes fausses, elles ne se servirent de leur esprit, qu'à l'être avec plus d'adresse, ces propos firent tomber la conversation sur les femmes et l'évêque, qui les abhorrait se livra à toute la haine, qu'elles lui inspiraient, il les ravala à l'état des plus vils animaux, et prouva leur existence si parfaitement inutile dans le monde, qu'on pourrait les extirper toutes de dessus la terre, sans nuir en rien aux vues de la nature, qui ayant bien trouvé autrefois le moyen de créer sans elles, le trouverait bien encore, quand il n'existerait que des hommes.[192]) On passa au café, il était présenté par Augustine, Michette, Hyacinthe, et Narcisse. L'évêque dont un des plus grands plaisirs simples était de sucer le vit des petits garçons s'amusait depuis quelques minutes à ce jeu avec Hyacinthe, lorsque tout à coup, il s'écria en retirant sa bouche pleine.„Ah, secondez, mes amis, voilà un pucelage, voilà la première fois, que ce petit drôle-là décharge j'en suis sur." Et du fait personne n'avait encore vu Hyacinthe en venir là, on le croyait même trop jeune pour y parvenir encore, mais il avait 14 ans fait, c'était l'âge où la nature a coutume de nous combler de ses fureurs, et rien n'était plus réel que la victoire que l'évêque s'imaginait avoir remporté. On voulut cependant constater le fait, et chacun voulut être témoin de l'avanture. On s'assit en demi cercle autour du jeune homme, Augustine, la plus célèbre branleuse du sérail, eut ordre de manualiser l'enfant en face de l'assemblée; et le jeune homme eut permission de la manier et de la caresser en telle partie du corps, qu'il le désirerait. Nul spectacle plus voluptueux, que celui de voir une jeune fille de 15 ans, belle comme le jour, se prêter aux caresses d'un jeune garçon de 14 et l'exciter à la décharge par la plus délicieuse pollution. Hyacinthe aidé peut-être de la nature, mais plus certainement encore par des exemples, qu'il avait sous ses yeux, ne touche, ne manie, ne baise que les jolies petites fesses de sa branleuse, et au bout d'un instant, ses belles joues se colorèrent, il poussa 2 ou 3 soupirs, et son joli petit vit lança à 3 pieds de lui cinq ou six jets d'un petit foutre doux et blanc comme de la crême, qui vint tomber sur les cuisses de Durcet, placé le plus près de lui, et qui se faisait branler par Narcisse, en regardant l'opération. Le fait bien constaté, on caressa et baisa l'enfant de toute part, chacun voulut recueillir une petite portion de sperme, et comme il parut, qu'à son âge et par un début 6 décharges n'étaient pas trop un don qu'il venait de faire, nos libertins lui en firent joindre, chacun un, qu'il leur répandit dans la bouche. Le duc s'étant échauffé de ce spectacle s'empara d'Augustine, et la branla sur le clitoris avec la langue, jusqu'à ce qu'elle eut déchargé deux ou trois fois, ce que la petite friponne pleine de feu et de tempérament fit bientôt, pendant que le duc polluait ainsi Augustine, il n'y avait rien de si plaisant, que de voir Durcet, venant recueillir les symptomes du plaisir, qu'il ne procurait point, baiser mille fois sur la bouche cette belle enfant, et avaler pour ainsi dire la volupté qu'un autre faisait circuler dans ses fesses; il était tard, on fut obligé de soustraire la méridienne et de passer au salon d'histoire, où Duclos attendait depuis longtemps; dès que tout le monde fut arrangé, elle poursuivit le récit de ses avantures dans les termes suivants. — „J'ai déjà eu l'honneur de vous dire, messieurs, il est très difficile de comprendre tous les supplices, que l'homme invente contre lui-même, pour retrouver dans leur avilissement ou dans leur douleur, ces étincelles de plaisir, que l'âge ou la satiété lui ont [121] fait perdre. Croiriez-vous qu'un de cet espèce de gens, homme de 60 ans et singulièrement blasé sur tout le plaisir de la lubricité, ne les reveillait plus dans ses sens, qu'en se faisant brûler avec une bougie sur toutes les parties de son corps et principalement sur celles que la nature destine à ce plaisir-là, on la lui éteignait fortement sur les fesses, le vit, les couilles et surtout sur le trou du cul. Il baisait un derrière pendant ce temps-là, et quand on lui avait vivement renouvelé quinze ou vingt fois cette douloureuse opération, il déchargeait en suçant l'anus, que sa branleuse lui pré- [122] sentait. — J'en vis un autre, peu après, qui m'obligeait de me servir d'une étrille de cheval et de le panser avec sur tout le corps, précisément comme on aurait fait de l'animal, que je viens de nommer, dès que son corps était tout en sang, je le frottais avec de l'esprit de vin, et cette seconde douleur le faisait abondamment décharger sur ma gorge. Telle était le champ de bataille, qu'il voulait arroser de son foutre, je me mettais à genoux devant lui, je prenais son vit dans mes tetons, et il y répandait-là tout à l'aise l'âcre superflu de ses [123] couilles. — Un troisième se faisait arracher, brise-à-brise, tous les poils des fesses, il se branlait pendant

l'operation sur un étron tout chaud, que je venais de lui faire. Puis à l'instant où ce „foutre" de convention m'apprenait l'approche de sa crise, il fallait pour la déterminer que je lui dardasse dans chaque fesse un coup de ciseaux, qui le fit saigner, il avait le cul couvert de ces plaies et à peine pus-je trouver un endroit intact, pour y faire mes deux blessures, à cet instant son nez se plongeait dans la merde, il s'en barbouillait tout le visage et des flots de sperme couronnaient son extase.
[124] — Un quatrième me mettait le vit dans la bouche et m'ordonnait de le lui mordre de toutes mes forces, pendant ce temps-là je lui déchirais les deux fesses avec un peigne de fer à dents très aigues, puis au moment, où je sentais son engin prêt à fondre, ce que m'annonçait une très légère et très faible érection, alors, dis-je, je lui écartais prodigieusement les deux fesses, et j'approchais le trou de son cul, de la flamme d'une bougie placée à terre à ce dessein, ce n'était, qu'à la sensation de la brûlure de cette bougie à son anus, que se décidait l'émission, je redoublais alors mes morsures, et ma bouche se trouvait bientôt pleine. — „Un instant," dit l'évêque, je n'entendrai point aujourd'hui de décharges faits dans une bouche, sans que cela me rappelle la bonne fortune, que je viens d'avoir et ne dispose mes esprits à des plaisirs de même sorte." — En disant cela, il attira à lui Bande-au-ciel, qui était de poste auprès de lui ce soir-là, et se met à lui sucer le vit, avec toute la lubricité d'un vrai bougre; le foutre part, il l'avale, et il renouvelle bientôt la même opération sur Zéphire, — il bandait, et rarement les femmes se trouvaient bien, près de lui, quand il était dans cette crise, malheureusement c'était Aline, sa nièce: „Que

fais-tu là, garce," lui dit-il, „quand ce sont des hommes que je veux," Aline veut s'esquiver, il la saisit par ses cheveux, et l'entraîne dans son cabinet avec Zelmire, et Hébé, les deux filles de son sérail: „Vous allez voir, vous allez voir," dit-il à ses amis, „comme je vais apprendre à ces gueuses-là à me faire trouver des cons sous ma main, quand ce sont des vits que je veux." Fanchon suivit les 3 pucelles par son ordre, et au bout d'un instant, on entendit vivement crier Aline, et les hurlements de la décharge de Mgr. se joindre aux accès douloureux de sa chère nièce; tout rentre. — Aline pleurait, serrait et tortillait le derrière. „Viens me faire voir cela," lui dit le duc, „j'aime à la folie à voir les vestiges de la brutalité de M. mon frère." Aline montra je ne sais quoi, car il m'a toujours été impossible de découvrir ce qui se passait dans cet infernal cabinet, mais le duc s'écria: „Ah foutre, c'est délicieux, je crois que je m'en vais en faire autant." — Mais Curval lui ayant fait observer qu'il était tard et qu'il avait un projet d'amusement à lui communiquer aux orgies, qui demandait et toute sa tête et tout son foutre, on pria Duclos, de faire le cinquième récit par lequel la soirée devait se clore, et elle reprit dans ces termes: — „Du nombre de ces gens extraordinaires," dit cette belle fille, „dont la manie consiste à se faire avilir et dégrader,

[125] était un certain président de la chambre des comptes, que l'on appellait Foucolet, il est impossible d'imaginer à quel point celui-là poursuit cette manie, il fallait lui donner un échantillon de tous les supplices, je le pendais, mais la corde rompait à temps, et il tombait sur de matelats, l'instant après, je l'étendais sur une croix de St. Andrée, et faisais semblant de lui briser les

membres avec une barre de carton, je le marquais sur l'épaule avec un fer presque chaud, et qui laissait une légère empreinte, je le fouettais sur le dos précisément comme fait l'exécuteur des hautes œuvres — et il fallait entremêler tout cela d'invectives atroces, de reproches amères de différents crimes, desquels pendant chacune de ces opérations, il demandait en chemise, une cierge en main, bien humblement pardon à Dieu et à la justice, enfin la séance se terminait sur mon derrière où le libertin venait perdre son foutre, quand sa tête était au dernier degré d'embrasement." „Eh bien, me laisses-tu décharger en paix à présent, que Duclos a fini?" dit le duc à Curval. — „Non, non," dit le président, garde ton foutre! Je te dis, que j'en ai besoin pour les orgies." — „Oh je suis ton valet," dit le duc, „me prends-tu donc pour un homme usé, et t'imagines-tu qu'un peu de foutre que je vais perdre tout à l'heure, m'empêchera de céder et de correspondre à toutes les infamies qui te passeront par la tête dans quatre heures d'ici? — N'aie pas peur, je serai toujours prêt, mais il a plu à monsieur mon frère de me donner là un petit exemple d'atrocité que je serais bien fâché de ne pas avoir exécuté avec Adélaïde, ta chère et aimable fille." Et la poussant aussitôt dans le cabinet avec Thérèse, Colombe et Fanni, les femmes de son quadrille, il y fit vraisemblablement ce que l'évêque avait fait avec sa nièce, et déchargea avec les mêmes épisodes, car on entendit comme tout à l'heure, un cri terrible de la jeune victime, et le hurlement du paillard. Curval voulut décider qui des deux frères s'était le mieux conduit, il fit approcher les deux femmes, et ayant examiné les deux derrières à l'aise, il décida que le duc n'avait imité qu'en surpassant, on fut se mettre à table, et ayant aux moyens de quelques drogues farni de vents les entrailles de tous les sujets, hommes et femmes, on jouit après soupé à péter en gueule, les amis étaient tous quatre couchés sur le dos sur des canapés, la tête relevée et l'on venait tour à tour leur péter dans la bouche, Duclos était chargée de compter et de marquer, et comme il y avait 36 péteurs ou péteuses contre seulement 4 avaleurs, il y en eut, qui reçurent jusqu'à 130 pets. C'était pour cette lubrique cérémonie, que Curval voulait, que le duc se réservât, mais cela était parfaitement inutile, il était trop[193]) ami de libertinage, pour qu'un excès nouveau ne lui fît pas toujours le plus grand effet dans quelque situation qu'on vint le lui proposer, et il n'en déchargea pas moins une seconde fois complètement aux vents moëlleux de Fanchon. Pour Curval, ce furent les pets d'Antinous, qui lui coûtèrent de foutre, tandis que Durcet perdit le sien excité par ceux de Martaine, et l'évêque excité par ceux de Desgranges. Mais les jeunes beautés n'obtinrent rien, tant il est vrai, qu'il faut que tous se suivent et qu'il faut que ce soit toujours les goûts crapuleux, qui exécutent les choses infames.

Vingt-sixième journée.

Comme rien n'était plus délicieux que les punitions, que rien en préparait autant de plaisirs, et de ces sortes de plaisirs, qu'on s'était promis de ne goûter que là, jusque ce que les récits permissent, en les développant, de s'y livrer avec plus d'étendue, on imagina tout, pour tâcher de faire tomber les sujets dans des fautes, qui procurassent la volupté de les punir. Pour cet effet, les amis s'étant assemblés extraordinairement ce matin-là pour raisonner sur cette affaire, on ajouta différents articles aux règlements, dont l'infraction devait nécessairement occasionner des punitions, d'abord on défendit expressément aux épouses, aux jeunes garçons et aux filles de péter ailleurs, que dans la bouche des amis, dès que cette envie lui prenait, il fallait sur-le-champ en aller trouver un, et lui administrer ce qu'on retenait, une forte peine inflictive fut affligée aux délinquents. On défendit de même absolument l'usage des bidets et des torchements de culs, il fut ordonné à tous les sujets généralement et sans aucune exception de ne se jamais laver, et de ne jamais sur toute chose torcher son cul, en revenant de chier; que lorsque leur cul serait trouvé propre, il faudrait que le sujet prouva que c'était un des amis qui le lui avait nettoyé, et qu'il le cite, moyennant quoi l'ami interrogé ayant la facilité de dénier le fait, quand il le voudrait, se procurait à la fois deux plaisirs, celui de torcher un cul avec sa langue et celui de faire punir le sujet, qui venait de lui donner ce plaisir, — on en verra des exemples ensuite. — On indroduisit une cérémonie nouvelle; dès le matin au café, dès qu'on entrait dans la chambre des filles et de même, quand après cela on passait dans celle des garçons, chacun de ces sujets devait l'un après l'autre aller aborder chacun des amis, et lui dire à haute et intelligible voix: „Je me foute de Dieu! Voulez-vous mon cul, il y a de la merde?" et ceux ou celles, qui ne prononceraient pas et la blasphémie et la proposition à haute voix, seraient sur-le-champ inscrits sur le fatal livre. On imagine aisément combien la dévote Adélaïde, et sa jeune élève Sophie eurent de la peine à prononcer de telles infamies, et c'est ce qui divertissait infiniment. Tout cela réglé, on admit la délation; ce moyen barbare de multiplier les vexations admis chez tous les tyrans, fut embrassé avec chaleur, il fut décidé que tout sujet qui porterait une plainte contre un autre gagnerait la suppression de la moitié de sa punition à la première faute, qu'il commettrait, ce qui n'engageait à rien du tout, parce que les sujets qui venaient d'accuser un autre, ignoraient toujours, où devait aller la punition, dont on lui promettait de gagner la moitié, moyennant quoi il était très aisé de lui donner tout ce qu'on voulait donner et de lui persuader encore qu'il avait gagné, on décida et l'on publia que la délation serait cru sans preuve, ensuite qu'il suffirait d'être accusé n'importe par qui, pour être à l'instant inscrit, on augmenta de plus l'autorité des vieilles et sur leur moindre plainte vraie ou non, le sujet était condamné sur-le-champ. On établit en un mot sur ce petit peuple toute la vexation, toute l'injustice qu'on put imaginer, sûr de retirer des sommes d'autant plus fortes de plaisirs que la tyrannie aurait été le mieux exercée, cela fait on visita les garderobes, Colombe se trouva coupable : elle s'excusa sur ce qu'on lui avait fait manger la veille entre ses repas, et qu'elle n'avait pu y résister, qu'elle était bien malheureuse que c'était la quatrième semaine de suite, qu'elle était punie, le fait était vrai, et il ne fallait en accuser que son cul qui était le plus frais, le mieux tourné et le plus mignon, qu'on pût voir; elle objecta qu'elle ne s'était pas torchée et que ça devait au moins lui valoir quelque chose. — Durcet examina et lui ayant effectivement trouvé un très gros et très large placard de merde, on l'assura qu'elle ne serait pas traitée avec autant de rigueur. — Curval qui bandait, s'en empara et lui ayant complètement torché l'anus, il se fit apporter l'étron qu'il mangea en se faisant branler par elle, et entremêlant le repas de force baisers sur la bouche, et d'injonction positive d'avaler à son tour tout ce qu'il lui rapportait de son propre ouvrage. On visita Augustine et Sophie, auxquelles il avait été recommandé, après leur scelle poussée de la veille, de rester dans l'état le plus impur, Sophie était dans la règle, quoiqu'elle eût couché chez l'évêque ainsi que sa place l'exigeait; mais Augustine était de la plus grande propreté; sûre de sa réponse, elle s'avança fièrement et dit qu'on savait bien, qu'elle avait couché suivant sa coutume chez M. le duc, et qu'avant de s'endormir, il l'avait fait venir dans son lit, où il lui avait sucé le trou du cul, pendant qu'elle lui branlait le vit avec sa bouche; le duc interrogé dit qu'il ne se souvenait de cela, — quoique cela fût très vrai, — qu'il s'était endormi le vit dans le cul de la Duclos, qu'on pouvait approfondir le fait; on mit à cela tout le sérieux et toute la gravité possibles, on envoya chercher Duclos, qui voyant bien ce dont il s'agissait, certifia tout ce qui avait avancé le duc et surtout qu'Augustine n'avait été appellée qu'un instant au lit de Mgr. qui lui avait chié dans la bouche pour y revenir manger son étron. Augustine voulut soutenir sa thèse, et disputer contre la Duclos, mais on lui imposa silence et elle fut inscrite, quoique parfaitement innocente; on passa chez les garçons, où Cupidon fut trouvé en faute, il avait dans son pot de chambre le plus bel étron, qu'on pût voir, le duc s'en

empara et le dévora, pendant que le jeune homme lui
suçait le vit, on refusa toutes les permissions de chapelle, et on passa au salon à manger, la belle Constance
qu'on dispensait quelques fois d'y servir à cause de
son état, se trouvant bien ce jour-là, y parût nue et
son ventre, qui commençait un peu à enfler, échauffa
beaucoup la tête de Curval et comme on vit qu'il
commençait à manier un peu durement les fesses et
le sein de cette pauvre créature pour laquelle on s'apercevait, que chaque jour son horreur allait en doublant,
sur ces instances et d'après l'envie qu'on avait de conserver son fruit au moins jusqu'à une certaine époque,
on lui permit de ne plus paraître ce jour-là qu'aux
narrations, dont elle n'était jamais exempte. Curval
se remît à dire des horreurs sur les porteuses d'enfants,
et protesta que s'il était le maître, il établirait la loi
de l'île de Formosa, où les femmes enceintes avant
30 ans sont pilées dans un mortier avec leur fruit,
et que, quand on faisait suivre cette loi-là en France,
il y aurait encore deux fois plus de population qu'il
n'en faudrait.[194]) — On passa au café, il était présenté
par Sophie, Fanni, Zélamir, et Adonis; mais servi d'une
très singulière façon, ce fut avec leur bouche, qu'ils
le firent avaler, Sophie servit le duc, Fanni Curval,
Zélamir l'évêque, Adonis Durcet, ils prenaient les
gorgées dans leur bouche, se la rinçaient avec, et les
rendaient aussi dans le gosier de celui, qu'ils servaient.
Curval qui était sorti de table très échauffé, rebanda de
nouveau à cette cérémonie et quand elle fut achevée,
il s'empara de Fanni et lui déchargea dans la bouche,
en lui ordonnant d'avaler sous les peines les plus graves;
ce que fit ce malheureux enfant, sans même oser

sourciller. Le duc et ses deux autres amis, firent péter ou chier, et la méridienne faite, on vint écouter Duclos, qui reprit ainsi la suite de ses récits. — „Je vais couler rapidement," dit cette aimable fille, „sur les deux dernières aventures qui me restent à vous conter de ces hommes singuliers, qui ne trouvent leur volupté que dans la douleur qu'on leur fait éprouver; et puis nous changerons de matière, si vous le trouvez bon, —

[126] le premier, pendant que je le branlais, nue et debout, voulut que par le trou, fait au plafond on nous jeta tout le temps que devait durer la scène, des flots d'eau presque bouillante sur le corps, j'eus beau à lui représenter, que n'ayant pas la même passion que lui, j'allais pourtant comme lui m'en trouver la victime, il m'assura, que je n'en ressentirais aucun mal, et que ces douches-là étaient supérieures pour la santé; je le crus et me laissa faire, et comme c'était chez lui, je ne fus pas maîtresse du degré de chaleur de l'eau; elle était presque bouillante, on n'imagine pas le plaisir qu'il éprouva en la recevant, pour moi, toute en l'opérant le plus promptement que je pûs, je criai je vous l'avoue, comme un matou, que l'on échaude, ma peau en pela, et je me permis bien de ne jamais retourner chez cet homme." — „Ah, parbleu," dit le duc, „il me prend envie de chauder comme cela la belle Aline." — „Mgr.," lui répondit humblement celle-ci, „je ne suis pas un cochon," — et la franchise naïve de sa réponse enfantine ayant fait rire tout le monde, on demanda à Duclos, quelle était le second et

[127] dernier exemple qu'elle avait à citer du même genre. — „Il n'était pas tout à fait si pénible pour moi," dit Duclos, „il ne s'agissait que de se cuirasser la main

d'un bon gant, puis de prendre avec cette main du gravier brûlant dans une poêle sur un réchaud, et la main ainsi remplie, il fallait frotter mon homme avec ce gravier presque en feu depuis la nuque du cou jusqu'aux talons, son corps était si singulièrement endurci à cet exercice, qu'il semblait que ce fut du cuir, quand on en était au vit, il fallait le prendre et le branler au milieu d'une poignée de ce sable brûlant, il bandait fort vite, alors de l'autre main je plaçais sous ses couilles, la pèle toute rouge, et préparée à dessein. Ce frottement d'une part, cette chaleur dévorante dont ses testicules étaient dévorées, peut-être un peu d'attouchements sur mes deux fesses, que je devais toujours tenir très présentées, pendant l'opération, tout cela le faisait partir, et il déchargeait ayant bien soin de faire couler son sperme sur la pèle rouge, et de la considérer brûler avec délice. „Curval," dit le duc, „ce-ci est un homme, qui ne me paraît pas aimer la population plus que toi." — „Cela m'en a l'air," dit Curval, „je ne te cache pas, que j'aime l'idée de vouloir brûler son foutre." — „Oh, je vois bien, toute celle, qu'elle te donne," dit le duc, „et fût-il même éclos, tu le brûlerais avec le même plaisir, n'est ce pas?" — „Ma foi, je le crains fort,"' dit Curval, en faisant je ne sais quoi à Adélaïde, qui lui fit jeter un grand cri. „Eh à qui en as-tu, putain?" dit Curval à sa fille, „à piailler de la sorte — ne vois-tu pas, que le duc me parle de brûler, de vexer, de morigéner du foutre éclos, et qu'es-tu, je t'en parie, si non un peu de foutre éclos au sortir de mes couilles? — Allons poursuivez, Duclos," ajouta Curval, „car je sens que les pleurs de cette garce-là me feraient décharger, et

je ne veux pas." — "Nous voici," dit cette héroine, "à des détails qui, portant avec eux des caractères de singularités plus piquantes, vous plairont peut-être davantage; vous savez que l'usage, à Paris, est d'exposer [128] les morts aux portes des maisons; il y avait un homme dans le monde, qui me payait douze francs par chacun de ces appareils lugubres, où je pouvais le conduire, dans une soirée; toute sa volupté consistait à s'en approcher avec moi, le plus près possible, au bord même du cercueil si nous pouvions, et là je devais le branler en sorte que son foutre éjacula sur le cercueil, nous en allions courir comme cela 3 ou 4 dans la soirée, suivant le nombre que j'en avais découvert, et nous faisions la même opération à tous, sans qu'il me touchât autre chose que le derrière, pendant que je le branlais. C'était un homme d'environ 30 ans et j'ai eu sa pratique plus de 16 ans, pendant lesquels je suis sûre de l'avoir fait décharger sur plus de deux mille cercueils."[195]) "Mais, disait-il quelque chose pendant son opération," dit le duc, "adressait-il quelque parole à vous ou au mort?" — "Il invectivait le mort," dit Duclos, "il lui disait, "tiens coquin, tiens bougre, tiens scélérat, emporte mon foutre avec toi dans les enfers!"" — "Voilà une singulière manie," dit Curval. "Mon ami," dit le duc, "sois sûr, que cet homme-là était un des nôtres, et qu'il n'en restait sûrement par là."
— "Vous avez raison, Mgr." dit la Martaine, "et j'aurai occasion de vous représenter encore une fois cet acteur-là sur la scène. — Duclos alors, profitant du silence, [129] reprit ainsi. — "Un autre poussant beaucoup plus loin une fantaisie à peu près semblable, voulait que j'eusse des espions en campagne pour l'avertir chaque fois

que l'on enterrait dans quelque cimetière une jeune fille, morte sans maladie dangereuse; c'était la chose qu'il me recommandait le plus, dès que je lui avais trouvé son affaire (et il me paya toujours la découverte très chère), nous partions le soir, nous nous introduisions dans le cimetière comme nous pouvions et allant tout de suite au trou indiqué par l'espion et dont la terre était le plus fraîchement remuée, nous travaillions promptement tous deux à écarter avec nos mains tout ce qui couvrait le cadavre, et dès qu'il pouvait le toucher, je le branlais dessus, pendant qu'il le maniait partout, et sur tout sur les fesses, s'il le pouvait quelquefois il rebandait une seconde fois, mais alors il chiait et me faisait chier sur le cadavre, et déchargeait par dessus en palpant toujours toutes les parties du corps, qu'il pouvait saisir." „Oh pour celle-là, je la conçois," dit Curval, „et s'il faut ici vous faire ma confession, c'est que je l'ai fait quelque fois dans ma vie, il est vrai que j'y ajoutais quelques épisodes, qu'il n'est pas encore temps de vous dire; quoiqu'il en soit, elle me fait bander, écartez vos cuisses, Adélaïde!" — et je ne sais ce qui se passa, mais le canapé cria, plia sous le faix; on entendit une décharge très constatée, et je crois que tout simplement et très vertueusement M. le président venait de faire un inceste. „Président," dit le duc, „je parie, que tu as cru qu'elle était morte." — „Oui, en verité," dit Curval, „car je n'aurais pas déchargé sans cela;" et Duclos voyant qu'on ne disait plus mot, termina ainsi sa soirée: — „Pour ne pas vous laisser, messieurs, dans des idées ainsi lugubres, je vais clore ma soirée par le récit de la passion du duc de Bonnefort. Ce jeune seigneur que j'ai amusé cinq ou six fois, et qui pour la même opération voyait souvent une de mes amies, exigea qu'une femme armée d'un godmiché se branlasse même devant lui et par devant et par derrière, trois heures de suite, sans discontinuer; une pendule est ce qui vous règle et si l'on quitte l'ouvrage avant la révolution juste de la troisième heure, on n'est point payée, il est en face de vous, il vous observe, vous tourne et retourne de tous les côtés, vous exhorte à son évanouir de plaisir et si, transporté par les effets de l'opération, vous veniez réellement à perdre conscience dans le plaisir, il est bien sûr que vous hâteriez le sien, si non à l'instant précis où l'horloge frappe la 3me heure, il vous approche et vous décharge sur le nez." — „Par ma foi," dit l'évêque, „je ne vois pas, Duclos, pourquoi tu n'as pas préféré de nous laisser sur les idées précédentes que sur celles-là; elles avaient quelque chose de piquant et qui nous irritaient puissamment, au lieu qu'une passion à l'eau rose comme celle, par laquelle tu finis ta soirée, ne nous laisse rien dans la tête." — „Elle a bien raison," dit Julie, qui était avec Durcet, „pour moi, je l'en remercie, et on nous laissera toutes coucher plus tranquilles, quand on n'aura pas dans la tête de ces vilaines idées, que Md. Duclos avait entamées tout à l'heure." — „Ah, cela pourrait bien vous tromper, belle Julie," dit Durcet, car je ne me souviens jamais que de l'ancien, si le nouveau m'ennuie et pour vous le prouver, ayez la bonté de me suivre; et Durcet se jeta dans son cabinet avec Sophie et Michette pour décharger, je ne sais trop comment, mais d'une manière pourtant, qui ne plut pas à[196]) Sophie, car elle poussa un cri terrible et revint rouge comme un crête de coq. —

„Oh, pour celle-là," lui dit le duc, „tu n'avais pas envie de la prendre pour morte, car tu viens de lui donner un furieux signe de vie." — „Elle cria de peur," dit Durcet, „demande-lui ce que je lui ai fait, et ordonne-lui de vous le dire tout bas." Sophie s'approcha du duc pour le lui dire. — „Ah", dit celui-ci tout haut, „il n'y avait là ni quoi tant crier, ni de quoi faire une décharge," et comme le souper sonna on interrompit tous propos et tous plaisirs, pour aller jouir de ceux de la table. Les orgies se célébrèrent avec assez de tranquillité et on fut se coucher vertueusement, sans qu'il y eut même aucune apparence d'ivresse ce qui était extrêmement rare.

Vingt-septième journée.

Dès le matin les délations autorisées dès la veille commencèrent, et les sultanes ayant vu, qu'il ne manquait que Rosette, pour qu'elles fussent toutes les 8 en correction, ne manquèrent pas de l'aller accuser, on assura qu'elle avait pété toute la nuit, et comme c'était affaire de taquinerie de la part des jeunes filles, elle eut tout le sérail contre elle, et elle fut inscrite sur-le-champ, tout le reste se passa à merveille et excepté Sophie et Zelmire, qui balbutièrent un peu, les amis furent décidemment abordés avec le nouveau compliment, „foutre-Dieu, voulez-vous mon cul, il y a de la merde" et il y en avait bien exactement partout, car de peur de tentation de lavage, les vieilles avaient ôté tout vase, toute serviette et tout eau; — le régime de la viande sans pain commença à échauffer, tourber ces petites bouches, qui ne se lavaient pas, on s'aperçut de ce jour-là, qu'il y avait déjà une grande différence dans les haleines. „Ah parbleu," dit Curval, en langottant Augustine, „ça signifie quelque chose au moins à présent, on bande en baisant cela!" — Tout le monde convint que cela valait infiniment mieux. — Comme il n'y avait rien de nouveau jusqu'au café, nous allons tout de suite y transporter le lecteur. Il était servi par Sophie, Zelmire, Giton et Narcisse. Le duc dit qu'il était parfaitement sûr, que Sophie devait décharger, et qu'il s'allait en faire absolument l'expérience, il dit à Durcet de l'observer et la couchant sur un canapé, il la pollua à la fois sur le bord du vagin, au clitoris et au trou du cul; d'abord avec les doigts, ensuite avec la langue, la nature triompha, au bout d'un quart d'heure cette belle fille se troubla, elle devint rouge, elle soupira, Durcet fit observer tous les mouvements à Curval et à l'évêque qui ne pouvait pas croire qu'elle déchargeât encore et pour le duc il fut plus à même qu'eux tous de s'en convaincre, puis que ce jeune petit con s'imbiba de partout et que la petite friponne lui mouilla toutes les lèvres de foutre, le duc ne fut résister à la lubricité de son expérience, il se leva et se courbant sur la jeune fille, il lui déchargea sur la motte entr'- ouverte en introduisant avec ses doigts le plus qu'il pût son sperme dans l'intérieur du con. Curval, la tête échauffée du spectacle, la saisit et lui demanda autre chose que du foutre, elle tendit son joli petit cul, le président y colla sa bouche, et le lecteur intelligent devine aisément ce qu'il en reçut. Pendant ce temps-là, Zelmire amusait l'évêque, elle le suçait et lui branlait le fondement — et tout cela pendant que Curval se faisait branler par Narcisse, dont il baisait ardemment le derrière. Il n'y eut pourtant que le duc, qui perdit son foutre, Duclos avait annoncé pour ce soir-là de plus jolis récits que les précédents et l'on voulait se réserver pour les entendre, l'heure étant venue on y passa et voici comment s'exprima cette intéressante fille: — „Un homme dont je n'ai jamais connu, messieurs," dit elle, „ni les entours ni l'existence et que je ne pourrai d'après cela vous peindre que très imparfaitement me fait prier par un billet de me rendre chez lui à 9 heures du soir, rue blanche du rempart. Il m'avertissait par son billet de n'avoir aucune défiance, et que, quoiqu'il ne se fît pas connaître à moi, je n'aurais aucun sujet de me plaindre de lui, deux louis accompagnaient la lettre, et malgré ma prudence ordinaire, qui certainement aurait dû s'opposer à cette démarche, dès que j'eus commission par celui, qui me la faisait faire, j'hasardai tout cependant, me fiant tout à fait, à je ne sais quel pressentiment, qui semblait m'avertir tout bon, que je n'avais rien à craindre, — j'arrive, un valet m'ayant averti de me déshabiller entièrement, et qu'il ne pouvait m'introduire qu'en cet état dans l'appartement de son maître, j'exécute l'ordre, et dès qu'il me voit dans l'état désiré, il me prend par la main et m'ayant fait traverser deux ou trois appartements, il frappa enfin à une porte, elle s'ouvre, j'entre, le valet se retire, et la porte se referme, mais entre une fosse et l'endroit où je fus introduite, relativement au jour, il n'y avait pas la moindre différence. Et ni le jour ni l'air n'entrait dans cette pièce absolument d'aucune côté. A peine fus-je entrée qu'un homme nu vint à moi, et me saisit sans prononcer un seul mot, je ne perds pas la tête, persuadée que tout cela tenait à un peu de foutre qu'il s'agissait de faire répandre pour être débarrassé de tout ce nocturne cérémonial, je porte sur-le-champ ma main au bas de son ventre, à dessein de faire bien vite perdre au monstre un venin qui le rendait si méchant. Je trouve un vit très gros, fort dur, et extrêmement mutin, mais dans l'instant, on écarte mes doigts, on a l'air de ne vouloir ni que je touche, ni que je vérifie, et on m'assoit sur un tabouret, l'inconnu se campe auprès de moi, et saisissant mes tetons l'un après l'autre, il les serre et les comprime avec une telle violence que je lui dis brusquement: „Vous me faites mal." Alors on cesse, on me relève, on me couche à plat ventre sur un sopha élevé, et s'asseyant entre mes jambes par derrière, on se met à faire à mes fesses, ce qu'on venait de faire à mes tetons, on les palpe, et les comprime avec une violence sans égale, on les écarte, on les resserre, on les paîtrit, on les baise en les morcillant, on suça le trou de mon cul, et comme ces compressions réiterées avaient moins de danger de ce côté-là, que de l'autre, je ne m'opposai à rien, et j'en étais, en me laissant faire, à deviner, quel pouvait être le but de ce mystère, pour des choses, qui me paraissaient aussi simples — lorsque tout-à-coup j'entends mon homme pousser de cris épouvantables: „sauve-toi, foutre putain, sauve-toi," me dit-il, „sauve-toi, garce, je décharge, et je ne réponds pas de ta vie!" — Vous croyez bien, que mon premier mouvement fut de gagner un pied, une faible lueur s'offre à moi, c'était celle du jour introduit par la porte, par laquelle j'étais entrée, je m'y jette, je trouve le valet, qui m'avait reçue, je me précipite dans ses bras, il me rend mes habits, me donne deux louis, et je décampe

très contente de m'en trouver quitte à si bon marché.
— „Vous aviez lieu de vous féliciter," dit Martaine,
„car ce n'était pas qu'un diminutif de sa passion ordinaire, je vous ferai voir le même homme, messieurs,"
continua cette maman, „sous un aspect plus dangereux."
— „Pas aussi funeste, que celui, sous lequel je le pré-
senterai à ces messieurs," dit Desgranges, „et je me
joins à Md. Martaine, pour vous assurer, que vous
fûtes bien heureuse, d'en être quitte pour cela, car
le même homme avait d'autres passions bien plus singulières." „Attendons donc, pour en raisonner, que nous
sachions toute son histoire," dit le duc, „et prends-toi
Duclos, de nous en dire une autre, pour nous ôter de
la cervelle une espèce d'individu, qui ne manquerait
[132] pas de l'échauffer." — „Celui que je vis ensuite, messieurs," poursuivit Duclos, „voulait une femme qui eut
une très belle gorge, et comme c'est une de mes beautés,
après le lui avoir fait observer, il me préféra à toutes
mes filles, mais quel usage et de ma gorge et de ma
figure l'insigne libertin prétendait-il donc faire! Il
m'étend sur un sopha toute nue, se campe à cheval
sur ma poitrine, place son vit entre mes tetons, m'ordonne de le serrer de mon mieux, et au bout d'une
courte carrière, le vilain homme les inonde de foutre,
en me lançant de suite plus de vingt crachats très épais
au visage." — „Eh bien," dit en rognonnant Adélaïde
au duc, qui venait de lui cracher au nez, „je ne vois
pas, quelle nécessité il y a d'imiter cette infamie-là,
finirez-vous?" continuait-elle en s'essuyant au duc, qui
ne déchargeait point. „Quand bon me semblera, ma
belle enfant," lui dit le duc, „souvenez-vous une fois
dans la vie, que vous n'êtes là que pour obéir, et nous

laisser faire, allons, poursuis, Duclos, car je ferais peut-être pis, et comme j'adore cette belle enfant-là," dit il, en persiflant, „je ne veux pas l'outrager tout à fait."

[133] — Je ne sais pas, messieurs," dit Duclos, en reprenant le fil de ses récits, „si vous avez entendu parler de la passion du commandeur de St. Elme. Il avait une maison de jeu où tous ceux, qui venaient risquer leur argent étaient rudement étrillés. Mais ce qu'il y a de fort extraordinaire, c'est que le commandeur bandait à les exévoquer, chaque coupe-gorge qu'il leur faisait, il déchargea dans sa culotte, et une femme que j'ai fort connue, et qu'il avait entretenue long-temps, m'a dit, que quelquefois la chose l'échauffait au point, qu'il était obligé de chercher avec elle quelques refraîchissements à l'ardeur dont il était dévoré, il ne s'en tenait par là, tout espèce de vol avait pour lui le même attrait, et nul meuble était en sûreté [de] lui; était-il à votre table, il y volait des couverts, dans votre cabinet vos bijoux, près de votre poelle votre boësse ou votre mouchoir, tout était bon, pourvu qu'il pût le prendre, et tout le faisait bander et même décharger, dès qu'il l'avait pris.[107]) Mais il était certainement en

[134] cela moins extraordinaire que le président au parle-ment, avec lequel j'eus affaire, très peu de temps après mon arrivée chez la Fournier, et dont je conservais encore la pratique, car son cas étant assez chatouilleux, il ne voulait avoir affaire qu'avec moi. Le président avait un petit appartement loué toute l'année sur la place de Grève, une vieille servante l'occupait seule comme concierge et la seule consigne de cette femme était d'approprier cet appartement et de faire avertir le président, dès qu'on voyait sur la place quelque

préparatif d'exécution, aussitôt le président me faisait dire, de me tenir prête, il venait me prendre déguisée et en fiacre, et nous nous rendions à son petit appartement; la croisée de cette chambre était disposée de manière qu'elle dominait exactement, et de très près sur l'échafaud. Nous nous placions là, le président et moi, au travers d'une jalousie, sur l'un des traversers de laquelle il appuyait une excellente lorgnette, et en attendant que le patient parût, le support de Thémis s'amusait sur un lit à me baiser les fesses, épisode qui — par parenthèse — lui plaisait extraordinairement, — enfin les brouhaha nous annonçant l'arrivée de la victime, l'homme de robe reprenait sa place à la fenêtre et m'y faisait prendre la mienne à côté de lui avec injonction de lui manier et branler légèrement le vit en proportionnant mes secousses à l'exécution, qu'il allait observer, en telle sorte que le sperme ne s'échappât qu'au moment où le patient rendrait son âme à Dieu. Tout s'arrangeait, le criminel monta sur l'échafaud, le président bandait, et les gradations de sa volupté se modulaient exactement sur celles de la tragédie, qu'il contemplait, plus le patient approchait de la mort, plus le vit du scélérat devenait furieux dans mes mains, les coups se portaient enfin: c'était l'instant de sa décharge. „Ah sacre Dieu," disait-il alors, „double foutre Dieu, comme je voudrais être son bourreau moi-même, et comme j'aurais frappé mieux que cela." Au reste les impressions de sa volupté se mesuraient sur le genre de supplice, un pendu ne produisait sur lui qu'une sémation fort simple; un homme rompu le mettait dans le délire, mais s'il était brûlé, ou écartelé, il s'evanouissait de plaisir; homme ou femme ça lui était égal. „Il n'y aurait," disait-il, „qu'une femme grosse, qui me ferait plus d'effet, et malheureusement ça ne se peut pas." — „Mais Mr.," lui disais-je un jour, „par votre charge vous coopérez à la mort de cette infortunée victime." — „Assurément," me repondit-il, „et c'est ce qui m'en amène davantage; depuis trente ans, que je juge, je n'ai jamais donné ma voix autrement qu'à mort." — „Et croyez-vous," lui dis-je, „que vous n'ayiez pas un peu à vous reprocher la mort de ces gens-là, comme un meurtre?" — „Bon," me dit-il, „faut-il y regarder de si près." — „Mais," lui dis-je, „c'est pourtant ce que dans le monde on appellerait une horreur." — „Oh," me dit-il, „il faut savoir, prendre son parti sur l'horreur de tout ce qui fait bander, et cela par une raison bien simple: c'est que cette chose telle affreuse, que vous vouliez le supposer, n'est plus horrible pour vous, dès qu'elle vous fait décharger; elle ne l'est donc plus qu'aux yeux des autres, mais qui m'assure, que l'opinion des autres presque toujours fausse sur tous les objets, ne l'est pas également sur celui-ci; il n'y a pas," poursuivit-il, „de foncièrement bien et rien de foncièrement mal, tout n'est que relatif à nos meurs, à nos opinions et à nos préjugés; ce point établi, il est extrêmement possible, qu'une chose parfaitement indifférente, en elle-même, soit pourtant indigne à vos yeux et très délicieuse aux miens, et dès qu'elle me plaît d'après la difficulté de lui assigner une place juste, dès qu'elle m'amuse ne serais-je pas un fou de m'en priver seulement, parce que vous le blâmez. Va, va, ma chère Duclos, la vie des hommes est une chose si peu importante, que l'on peut s'en jouir tant que cela plaît, comme l'on le ferait de celle du chat, ou de celle du chien, c'est au plus faible de se détruire, il a à fort peu de choses près les mêmes armes que nous, et puis que tu es si scrupuleux," ajoutait mon homme, „que dirais-tu donc de la fantaisie d'un de mes amis?" — et vous trouverez bon, messieurs, que ce goût, qu'il me raconta, fasse et termine le 5me récit de ma soirée. — Le président me dit, que cet ami ne voulait avoir affaire qu'à des femmes qui vont être exécutées. Plus le moment, où l'on peut les lui livrer, est voisin de celui où elles vont périr, et plus il les payait, mais il faut toujours que ce soit après que leur sentence leur a été signifiée. Apporté par sa place, d'avoir de ces sortes de bonne fortune-là, il n'en manque jamais une, et je lui ai vu payer jusqu'à cent louis des têtes-à-têtes de cette espèce, cependant il n'en jouit pas, il n'exige d'elle que de montrer leur fesses et de chier, et il prétend que rien n'égale le goût de la merde d'une femme, à qui on vient de faire une pareille révolution. Il n'y a rien qu'il n'imagine pour se procurer ces têtes-à-têtes, et encore, comme vous croyez bien, veut-il qu'on ne le connaisse pas. Quelquefois il passe pour un confesseur, quelquefois pour un ami de la famille et toujours l'espoir de leur être utile, si elles sont complaisantes, étage ses propositions; et quand il a fini, quand il s'est satisfait, par où t'imagines-tu, qu'il finit son opération, ma chère Duclos?" me disait le président. — „Par la même chose, que moi, ma chère amie: il réserva son foutre pour le dénouement, et le lâcha en le voyant délicieusement expirer." — „Ah, — c'est bien scélérat," lui dis-je, — „scélérat," interrompit-il, — „vertige, que cela, mon enfant, rien n'est scélérat de ce qui fait bander; et le seul crime dans le monde est de se refuser quelque chose sur cela." — „Aussi ne se refusait-il rien," dit la Martaine, et Md. Desgranges et moi aurons, je me flatte, occasion d'entretenir les compagnes de quelques anecdotes lubriques et criminelles du même personnage." — „Ah tant mieux," dit Curval, „car voilà un homme, que j'aime déjà beaucoup, voilà comme il faut penser sur les plaisirs, et sa philosophie me[198]) plaît infiniment, il est incroyable à quel point l'homme déjà resserré dans tous ses amusements, dans toutes ses facultés, cherche à restreindre encore les bornes de son existence par ses indignes préjugés, on n'imagine par exemple, où celui, qui érige le meurtre en crime, a limité tous ses délices, il s'est privé de cent plaisirs plus délicieux les uns que les autres, en osant adopter la chimère odieuse de se préjugé-là, et que diable peut faire à la nature un, dix, vingt, cinq cent hommes de plus ou de moins dans le monde? Les conquérants, les héros, les tyrans s'imposent-ils cette loi absurde de ne pas oser faire aux autres, ce que nous ne voulons pas, qui nous soit fait? En vérité, mes amis, je ne vous le cache pas, je frémis quand j'entends des sots oser me dire que c'est là la loi de la nature etc., juste ciel! Avide de meurtres et de crimes, c'est à les faire commettre, et à les inspirer, que la nature met sa loi, et la seule, qu'elle imprime au fond de nos cœurs, est de nous satisfaire, n'importe aux dépends de qui, — mais patience! J'aurai peut-être bientôt une meilleure occasion, de vous entretenir amplement sur ces matières, je les ai étudiées au fond, et j'espère en vous les communiquant vous convaincre comme je le suis, que la seule façon de servir la nature est de suivre aveuglement les désirs de quelqu'espèce qu'ils puissent être, parce que pour le maintien de ses lois, les vices lui étant aussi nécessaires que la vertu, elle sait nous conseiller même à tout ce qui devient pour l'instant nécessaire à ses vues. — Oui, mes amis, je vous entretiendrai un autre jour de tout cela, mais pour l'instant, il faut que je perde du foutre; car ce diable d'homme aux exécutions de la Grève m'a tout à fait gonflé les couilles." — Et passant au boudoir de fond avec Desgranges, Fanchon, ses deux bonnes amies, parce qu'elles étaient aussi scélérates que lui, ils se firent suivre tous trois d'Aline, de Sophie, d'Hébé, d'Antinous et de Zéphire, je ne sais trop ce que le libertin imagina au milieu de ces sept personnes, mais cela fut long, on l'entendit beaucoup crier: „Allez donc," „terminez donc," „mais ce n'est pas ce que je vous demande," — et autres propos d'humeur entremêlés de jurements, auxquels on le savait fort sujet dans ces scènes de débauche, et les femmes reparurent enfin très rouges, très échevelées et ayant l'air d'avoir été furieusement plottées de tous les sens. — Pendant ce temps-là le duc et ses deux amis n'avaient pas perdu leur temps, mais l'évêque était le seul, qui eût déchargé et d'une manière si extraordinaire, qu'il ne nous est pas encore permis de la dire. On fut se mettre à table où Curval philosopha encore un peu. Car les passions chez lui, n'influaient en rien sur le système; ferme dans ses principes, il était aussi impie, aussi athée, aussi criminel en venant de perdre son foutre, que dans le feu de son tempérament, et voilà comme tous les gens sages devraient être, jamais le foutre ne doit ni dicter, ni diriger les principes, c'est aux principes à régler la manière de le perdre. Et qu'on bande ou non, la philosophie, indépendante des passions doit toujours être la même. L'amusement des orgies consista à une vérification, dont on ne s'était pas encore avisé, et qui néanmoins était intéressante, on voulut décider, qui chez les filles et qui chez les garçons avait le plus beau cul, en conséquence, on fit d'abord placer les 6 garçons sur une fille, droits, mais que tout ne soit pas courbé cependant, telle est la vraie manière de bien examiner un cul, et de le juger, l'examen fut très long et très sévère, on combattait ses opinions, on en changea, on visita quinze fois de suite et la prime fut généralement accordé à Zéphire, on convint unanimement qu'il était physiquement impossible, de rien trouver de plus parfait, et de mieux coupé, on passa aux filles, elles prirent les mêmes postures, la décision fut d'abord très longue, il était presque impossible, de décider entre Augustine, Zelmire, et Sophie; Augustine, plus grande, mieux faite que les deux autres, l'eût incontestablement emporté chez les peintres, mais les libertins veulent plus de grâce que d'exactitude, plus d'embonpoint que de régularité, elle eut contre elles un peu trop de maigresse et de délicatesse, les deux autres offraient une carnation si fraîche, si potelée, des fesses si blanches et si rondes, une chute des reins si voluptueusement coupée, qu'elle l'emportèrent sur Augustine; mais comment décider entre elles deux qui restaient? Dix fois les opinions se trouvèrent égales, enfin Zelmire l'emporta, on assembla ces deux charmants enfants, on les baisa, les mania, les branla toute la soirée, on ordonna à Zelmire de branler Zéphire, qui déchargeait à merveille, donnant le plus grand plaisir à observer dans le plaisir,

à son tour il branle la jeune fille, qui se pâma dans
ses bras, et toutes ces scènes d'une lubricité indicible
firent perdre du foutre au duc et à son frère, mais
n'émurent que très faiblement Curval et Durcet qui
convinrent, qu'il leur fallait des scènes moins couleurs
de rose, pour émouvoir leur vieille âme usée et que
toutes ces drôleries-là n'étaient bonnes que pour de
jeunes gens. Enfin on fut se coucher et Curval au
sein de quelques nouvelles infamies, fut se dédommager
des tendres pastourelles, dont on venait de le rendre
témoin.

Vingt-huitième journée.

C'était le jour d'un mariage et le tour de Cupidon
et de Rosette à être unis par les nœuds de l'hymen,
et par une singularité encore fatale, tous les deux se
trouvèrent dans le cas d'être corrigés le soir. — Comme
personne ne se trouva en faute ce matin-là, on employa
toute cette partie du jour à la cérémonie des noces
et dès qu'elle fut faite, on les réunit au salon, pour voir
ce qu'ils feraient ensemble, comme les mystères de
Vénus se célébraient souvent aux yeux des ces enfants,
quoiqu'aucuns n'y eussent encore servi, ils avaient une
théorie suffisante à leur faire exécuter sur ces objets à
peu près ce qu'il y avait à faire, Cupidon qui bandait
fort raide, plaça donc sa petite cheville entre les cuisses
de Rosette qui se laissait faire avec toute la candeur
de l'innocence la plus entière. Le jeune garçon s'y
prenait si bien qu'il allait vraisemblablement réussir,
quand l'évêque le saisissant entre ses bras se fit mettre
à lui-même ce que l'enfant aurait, je crois, bien mieux

aimé mettre à sa petite femme; tout en perforant le large cul de l'évêque, il la regardait avec des yeux, qui prouvaient ses regrets, mais elle fut bientôt elle-même occupée, et le duc la foutit en cuisses, Curval vint manier lubriquement le cul du petit fouteur de l'évêque, et comme ce joli petit cul se trouvait suivant l'ordre dans l'état désiré, il le lécha et bandailla; pour Durcet, il faisait autant à la petite fille, que le duc tenait par devant, cependant personne ne déchargea, et l'on fut se mettre à table, les deux jeunes époux, qui y avaient été admis, furent servir le café, avec Augustine et Zélamir, et la voluptueuse Augustine, toute confuse, de n'avoir remporté la veille le prix de la beauté, avait comme en bondant laisser régner dans sa coiffure un désordre, qui la rendait mille fois plus intéressante. Curval s'en émut et lui examina les fesses: „Je ne conçois pas," dit-il, „comment cette petite friponne n'a pas gagné la palme hier, car le diable m'emporte, s'il existe au monde un plus beau cul que celui-là." En même temps il l'entreouvrit et demanda à Augustine si elle était prête à le satisfaire. „Oh oui," dit-elle, „et complètement, car je n'en puis plus de besoin." — Curval la courba sur un sopha, et s'agenouilla devant le bec derrière, en un instant, il en a dévoré l'étron: „Sacré nom de Dieu," dit-il, en se tournant vers ses amis, et leur montrant son vit collé contre son ventre, „me voilà dans un état où j'entreprendrais furieusement des choses." — „Et quoi?" dit le duc, qui aimait à lui faire dire des horreurs, quand il était dans cet état-là. — „Quoi?" répondit Curval, „telle infamie, que l'on voudra me proposer, dût-elle démembrer la nature, et disloquer l'univers." — „Viens,

viens," dit Durcet, qui le voyait lancer des regards furieux sur Augustine, „viens, allons écouter Duclos, il en est temps, car je suis persuadé que si on le lâchait les brides sur le cou à présent, voilà une pauvre poulette, qui passerait un mauvais quart d'heure." — „Oh oui," dit Curval en feu, „un très mauvais, c'est de quoi je puis fermement répondre." — „Curval," dit le duc, qui bandait aussi furieusement, en venant de faire chier Rosette, „que l'on nous abandonne à présent le sérail et dans deux heures d'ici nous en rendrons bon compte, l'évêque et Durcet, plus calme pour ce moment-ci, les prirent chacun par un bras, et ce fut dans cet état, c'est à dire, la culotte basse et le vit en l'air, que les libertins se présentèrent devant l'assemblée, déjà réunie au salon d'histoire, et prête à écouter les nouveaux récits de Duclos, qui ayant prévu à l'état de ces deux messieurs, qu'elle serait bientôt interrompue, commença

[136] toujours dans ces termes. — „Un seigneur de la cour, homme d'environs 35 ans, venait de me faire demander," dit Duclos, „une des plus jolies filles qu'il me fût possible de trouver, il ne m'avait prévenu de sa manie, et pour le satisfaire je lui donnai une jeune ouvrière en mode, qui n'avait jamais fait de parties, et qui était sans contredit une des plus belles créatures, qu'il fût possible de trouver. Je les mets aux prises, et curieuse d'observer ce qui va se passer, je vais bien vite me camper à mon trou. — „Où diable, Md. Duclos," débuta-t-il par dire, „a-t-elle été chercher une vilaine garce comme vous? — dans le coin sans doute — vous étiez à raccrocher quelques soldats aux gardes, quand on est venu vous chercher," — et la jeune personne honteuse et qui n'était prévenue de rien, ne savait quelle conte-

nance tenir. — „Allons, déshabillez vous donc," continua le courtisan — „que vous êtes gauche! — Je n'ai pas de mes jours vu une putain et plus laide et plus bête! — Eh bien, allons donc, finirons-nous aujourd'hui? — Ah voilà donc un corps que l'on m'avait tant vanté! — quels tetons! — on les prendrait pour les pis d'une vieille vache!" — Et il les maniait brutalement, „et ce ventre, comme il est ridé. — Vous avez donc faits 20 enfants?" — „Pas un seul, monsieur, je vous assure." — „Oh oui, pas un seul, voilà comme elles parlent toutes, ces garces-là, à les entendre, elles sont toujours pucelles. — Allons, tournez-vous, l'infame cul! — Quelles fesses flacques et dégoûtantes, c'est à force de coups de pieds au cul sans doute qu'on vous a arrangé le derrière ainsi." — Et vous observez, s'il vous plaît, messieurs, que c'était le plus beau derrière qu'il fût possible de voir — cependant la jeune fille commençait à se troubler, je distinguais presque les palpitations de son petit cœur, et je voyais ses beaux yeux se couvrir d'un nuage — et plus elle paraissait se troubler, plus le maudit fripon la mortifiait, il me serait impossible, de vous dire toutes les sottises, qu'il lui adressa, on n'oserait pas en dire de plus piquantes à la plus vile et à la plus infame des créatures; enfin, le cœur bondit, et les larmes partirent, c'était pour cet instant que le libertin qui se polluait de toutes ses forces avait réservé le bouquet de ses infamies, il est impossible de vous rendre toutes les horreurs, qu'il lui adressa sur sa peau, sur sa taille, sur ses traits, sur l'odeur infecte, qu'il prétendait qu'elle exhalait, sur sa tenue, sur son esprit, en un mot, il chercha tout, il inventa tout, pour désespérer son orgueil, et déchargea sur elle en vomissant des atrocités qu'un porte-faix n'oserait prononcer. Il résulta de cette scène quelque chose de fort plaisant, c'est qu'elle valut un sermon à cette jolie fille, elle jura qu'elle ne s'exposerait de la vie à pareilles aventures et j'appris 8 jours après, qu'elle était dans un couvent pour le reste de ses jours. Je le dis au jeune homme, qui s'en amusa prodigieusement et qui me demanda dans la suite quelque nouvelle [137] conversion à faire. — Un autre, poursuivit Duclos, m'ordonnait de lui chercher de filles extrèmement sensibles, et qui fussent dans l'attente d'une nouvelle, dont la mauvaise tournure put leur causer une révolution de chagrin des plus fortes. Ce genre me donnait beaucoup de peine à trouver, parce qu'il était difficile, d'en imposer là. — Notre homme était connaisseur depuis le temps, qu'il jouit au même jeu, et d'un coup d'œil il voyait si le coup qu'il portait frappait juste. Je ne le trompais donc point, et donnais toujours des jeunes filles, positivement dans la disposition d'esprit qu'il désirait. — Un jour, je lui en fis voir une, qui attendait de Dijon des nouvelles d'un jeune homme, qu'elle idolâtrait, et que l'on nommait Valcourt. Je les mets aux prises: „D'où êtes-vous, mademoiselle," lui demanda honnêtement notre libertin. — „De Dijon, monsieur." — „De Dijon? — Ah mortbleu! Voilà une lettre, que j'en reçois à l'instant, où l'on vient de m'apprendre une nouvelle, qui me désole." — „Et qu'est-ce que c'est?" demanda avec intérêt la jeune fille. [Comme je connais les gens de Dijon,] ça peut m'intéresser. — „Oh non," reprend notre homme, „elle n'intéresse que moi, c'est la nouvelle de la mort d'un jeune homme auquel je prenais le plus vif intérêt, il venait d'épouser une fille que mon frère qui est à Dijon, lui avait procurée, une fille, dont il était très épris, et le lendemain des noces, il est mort subitement." — „Son nom, monsieur, s'il vous plaît." — „Il se nommait Valcourt, il était de Paris en telle rue, à telle maison. — Oh vous ne connaissez sûrement pas cela," — et dans l'instant la jeune fille tombe à la renverse, et s'évanouit. — „Ah foutre," dit alors notre libertin transporté, en déboutonnant sa culotte et se branlant sur elle, „ah sacre Dieu, voilà où je la voulais, allons, des fesses, il ne me faut que des fesses pour décharger, et la retournant et la tournant toute immobile qu'elle était, il lui lâche 7 ou 8 jets de foutre sur le derrière et se sauve sans s'inquiéter ni des suites, ni de ce qu'il a dit, ni de ce que la malheureuse deviendra." — „Et en creva-t-elle?" dit Curval, que l'on foutait à tour des reins. „Non," dit Duclos, „mais elle en fit une maladie qui lui a duré plus de 6 semaines." — „Oh les bons étrons," dit le duc, „mais moi," poursuivit ce scélérat, „je voudrais que votre homme eût choisi le temps de sa règle, pour lui apprendre cela." — „Oui," dit Curval — „dites mieux, M. le duc, vous bandez, je vous vois d'ici! Et vous voudriez tout simplement qu'elle en fût morte sur la place." — „Eh bien à la bonne heure," dit le duc, „puisque vous le voulez comme cela, j'y consens moi, je ne suis pas très scrupuleux sur la mort d'une fille." — „Durcet," dit alors l'évêque, „vous craignez bien pour votre troupeau, deux ou trois de plus ou de moins, qu'est-ce que ce ferait? Allons, Mr. le duc, allons dans le boudoir, et allons y ensemble et en compagnie, car je vois bien que ces messieurs ne veulent pas ce soir, qu'on les scandalise; aussitôt dit, aussitôt fait, et nos deux libertins se font suivre de Zelmire, d'Augustine, de Sophie, de Colombe, de Cupidon, de Narcisse, de Zélamir et d'Adonis, escortés de Brise-cul et de Band-au-ciel, de Thérèse, de Fanchon, de Constance et de Julie. Au bout d'un instant on entendit deux ou trois cris de femmes, et les hurlements de nos deux scélérats, qui dégorgeaient leur foutre ensemble, Augustine revint ayant son mouchoir sur son nez, dont elle saignait, et Adélaïde un mouchoir sur le sein, pour Julie, toujours assez libertine et assez adroite pour se tirer de tout sans danger, elle riait comme une folle, et disait, que sans elle il n'auraient jamais déchargé, la troupe revint, Zélamir et Adonis avaient encore les fesses pleines de foutre, — et ayant assuré les amis, qu'ils s'étaient conduits avec toute la décence et la pudeur possible, afin qu'on n'eût aucune reproche à leur faire, et que maintenant parfaitement calmes, ils étaient en état d'écouter, on ordonna à Duclos de continuer, et elle le fit en ces termes: — „Je suis fâchée," dit cette belle fille, „que monsieur de Curval, se soit tant pressé de soulager ses besoins, car j'avais deux histoires de femmes grosses à lui conter, qui lui auraient peut-être fait quelque plaisir, je connais son goût pour ces sortes de femmes, et je suis sûr que s'il avait encore quelque velléité, ces deux contes-là le divertiraient. „Conte, conte toujours," dit Curval,[199]) „ne sais-tu pas bien, que le foutre n'a jamais fait rien sur mes sentiments, et que l'instant où je suis le plus amoureux du mal est toujours celui où je viens d'en faire?" — „Eh bien,"

[138] dit Duclos, „j'ai vu un homme dont la manie était de voir accoucher une femme, il se branlait en la voyant dans la douleur, et déchargeait sur la tête de l'enfant,

[139] dès qu'il pouvait l'apercevoir. — Un second campait une femme grosse de 7 mois sur un piédestal isolé à plus de 15 pied de hauteur, elle était obligée de s'y tenir droite, et sans perdre la tête, car si malheureusement elle lui eût tourné, elle et son fruit, étaient à jamais écrasés, le libertin dont je vous parle, très peu touché de la situation de cette malheureuse qu'il payait pour cela, l'y retenait jusqu'à ce qu'il eût dechargé et il se branlait devant elle en s'écriant." — „Ah la belle statue, le bel ornement, la belle impératrice!" — „Tu aurais secoué la colonne, toi, n'est-ce pas, Curval," dit le duc. — „Oh point du tout, vous vous trompez, je connais trop le respect qu'on doit à la nature et à son ouvrage le plus intéressant de tous, n'est-ce pas la propagation de notre espèce, n'est-ce pas une espèce de miracle, que nous devons sans cesse adorer, et qui doit nous donner pour celles, qui le font, le plus tendre intérêt, pour moi, je ne vois jamais une femme grosse sans être attendri; imaginez-vous donc ce que c'est qu'une femme, qui comme un fou, fait éclore un peu de morve au fond de son vagin; y a-t-il rien de si beau, rien de si tendre que cela; Constance, venez, je vous en prie, venez, que je baise en vous l'autel où s'opère à présent un si profond mystère, et comme elle se trouvait positionnée dans sa niche, il n'eut pas loin à aller chercher ce temple, qu'il voulait desservir, mais il y a lieu de croire, que ce ne fut pas absolument, comme l'attendait Constance, qui pourtant ne s'y fiait qu'à demi, car on lui entendit sur-le-champ jeter un cri, qui ne ressemblait nullement à la suite du culte, ou du hommage. Et Duclos voyant, que le silence avait succédé, termina ses récits par le conte suivant. —

[140] „J'ai connu," dit cette belle fille, „un homme dont la passion consistait à entendre un enfant pousser de grands cris, il lui fallait une mère, qui eût un enfant de 3 ou 4 ans au plus, il exigeait que cette femme battait rudement cet enfant devant lui, et quand la petite créature, irritée par ce traitement, commençait à pousser de grands cris, il fallait que la mère s'empara du vit du paillard et le branla fortement vis-à-vis de l'enfant, au nez duquel il déchargeait, dès qu'il le voyait bien en pleurs." — „Je gage," dit l'évêque à Curval, „que cet homme n'aimait pas la propagation plus que toi." — „Je le croirais," dit Curval, „ce devait être d'ailleurs suivant les principes d'une dame de beaucoup d'esprit à ce qu'on dit, — ce devait être, dis-je, un grand scélérat, car tout homme, suivant elle, qui n'aime ni les bêtes, ni les enfants, ni les femmes grosses, est un monstre, à rouer. Voilà mon procès tout fait au tribunal de cette vieille commère," dit Curval, „car je n'aime assurément aucune de ces trois choses." — Et comme il était tard, et que l'interruption avait pris une forte portion de la soirée, on fut se mettre à table, on agita au souper la question suivante, „savoir, ce quoi servait la sensibilité dans l'homme et si elle était utile à son bonheur, ou non." Curval prouva qu'elle n'était que dangereuse, et que c'était le premier sentiment qu'il fallait émousser dans les enfants en les accoutumant de bonne heure aux spectacles les plus féroces, et chacun ayant agité différemment la question on en revint à l'avis de Curval, après le souper, le duc et lui dirent, qu'il fallait envoyer coucher les femmes et les petits garçons et faire les orgies tout en hommes, tout le monde consentit à ce projet, on s'enferma avec

les 8 fouteurs et on passa presque toute la nuit à se faire foutre, et à boire des liqueurs. — On fut se mettre au lit deux heures à la pointe du jour. Et le lendemain ramena et les évènemens et les récits, que le lecteur trouvera, s'il prend la peine de lire ce qui suit.

Vingt-neuvième journée.

Il y a un proverbe, et il est une fort bonne chose, que les proverbes, il y a un, dis-je, qui prétend que „l'appétit vient en mangeant," ce proverbe tout grossier qu'il est, a pourtant un sens très étendu; il veut dire qu'à force de faire des horreurs, on en désire des nouvelles, et que plus on fait, plus on désire; c'était l'histoire de nos insatiables libertins, par une dureté impardonnable, par un détestable raffinement de débauche, ils avaient condamné, comme on le dit, leurs malheureuses épouses à leur rendre au sortir de la garderobe, les soins les plus viles et les plus malpropres, ils ne s'en tinrent point là, et de ce même jour on proclama une nouvelle loi, qui parut être l'ouvrage du libertinage sodomite de la veille, une nouvelle loi, dis-je, qui statuait qu'elles serviraient à compter du 1er de décembre, toute à fait de vase à leurs besoins et que les besoins, en un mot, gros ou petits, ne se feraient jamais que dans leur bouche, que chaque fois que messieurs voudraient satisfaire à ces besoins, ils seraient suivis des quatre sultanes, pour leur rendre, le besoin fait, le service que leur rendaient jadis les épouses, et qu'elles ne pouvaient plus leur rendre à présent, puisqu'elles allaient servir à quelque chose de plus grave; que ces quatre sultanes officiantes seraient: Colombe pour

Curval, Hébé pour le duc, Rosette pour l'évêque et Michette pour Durcet; et que la moindre faute à l'une ou l'autre de ces opérations, soit à celles qui regarderaient les épouses, soit à celles qui regarderaient les 4 jeunes files, serait punie avec une prodigieuse rigueur. Les pauvres femmes n'eurent pas plutôt appris le nouvel ordre, qu'elles pleurèrent et se désolèrent et malheureusement sans attendrir. On préscrivit seulement, que chaque femme servirait son mari, et Aline l'évêque, et que pour cette seule opération, il ne serait pas permis de les changer. Deux vieilles à tour de rôle furent chargées de s'y trouver de même pour le même service et l'heure en fut invariablement fixée. Le soir au sortir des orgies, il fut conclu, qu'on y procéderait toujours en commun, que pendant qu'on opérerait, les 4 sultanes en attendant les services qu'elles devaient rendre, présenteraient leurs fesses, et que les vieilles iraient d'un anus à l'autre, pour le presser, et l'ouvrir et l'exciter enfin à !'opération. Ce règlement promulgué, on procéda ce matin-là aux corrections, que l'on n'avait point faites la veille, attendu le désir qui avait pris de faire des orgies d'hommes, l'opération se fit dans l'appartement des sultanes, elles furent expédiées toutes les 8 et après elles Adélaïde, Aline et Cupidon, qui se trouvaient aussi tous trois sur la fatale liste, la cérémonie, avec les détails et toutes les postures[200]) d'usage en pareil cas, dura près de quatre heures, au bout desquelles on descendit au diner, la tête très embrasée et surtout celle de Curval, qui chérissait prodigieusement ces opérations, et n'y procédait jamais sans la plus certaine érection. Pour le duc, il y avait déchargé aussi que Durcet. Ce dernier, qui commençait à prendre une humeur de libertinage très taquine contre sa chère femme Adélaïde, ne la corrigea sans de violentes secousses de plaisir, qui lui coûtèrent du foutre. Après diner on passa au café, on aurait bien voulu y offrir des culs frais en donnant en hommes Zéphire et Giton et bien d'autres, si l'on l'eût voulu, on le pourrait, mais à sultanes c'était impossible, ce furent donc tout simplement suivant l'ordre du tableau Colombe et Michette qui le servirent. — Curval examina le cul de Colombe, dont la bigarrure, en partie son ouvrage, lui faisait naître de très singuliers désirs, lui mit le vit entre les cuisses par derrière en maniant beaucoup les fesses, quelquefois son engin revenant sur ses pas, heurtait comme sans le vouloir le trou mignon, qu'il aurait bien voulu perforer; il le regardait, il l'observait: „Sacre Dieu," dit il à ses amis, „je donne deux cent louis tout à l'heure à la société, si l'on veut me laisser foutre ce cul-là." Cependant il se contenait et ne déchargea même pas; l'évêque fit décharger Zéphire dans sa bouche et perdit son foutre en avalant celui de ce délicieux enfant; pour Durcet, il se fit donner de coups de pied au cul par Giton, le fit chier et resta vierge. On passa au salon d'histoire, où chaque père par un arrangement qui se rencontrait assez souvent, ayant ce soir-là sa fille sur son canapé, on écouta, culottes basses, les 5 récits de notre chère historienne. — „Il semblait que depuis la manière exacte, dont j'avais acquitté les legs de la Fournier, le bonheur afflua sur ma maison," dit cette belle fille, „je n'avais jamais eu tant de vieilles connaissances,

[141] le prieur des bénédictins, l'un de mes meilleurs pratiques, vint me dire un jour, qu'ayant entendu parler d'une fantaisie assez singulière et que l'ayant même ou

exécuter à un de ses amis qui en était enfiché, il voulait l'exécuter à son tour, et il me demanda en conséquence une fille qui eût beaucoup de poil, je lui donnai une grande créature de 28 ans, qui avait des tintes d'une haulne et sous les aisselles et sur la motte." — „C'est ce qu'il me faut," me dit-il, et comme il était extrêmement lié avec moi, et nous nous étions très souvent amusés ensemble, il ne se cacha point à mes yeux, il fit mettre la fille nue à demie couchée sur un sopha, les deux bras élevés, et lui, armé d'un pair de ciseaux, très affilés, il se mit à tondre jusqu'au cou les deux aisselles de cette créature, des aisselles il passa à la motte, il la tondit de même, mais avec une si grande exactitude, qui ni à l'un ni à l'autre des endroits qu'il avait opéré, il ne semblait pas qu'il y eût jamais eu le plus leger vestige de poils, son affaire finie, il baisa les parties qu'il venait de tondre, et répandit son foutre sur cette motte tondue en s'extasiant sur son ouvrage.

[142] — Un autre exigeait sans doute une cérémonie bien plus bizarre, c'était le duc de Florville, j'eus ordre de conduire chez lui une des plus belles femmes, que je pourrais trouver, un valet de chambre nous reçut, et nous entrâmes à l'hôtel par une porte détournée. „Arrangeons cette belle créature," me dit le valet, „comme il convient, qu'elle le soit, pour que M. le duc puisse s'en amuser — suivez-moi," — par des détours et des corridors aussi sombres qu'immenses nous parvînmes enfin à un appartement lugubre, seulement éclairé de 6 cierges, placées à terre autour d'un matelas de satin noir; toute la chambre était tendue de deuil. Et nous fûmes effrayées en entrant. — „Rassurez-vous," nous dit notre guide, „il ne vous arrivera pas le moindre mal,

mais prêtez vous à tout," dit-il à la jeune fille, „et exécutez bien surtout ce que je vais vous préscrire, il fit mettre la fille toute nue, défit sa coiffure, et laissa pendre ses cheveux qu'elle avait superbes, ensuite il l'étendit sur le matelas au milieu des cierges, lui enjoignit de contrefaire la morte, et surtout de prendre sur elle pendant toute la scène, de ne bouger ni de respirer que le moins qu'elle pourrait, „car si malheureusement mon maître qui va se figurer que vous êtes réellement morte, s'aperçoit de la feinte, il sortira furieux et vous ne serez sûrement pas payée." Dès qu'il eut placé la demoiselle sur le matelas dans l'attitude d'un cadavre, il fit prendre à sa bouche et à ses yeux les impressions de la douleur, laissa flotter les cheveux sur le sein nu, plaça près d'elle un poignard et lui barbouilla du côté du cœur une place large comme la main avec du sang de poulet — „surtout n'ayez aucune crainte," dit-il encore à la jeune fille, „vous n'avez rien à dire, rien à faire, il ne s'agit que d'être immobile et de ne prendre votre haleine que dans les moments où vous le verrez moins près de vous. Retirons nous maintenant," me dit le valet, „venez, Madame; afin que vous ne soyez point inquiète de votre demoiselle, je vais vous placer dans un endroit dont vous pourrez entendre et observer toute la scène." Nous sortons laissant la fille d'abord très émue, mais néanmoins un peu plus rassurée par le propos du valet de chambre, il me mène dans un cabinet voisin de l'appartement où le mystère allait se célébrer, et à travers une cloison mal jointe et sur laquelle la teinture noire était appliquée, je pus tout entendre, observer me devenait encore plus aisé; car cette teinture n'étant que de crêpe je distinguais tous les objets au travers, comme si j'eusse été dans l'appartement même, le valet tira le cordon d'une sonnette, c'était le signal, et quelques minutes après nous vîmes entrer un grand homme sec et maigre, d'environ 60 ans, il était entièrement nu sous une robe de chambre flottante de taffetas des Indes. Il s'arrêta dès entrant, il est bon de vous dire ici, que nos observations étaient une surprise, car le duc qui se croyait absolument seul, était très éloigné de croire, qu'on le regardât. — „Ah, le beau cadavre," s'écria-t-il aussitôt — „la belle morte — oh mon Dieu," dit-il en voyant le sang et le poignard,[201]) „ça vient d'être assassiné dans l'instant, ah sacré Dieu, comme celui qui a fait ce coup-là doit bander," — et se branlant, „comme j'aurais voulu lui voir donner le coup," — et lui maniant le ventre, „était-elle grosse? — non malheureusement" — et continuant de manier, „les belles chairs, elles sont encore chaudes — le beau sein" — et alors, il se courba sur elle et lui baisa la bouche avec une fureur incroyable, „elle bave encore," dit-il — „que j'aime cette salive," et une seconde fois il lui renfonça sa langue jusque dans le gosier, il était impossible de mieux jouer son rôle que ne le faisait cette fille, elle ne bougea pas plus qu'une souche, et tant que le duc l'approcha, elle ne souffla nullement. Enfin il la saisit et la retournait sur le ventre; „il faut que j'observe le beau cul," dit-il — „et dès qu'il l'eut vu: „Ah sacré Dieu, les belles fesses," et alors il les baisa, les entre'ouvrit et nous le vîmes distinctement placer sa langue au trou mignon, „voilà sur ma parole," s'écria-t-il, tout enthousiasmé, „un des plus superbes cadavres, que j'ai vus de ma vie, ah, combien est heureux celui, qui a privé cette belle fille du jour, et que de plaisir il a du avoir!" Cette idée le fit décharger, il était couché près d'elle, il la serrait, ses cuisses collées contre les fesses, et lui déchargea sur le trou du cul avec des marques de plaisir incroyable, et criant comme un diable en perdant son sperme: „Ah foutre, foutre, comme j'aurais voulu l'avoir tuée." — Telle fut la fin de l'opération, le libertin se releva et disparut. Il était temps que nous revenions relever notre moribonde, elle n'en pouvait plus, la contrainte, l'effroi, tout avait absorbé ses sens, et elle était prête à jouer d'après nature le personnage qu'elle venait de si bien contrefaire, nous partîmes avec quatre louis, que nous remit le valet, qui comme vous imaginez bien nous volait au moins la moitié[202]) — „Vive Dieu," s'écria Curval, „voilà une passion, il y a d'un sel de piquant au moins là dedans." — „Je bande comme un âne," dit le duc, „je parie que ce personnage-là ne s'en tint pas là." — „Soyez en sûr, M. le duc," dit Martaine, „il y veut quelquefois plus de réalité, c'est de quoi Md. Desgranges et moi aurons occasion de vous convaincre." — „Et que diable fais-tu en attendant," dit Curval au duc. — „Laisse-moi, laisse-moi," dit le duc, „je foute ma fille et je la crois morte." — „Ah, scélérat," dit Curval, „voilà donc des crimes dans ta tête." — „Ah foutre," dit le duc, „je voudrais bien qu'ils fussent plus réels," et son sperme impur s'échappa dans le vagin de Julie. „Allons, poursuis, Duclos," dit-il, aussitôt qu'il eut fait, „poursuis, ma chère amie, et ne laisse pas décharger le président, car je l'entends incester sa fille, le petit drôle se met de mauvaises idées dans la tête, ses parents me l'ont confié, je dois avoir l'œil sur ses conduites, et je ne veux pas qu'il se pervertisse." — „Ah, il n'est plus temps," dit Curval, „il n'est plus temps, je décharge, ah double Dieu! la belle morte," — et le scélérat en enconnant Adélaïde se figurait comme le duc, qu'il foutait sa fille assassinée, incroyable égarement de l'esprit du libertin, qui ne peut rien entendre, rien voir, qu'il ne veuille à l'instant l'imiter.²⁰³) „Duclos, continue," dit l'évêque, „car l'exemple de ce coquin-là me séduirait, et dans l'état où je suis, je ferais peut-être pis qu'eux." — „Quelque [143] temps après cette avanture, je fus seule chez un autre libertin," dit Duclos, „dont la manière peut-être plus humiliante n'était pourtant pas aussi sombre, il me reçoit dans un salon, dont le parquet était orné d'un très beau tapis, me fait mettre nue, puis me faisant placer à quatre pattes: „Voyons," dit-il en parlant de deux grands danois, qu'il avait à ses côtés, „qui de mes chiens ou toi sera le plus leste, va chercher!" — Et en même temps il jette un gros maron rôti à terre, et me parlant, comme à une bête, „apporte, apporte" me dit-il; je cours à quatre pattes après le maron dans le dessein d'entrer dans l'esprit de sa fantaisie, et de le lui rapporter, mais les deux chiens s'élançant après moi, m'ont bientôt devancée, ils saisissent le maron, et le rapportent au maître: „Vous êtes une franche maladroite," me dit alors le patron, „avez-vous peur que mes chiens ne vous mangent? n'en craignez rien, ils ne vous feront aucun mal, mais intérieurement ils se moqueront de vous, s'il vous voient moins habiles qu'eux, allons, votre revanche — apporte!" nouveau maron lancé, et nouvelle victoire remportée par les chiens sur moi, enfin le jeu dure deux heures, pendant lesquelles je ne fus assez adroite pour saisir le maron qu'une fois, et le rapporter à la bouche à celui qui l'avait lancé, mais que je triomphasse ou non, jamais ces animaux dressés à ce jeu, ne me faisaient aucun mal, ils semblaient au contraire se jouer et s'amuser avec moi, comme si j'eusse été de leur espèce. „Allons," dit le patron, „voilà assez travail, il faut manger, il sonna, un valet de confiance entre, „apporte à manger à mes bêtes," dit-il, et en même temps le valet apporte une auge de bois d'ébène, qu'il posa à terre et qui était rempli d'une espèce de hachis de viande très délicat. „Allons," me dit-il, „dîne avec mes chiens, et tâche qu'ils ne soient pas aussi lestes au repas qu'ils l'ont été à la course," il n'y eut pas un mot à répondre, il fallut obéir et toujours à quatre pattes, je mis la tête dans l'auge, et comme le tout était très propre et très bon, je me mis à pâturer avec les chiens, qui très poliment me laissèrent ma part, sans me chercher le moindre dispute, telle était l'instant de la crise de notre libertin: l'humiliation, l'abaissement, dans lequel il reduisait une femme, échauffait incroyablement ses esprits. „La bougresse," dit-il alors, en se branlant, „la garce, comme elle mange avec mes chiens, voilà comme il faudrait traiter toutes les femmes, et si on le faisait, elles ne seraient pas si impertinentes; animaux domestiques, comme ces chiens, quelle raison avons-nous de les traiter autrement qu'eux — ah garce, ah putain," s'écria-t-il encore, en s'avançant et me lâchant son foutre sur le derrière. — „Ah bougresse, je l'ai donc fait manger avec mes chiens," — ce fut tout. Notre homme disparut, je me r'habilla promptement et trouvai deux

louis sur mon mantelet, somme usitée et dont le paillard sans doute avait coutume de payer ses plaisirs.
— „Ici, messieurs" continua Duclos, „je suis obligée de revenir sur mes pas, et de vous raconter, pour finir la soirée, deux avantures, qui me sont arrivées dans ma jeunesse, commes elles sont un peu fortes, elles auraient été déplacées dans le cours des faibles évènements, par lesquelles vous m'aviez ordonné de commencer, j'ai donc été obligée de les déplacer et de vous les garder pour le dénouement; je n'avais pour lors que 16 ans, et j'étais encore chez la Guérin, on [144] m'avait placée dans le cabinet intérieur de l'appartement d'un homme d'une très grande distinction, en me disant simplement d'attendre, d'être tranquille et de bien obéir au seigneur, qui viendrait s'amuser avec moi, mais on s'était bien gardé de me dire davantage, je n'aurais pas eu autant de peur, si j'avais été prévenue, et notre libertin certainement pas autant de plaisir; il y avait environ une heure que j'étais dans le cabinet, lorsqu'on l'ouvre à la fin; c'était le maître même: „Que fais-tu là, coquine," me dit-il avec l'air de la surprise, — „à l'heure qu'il est, dans mon appartement!, ah putain," s'écria-t-il, en me saisissant par le cou, jusqu'à me faire perdre la respiration, „ah gueuse, tu viens pour me voler," à l'instant il appelle à lui, un valet affidé paraît: „La Fleur," lui dit le maître, tout en colère, „voilà une voleuse que j'ai trouvée cachée, déshabille-la toute nue, et prépare-toi à exécuter après l'ordre que je te donnerai." — La Fleur obéit, en un instant je suis dépouillée, alors jetées mes vêtements dehors à mesure que je les quitte: „Allons," dit le libertin à son valet, „va chercher le sac à present,

couds moi cette garce là dedans et va la jeter à la rivière." Le valet sort pour aller chercher le sac, je vous laisse à penser, si je profitai de cet intervalle, pour me jeter aux pieds du patron, et pour le supplier de me faire grâce, l'assurant que c'est Md. Guérin, sa maquerelle ordinaire, qui m'a placée elle-même là; mais que je ne suis point une voleuse, — mais le paillard sans rien écouter, me saisit les deux fesses, et les paîtrissant avec brutalité: „Ah foutre," dit-il, „je vais donc faire manger ce beau cul-là aux poissons." Ce fut le seul acte de lubricité, qu'il parut se permettre, et encore n'exposa-t-il rien à ma vue, qui pût me faire croire, que le libertinage entrait pour quelque chose dans la scène, le valet rentra, apporta un sac; quelques instances que je puisse faire, on me campe dedans, on m'y coud, et La Fleur me charge sur ses épaules, alors j'entendis les effets de la révolution de la crise chez notre libertin, et vraisemblablement il avait commencé à se branler, dès qu'on m'avait mise dans le sac au même instant où La Fleur me chargea, le foutre du scélérat partit. — „Dans la rivière — dans la rivière, entends-tu, La Fleur!" disait-il, en bégayant de plaisir, „oui, dans la rivière, et tu mettras une pierre dans le sac, pour que la putain soit plutôt noyée!" Tout fut dit, nous sortîmes, nous passâmes dans une chambre voisine où La Fleur ayant décousu le sac, me rendit mes habits, me donna deux louis, quelque preuve non équivoque d'une manière de se conduire dans le plaisir très différemment que son maître, et je revins chez la Guérin, que je grondai fort de ne m'avoir point prévenue, et qui pour se raccommoder avec moi, me fit faire deux jours après la partie suivante où

[145] elle m'avertit encore moins. — Il s'agissait à-peu-près, comme dans celle que je viens de vous raconter, de se trouver dans le cabinet de l'appartement d'un fermier général, mais j'y étais cette fois-là avec le valet même, qui était venu me chercher chez la Guérin de la part de son maître. En attendant l'arrivée du patron, le valet s'amusait à me faire voir plusieurs bijoux qui étaient dans un bureau de ce cabinet: „Parbleu," me dit l'honnête Mercure, „quand vous en prendriez quelqu'une il n'y aurait pas grand mal, le vieux Crésus est assez riche, je parie, qu'il ne sait seulement pas la quantité ni l'espèce des bijoux qu'il tient dans ce bureau, croyez-moi, ne vous gênez pas, et n'ayez pas peur que ce soit moi, qui vous trahisse." — Hélas je n'étais que trop disposée à suivre ce perfide conseil; vous connaissez mes penchers, je vous les ai dites. Je mis donc mes mains, sans me le faire dire davantage, sur une petite boîte d'or, de sept ou huit louis, n'osant m'emparer d'un objet de plus grande valeur; c'était tout ce que désirait ce coquin de valet, et pour ne pas revenir sur cela j'appris depuis que, si j'avais refusé de prendre, il aurait sans que je m'en aperçusse glissé un de ces effets dans ma poche. Le maître arrive, il me reçoit très bien, le valet sort, et nous restons ensemble, celui-ci ne faisait pas comme l'autre, il s'amusait très réellement, il me baisa beaucoup le derrière, se fit fouetter, se fit péter dans la bouche, mit son vit dans la mienne, et se gorgea en un mot de lubricité de tout genre et de toute espèce, excepté celle du devant, mais il eut beau faire, il ne déchargea point. L'instant n'était pas venue, tout ce qu'il venait de faire n'était pour lui que des épisodes, comme en aller voir

le dénouement. — „Ah parbleu," me dit-il, „je ne songe pas qu'un domestique attend dans mon antichambre un petit bijoux, que je viens de promettre d'envoyer à l'instant à son maître, permettez que je m'acquitte de ma parole, et dès que j'aurais fini, nous nous remettrons en besogne." Coupable d'un petit délit, que je venais de commettre à l'instigation de ce maudit valet, je vous laisse à penser comme ce propos me fit frémir, un moment je voulus le retenir, ensuite je fis réflexion, qu'il valait mieux faire bonne contenance et risquer le paquet, il ouvre le bureau, il cherche, il fouille, et ne trouvant point ce dont il a besoin, il lance sur moi des regards furieux. — „Coquine," me dit-il, „vous seule et mon valet, dont je suis sûr, êtes entrés ici, depuis tantôt, mon effet manque, il ne peut donc être pris, que par vous!" — „Oh monsieur," lui dis-je en tremblant — „soyez certain que je suis incapable" — „Allons, sacré Dieu," dit-il en colère, (or vous remarquerez, que sa culotte était toujours déboutonnée et son vit collé contre son ventre: cela seul aurait dû m'éclairer et m'empêcher d'être si inquiète, mais je ne voyais, je n'apercevais plus rien) „allons, bougresse, il faut que mon effet se trouve," il m'ordonne de me mettre nue, vingt fois je me jette à ses pieds pour le prier de m'épargner l'humiliation d'une telle recherche, rien ne l'émeut, rien ne l'attendrit, il arrache lui-même mes vêtements avec colère et dès que je suis nue, il fouille mes poches et comme vous croyez, il n'eut pas longtemps à trouver la boîte. „Ah, scélérate," me dit-il, „me voilà donc convaincu, bougresse, tu viens chez les gens pour les voler?" et appellant aussitôt son homme de confiance, „allons," lui dit-il, tout en feu, „allez me chercher à l'instant le commissaire." — „Oh! monsieur, m'écriai-je, „ayez pitié de ma jeunesse, j'ai été séduite, je ne l'ai pas fait de moi-même, on m'y a engagé." ... „Eh bien," dit le paillard, „vous direz toutes ces raisons-là à l'homme de justice, mais je veux être vengé." — Le valet sort, il se jette sur un fauteuil, toujours bandant et toujours dans une grande agitation, et m'adressant mille invectives, „cette gueuse, cette scélérate, disait-il, „moi, qui voulait la récompenser comme il faut, venir ainsi chez moi, pour me voler!" — „Ah parbleu, nous allons voir." — En même temps on frappe, et je vois entrer un homme en robe. „M. le commissaire," dit le patron, voilà une coquine, que je vous remets, je vous la remets nue, dans l'état où je l'ai fait mettre, pour la fouiller, voilà la fille d'un côté, ses vêtements de l'autre, et de plus l'effet dérobé, et surtout faites-la pendre, M. le commissaire!" Ce fut alors, qu'il se rejetta sur son fauteuil en déchargeant: „oui, faites-la prendre, sacré Dieu, que je la voie pendre, sacré Dieu, M. le commissaire, que je la voie pendre! C'est tout ce que j'exige de vous!" — Le prétendu commissaire, m'emmène avec l'effet et ma [chemise], il me fait passer dans une chambre voisine, défait sa robe, et me laisse voir le même valet, qui m'avait reçu, et engagé au vol, que le trouble dans lequel j'étais, m'avait empêché de reconnaître. „Eh bien," me dit-il, avez-vous eu bien peur?" — „Hélas," lui dis-je. „Je n'en puis plus, me dit-il, „et voilà, pour vous dédommager," et en même temps il me remet de la part de son maître l'effet même que j'avais volé, me rend mes habits, me fait boire un verre de liqueur, et me ramène chez Md. Guérin."

— „Cette manie-là est plaisante," dit l'évêque, „on peut en tirer le plus grand parti pour d'autres choses, et en y mettant moins de délicatesse, car je vous dirai que je suis peu partisan de la délicatesse en libertinage, en y en mettant moins, dis-je, on peut apprendre de ce récit la manière sûre d'empêcher une putain, de se plaindre, quelque soit l'iniquité des procédés qu'on veuille employer avec elle, il n'y a qu'à lui tendre ainsi des [pièges], l'y faire tomber, et dès qu'une fois, on est certain de l'avoir rendue coupable, on peut à son tour faire tout ce qu'on veut, il n'y a plus à craindre qu'elle ose se plaindre, elle aura trop peur, ou d'être prévenue, ou d'être recriminée." — „Il est certain," dit Curval, „qu'à la place du financier, je m'en serais permis davantage, et vous auriez bien pu, ma charmante Duclos, ne pas vous en tirer à si bon compte!" — Les récits, ayant été longs, cette soirée-ci, l'heure du souper vint sans qu'on eût le temps de paillarder un peu avant. — On fut donc se mettre à table, bien résolu de se dédommager après le repas. Ce fut alors, que, tout le monde étant rassemblé, on détermina de constater enfin les jeunes filles et les jeunes garçons que l'on pouvait mettre au rang des hommes et des femmes, il fut question, pour décider la chose, de branler tous ceux de l'un et l'autre sexe, sur lesquels on avait quelques soupçons, en femmes, on était sûr d'Augustine, de Fanni, et de Zelmire, ces trois charmantes petites créatures, âgées de 14 et 15 ans, déchargeaient toutes trois au plus leger attouchement, Hébé et Michette n'ayant encore que 12 ans n'étaient pas même dans le cas d'être essayées, il ne s'agissait donc chez les sultanes que d'éprouver Sophie, Colombe

et Rosette, agée la 1e de 14 ans, et les deux autres de 13. Chez les garçons on savait que Zéphire, Adonis et Celadon lâchaient du foutre comme des hommes faits, Giton et Narcisse étaient trop jeunes, pour être essayés, il ne s'agissait donc que de Zélamir, Cupidon et Hyacinthe. Les amis firent cercle autour d'un pile d'amples carreaux que l'on arrangea à terre. Chanville et Duclos furent nommées pour les pollutions, l'une en sa qualité de tribade devait branler les trois jeunes filles, et l'autre comme maîtresse dans l'art de branler des vits devait polluer les garçons, elles passèrent dans la ceinture formée par les fauteuils des amis, et qu'on avait remplie de carreaux et on leur livra Sophie, Colombe, Rosette, Zélamir, Cupidon et Hyacinthe, et chaque ami, pour s'exciter pendant le spectacle prit un enfant entre ses cuisses, le duc prit Augustine, Curval Zelmire, Durcet Zéphire, et l'évêque Adonis.
— La cérémonie commença par les garçons et Duclos, la gorge et les fesses découvertes, les bras nus jusqu'au coude, mit tout son art à polluer l'un après l'autre — chacun de ces délicieux ganymèdes, il était impossible d'y mettre plus de volupté. Elle agitait sa main avec une légèrèté, ses mouvements étaient d'une délicatesse et d'une violence, elle offrait à ces jeunes garçons sa bouche, son sein ou ses fesses avec tant d'art, qu'il était bien certain que ceux qui ne déchargeraient pas, n'en avaient pas encore le pouvoir. Zélamir et Cupidon bandèrent, mais on eut bon faire, rien ne sortit. Sur Hyacinthe la révolution se fit sur le champ, au 6e coup de poignet le foutre sauta sur son sein et l'enfant se pâma en lui maniant le derrière; observation qui fut d'autant plus remarquée que de toute l'opération, il

n'avait pas imaginé de lui toucher le devant; on passa aux filles; Chanville, presque nue, très bien coiffée et élégamment ajustée du reste, ne paraissait pas plus de trente ans quoiqu'elle en eût 50; la lubricité de cette opération de laquelle comme tribade fieffée, elle comptait tirer le plus grand plaisir, animait ses grands yeux noirs, qu'elle avait toujours eu fort beaux, elle y mit pour le moins autant d'art dans sa partie que Duclos en avait mis dans la sienne, elle pollua à la fois le clitoris, l'entrée du vagin et le trou du cul, mais la nature ne développa rien chez Colombe et Rosette, il n'y eut pas même la plus légère apparence de plaisir, il n'en fut pas ainsi de la belle Sophie, au dixième coup de doigt, elle se pâma sur le sein de Chanville, de petits soupirs entrecoupés, ses belles joues qui s'animèrent du plus tendre incarnat, ses lèvres qui s'entr'ouvrirent et se mouillirent, tout prouva le délire, dont venait de la combler la nature et elle fut déclarée femme. Le duc qui bandait extraordinairement, ordonna à Chanville de la branler une seconde fois, et à l'instant de sa décharge le scélérat vint mêler son foutre impure à celui de cette jeune vierge, pour Curval, son affaire s'était faite entre les cuisses de Zelmire et les deux autres avec les jeunes garçons qu'ils tenaient entre leurs cuisses. On fut se coucher et le lendemain matin n'ayant fourni aucun évènement qui puisse mériter place en ce recueil, non plus que le dîner, ni le café, on passe tout de suite au salon où Duclos magnifiquement vêtue, parut sur sa tribune pour y terminer par les cinq récits suivants la partie des 150 narrations, qui lui avaient été confiées pour les 30 jours du mois de novembre.

Trentième journée.

[146] „Je ne sais, messieurs," dit cette belle fille, „si vous avez entendu parler de la fantaisie aussi singulière que dangereuse du comte de Lernos; mais quelque liaison que j'ai eu avec lui m'ayant mis dans le cas de connaître au fond ses manœuvres, et les ayant trouvées très extraordinaires, j'ai cru qu'elles devaient faire nombre dans les voluptés que vous m'avez ordonné de vous détailler. — La passion du cte. de Lernos est de mettre à mal le plus de jeunes filles et de femmes mariées qu'il peut [sic] et indépendamment des livres qu'il met en usage pour les séduire, il n'y a sorte de moyen qu'il n'invente pour les livrer à des hommes, ou il favorise leurs penchants, en les unissant à l'objet de leurs vœux, ou il leur trouve des amants, si elles n'en ont pas, il a une maison exprès où toutes les parties qu'il arrange, se retrouvent, il les unit, leur assure de la tranquillité et du repos et va jouir dans le cabinet secret du plaisir, de les voir aux prises; mais il est inouï à quel point il multiplie ces désordres, et tout ce qu'il met en œuvre, pour former ces petites mariages, il a des entours dans presque tous les couvents de Paris, chez une grande quantité de femmes mariées, et il s'y prend si bien qu'il n'y a pas un seul jour, où il n'ait chez lui trois ou quatre rendez-vous; jamais il ne manque à surprendre leurs voluptés, sans qu'on puisse s'en douter, mais enfin placé au trou de son observatoire, comme il y est toujours seul, personne ne sait ni comment il procède à sa décharge, ni de quelle nature elle est, on sait seulement le fait, le voilà et j'ai cru, qu'il était digne de vous être raconté.

[147] La fantaisie du vieux président Desportes vous amusera peut-être davantage: Prévenue de l'étiquette, qui s'observait chez le paillard d'habitude, j'arrive chez lui vers les 10 heures du matin, et parfaitement nue je vais lui présenter mes fesses à baiser dans un fauteuil où il était gravement assis, et du premier abord je lui pète au nez, mon président irrité se lève, saisit une poignée de verges, qu'il avait auprès de lui, et se met à courir après moi, dont le premier soin est de me sauver: „Impertinente," me dit-il, toujours en me poursuivant, „je t'apprendrai à venir faire chez moi des infamies de cette espèce." — Lui de poursuivre, et moi toujours de me sauver, je gagne enfin une ruelle, je m'y tapis comme dans une retraite impénétrable, mais j'y suis bientôt atteinte, les menaces du président redoublent, en se voyant maître de moi. Il brandit ses verges, il menace de m'en frapper, je me rencoque, je m'accroupis, je ne me fais pas plus grosse qu'un souris, cet air de frayeur et d'avilissement détermine à la fin son foutre, et le paillard le darde sur mon sein, en hurlant de plaisir. — „Quoi sans te donner un seul coup de verge," dit le duc. — „Sans la baisser même sur moi," répondit Duclos. — „Voilà un homme patient," dit Curval, „mon ami, convenez que nous ne le sommes pas tout à fait autant, quand nous avons en main l'instrument dont parle la Duclos." — „Un peu de patience, messieurs," dit Chanville, „je vous en ferai bientôt voir du même genre, et qui ne seront pas aussi patients que le président dont vous parle ici Md. Duclos." — Et celle-ci voyant que le silence que l'on observait lui laissait la facilité de reprendre son récit, [148] y procéda de la manière suivante. — „Peu de temps

après cette avanture, je fus chez le marquis de Saint-Girard, dont la fantaisie était de placer une femme nue dans une escarpolette et de la faire enlever ainsi à une très grande hauteur, à chaque secousse on lui passe devant le nez, il vous attend, et il faut en ce moment-là, ou faire un pet, ou recevoir un claque sur le cul, je le satisfis de mon mieux, j'eus quelques claques, mais je lui fis force pets, et le paillard ayant enfin déchargé au bout d'une heure de cette ennuyante et fatiguante cérémonie, l'escarpolette s'arrêta et j'eus mon audience de congé. Environ trois ans après que je fus maîtresse de la maison de la Fournier, il vint un homme chez moi, me faire une singulière proposition, il s'agissait de trouver des libertins qui s'amusassent avec sa femme et sa fille, à la seule condition de le cacher dans un coin pour voir tout ce qu'on leur ferait, il me les livrerait, disait-il, et non seulement l'argent que je gagnerais avec elles, serait pour moi, mais il me donnerait encore deux louis par partie, que je leur ferais faire, il ne s'agissait que d'une chose, c'est qu'il ne voulait pour sa femme que des hommes d'un certain goût, et pour sa fille des hommes d'une autre espèce de fantaisie; pour sa femme il fallait des hommes qui lui chiassent sur les tetons, et pour sa fille, il en fallait, qui en la troussant exposassent bien son derrière en face du trou, où il observerait, afin qu'il pût la contempler à son aise, et qui ensuite lui déchargeassent dans la bouche pour toute autre passion que les dites-là, il ne livrait point ses marchandises; après avoir fait promettre à cet homme qu'il répondait de tout évènement, au cas que sa femme et sa fille vinssent à se plaindre d'être venues chez moi, j'acceptai tout ce qu'il voulut et lui promis que les personnes qu'il me demandait seraient fournies; ainsi qu'il l'entendait, dès le lendemain il m'amène sa marchandise, l'épouse était une femme de 36 ans, peu jolie, mais grande et bien faite, un grand air de douceur et de modestie, la demoiselle avait 15 ans, elle était blonde, un peu grasse et de la physionomie de la monde la plus tendre et la plus agréable. „En vérité, monsieur," dit l'épouse, „vous nous faites faire là des choses." — „J'en suis mortifié," dit le paillard, „mais il faut que cela soit ainsi, croyez-moi, prenez votre parti, car je n'en démordrai pas, et si vous résistez en la moindre chose aux propositions et aux actions, auxquelles nous allons vous soumettre, vous, madame, et vous, mademoiselle, je vous mène dès demain dans le fond d'une terre toutes les deux, dont vous ne reviendrez de vos jours." Alors l'épouse jeta quelques larmes, et comme l'homme auquel je la destinais, attendait, je la priai de passer dans l'appartement, qui lui était destiné, pendant que sa fille resterait très en sûreté dans une autre chambre avec mes filles jusqu'à ce que son tour vînt. En ce moment cruel, il y eut encore quelques pleurs, et je vis bien que c'était la première fois, que ce mari brutal exigeait de pareilles choses de sa femme, et malheureusement le début était dur, car indépendamment du goût baroque du personnage à qui je la livrais, c'était un vieux libertin fort impérieux et fort brusque, et qui ne la traiterait pas très honnêtement: „Allons, point de pleurs," lui dit le mari en entrant, „songez que je vous observe et que, si vous ne satisfaites pas amplement l'honnête homme, auquel on vous livre, j'entrerai moi-même pour vous y contraindre, allez entrer!" —

Et nous passons, le mari et moi, dans la chambre d'où l'on pouvait tout voir. On n'imagine pas à quel point ce vieux scélérat s'échauffa l'imagination, en contemplant sa malheureuse épouse victime de la lubricité d'un inconnu, il se délectait à chaque chose qu'on exigeait d'elle, la modestie, la candeur de cette pauvre femme humiliée sous les atroces procédés du libertin, qui s'en amusait lui composait le spectacle délicieux, mais quand il la vit brutalement posée à terre, et le vieux magot, à qui je l'avais livrée lui chia sur la gorge, quand il vit les pleurs, les dégoûts de sa femme à la proposition et à l'exécution de cette infamie, il n'y tint pas, et la main dont je le branlais fut à l'instant couverte de foutre. Enfin cette première scène cessa et si elle lui avait donné du plaisir, ce fut autre chose, quand il put jouir de la seconde. — Ce n'était pas sans de grandes difficultés et surtout sans de grandes menaces, que nous étions parvenues à faire passer la jeune fille, témoin des larmes de sa mère et ignorant ce qu'on lui avait fait; la pauvre petite faisait toutes sortes de difficultés, enfin nous la décidâmes, l'homme à qui je la livrais, était parfaitement instruit de tout ce qu'il y avait affaire, c'était une de mes pratiques ordinaires, que je gratifiais de cette bonne fortune, et qui par reconnaissance consentit à tout ce que j'en exigeais. „Oh le beau cul," s'écria le père libertin, dès que le miché de sa fille nous l'exposa entièrement à nu, „oh sacré Dieu les belles fesses." — „Eh quoi," lui dis-je, „est-ce donc la première fois que vous les voyez?" — „Oui, vraiment," me dit-il, „il m'a fallu cet expédient pour jouir de ce spectacle, mais si c'est la première fois que je vois ce beau fessier, je proteste bien, que ce ne sera pas la dernière." Je le branlais vivement, il s'extasiait, mais quand il vit l'indignité, qu'on exigeait de cette jeune vierge, quand il vit les mains d'un libertin consommé se promener sur ce beau corps, qui n'avait jamais souffert pareil attouchement, quand il vit qu'on la faisait mettre à genoux, qu'on la forçait d'ouvrir la bouche, qu'on introduisit un gros vit dedans, et qu'on y déchargeait, il se rejeta en arrière en jurant comme un possédé, en protestant que de ses jours il n'avait goûté tant de plaisir, et en laissant entre mes doigt des preuves certaines de ce plaisir. — Tout fut dit; les pauvres femmes se retirèrent en pleurant beaucoup, et le mari trop enthousiasmé d'une telle scène, trouva sans doute le moyen de les décider à lui redonner souvent le spectacle d'une telle scène, car je les ai reçus chez moi plus de 6 ans, et j'ai fait, d'après l'ordre que je recevais du mari, passer ces deux malheureuses créatures par toutes les différentes passions dont je viens de vous faire les récits, à peut-être 10 ou 12 près, qu'il n'était pas possible qu'elles satisfissent, parce qu'elles ne se passaient chez moi." — „Voilà bien des façons pour prostituer une femme et une fille," dit Curval, „comme si ces garces-là étaient faites pour autre chose! Ne sont-elles pas données pour nos plaisirs? Et de ce moment-là ne devaient-elles pas les satisfaire, n'importe comment? — J'ai eu beaucoup de femmes," dit le président, trois ou quatre filles, dont il ne me reste plus, Dieu merci, que Mlle. Adélaïde, que M. le duc fout à présent à ce que je crois. Mais si aucune de ces créatures eût refusé la prostitution, où je les ai regulièrement soumises: que je sois damné tout vivant, ou

condamné, ce qui est pis, à ne foutre que de cons toute ma vie, si je ne leur eusse brûlé la cervelle." — „Président, vous bandez," dit le duc, vos foutus propos vous décèlent toujours." — „Bander? non," dit le président, „mais je suis au moment de faire chier Mlle. Sophie, et j'espère que sa merde délicieuse produira peut-être quelque chose. — Oh, ma foi, plus que je ne pensais," dit Curval, après avoir gobé l'étron, „voilà sur le Dieu, dont je me fouts, mon vit qui prend consistence, — qui de vous, messieurs, veut passer avec moi dans le boudoir." — „Moi," dit Durcet, „en entraînant Aline, qu'il pâtissait depuis une heure, et nos deux libertins s'y étant fait suivre d'Augustine, de Fanni, de Colombe et d'Hébé, de Zélamir, d'Adonis, d'Hyacinthe, et de Cupidon, joignant à cela Julie et deux vieilles, la Martaine et Chanville, Antinous et Hercule. Ils reparurent triomphants au bout d'une demi-heure et ayant chacun perdu leur foutre dans les plus doux excès de la crapule et du libertinage. „Allons," dit Curval à Duclos, „donne-nous ton dénouement, ma chère amie, et s'il peut me faire rebander, tu pourras te flatter d'un miracle, car il y a ma foi, plus d'un an, que je n'avais perdu tant de foutre à la fois, il est vrai." — „Bon," dit l'évêque, si nous l'écoutons, ce sera bien pis que la passion, que doit nous conter Duclos, ainsi comme il ne faut pas aller du fort au faible, trouvez bon que nous te fassions taire et que nous écoutions notre historienne." —
[150] Aussitôt cette belle fille termina ses récits par la passion suivante. — „Il est enfin temps, messieurs," dit-elle, „de vous raconter la passion du Marquis de Mesanges, auquel vous vous souvenez, que j'ai vendu

la fille du malheureux cordonnier, qui périssait en prison avec sa pauvre femme, pendant que je jouissais du legs, que lui laissait sa mère. Comme c'est Lucile, qui le satisfit, ce sera, si vous voulez bien, dans sa bouche, que j'en vais placer le récit. „J'arrive chez le marquis," me dit cette charmante créature, „vers les dix heures du matin; dès que je suis entrée, toutes les portes se ferment." — „Que veux-tu faire ici, scélérate," me dit le marquis, tout en feu, „qui te permit de me venir interrompre?" — et comme vous ne m'aviez prévenue de rien, vous imaginez facilement, à quel point cette réception m'effraya. „Allons, mets-toi nue," poursuivit le marquis, „puis que je te tiens, garce, tu ne sortiras plus de chez moi! — tu vas périr, te voilà à ton dernier moment," alors je fondis en larmes, je me jetais aux pieds du marquis, mais il n'y eut aucun moyen de le fléchir. Et comme je ne me pressais assez de me déshabiller, il déchira lui-même mes vêtements en les arrachant de force de dessus mon corps, mais ce qui acheva de m'effrayer, ce fut de le voir jeté en feu à mesure, qu'il les enlevait. „Tout cela devient inutile," disait-il en jetant pièce à pièce tout ce qu'il emportait dans un vaste foyer, „tu n'as plus besoin de robes, de mantelets, d'ajustements, ce n'est plus qu'une bière, qu'il te faut," en un instant, je fus tout à fait nue, alors, le marquis qui ne m'avait jamais vue contempla un instant mon derrière, il le mania en jurant, l'entr'ouvrit, le resserra, mais ne le baisa point. „Allons, putain," dit-il, „ça est fait, tu vas suivre les habits, et je vais t'attacher sur les chenets, oui sacré Dieu, te brûler vive, garce, avoir le plaisir de respirer l'odeur, qui exhalera de ta chair brûlée," et disant cela, il tombe pâmé dans son fauteuil et décharge en dardant son foutre sur mes vêtements, qui brûlent encore, il sonne, on entre, un valet m'emmène, et je retrouve dans une chambre voisine, de quoi me vêtir complètement, en parures deux fois plus belles que celles, qu'il avait consumées. Telle est le récit que me fit Lucile, reste à savoir maintenant, si c'est à cela ou à pis qu'il fit servir la jeune pucelle que je lui vendis." — „A bien pis," dit la Desgranges, „et vous avez bien fait de faire un peu connaître le marquis, car j'aurai occasion d'en parler à ces messieurs." — „Puissiez-vous, madame," dit Duclos à la Desgranges, „et vous ma chères compagnes," ajouta-t-elle en adressant la parole à ses deux autres camarades, „le faire avec plus de sel, d'esprit et d'agrément que moi, c'est votre tour, le mien est fini, et je n'ai plus que prier ces messieurs de vouloir bien excuser l'ennui que je leur ai peut-être causé par la monotonie presque inévitable en de semblables récits, qui tous fondés dans un même quadre ne peuvent guère ressortir que par eux-mêmes." — Après ces paroles la belle Duclos salua respectueusement la compagnie et descendit de la tribune, pour venir auprès du canapé de ces messieurs, où elle fut généralement applaudie et caressée. On servit le souper, auquel elle fut invitée, faveur qui n'avait encore été faite à aucune femme, elle fut aussi aimable dans la conversation qu'elle avait été amusante dans le récit de son histoire, et pour récompense du plaisir qu'elle avait procuré à l'assemblée, elle fut créée directrice générale des deux sérails avec promesse donnée à part par les 4 amis que quelque extrémité que pût se porter contre les femmes dans le cours du voyage, elle serait menagée et très certainement ramenée chez elle à Paris, où la société la dédommagerait amplement du temps qu'elle lui avait fait perdre, et des peines qu'elle s'était données pour lui procurer des plaisirs. Curval, le duc et elle se soûlèrent tous trois si complètement au souper qu'ils furent presque hors d'état de pouvoir passer aux orgies, ils laissèrent Durcet et l'évêque les faire à leur guise et furent les faire à part dans le boudoir du fond avec Chanville, Antinous, Brise-cul, Thérèse et Louison, où l'on peut assurer, qu'il se fit et dit pour le moins autant d'horreurs et d'infamies que les deux autres amis en purent inventer de leur côté. A deux heures du matin tout fut se coucher, et c'est ainsi que se termina le mois de novembre et la première partie de cette lubrique et intéressante narration, de laquelle nous ne faisons pas attendre la seconde au public, si nous voyons qu'il accueille bien la première.[1])

---

[1]) **Fautes que j'ai faites.**

J'ai trop dévoilé les histoires de garderobe au commencement, il ne faut les développer qu'après les récits qui en parlent — trop parlé de la Sodomie active et passive, voilez-les, jusqu'à ce que les récits en parlent. — J'ai eu tort de rendre Duclos sensible à la mort de sa sœur; ça ne répond pas au reste de son caractère, changez cela. — Si j'ai dit qu'Aline était pucelle à l'arrivée au château j'ai eu tort, elle ne l'est pas et ne doit pas l'être. L'évêque l'a dépucelée partout. Et n'ayant pas pu me relire, cela doit sûrement fourmiller d'autres fautes. — Quand je remettrai au [prison] qu'un de mes premiers soins soit d'avoir toujours auprès de moi un cahier de notes, où il faudra que je place exactement chaque évènement et chaque portrait en mesure que je l'écris. Car sans cela je m'embrouillerai horriblement à cause de la multitude des personnages. Partez pour la seconde partie du principe qu'Augustine et Zéphire couchent déjà dans la chambre du duc dès la 1e partie, comme Adonis et Zelmire dans celle de Curval, Hyacinthe et Fanni dans celle de Durcet, Céladon et Sophie dans celle de l'évêque, quoique tout cela ne soit pas encore dépucelé.

Seconde partie.

Les cent cinquante passions de la seconde classe ou doubles, composant 31 journées de décembre remplies par les narrations de la Chanville, auxquelles on a joint le journal exact des évènements scandaleux du château pendant ce mois.

Plan.[204])

[151—155] Le 1er de décembre, la Chanville prend les récits et[205]) compte les 150 histoires suivantes:[206]) (Les chiffres précèdent les récits.) 1. Ne veut dépuceler que de trois ans jusqu'à sept, mais en con. C'est lui qui dépucelle la Chanville à l'âge de cinq ans. 2. Il fait attacher une fille de neuf ans en boule et la dépucelle en levrette. 3. Il veut violer une fille de douze à treize ans, et ne la dépucelle que le pistolet sur la gorge. 4. Il veut branler un homme sur le con de la pucelle, le foutre lui sert de pommade, il enconne après la pucelle, tenue par l'homme. 5. Il veut dépuceler trois filles de suite, une au berceau, une à cinq ans,

[156—160] l'autre à sept. La 2e journée. 6. Il ne veut dépuceler qu'une de neuf ans à treize, son vit est énorme, il faut que quatre femmes lui tiennent la pucelle, c'est le même de Martaine qui n'encule qu'à trois ans, le même de l'enfer. 7. Il fait dépuceler à dix ou douze ans devant lui par son valet et ne la touche pendant l'opération que sur son cul, il manie tantôt celui de la pucelle, tantôt celui du valet, il décharge sur le cul du valet. 8. Il veut dépuceler une fille, qui doit être mariée le lendemain. 9. Il veut que le mariage se fasse et dépuceler l'épouse entre la messe et l'heure du coucher. 10. Il veut que son valet, homme très adroit, aille épouser partout des filles, qu'il les lui amène, le maître les fout, il les trafique après à des maquerelles. La troisième journée. — 11. Il ne

[161—165] veut dépuceler que les deux sœurs. 12. Il épouse la fille, la dépucelle, mais il l'a trompée, et dès que l'affaire est faite il la plante là. 13. Il ne fout la pucelle qu'à l'instant d'après où un homme vient de la déflorer devant lui, il veut qu'elle ait le con tout barbouillé de sperme. 14. Il dépucelle avec un godmiché, et décharge sur l'ouverture qu'il vient de faire sans s'introduire. 15. Il ne veut que des pucelles de condition, et les paye au poids de l'or, ce sera le duc, qui avouera à avoir depuis trente ans dépucelé plus

[166—170] de quinze cent. [4e journée.] 16. Il force un frère à foutre sa sœur devant lui, et il la fout après, il les fait chier tous deux avant. 17. Il force un père à foutre sa fille après que lui l'a dépucelée. 18. Il mène sa fille à neuf ans au bordel et l'y dépucelle tenue par la maquerelle, il a eu douze filles et il les a ainsi dépucelées toutes. 19. Il ne veut dépuceler que de trente à quarantes ans. 20. Il ne veut dépuceler que des religieuses et dépense un argent immense pour en avoir: il en a. — Cela est le quatre au soir, et le même soir aux orgies, le duc dépucelle Fanni, tenue par les quatre vieilles et servi par la Duclos. Il la fout deux coups de suite, elle s'évanouit, il la fout le second coup sans connaissance. Le cinq, en conséquence de ces narrations, pour célébrer la fête de la cinquième semaine on marie ce jour-là Hyacinthe et Fanni et le mariage se consomme devant tout le monde.[207]) 21. Il veut que la mère tienne la fille, il fout d'abord la mère et dépucelle ensuite l'enfant, tenue par la mère, c'est le même du vingt fevrier de Desgranges. 22. Il n'aime que l'adultère, il faut lui trouver des femmes sages et publiquement dans leur menage, il les dégoûte de leurs maris. 23. Il veut que le mari lui prostitue lui-même sa femme et la lui tienne quand il la fout. Les amis imiteront cela sur-le-champ. 24. Il place une femme mariée sur un lit, l'enconne pendant que la fille de cette femme en perspective au dessus lui fait baiser son con, l'instant d'après il enconne la fille, en baisant le trou du cul de la mère; quand il a baisé le con de la fille, il la fait pisser, quand il baise le cul de la mère, il la fait chier. 25. Il a quatre filles légitimes et mariées, il veut les foutre toutes les quatre, il leur fait des enfants à toutes les quatre, afin d'avoir le plaisir de dépuceler un jour ces enfants, qu'il a faits à ses filles, et que le mari croit à lui, [le] duc raconte sur cela, — mais ça ne fait point nombre, parce qu'ils ne peuvent être renouvelés; ça ne fait point passion; il raconte, dis-je, qu'il a connu un homme qui a foutu trois enfants qu'il

[171—175]

avait de sa mère, desquelles il y avait une fille qu'il avait fait épouser à son fils de façon qu'en foutant celle-là, il foutait sa sœur, sa fille et sa belle-fille, et qu'il contraignit son fils à foutre sa sœur et sa belle-mère. Curval raconte un autre : deux frères et deux sœurs qui firent projet de se livrer mutuellement leurs enfants. La sœur avait un garçon et une fille, et le frère de même, ils se mêlèrent de façon que tantôt ils foutaient avec leurs neveux et tantôt avec leurs enfants, et tantôt les cousins germains, ou les frères et sœurs se foutaient, pendant que les pères et mères c'est-à-dire, le frère et la sœur, se foutaient également. Le soir Fanni est livrée en con à l'assemblée, mais comme l'évêque et M. Durcet ne foutent pas en con, elle n'est foutue que par Curval et le duc, de ce moment elle porte un petit ruban en écharpe et après la perte de ses deux pucelages elle en portera un rosa tout large. Le six décembre. 26. Il se fait branler pendant qu'on branle une femme sur le clitoris et veut décharger en même temps que la fille ; mais il décharge sur les fesses de l'homme que branle la femme. 27. Il baise le trou du cul, pendant qu'une seconde fille lui branle le cul, et une troisième le vit, elles changent afin que chacune pusse baiser le trou de son cul, que chacune branle le vit, et chacune le cul. Il faut péter. 28. Il lèche un con, pendant qu'il foute une seconde en bouche, et qu'une troisième lui lèche le cul, et il change de même que ci-dessus, il faut que les cons déchargent et il avale le foutre. 29. Il suce un cul merdeux, fait branler son cul merdeux avec la langue, et se branle sur un cul merdeux, puis les trois filles changent. 30. Il fait branler deux filles devant lui, et fout alternativement les branleuses en levrette, pendant qu'elle continuent de se sapphotiser; on découvre ce jour-là que Zéphire et Cupidon se branlent, mais ils ne se sont pas encore enculés, ils sont punis. Fanni est très enconnée aux orgies. — Le sept. 31. Il veut qu'une grande fille en mette à mal une petite, qu'elle la branle qu'elle lui donne de mauvais conseils, et qu'elle finisse par la tenir pendant qu'il la fout vierge ou non. 32. Il veut quatre femmes, il en fout deux en con et deux en bouche en observant de ne mettre le vit dans la bouche de l'une, qu'au sortir du con de l'autre, pendant tout ce temps-là une cinquième le suit en lui branlant le cul avec un godmiché. 33. Il veut douze filles, six jeunes et six vieilles, et si cela se peut, six mères et six filles; il leur gamahuche le con, la bouche, et le cul; quand il en est au con, il veut de l'urine, quand il en est à la bouche il veut de la salive, et quand il en est au cul, il veut des pets. 34. Il employe huit femmes à le branler, toutes différemment postées, il faudra peindre cela. 35. Il veut voir trois hommes et trois filles se foutre dans différentes postures. — Le huit. 36. Il forme douze groupes, de deux filles chaque, mais elles sont engeancées de ses cons, qu'elles ne montrent que leur culs, tout le reste du corps est caché. Il se branle en voyant toutes ces fesses. 3. Il fait branler 5 couples à la fois dans une salle de glace, chaque couple est composé de deux filles se branlant dans des attitudes lubriques et variées, il est au milieu du salon, regarde et les couples et leur répétitions dans ses glaces, et décharge au milieu de cela, branlé par une vieille, il a baisé les fesses de ses couples. 38. Il fait soûler et battre quatre racrocheuses devant lui, et veut que quand elles sont ainsi bien soûlées, elles vomissent dans sa bouche, il les prend les plus vieilles et les plus laides possibles. 39. Il fait chier une fille dans sa bouche, sans le manger, et pendant ce temps-là, une seconde fille lui suce le vit, et lui branle le cul, il chie en déchargeant dans la main de celle, qui le socratise, elles changent. 40. Il fait chier un homme dans sa bouche, et le mange, pendant qu'un petit garçon le branle, puis l'homme le branle et il fait chier le petit garçon. Ce soir-là, aux orgies, Curval dépucelle Michette, toujours dans la même coûtume: tenue par les quatre vieilles et servie par Duclos, on ne le répètera plus. — Le neuf. 41. Il fout une fille en bouche, en venant de lui chier avant dans la bouche, une seconde est au-dessus de celle-là, ayant la tête de celle-ci entre ses cuisses, et sur le visage de cette seconde une troisième pousse des scelles, et lui, en foutant ainsi, l'étron dans la bouche de la première, va manger la merde donnée par la troisième sur le visage de la seconde et puis elles changent, de manière à ce que chacune remplisse successivement les trois rôles. 42. Il passe trente femmes dans sa journée et les fait toutes chier dans sa bouche, il mange l'étron de trois ou quatre des plus jolies; il renouvelle cette partie-là cinq fois de la semaine, ce qui fait qu'il voit sept mille huit cent filles par an, quand Chanville le voit, il a soixante et dix ans, et il y a cinquante ans qu'il fait ce métier. 43. Il en voit douze tous les matins et avale les douze étrons, il les voit toutes ensemble. 44. Il se met dans un bain, où trente femmes viennent remplir le baignoire en pissant et en chiant; il décharge en recevant et nageant dans tout cela. 45. Il chie devant quatre femmes, exige qu'elles le regardent et l'aident à faire son étron, ensuite il veut qu'elles se le partagent et le mangent, puis elles en font chacune un, il les mêle et les avale tous quatre, mais il faut que ce soit des vieilles d'au moins soixante ans. Ce soir-là Michette est livrée en con à l'assemblée. De ce moment elle porte la petite écharpe. — L e d i x. 46. Il fait chier une fille „a" et une autre „b". Puis il force „b" à manger l'étron de „a" et „a" à manger l'étron de „b". Ensuite elles chient toutes deux et elles[208]) mangent leurs deux étrons. 47. Il veut une mère et trois filles, et il mange la merde des filles sur le cul de la mère, et la merde de la mère sur le cul d'une de ses filles. 48. Il oblige une fille de chier dans la bouche de sa mère, et de se torcher le cul avec les tetons de sa mère, ensuite il va manger l'étron dans la bouche de cette mère, et fait exprès chier la mère dans la bouche de sa fille, où il va de même manger l'étron. Il vaut mieux mettre un fils et sa mère pour varier avec la précédante. 49. Il veut qu'un père mange l'étron de son fils et lui mange l'étron de son père. — 50. Il veut que le frère chie dans le con de sa sœur, et il mange l'étron, puis il faut que la sœur vienne chier dans la bouche du frère, et il y mange l'étron. — L e o n z e. 51. Elle prévient qu'elle va parler d'impiétés[209]) et parler d'un homme qui veut, que la putain en le branlant profère des blasphèmes épouvantables, il en dit à son tour d'effroyables, son amusement pendant ce temps-là consiste à baiser le cul, il ne fait que cela. 52. Il veut que la fille vienne le branler au soir dans une église dans le temps surtout où le St. sacrement est exposé. Il se place le plus près qu'il peut de l'autel et manie le cul pendant ce temps-là. 53. Il va à confesse uniquement pour faire bander son confesseur, il lui dit des infamies et se branle dans le confessionnal tout en parlant. 54. Il veut que la fille aille à confesse, il l'attend au moment où elle en sort, pour la foutre en bouche. 55. Il fout une putain pendant une messe dite dans une chapelle à lui et décharge à l'élévation. Ce soir [206—209] le duc dépucelle Sophie en con et blasphème beaucoup. — L e d o u z e. 56. Il gagne un confesseur, qui lui cède sa place pour confesser de jeunes pensionnaires, il surprend ainsi leur confession, et leur donne en les confessant tous les plus mauvais conseils qu'il puisse. 57. Il veut que sa fille aille à confesse à un moine qu'il a gagné, et on le place de façon qu'il peut tout entendre, mais le moine exige que sa pénitente ait les jupes relevées pendant la confession, et le cul est porté de manière que le père peut le voir, ainsi il entend la confession de sa fille et il voit son cul à la fois. 58. Il fait célébrer la messe à des putains toutes nues, et il se branle en voyant cela sur les fesses d'une autre fille. 59. Il fait aller sa femme à confesse à un moine gagné, qui séduit sa femme et la fout devant le mari, qui est caché, si la femme refuse, il sort et va aider le confesseur. — Ce jour-là on célèbre la fête de la sixième semaine par le mariage de Céladon et de Sophie, qui se consomme, et le soir, Sophie est livrée en con, et elle porte l'écharpe — c'est cet évènement qui fait qu'on ne compte que quatre passions. — L e [210—214] t r e i z e. 60. Il fout des putains sur l'autel au moment où l'on va dire la messe, elles ont le cul nu sur la pierre sacrée. 61. Il fait mettre une fille nue

[215—220]

à cheval sur un grand crucifixe, il la fout en con en levrette dans cette attitude, et de façon à ce que la tête du Christ branle le clitoris de la putain. 62. Il pète et fait péter dans le calice, il y pisse et fait pisser, il y chie et y fait chier, et finit par y décharger. 63. Il fait chier un jeune garçon sur le patène et il le mange, pendant que l'enfant le suce. 64. Il fait chier deux filles sur un crucifix, il y chie après elles, et on le branle sur les trois étrons qui couvrent la face de l'idole. — Le quatorze. 65. Il brise des crucifix, des images de vierge et du père éternel, chie sur les débris et brûle le tout. [65b] Le même homme a la manie de mener une putain au sermon, et se faire branler pendant la parole de Dieu. 66. Il va communier et revient se faire chier dans la bouche par quatre putains. 67. Il la fait aller communier et la fout en bouche au retour. 68. Il interrompt un prêtre dans une messe, dite chez lui, il l'interrompt, dis-je, pour se branler dans son calice, oblige la fille à y faire décharger le prêtre, et force celui-ci à avaler le tout.²¹⁰) 70. Il l'interrompt, quand l'hostie est consacrée, et force le prêtre à foutre la putain avec son hostie. — On découvre ce jour-là qu'Augustine et Zelmire se branlent ensemble, elles sont toutes deux rigoureusement punies. — Le quinze.

[221—225]

71. Il fait péter la fille sur l'hostie, y pète lui-même et avale après l'hostie, en foutant la putain. 72. Le même homme qui se fait clouer dans une bierre, et dont a parlé Duclos, force la putain à chier sur l'hostie, il y chie aussi et jette le tout dans les lieux. 73. Il branle avec l'hostie le clitoris de la putain, la fait décharger dessus, puis il l'enfonce et fout avec l'hostie en déchargeant à son tour dessus. 74. Il la perce à

coups de couteau et s'en fait enfoncer les morceaux dans le cul. 75. Il se fait branler sur l'hostie, y décharge et fait ensuite de sens froid, et quand le foutre a coûlé, manger le tout à un chien. — Le même soir l'évêque consacre une hostie et Curval dépucelle Hébé avec, il la lui enfonce dans le con et décharge dessus. On en consacre plusieurs autres et les sultanes déjà dépucelées sont toutes foutues avec des hosties. — Le seize. Chanville annonce, que la profanation qui tout à l'heure formait la chose principale dans ses récits, ne sera plus qu'accessoire, et ce qu'on appelle au bordel „les petites cérémonies en passions doubles"[211]) va faire l'objet principal, elle prie qu'on se souvienne que tout ce qui sera lié à cela ne sera qu'accessoire, mais que la différence qu'il y aura pourtant entre ses récits et ceux de la Duclos sur ce même objet, est que Duclos n'a jamais parlé que d'un homme avec une femme, et qu'elle y mêlera toujours plusieurs femmes avec l'homme. 76. Il se fait fouetter pendant la messe par une fille, il en fout une seconde en bouche et décharge à l'élévation. 77. Il se fait fouetter légèrement sur le cul par deux femmes avec un martinet, elles donnent dix coups chacune et lui branlent le trou du cul entre chaque reprise. 78. Il se fait fouetter par quatre filles différentes, pendant qu'on lui pète dans la bouche, elles changent afin que toutes, chacune à son tour, fouettent et pètent. 79. Il se fait fouetter par sa femme en foutant sa fille, ensuite par sa fille en foutant sa femme, c'est le même dont Duclos a parlé et qui prostitue sa fille et sa femme au bordel. 80. Il se fait fouetter par deux filles à la fois, l'une

[226—230]

frappe par devant et l'autre par derrière et quand il
est bien en train, il en fout une, pendant que l'autre
fouette, puis la seconde pendant que la 1e fouette. —
Le même soir on livre Hébé pour le con et elle porte
le petit cordon, ne pouvant avoir le grand que quand
elle aura perdu ses deux pucelages. — Le dix-sept.

[231—235] 81. Il se fait fouetter en baisant le cul d'un garçon,
pendant qu'il fout une fille en bouche, ensuite il fout
le garçon en bouche en baisant le cul de la fille et
recevant toujours le fouet par une autre fille, puis il se
fait fouetter par le garçon, fout en bouche la putain, qui
le fouettait, et se fait fouetter par celle dont il baisait
le cul. 82. Il se fait fouetter par une vieille femme,
fout un vieux homme en bouche, et se fait chier dans
la bouche par la fille de cet homme ou cette femme,
puis change afin que chacune remplisse les trois rôles.
83. Il se fait fouetter en se branlant et déchargeant
sur un crucifix appuyé sur les fesses d'une fille. 84. Il
se fait fouetter en foutant en levrette une putain avec
l'hostie. 85. Il passe tout un bordel en revue, il reçoit
le fouet de toutes les putains en baisant le trou du
cul de la maquerelle qui lui pète et lui chie dans la

[236—240] bouche. — Le dix-huit. 86. Il se fait fouetter par des
cochers de fiacre et de garçons maréchaux, les passant
deux à deux, et faisant toujours péter dans sa bouche
à celui qui ne fouette pas, il en passe 10 ou 16 dans
sa matinée. 87. Il se fait tenir par trois filles, la
quatrième l'étrille à quatre pattes, étant montée sur
lui, toutes les quatre changent et lui montent sur le
corps tour à tour. 88. Il arrive au milieu de six filles
nu, il demande pardon, il se jette à genoux, chaque
fille ordonne une pénitence, et il a cent coups de fouet

par chaque pénitence refusée. C'est la fille refusée, qui le fouette. Or ces pénitences sont toutes fort sales, l'une voudra lui chier dans la bouche, l'autre lui faire lécher ses crachats à terre, celle-ci se fait lécher le con avec sa règle, cette autre l'entre deux des doigts des pieds, celle-là sa morve etc. 89. Quinze filles passent trois par trois, une fouette, une le suce, l'autre chie, puis celle qui a chié fouette, celle qui a sucé chie et celle qui a fouetté suce, il les passe ainsi toutes quinze, il ne voit rien, il n'entend rien, il est dans l'ivresse, c'est une maquerelle, qui dirige tout. Il recommence cette partie six foix de la semaine. Celle-là est charmande à faire et je vous la recommande, il faut que ça aille fort vite, chaque fille doit donner vingt-cinq coups de fouet et c'est dans l'intervalle de ces vingt-cinq coups que la première suce et que la troisième chie, s'il veut que chaque fille donne cinquante coups, il aura reçu sept cent cinquante, ce qui n'est pas trop. 90. Vingt-cinq putains lui molestent le cul à force de le claquer et de le manier, on ne le laisse que quand son derrière est tout à fait insensible. — Ce soir on fouette le duc, pendant qu'il dépucelle Zelmire en con. — L e d i x - n e u f. 91. Il se fait faire son procès par six filles, chacune a son rôle, on le condamne à être pendu, on le pend effectivement, mais le corde casse, c'est l'instant de sa décharge; liez celle-là avec une de celles de Duclos, qui lui ressemble. 92. Il fait mettre six vieilles en demi-cercle, trois jeunes filles l'étrillent devant le demi cercle de duègnes, qui toutes lui crachent au visage. 93. Une fille lui branle le trou du cul avec le manche des verges, une seconde le fouette sur les cuisses et le vit par devant, c'est

[241—244]

ainsi qu'il décharge sur les tetons de la fouetteuse de devant. 94. Deux femmes le rossent à coups de nerfs-de-bœuf pendant qu'une troisième à genoux devant lui le fait décharger sur ses tetons. — Elle n'en dit que quatre ce soir-là à cause du mariage de Zelmire et d'Adonis, qui célèbre la septième semaine et qui se consomme, attendu que Zelmire est dépucelée en con de la veille. — L e v i n g t. 95. Il se bat avec six femmes dont il fait semblant de vouloir éviter le fouet, il veut leur arracher les verges des mains, mais celles-ci sont plus fortes et elles le fustigent malgré lui, il est nu. 96. Il passe par les verges entre deux rangs de douze filles chacune, il est fouetté sur tout le corps et il décharge après neuf tours. 97. Il se fait fouetter sur les plantes des pieds, sur le vit, les cuisses, pendant qu'étendu sur un canapé trois femmes montent à cheval sur lui et lui chient dans la bouche. 98. Trois filles le fouettent alternativement l'une à coups de martinet, l'autre à coups de nerfs-de-bœufs, la troisième à coups de verges. Une quatrième à genoux devant lui et dont le laquais du paillard branle le trou du cul, lui suce le vit et lui branle le vit du laquais, qu'il fait décharger sur les fesses de sa suceuse. 99. Il est entre six filles, l'une le pique, l'autre le pince, la troisième le branle, la quatrième le mord, la cinquième l'égratigne et la sixième le fouette. Tout cela indistinctement partout. Il décharge au milieu de tout cela. Ce soir-là Zelmire dépucelée de la veille est livrée en con à l'assemblée, c'est-à-dire toujours uniquement à Curval et au duc, puisqu'ils sont les seuls du quadrille, qui foutent en con. Dès que Curval a foutu Zelmire, sa haine pour Constance et pour Adélaïde se redouble, il veut que

[250—254] Constance serve Zelmire. — Le vingt et un. 100. Il se fait branler par son laquais, pendant que la fille est sur un piédestal nue, il ne faut ni qu'elle bouge, ni qu'elle perde l'équilibre de tout le temps qu'on le branle. 101. Il se fait branler par la maquerelle, en lui maniant les fesses, pendant que la fille tient dans ses doigts un bout de bougie très court qu'il ne faut pas qu'elle lâche, que le paillard n'ait déchargé et il a bien soin de ne le faire que quand elle se brûle. 102. Il fait coucher six filles à plat ventre sur sa table à manger, chacune un bout de bougie dans le cul pendant qu'il soupe. 103. Il fait tenir une fille à genoux sur des cailloux aigus pendant qu'il soupe et si elle bouge de tout le repas, elle n'est pas payée, au dessus d'elle sont deux bougies renversées et dont la cire lui coule toute chaude sur le dos et les tetons. Au moindre mouvement qu'elle fait, elle est renvoyée sans être payée. 104. Il la contraint d'être dans un cage de fer très à l'étroit pendant quatre jours, elle ne peut ni s'asseoir, ni se coucher, il lui donne à manger à travers les barreaux. C'est celui dont Desgranges parlera au ballet des dindons. Ce même soir Curval dépucelle Colombe en

[255—259] con.³¹²) — Le vingt-deux. 105. Il fait danser une fille nue dans une couverture avec un chat qui la pince, la mord et l'égratigne en retombant, il faut qu'elle saute quelque chose qui en arrive, jusqu'à la décharge de l'homme. 106. Il frotte une femme avec une certaine drogue, qui cause des démangeaisons si violentes que cette femme se met en sang elle-même, il la regarde faire en se branlant. 107. Il arrête la règle d'une femme par une boisson et risque ainsi de lui donner de fortes maladies. 108. Il lui donne une médecine de cheval, qui lui cause des tranchées horribles, il la regarde chier, et souffrir tout le jour. 109. Il frotte une fille de miel, puis l'attache nue contre une colonne et lâche sur elle une essence de grosses mouches. Le même soir Colombe est livrée par le con. — Le vingt-trois. 110. Il place la fille sur un pivot qui tourne avec une prodigieuse rapidité. Elle est liée nue et tourne jusqu'à décharge. 111. Il pend une fille, la tête en bas, jusqu'à décharge. 112. Il lui fait avaler une forte dose d'émétique, lui persuade, qu'elle est empoisonnée et se branle en la voyant vomir. 113. Il paîtrit la gorge, jusqu'à ce qu'elle soit toute bleue. 114. Il paîtrit le cul neuf jours, de suite, pendant trois heures chaque jour. — Le vingt-quatre. 115. Il fait monter une fille sur une échelle jusqu'à vingt pieds de haut, là une échelle casse et la fille tombe, mais c'est sur des matelas préparés, il vient lui décharger sur le corps au moment de sa chute et quelquefois il la fout en ce moment-là. 116. Il donne des soufflets à tour de bras et décharge en les donnant, il est dans un fauteuil et la fille est à genoux devant lui. 117. Il lui donne des ferrules sur les mains. 118. De fortes claques sur les fesses, jusqu'à ce que le derrière soit tout en feu. 119. Il la gonfle avec un soufflet de forge par le trou du cul. 120. Il lui donne un lavement d'eau presque bouillante, il s'amuse de ses contorsions et lui décharge sur le cul. Ce soir-là, Aline reçoit des claques sur le cul des quatre amis, jusqu'à ce que son cul soit comme de l'escarlate, une vieille la tient, sur ses épaules. On en donne aussi quelqu'unes à Augustine. — Le vingt-cinq. 121. Il cherche des dévotes, et les fouette avec des crucifix et des chapelets, puis les pose en statue de vierge sur un autel dans une posture gênante et dont elles ne peuvent bouger, il faut qu'elles soient là tout le temps d'une fort longue messe à l'élévation de laquelle elle doit lâcher son étron sur l'hostie. 122. Il la fait courir nue dans une nuit glacée d'hiver au milieu d'un jardin, et il y a des cordes tendues d'intervalles à intervalles pour la faire tomber. 123. Il la jette comme par mégarde dès qu'elle est nue dans une cuve d'eau presque bouillante, et l'empêche de sortir jusqu'à ce qu'il lui ait déchargé sur le corps. 124. Il la fait tenir nue sur une colonne au milieu d'un jardin au cœur de l'hiver, jusqu'à ce qu'elle ait dit cinq ‚patres' et cinq ‚avé' ou jusqu'à ce qu'il ait perdu son foutre, qu'une autre fille excite en face de ce spectacle. 125. Il fait coller de glue la lunette d'une garderobe préparée, il l'y envoye chier, dès qu'elle est assise, son cul se prend, pendant ce temps-là de l'autre côté on pose un rechaud de feu sous son derrière, elle fuit et s'écorche, en laissant toute la peau prise au cercle. — Ce soir-là on fait faire des profanations à Adélaïde, et à Sophie, les deux dévotes, et le duc dépucelle Augustine, dont il est amoureux depuis long temps, il lui décharge trois fois de suite dans le con. — Et dès le même soir il propose de la faire courir nue dans la cour par le froid affreux, qu'il fait, il le propose vivement, on ne veut pas parce qu'elle est très jolie, et qu'on veut la conserver, que d'ailleurs elle n'est pas encore dépucelée par derrière. Il offre deux cent louis à la société pour la faire descendre au caveau dès le même soir; on refuse, il veut au moins qu'elle ait le cul claqué, elle reçoit vingt-cinq claques de chaque ami. Mais le duc donne les siennes à tour de bras et décharge une quatrième fois en les

[276—279] donnant, il couche avec elle, et l'enconne encore trois fois pendant la nuit. — Le vingt-six. 126. Il fait soûler la fille, elle se couche, dès qu'elle dort on enlève son lit, elle se penche pour prendre son pot de chambre, vers le milieu de la nuit, ne le trouvant pas elle tombe, parce que le lit est en air et la culbute; dès qu'elle se penche, elle tombe sur des matelas préparés. L'homme l'attend là et la fout dès qu'elle tombe. 127. Il la fait courir nue dans un jardin en la poursuivant avec un fouet de poste, dont elle est seulement menacée. Il faut qu'elle court jusqu'à ce qu'elle tombe de lassitude, c'est l'instant où il se jette sur elle et où il la fout. 128. Il fouette la fille par reprises de 10 coups jusqu'à cent, avec un martinet de soie noire, il baise beaucoup les fesses à chaque reprise. 129. Il fouette avec des verges trempées dans de l'esprit de vin, et ne décharge sur les fesses de la fille que lorsqu'il les voit en sang. Chanville ne conte que quatre passions ce jour-là parce que c'est la fête de la huitième semaine, on la célèbre par le mariage de Zéphire et d'Augustine, qui tous deux appartiennent au duc et qui couchent dans sa chambre, mais avant la célébration le duc veut que Curval fouette le garçon pendant qu'il fouette la fille, cela a lieu; ils reçoivent chacun cent coups de fouet, mais le duc plus animé que jamais contre Zelmire parce qu'elle l'a beaucoup fait décharger la fouette jusqu'au sang. Il faudra ce soir-là expliquer ce que c'est que les pénitences, comment on y procède et quel nombre de coups de fouet on y reçoit, vous

[280—284] pourrez faire un tableau des fautes, avec à côté le nombre des coups. — Le vingt-sept. 130. Il ne veut fouetter que des petites filles de cinq à sept ans, et toujours cherche un prétexte afin d'avoir mieux l'air de punir. 131. La femme vient à confesse à lui, il est prêtre, elle dit tous ses péchés et pour pénitence, il lui donne cinq cent coups de fouet. 132. Il passe quatre femmes, et leur donne six cent coups de fouet à chacune. 133. Il fait faire la même cérémonie devant lui par deux valets, qui se relayent, on passe vingt femmes à six cent coups chacune, elles ne sont point attachées, il se branle en voyant opérer. 134. Il ne fouette que de petits garçons de quatorze à seize ans, et il les fait décharger dans sa bouche après. Il leur en donne cent coups chacun, il en voit toujours deux à la fois. — Ce soir-là Augustine est livrée pour le con, Curval l'enconne deux fois de suite et veut comme le duc la fouetter après. Tous deux s'acharnent contre cette fille charmante, ils proposent quatre cent louis à la société pour en être maître tous deux dès ce même soir, on leur refuse. — Le vingt-huit. 135. Il fait entrer une fille nue dans un appartement, alors deux hommes lui tombent sur le corps et la fouettent chacune sur une fesse, jusqu'au sang, elle est liée. Quand c'est fini, il branle les hommes sur le derrière en sang de pieds et mains au mur, devant elle également attachée au mur est une plage d'acier tranchante qu'on relève contre son ventre, si elle veut échapper le coup, il faut qu'elle se jette en avant, alors elle se coupe, si elle veut échapper la machine; il faut, qu'elle se jette sur les coups. 137. Il fouette une fille neuf jours de suite à 1 cent coups le premier jour, toujours doublant jusqu'au neuvième inclu. 138. Il fait mettre la putain à quatre pattes, monte à cheval sur elle, le visage tourné vers ses fesses et les serrant fortement entre ses cuisses, là il l'étrille sur les fesses, et sur le con à l'envers et dans l'intérieur du vagin, et c'est ce qu'il fait. 139. Il veut une femme grosse, il la fait courber en arrière sur un cylindre qui lui soutient le dos, sa tête au delà du cylindre, va poser en arrière sur une chaise et est fixée là, les cheveux épais, ses jambes se trouvent dans le plus grand écartement possible et son gros ventre extraordinairement tendu. Là le con baissé de toute sa force, c'est là et sur le ventre qu'il dirige ses coups et quand il a vu le sang, il passe de l'autre côté du cylindre et vient décharger sur le visage.[1])

Le duc ce soir-là répudie Constance qui tombe dans le plus grand discrédit. Cependant on la menage, à cause de sa grossesse, sur laquelle on a des projets. Augustine passe pour femme du duc, et ne fait plus que les fonctions d'épouse aux sophas et aux garderobes. Constance n'a plus rang qu'après les vieilles. — Le vingt-neuf. 140. Il ne veut que des filles de quinze ans et il les fouette jusqu'au sang avec des houx et des orties, il est très difficile sur le choix des culs. 141. Il ne fouette qu'avec un nerf-de-bœuf jusqu'à ce que les fesses soient tout à fait meurtries, il voit quatre femmes de suite. 142. Il ne fouette qu'avec des martinets à pointe de fer, et ne décharge que quand le sang dé-

---

[1]) [Les] brouillons marquent les adoptions seulement après la défloration et en conséquence disent que le duc adopte ici Augustine. Vérifiez, si ce n'est pas faux et si l'adoption des quatre sultanes n'est pas fait dès le commencement, et dès ce moment-là, s'il n'est pas dit qu'elles couchent dans la chambre de ceux qui les ont adoptées. —

coule de partout. 143. Le même homme dont Desgranges parlera le vingt fevrier, veut des femmes grosses, il les fouette avec un fouet de posté, dont il enlève de gros morceaux de chair sur les fesses et lèche de temps en temps quelques cinglons sur le ventre; on fouette Rosette ce soir-là, et Curval la dépucelle en con. — On découvre ce jour-là l'intrigue d'Hercule et de Julie, elle s'était fait foutre; quand on l'en gronde, elle répond libertinement, on la fouette extraordinairement, puis, comme elle est aimée, ainsi qu'Hercule qui s'est toujours bien conduit, on leur pardonne et s'en amuse. — Le trente. 144. Il place une bougie à une certaine hauteur, la fille a au doigt de milieu de sa main droite un bout de pair de bougie attaché, lequel est fort court et la brûlera, si elle ne se dépêche; il faut qu'avec ce bout de pair de bougie elle allume la bougie élevée, mais comme elle est placée haut, il faut qu'elle cabriole pour l'atteindre et le paillard, armé d'un fouet de lanière de cuir, la frappe à tour de bras, pour la faire sauter plus haut, on allume plus vite; si elle réussit tout est dit, si non, elle est fouettée à tour de bras. 145. Il fouette alternativement sa femme et sa fille et les prostitue au bordel pour y être fouettées sous ses yeux, mais ce n'est pas le même, dont il a êté déjà question. 146. Il fouette avec des verges depuis la nuque jusqu'aux gras de jambes, la fille est liée, il lui met en sang tout le train de son derrière. 147. Il ne fouette que sur les tétons, il veut qu'elle les ait très gros, et paye double quand les femmes sont grosses. — Ce soir-là Rosette est livrée pour le con, quand Curval et le duc l'ont bien foutue, ils la fouettent, eux et leurs amis, sur le con. Elle est à

[298—300] quatres pattes et on dirige les coups dans l'intérieur avec un martinet. — Le trente et un. 148. Il ne fouette que sur le visage avec des verges, il lui faut des figures charmantes, c'est celui dont Desgranges parlera le sept de fevrier. 149. Il fouette indifféremment avec des verges toutes les parties du corps, rien n'est épargné, visage, con et sein compris. 150. Il donne deux cent coups de nerfs-de-bœuf sur tout le train du derrière à de jeunes garçons de seize à vingt ans. — 151. Il est dans une chambre, quatre filles l'échauffent et le fouettent, quand il est bien en feu, il se jette sur la cinquième fille, nue dans une chambre vis-à-vis et l'assaillit indifféremment sur tout le corps à grands coups de nerfs-de-bœuf jusqu'à ce qu'il décharge, mais pour que cela soit plutôt fait et que la patiente souffre moins, on ne le lâche que quand il est tout près de sa décharge.[1])

Chanville est applaudie, on lui fait le même honneur qu'à Duclos, et ce soir-là elles soupent toutes deux avec les amis. — Ce soir-là aux orgies, Adélaïde, Aline, Augustine, et Zelmire, sont condamnées à être fouettées avec des verges sur tout le corps, excepté le sein, mais comme on veut encore en jouir au moins deux mois, elles sont très ménagées.

---

[1]) Vérifier pourquoi il y a un de plus.[213])

Troisième partie.

Les cent cinquante passions de troisième classe ou criminelles, composant trente et une journée de janvier, remplies par les narrations de la Martaine, auxquelles on a joint le journal des évènements scandaleux du château pendant ce mois-là.²¹⁴)

[301—305]   Le premier janvier. 1. Il n'aime qu'à se faire enculer et on ne sait, on lui cherche des vits assez gros, mais elle n'appuye pas, dit-elle, sur cette passion, comme une passion trop simple et trop connue de ses auditeurs. 2. Il ne veut dépuceler que des petites filles de trois à sept ans, en cul. C'est l'homme qui a eu son pucelage de cette manière, elle avait quatre ans, elle en est malade, sa mère implore le secours de cet homme, quelle fut sa dureté. Cet homme est le même dont Duclos parle le 29 novembre la dernière, c'est le même du deux décembre de Chanville, et le même de l'enfer. Il a un vit monstrueux, c'est un homme énormément riche, il dépucelle deux petites filles par jour, une en con le matin, comme l'a dit Chanville le deux décembre et une en cul le soir et le tout indépendamment de ses autres passions, quatre femmes tenaient Martaine quand il l'encula, sa décharge est de six minutes, et il beugle en y procédant. Manière adroite et simple dont il fait sauter ces pucelages de cul, quoiqu'elle n'ait que quatre ans. 3. Sa mère veut le pucelage du petit frère de Martaine à un autre homme qui n'encule que des garçons et qui les veut à sept ans justes. 4. Elle a treize ans et son frère quinze, ils vont chez un homme, qui contraint le frère à foutre la sœur et qui fout alternativement en cul tantôt le garçon tantôt la fille pendant qu'ils sont aux prises ensemble; elle vante son cul, on lui dit de le faire voir, elle le montre du dessus de la tribune, l'homme dont elle vient de parler est le même que celui du 21 novembre de Duclos — le comte — et du 27 fevrier de Desgranges. 5. Il se fait foutre en enculant le frère et la sœur, c'est le même homme dont parlera Desgranges le 24 fevrier. Ce même soir, le duc dépucelle Hébé en cul, qui n'a que douze ans, il y a des peines infinies, elle est tenue par les quatre vieilles, et il est servi par Duclos et Chanville, et comme il y a une fête le lendemain pour ne rien déranger, Hébé dès le même soir est livrée en cul et tous les quatre amis en jouissent. On l'emporte sans connaissance, elle a été enculée

[306— 310] sept coups.[1]) — Le deux janvier. 6. Il se fait péter dans la bouche par quatre filles, en en enculant une cinquième, puis, il change, toutes pètent et toutes sont enculées. — Il ne décharge que dans le cinquième cul.[215]) 7. Il s'amuse avec trois garçons, il encule et se fait chier, en les changeant tous trois, et branle

---

[1]) Que Martaine ne dise point qu'elle est barrée, c'est faux.

celui qui est dans l'inaction. 8. Il fout la sœur en cul, en se faisant chier dans la bouche par le frère, puis il les change et dans l'une et dans l'autre jouissance, on l'encule. 9. Il n'encule que des filles de 15 ans, mais après les avoir au préalable fouettées à tour de bras. 10. Il moleste et pince les fesses et le trou du cul une heure, puis il l'encule pendant qu'on le fouette à tour de bras. On célèbre ce jour-là la fête de la neuvième semaine. Hercule épouse Hébé et la fout en con, Curval et le duc en cul tour à tour et le mari et la femme alternativement. — Le trois janvier. 11. Il n'encule que pendant la messe et décharge à l'élévation. 12. Il n'encule qu'en foutant un crucifix aux pieds et en le faisant fouler à la fille. 13. L'homme qui s'est amusé avec Eugénie dans la onzième journée de Duclos fait chier, torche le cul merdeux, a un vit énorme et encule une hostie au bout de son engin. 14. Il encule un garçon avec l'hostie, se fait enculer avec l'hostie; sur la nuque du col du garçon, qu'il encule, est une autre hostie, sur laquelle chie un troisième garçon; il décharge ainsi sans changer, mais en proférant d'épouvantables blasphèmes. 15. Il encule le prêtre tout en disant sa messe, et quand celui-ci a consacré, le fouteur se retire un moment, le prêtre s'enfonce l'hostie dans le cul et on le recule par là-dessus. — Le soir Curval dépucelle en cul avec une hostie le jeune et charmant Zélamir, et Antinous fout le président avec une autre hostie, en foutant, le président a enfoncé avec sa langue une troisième dans le trou du cul de Fanchon. — Le quatre. 16. Il n'aime à enculer que de très vieilles femmes pendant qu'on le fouette. 17. Il n'encule que de vieux hommes pendant qu'on le fout. 18. Il a une intrigue réglée avec son fils. 19. Il veut n'enculer que des monstres ou des nègres ou des gens contrefaits. 20. Pour réunir l'inceste, l'adultère, la sodomie et le sacrilège, il encule sa fille mariée avec une hostie. Ce soir-là on livre Zélamir en cul aux quatre amis.

[321—325] — Le cinq. 21. Il se fait foutre et fouetter alternativement par deux hommes, pendant qu'il encule un jeune garçon et qu'un vieux lui fait dans sa bouche un étron qu'il mange. 22. Deux hommes le foutent alternativement, l'un en bouche, l'autre en cul, il faut que ce dure trois heures — montre sur table — il avale le foutre de celui qui le fout en bouche. 23. Il se fait foutre par dix hommes, tant par coup, il soutient jusqu'à quatre-vingt coups dans sa journée sans décharger. 24. Il prostitue par être foutues en cul sa femme, sa fille et sa sœur et les regarde faire. 25. Il employe huit hommes autour de lui, un dans la bouche, un dans le cul, un sous l'aine droite, un sous la gauche, il en branle un de chaque main, le septième est entre ses cuisses et le huitième se branle sur son visage. Ce soir-là le duc dépucelle Michette en cul et lui fait

[326—329] des douleurs affreuses. — Le six. 26. Il fait enculer un vieux homme devant lui, on retire plusieurs fois le vit du cul du vieillard, on le met dans la bouche de l'examinateur qui le suce, puis il suce le vieux, le gamahuche, l'encule pendant que celui qui vient de foutre le vieux l'encule à son tour et est fouetté par la gouvernante du paillard. 27. Il serre violemment le cul d'une jeune fille de quinze ans en l'enculant à fin de lui rétrécir l'anus, on le fouette avec un nerf-de-bœuf pendant ce temps-là. 28. Il se fait mettre dans le cul des grosses boules de Mercure combinées avec le vif argent; ces boules remontent et redescendent et pendant le chatouillement excessif qu'elles occasionnent, il suce des vits, avale le foutre, fait chier des culs de filles, avale la merde, il est deux heures dans cette extase. 29. Il veut que le père l'encule, pendant qu'il sodomise le fils et la fille de cet homme. — Le soir Michette est livrée en cul, Durcet prend la Martaine pour coucher dans sa chambre à l'exemple du duc qui a Duclos, et de Curval qui a Fanchon. Cette fille prend sur lui le même empire lubrique que Duclos sur le duc. — L e s e p t.[216]) 30. Il fout un dindon dont la tête est passée entre les cuisses d'une fille couchée sur le ventre de façon qu'il a l'air d'enculer la fille, on l'encule pendant ce temps-là et à l'instant de sa décharge la fille coupe le cou du dindon. 31. Il fout une chèvre en levrette, pendant qu'on le fouette, il fait un enfant à cette chèvre, qu'il encule à son tour, quoique ce soit un monstre.[217]) 32. Il encule des boucs. 33. Il veut voir une femme décharger, branlé par un chien, et il tue le chien d'un coup de pistolet sur le ventre de la femme sans blesser la femme. 34. Il encule un cygne en lui mettant une hostie dans le cul. Et il étrangle lui-même l'animal en déchargeant. Ce même soir l'évêque encule Cupidon pour la première fois. — L e h u i t. 35. Il se fait placer dans un panier préparé qui n'a d'ouverture qu'à un endroit, où il place le trou de son cul, frotté de foutre de juments dont le panier, représente le corps, couvert d'une peau de cet animal. Un cheval entier dressé à cela, l'encule et pendant ce temps-là dans son panier il fout une belle chienne blanche. 36. Il fout une vache, la fait engendrer et fout le monstre (sic). 37. Dans un panier également arrangé il fait placer une femme qui reçoit le membre d'un taureau, il s'amuse du spectacle. 38. Il a un serpent aprivoisé, qui s'introduit dans son anus et le sodomise pendant qu'il encule un chat dans un panier qui pris de partout, ne peut lui faire aucun mal. 39. Il fout une ânesse en se faisant enculer par un âne dans des machines préparées qu'on détaillera. — Le soir Cupidon est livré en cul. — L e n e u f. 40. Il fout une chèvre en narines, qui pendant ce temps-là lui lèche les couilles avec la langue, pendant ce temps-là on l'étrille et on lui lèche le cul alternativement. 41. Il encule un mouton, pendant qu'un chien lui lèche le trou du cul. 42. Il encule un chien dont on coupe la tête pendant qu'il décharge. 43. Il oblige une putain de branler un âne devant lui, et on le fout pendant ce spectacle. 44. Il fout un singe en cul, l'animal est enfermé dans un panier, où le tourmente pendant ce temps la catin, de redoubler les resserrements de son anus. — On célèbre ce soir-là la fête de la dixième semaine par le mariage de Brise-cul et de Michette qui se consomme et qui fait grand mal à Michette. — L e d i x. 45. Elle annonce qu'elle va changer de passions[218]) et que le fouet qui était principal plus haut, dans les récits de Chanville, n'est plus ici qu'accessoire, il faut chercher des filles coupables de quelques délits, il vient les effrayer, leur dire qu'elles vont être arrêtées, mais qu'il se charge de tout, si elles veulent recevoir une violente fustigation, et dans la crainte, où elles sont, elles se laissent fouetter jusqu'au sang. 46. Il fait chercher une femme, qui ait de beaux cheveux sous le seul prétexte de les examiner, mais il les lui coupe en traître et décharge en la voyant s'éplorer. de ce malheur dont il rit beaucoup. 47. Avec tout plein de cérémonies elle entre dans une chambre obscure, elle ne voit personne, mais elle entend une conversation qui la regarde, que vous détaillerez, et qui est capable de la faire mourir d'effroi. A la fin elle reçoit un déluge de soufflets et de coups de poing sans savoir d'où ça lui vient, elle entend les cris d'une décharge et on la délivre. 48. Elle entre dans une espèce de sépulcer sous terre, qui n'est éclairé que par des lampes, elle en voit toute l'horreur, dès qu'elle a pu observer un moment, tout s'éteint, un bruit horrible de cris et de chaînes se fait entendre, elle s'évanouit, si non jusqu'à ce qu'elle le soit, on redouble la cause de l'effroi par quelques nouvelles épisodes, dès qu'elle a perdu connaissance, un homme tombe sur elle et l'encule, ensuite il la laisse et ce sont des valets qui viennent la secourir, il lui faut des filles très jeunes et très novices. 49. Elle entre dans un endroit semblable, mais qu'on vous différenciera un peu dans le détail, on l'enferme nue dans une bierre, on l'y cloue, et l'homme décharge au bruit des clous. Ce soir-là — on avait fait exprès absenter Zelmire des récits, on la descend dans le caveau, dont il a été question et qu'on a préparé, comme ceux, qui viennent d'être dépeints; les quatre amis s'y trouvent nus et tous armés, elle s'évanouit, et pendant ce temps-là Curval la dépucelle en cul. Le président a conçu pour cette fille les mêmes sentiments d'une amour mêlé de rage lubrique, que le duc a pour Augustine. — L e o n z e. 50. Le même homme, le duc de Florville, dont Duclos a parlé la seconde du vingt-huit novembre, le même aussi que le cinquième du vingt-six février de Desgranges, veut qu'on place sur

[350—353]

un lit de satin noir un beau cadavre de fille, venant d'être assassinée, il la manie dans toutes les fesses, et l'encule. 51. Un autre en veut deux, celui d'une fille, et celui d'un garçon, et il encule le cadavre du jeune garçon en baisant les fesses de la fille, et en enfonçant sa langue dans l'anus. 52. Il reçoit la fille dans un cabinet rempli de cadavres en cire très bien imités, ils sont tous percés de différentes manières, il dit à la fille de choisir, et qu'il va la tuer comme celui de ces cadavres, dont les blessures lui plaisent le mieux. 53. Il la lie à un cadavre réel bouche à bouche et la fouette dans cette attitude jusqu'au sang, surtout le train du derrière. — Ce soir-là Zelmire est livrée en cul, mais avant on lui a fait son procès, et on lui a dit qu'elle sera tuée dans la nuit, elle le croit, et au lieu de cela, quand elle a été bien enculée, on se contente de lui donner cent coups de fouet chacun, et Curval l'emmène coucher avec lui, où il l'encule encore. — Le douze. 54. Il veut une fille qui ait ses règles, elle arrive près de lui, mais il est placé près d'une espèce de réservoir d'eau glacée, de plus de douze pieds carré, sur huit de profondeur, c'est marqué de façon que la fille ne le voit pas, dès qu'elle est près de l'homme il la pousse dedans, et l'instant de sa chute est celui de la décharge de l'homme, on la retire aussitôt, mais comme elle a ses règles, elle n'en fait pas moins très souvent une violente maladie. 55. Il la descend nue dans un puits très profond et la menace de la combler d'une pierre, il jette quelques mottes de terre pour l'effrayer, et décharge dans le puits sur la tête de la putain. 56. Il fait entrer chez lui une femme grosse et l'effraye en menaces et en propos,

[354—358]

il la fouette, renouvelle ses mauvais traitements pour la faire avorter, ou chez lui ou dès qu'elle est de retour chez elle; si elle accouche chez lui, il la paye double. 57. Il l'enferme dans un cachot noir, au milieu de chats, de rats et de souris, il lui persuade qu'elle est là pour sa vie, et va chaque jour se branler à sa porte en la persifflant. 58. Il lui enfonce des gerbes d'artifices dans le cul, dont les flammèches lui grésillent les fesses, en y retombant. — Ce soir-là Curval fait reconnaître Zelmire pour sa femme, et l'épouse publiquement, l'évêque les marie, il répudie Julie, qui tombe dans le plus grand discrédit, mais que son libertinage soutient cependant, et que l'évêque protège un peu, jusqu'à ce qu'il se déclarera tout à fait pour elle, comme on le verra. — On s'aperçoit mieux que jamais ce soir-là de la haine taquine de Durcet pour Adélaïde, il la tourmente, il la vexe, elle se désole, et le président son père ne la soutient point. — Le treize. 59. Il attache une fille sur une croix de St. André, suspendue en l'air et la fouette à tour de bras, sur tout le train du derrière, après cela il la détache et la jette par une fenêtre, mais elle tombe sur des matelas préparés, il décharge en l'entendant tomber, détaillez la scène qu'il lui fait pour légitimer cela. 60. Il lui fait avaler une drogue qui lui fait voir une chambre remplie d'objets horribles. Elle voit un étang dont l'eau la gagne, elle monte sur une chaise pour éviter l'eau. On lui dit qu'elle n'a point d'autre partie à prendre que de se jeter à la nage, elle s'y jette, mais elle tombe à plat sur un carreau et se fait souvent beaucoup de mal, c'est l'instant de la décharge de notre libertin, dont le plaisir avant a été de beaucoup baiser le derrière.

61. Il la tient suspendue par une poulie en haut d'une tour, il est à porté de la corde, placée à une fenêtre au dessus, il se branle, donne des secousses à la corde et menace de la couper en déchargeant, on le fouette pendant cela et avant, il a fait chier la putain. 62. Elle est tenue par quatre petites cordes minces aux quatre membres, ainsi suspendue dans la plus cruelle attitude, on ouvre une trappe sous elle qui lui découvre un brazier ardent, si les cordes cassent, elle y tombe, on les ébranle, et le paillard en coupe nu en déchargeant, quelquefois il la met dans la même attitude, lui met un poids sur les reins et relève beaucoup les quatre cordes de manière qu'elle se crève pour ainsi dire l'estomac et se brise les reins, elle reste ainsi jusqu'à décharge. 63. Il la lie sur un tabouret, à un pied au dessus de sa tête est un poignard très affilé, suspendu à un cheveu, si le cheveu casse, le poignard très aigu lui entre dans le crâne, l'homme se branle en face et jouit des contorsions que la crainte arrache à sa victime, au bout d'une heure, il la délivre, et lui ensanglante les fesses avec la pointe de ce même poignard, pour lui faire voir qu'il piquait bien, il décharge sur le cul ensanglanté. — Ce soir-là l'évêque dépucelle Colombe en cul et la fouette jusqu'au sang après sa décharge, parce qu'il ne peut souffrir qu'une fille le fasse décharger. — Le quatorze. 64. Il encule une jeune novice qui ne sait rien et en déchargeant il lui lâche deux coups de pistolet aux oreilles dont elle a les cheveux brûlés. 65. Il la fait asseoir dans un fauteuil à ressorts, de son poids elle fait partir tous les ressorts qui répondent à des cerceaux de feu, dont elle se trouve attachée, d'autres ressorts présentent en partant vingt

poignards sur son corps, l'homme se branle en lui disant que donnant au fauteuil le moindre mouvement, elle va être percée, et fait en déchargeant jaillir son foutre sur elle. 66. Elle tombe par le moyen d'une bascule dans un cabinet tendu de noir, et meublé d'un prie-Dieu, d'un cercueil et de têtes-de-morts, elle y voit six spectres armés de massues, d'épées, de pistolets, de sabres, de poignards, et de lances et chacun prêt à la percer dans un endroit différent, elle chancelle, la peur la prend, l'homme entre, la saisit-là et la fouette sur tout le corps à tour de bras, puis décharge en l'enculant, si elle est évanouie quand il entre ce qui arrive souvent, il la fait revenir à coups de verges. 67. Elle entre dans la chambre d'une tour, elle y voit au milieu un grand brazier, sur un table de poison, et un poignard, on lui donne à choisir des trois genres de mort, communément elle choisit le poison, c'est un opium préparé, qui la fait tomber dans un assoupissement profond pendant lequel le libertin l'encule, c'est le même homme dont a parlé Duclos le vingt-sept, et dont Desgranges parlera le six de février. 68. Le même homme dont Desgranges parlera le seize de février, fait toutes les cérémonies pour couper la tête de la fille, lorsque le coup va tomber un cordon retire précipitamment le corps de la fille, le coup porte sur le billot, et le sabre y enfonce de trois pouces; si la corde ne retire pas la fille, à temps, elle est morte, il décharge en lâchant son coup, mais avant il l'a enculé, le con sur le billot. — Ce soir Colombe est livrée pour le cul, on la menace et on fait mine de lui couper le cou. — [Le quinze.] 69. Il pend la putain tout à fait, elle a ses pieds appuyés sur un tabouret, une corde tient au tabouret, il est en face posté sur un fauteuil, où il se fait branler par la fille de cette femme-là, en déchargeant, il tire la corde, la fille n'étant plus soutenue, reste accrochée, il sort, des valets viennent, détachent la fille et au moyen d'une saignée, elle revient, mais le secours se donne à son insu, il va coucher avec la fille et la sodomise toute la nuit en lui disant qu'il a pendu sa mère, il ne veut pas savoir qu'elle en est revenue. — Dites que Desgranges en parlera. 70. Il tire la fille par les oreilles, et la promène ainsi nue au milieu de la chambre, il décharge alors. 71. Il pince la fille extraordinairement sur tout le corps excepté sur le sein, il la rend toute noire. 72. Il la pince sur la gorge, la lui moleste et la lui paîtrit jusqu'à ce qu'elle soit entièrement meurtrie. 73. Il lui trace des chiffres et des lettres avec la pointe d'une aiguille sur les tetons, mais l'aiguille est envénimée, la gorge enfle et elle souffre beaucoup. 74. Il lui enfonce mille ou deux mille camions dans les tetons et décharge, quand elle en a le sein couvert. — On surprend ce jour-là Julie toujours plus libertine que jamais, se branlant avec la Chanville, l'évêque la protège encore plus depuis lors, et l'admet dans sa chambre, comme le duc a Duclos, Durcet Martaine et Curval Fanchon. Elle avoue que depuis sa répudiation comme elle avait été condamnée à aller coucher dans l'étable des bâtes, la Chanville l'avait retiré dans sa chambre et couchait avec elle. — L e s e i z e. 75. Il enfonce de grosses épingles généralement sur tout le corps de la fille, tetons compris, il décharge quand elle en est couverte, dites que Desgranges en parlera. C'est celle, qu'elle expliquera la quatrième du vingt-sept février. 76. Il la gonfle de boisson, puis il lui coud le cul et le con, il la laisse ainsi jusqu'à ce qu'il la voie évanouie de besoin d'uriner ou de chier sans en venir à bout, ou que la chute et le poids des besoins viennent à rompre les fils. 77. Ils sont quatre dans une chambre et se plottent les filles à coups de pied et à coups de poing jusqu'à ce qu'elles tombent, tous quatre se branlent mutuellement, et déchargent, quand elle est à bas. 78. On lui ôte et lui rend l'air à volonté dans une machine pneumatique. — Pour fêter la onzième semaine, on célèbre ce jour-là le mariage de Colombe et d'Antinous qui se consomme. Le duc qui fout prodigieusement Augustine en con a pris cette nuit la même rage lubrique contre elle, il la fait bénir par la Duclos et lui a donné trois cent coups de fouet depuis le milieu du dos jusqu'aux gras de jambes et a ensuite enculé la Duclos en baisant le cul fouetté d'Augustine; en suite il fait des folies pour Augustine, veut qu'elle dîne auprès de lui, ne mange que de sa bouche et mille autres inconséquences libertines, qui peignent le caractère de ce paillard-là. — L e d i x - s e p t. 79. Il lie la fille sur une table à plat ventre et lui mange une omelette bouillante sur ses fesses[219]) dont il pique fortement les morceaux avec une fourchette très aigue. 80. Il lui fixe la tête sur un réchaud de braize jusqu'à ce qu'elle s'évanouisse, et il l'encule en cet état. 81. Il lui grésille légèrement et peu à peu la peau du sein et des fesses avec des allumettes souffrées. 82 Il lui éteint une grande quantité de fois de suite, des bougies dans le con, dans le cul, et sur les tetons. 83. Il lui brûle avec une allumette les poils des paupières ce qui l'empêche de prendre aucun repos la nuit, ni de fermer les yeux pour dormir. — Ce soir-

[384—338] là le duc dépucelle Giton qui s'en trouve mal parce que le duc est énorme, qu'il fout brutalement et que Giton n'a que 12 ans. — Le dix-huit.²²⁰) 84. Il l'oblige, le pistolet sur la gorge, de mâcher et d'avaler un charbon ardent et puis il lui séringue de l'eau-forte dans le con. 85. Il lui fait danser les olivettes toute nue, à l'entour de quatre pilliers préparés, mais le seul sentier qu'elle puisse suivre, nus pieds autour de ces pilliers, est garni de ferrailles aigues, de pointes de clous, et de morceaux de verre, et il y a un homme placé à chaque pillier, une poignée de verge à la main, qui la cingle ou par devant ou par derrière suivant la partie qu'elle présente, chaque fois qu'elle passe près de cet homme, elle est obligée de courir ainsi un certain nombre de tours, suivant qu'elle est plus ou moins jeune et jolie, les plus belles étant toujours les plus vexées. 86. Il lui donne de violents coups de poing dans le nez, jusqu'à ce qu'elle saigne, il continue encore malgré qu'elle soit en sang, il décharge et mêle son foutre au sang qu'elle perd. 87. Il la pince sur les chairs et principalement sur les fesses, la motte et les tetons avec des tenailles de fer très chaudes — dites que Desgranges en parlera. 88. Il lui place sur son corps nu différents petits tas de poudre de canon, surtout dans les endroits les plus sensibles, et il y met le feu. — Le soir on livre Giton pour le cul et il est fustigé après la cérémonie par Curval, le duc et l'évêque qui l'ont foutu. — Le dix-neuf. 89. Il lui

[389—393] enfonce dans le con un cylindre de poudre à cru et qui n'est point révélé de cartons, il y met le feu et décharge en voyant les flammes. Précédemment il a baisé le cul. 90. Il l'imbibe depuis les pieds jusqu'à la tête exclusivement avec de l'esprit de vin, il y met le feu et s'amuse jusqu'à sa décharge, à voir ainsi cette pauvre fille tout en feu, il renouvelle deux ou trois fois l'opération. 91. Il lui donne un lavement d'huile bouillante dans le cul. 92. Il lui enfonce un feu brûlant dans l'anus et autant dans le con après l'avoir bien fouetté avant. 93. Il veut fouler à ses pieds une femme grosse jusqu'à ce qu'elle avorte, précédemment il la fouette.[221]) Ce même soir Curval dépucelle Sophie en cul, mais elle est avant fouettée jusqu'au sang de cent coups par chacun des amis, dès que Curval lui a déchargé dans le cul, il offre cinq cent louis à la société pour la descendre le même soir dans le caveau et s'en amuser à sa guise, on le lui refuse, il la rencule, et en sortant de son cul à cette seconde décharge il lui donne un coup de pied au derrière qui va la jeter sur des matelas à quinze pieds de là, dès le même soir, il va se venger sur Zelmire, qu'il fouette à tour de bras. — Le vingt. 94. Il a l'air de caresser la fille, qui le branle, elle est sans défiance, mais à l'instant de sa décharge, il lui saisit la tête et la cogne fortement contre un mur, le coup est si imprévu et si violent qu'elle en tombe ordinairement évanouie. 95. Ils sont quatre libertins réunis, il jugent une fille et la condamnent en règle, sa sentence est: cent coups de bâton appliqués vingt-cinq par vingt-cinq par chacun des amis et distribués l'un depuis le dos jusqu'au bas des reins, le second depuis la chute des reins jusqu'aux gras de jambes, le troisième depuis le cou jusqu'au nombril, sein compris, et le quatrième depuis le bas ventre jusqu'aux pieds. 96. Il lui fait un pique d'épingle dans chaque œil, sur chaque bout des tetons, et sur le clitoris.

97. Il lui dégoutte de la cire d'Espagne sur les fesses, dans le con et sur la gorge. 98. Il la saigne du bras et n'arrête le sang que quand elle s'évanouit. Curval propose de saigner Constance à cause de sa grossesse. On le fait jusqu'à l'évanouissement, c'est Durcet qui la seigne; ce soir-là, on livre Sophie pour le cul et le duc propose de la saigner, que ça ne peut pas lui faire aucun mal, au contraire, et de faire du boudin de son sang pour le déjeuner; on le fait, c'est Curval qui la saigne, Duclos le branle pendant ce temps-là et il ne veut faire la piqûre qu'au moment où son foutre échappe, il le fait large, mais il ne le mange pas; malgré tout cela Sophie a plu à l'évêque, qui l'adopte pour femme et répudie Aline, qui tombe dans le plus grand discrédit. — Le vingt et un. 99. Il la saigne des deux bras et veut qu'elle soit debout quand le sang coule, de temps à autre il arrête le sang, pour la fouetter; ensuite, il rouvre les plaies, et le tout jusqu'à l'évanouissement, il ne décharge que quand elle tombe, avant il fait chier. 100. Il la saigne des quatre membres et à la jugulaire, et se branle en voyant couler ces cinq fontaines de sang. 101. Il la scarifie légèrement sur les chairs et surtout les fesses, mais point les tetons. 102. Il la scarifie fortement et surtout sur le sein près du bout, et près du trou du cul, quand il en est aux fesses; — ensuite il cautérise les plaies avec un fer rouge. 103. On l'attache à quatre pattes comme une bête féroce, il est recouvert d'une peau de tigre, en cet état on l'excite, on l'irrite, on le fouette, on le bat, on lui branle le cul, vis-à-vis de lui est une jeune fille très grasse, nue et fixée par les pieds au parquet et par le con au plafond de manière

[399—403]

qu'elle ne peut bouger. Dès que le paillard est bien en feu, on le lâche, il se jette comme une bête féroce sur la fille et la mord sur toutes les chairs et principalement sur le clitoris, et le bout des tetons qu'il emporte ordinairement avec ses dents, il hurle, crie comme une bête, et décharge en hurlant, il faut que la fille chie, il va manger son étron à terre. — Ce même soir l'évêque dépucelle Narcisse, il est livré le même soir, pour ne pas déranger la fête du vingt-trois. Le duc avant de l'enculer, le fait chier dans sa bouche et y rendre le foutre de ses prédécesseurs, après l'avoir enculé il lui donne le fouet. — L e v i n g t - d e u x. 104. Il arrache des dents et égratigne les gencives avec des aiguilles, quelquefois il les brûle. 105. Il lui casse un doigt de la main, quelquefois plusieurs. 106. Il lui en aplatit vigoureusement un des pieds avec un coup de marteau. 107. Il lui démet un poignet. 108. Il lui donne un coup de marteau sur les dents de devant en déchargeant, son plaisir avant est de beaucoup sucer la bouche. Le duc ce soir-là dépucelle Rosette en cul, et à l'instant où le vit entre dans le cul, Curval arrache une dent à la petite fille pour qu'elle éprouve à la fois deux terribles douleurs. — Le même soir elle est livrée pour ne pas déranger la fête du lendemain; quand Curval lui a déchargé dans le cul (et il n'a passé que le dernier) quand il a fait, dis-je, il jette la petite fille à la renverse par un soufflet à tour de bras. — L e v i n g t - t r o i s. A cause de la fête on n'en compte que quatre. 109. On lui démet un pied. 110. Il lui casse un bras en l'enculant. 111. Il lui casse un os des jambes, d'un coup de barre de fer, et l'encule après. 112. Il la lie sur une échelle double; les membres attachés en sens bizarre;

une corde tient à l'échelle, on tire la corde, l'échelle tombe, elle se brise tantôt un membre tantôt l'autre. Ce jour-là on a fait le mariage de Bande-au-ciel et de Rosette, pour célébrer la 12me semaine, ce soir-là on saigne Rosette, quand elle a été foutue, et Aline qu'on fait foutre à Hercule, toutes deux sont saignées de manière à ce que leur sang jaillisse sur les cuisses et les vits de nos libertins qui se branlent à ce spectacle et déchargent, quand toutes deux s'évanouissent. —

[413—417] Le vingt-quatre. 113. Il lui coupe une oreille (ayez attention de spécifier partout ce que tous ces gens-là font avant). 114. Il lui fend les lèvres et les narines. 115. Il lui perce la langue avec un fer chaud, après la lui avoir sucé et mordu. 116. Il lui arrache plusieurs ongles de doigts des mains ou des pieds. 117. Il lui coupe le bout d'un petit doigt. Et l'historienne, interrogée ayant dit, qu'une telle mutilation pansée[222]) sur-le-champ n'entraîne aucune suite fâcheuse, Durcet dès le même soir coupe le bout du petit doigt à Adélaïde, contre laquelle sa taquinerie lubrique éclate toujours plus à plus. Il en décharge avec des transports inouïs. — Ce même soir Curval dépucelle Augustine en cul, quoique femme du duc — supplice qu'elle éprouve. — Rage de Curval contre elle après, il fait cabale avec le duc pour la descendre au caveau dès le même soir, et disant à Durcet que si l'on veut le leur permettre, ils permettront à lui, Durcet d'expédier Adélaïde tout de suite aussi, mais l'évêque harangue et obtient qu'ils attendent encore pour l'intérêt même de leur plaisir. Curval et le duc se contentent donc de fouetter vigoureusement

[418—422] Augustine chacun dans les bras de l'autre. — Le vingt-cinq. 118. Il destille quinze ou vingt gouttes de plomb fondu tout bouillant dans la bouche et brûle les gencives avec de l'eau-forte. 119. Il coupe un bout de la langue, après s'être fait torcher le cul merdeux avec cette même langue, puis l'encule quand sa mutilation est faite. 120. Il a une machine de fer ronde qui entre dans les chairs et qui coupe; laquelle, quand elle est retirée enlève un morceau rond de chair aussi profond que l'on a fait descendre la machine, qui creuse toujours, si on ne la retire pas. 121. Il fait[223]) [des horreurs à des enfants] de dix à quinze ans. 122. Il serre et enlève avec des tenailles, le bout des seins et les coupe avec des ciseaux. — Ce même soir Augustine est livrée pour le cul, Curval en l'enculant avait voulu baiser la gorge de Constance en déchargeant. Il lui a enlevé le bout avec ses dents, mais comme on la panse tout de suite, on assure que ça ne fera rien à son fruit. Curval dit à ses confrères qui plaisantent de sa rage contre cette créature qu'il n'est plus le maître des sentiments de rage qu'elle lui inspire, lorsqu'à son tour le duc encule Augustine, celle qu'il a contre cette belle fille, s'exhale, on ne saurait plus vivement, si on n'y avait pas eu l'œil, il l'aurait blessé ou au sein, ou en lui serrant le con de toutes ses forces en déchargeant, il demande encore à l'assemblée d'en être le maître, mais lui objecte qu'il faut attendre les narrations de Desgranges, son frère le prie de prendre patience jusqu'à ce qu'il lui donne lui-même l'exemple sur Aline; que ce qu'il veut faire avant dérangerait toute l'économie des arrangements, cependant comme il n'en peut plus, qu'il lui faut absolument un supplice contre cette belle fille, on lui permet de lui faire une légère blessure au bras, il la fait dans les chairs de l'avant-bras gauche, en suce le sang, décharge et on panse cette blessure de manière à ce que le quatrième jour il n'y paraît plus.

[423—427] — Le vingt-six. 123. Il casse une bouteille légère de verre blanc sur le visage de la fille attachée et hors de défense, il a beaucoup sucé la bouche et la langue avant. 124. Il lui attache les deux jambes, il lui lie une main derrière le dos, lui donne dans l'autre main un petit bâton pour se défendre, puis il l'attaque à grands coups d'épée, lui fait plusieurs blessures dans les chairs, et va décharger sur les plaies. 125. Il l'étend sur une croix de St. André, fait la cérémonie de la rompre, offense trois membres sans luxation, et brise décidemment ou un bras ou une jambe. 126. Il la fait mettre de profil, et lâche un coup de pistolet chargé à plomb, qui lui effleure les deux seins, il vise à emporter un des petits bouts. 127. Il la place en levrette à vingt pas de lui, et tire à balles[224]) un coup de fusil dans les fesses. — Ce même soir l'évêque dépucelle Fanni en cul. — Le vingt-sept. 128. Le même homme

[428—432] dont Desgranges parlera le vingt-quatre février fait avorter une femme grosse, à force de coups de fouet sur le ventre, il veut la voir pondre devant lui. 129. Il fait eunuque [total][225]) un jeune garçon de 16 à 17 ans. Il l'encule avant et le fouette. 130. Il veut une pucelle, il lui coupe le clitoris avec un rasoir, puis la déflore avec un cylindre de fer chaud qu'il enfonce à coups de marteau. 131 Il fait avorter à 8 mois au moyen d'un breuvage qui fait pondre à l'instant à la femme son enfant mort, d'autrefois il détermine un accouchement par le trou du cul. Mais l'enfant sort sans vie et la mère risque la vie. 132. Il coupe un bras. — Ce soir-là Fanni est livrée en cul, Durcet la sauve d'un supplice que l'on lui préparait, il la prend pour femme, se fait marier par l'évêque et répudie Adélaïde, à qui on fait le supplice destiné à Fanni qui consistait à avoir un doigt cassé. Le duc l'encule pendant que Durcet casse

[433—437] le **doigt**. — L e v i n g t - h u i t. 133. Il coupe les deux poignets et cautérise avec un fer chaud. 134. Il coupe la langue dès la racine et cautérise avec un fer chaud. 135. Il coupe une jambe, et plus souvent la fait couper pendant qu'il encule. 136. Il arrache toutes les dents et met en place un clou rouge qu'il enfonce avec un marteau, il fait cela en venant de foutre la femme en bouche. 137. Il enlève un œil. — Ce soir-là on fouette Julie à tour de bras et on la pique sur tous les doigts avec une aiguille. Cette opération se fait pendant que l'évêque l'encule, quoiqu'il l'aime assez. — L e v i n g t -

[438—442] n e u f. 138. Il éteint et absorbe les deux yeux, en laissant tomber de la cire d'Espagne dedans. 139. Il lui coupe un teton tout raz, et cautérise avec un fer chaud, la Desgranges dira que c'est cet homme-là qui lui a coupé le teton qui lui manque, et qu'elle est sûre qu'il le mange sur le gril. 140. Il coupe les deux fesses, après avoir enculé et fouetté, on dit aussi qu'il les mange. 141. Il coupe raz les deux oreilles. 142. Il coupe toutes les extrémités, les vingt doigts, le clitoris, le bout des seins, de la langue. — Ce soir-là Aline après avoir été vigoureusement fouettée par les quatre amis et enculée par l'évêque pour la dernière fois, est condamné à avoir un doigt de chaque membre coupé par chaque ami.

[443—446] — L e t r e n t e. 143. Il lui enlève plusieurs morceaux de chair de dessus tout le corps, les fait rôtir et l'oblige de les manger avec lui. C'est le même homme du huit et du dix-sept février de Desgranges. 144. Il coupe les quatre membres d'un jeune garçon, encule le tronc, le nourrit bien et le laisse vivre ainsi, or, comme les membres ne sont pas coupé trop près du tronc, il vit longtemps, il l'encule plus d'un an ainsi. 145. Il attache la fille fortement par une main et la laisse ainsi sans la nourrir, à côté d'elle est un large couteau et devant elle un excellent repas, si elle veut se nourrir, il faut qu'elle coupe sa main, si non, elle ment ainsi, précédemment il a foutu en cul, il l'observe par une fenêtre. 146. Il attache la fille et la mère, pour que l'une des deux vive et fasse vivre l'autre, il faut qu'elle se coupe la main, il s'amuse à voir le débat et laquelle des deux se sacrifiera pour l'autre ; — elle ne conte que quatre histoires afin de célébrer ce soir-là, la fête de la treizième semaine, dans laquelle le duc épouse comme lui étant fille Hercule en qualité de mari, comme lui étant homme Zéphire en qualité de femme, ce jeune bardache, qui, comme on sait, a le plus beau cul des huit garçons est présenté vêtu en fille, et est ainsi joli comme l'amour, la cérémonie est consacrée par l'évêque et se passe devant tout le monde; ce jeune garçon n'est dépucelé que ce jour-là; le duc y prend grand plaisir et y a beaucoup de peine, il le met en sang. Hercule le fout toujours pendant l'operation. — L e t r e n t e et u n. 147. Il lui crève les deux yeux et la laisse enfermée dans une chambre en lui disant qu'elle a devant elle de quoi manger qu'elle n'a qu'à l'aller chercher. Mais pour cela il faut qu'elle passe sur une plaque de fer qu'elle ne voit pas et qu'on tient toujours rouge, il s'amuse par une fenêtre à voir comment elle va faire, si elle se brûlera où si elle aimera mieux mourir de faim, précédemment elle a été très fouettée. 148. Il lui donne le supplice de la corde, qui consiste à avoir les membres liés à des cordes et à être par ces cordes enlevée très haut, il vous laisse retomber de toute la hauteur à plomb, chaque chute disloque et brise tous les membres, parce qu'elle se fait en l'air et qu'on n'est soutenu que par les cordes. 149. Il lui fait de profondes blessures dans les chairs au milieu desquelles il distille de la poix bouillante et de plomb fondu. 150. Il l'attache nue et sans secours au moment où elle vient d'accoucher, il attache son enfant vis-à-vis d'elle qui crie, et qu'elle ne peut secourir, il faut qu'elle le voie ainsi mourir, ensuite de cela, il fouette à tour de bras la mère sur le con en dirigeant ses coups dans le vagin, c'est lui qui ordinairement est le père de l'enfant. 151. Il la gonfle d'eau, ensuite il lui coud le con et le cul ainsi que la bouche et la laisse ainsi jusqu'à ce que l'eau crève les conduits, ou qu'elle y périsse (vérifier pourquoi un de trop et s'il y en a un à supprimer, que ce soit cette dernière que je crois déjà faite). Ce même soir Zéphire est livré pour le cul et Adélaïde est condamnée à une rude fustigation après laquelle on la brûlera avec un fer chaud tout auprès de l'intérieur du vagin, sous les aisselles et un peu grésillée sous chaque teton. Elle en dure tout cela en héroïne et en invoquant Dieu ce qui irrite davantage ses bourreaux.

Quatrième partie.

Les cent cinquante passions meurtrières[226]) ou de quatrième classe, composant vingt-huit journées de février, remplies par les narrations de la Desgranges, auxquelles on a joint le journal exact des évènements scandaleux du château pendant ce mois-là.

Etablisse d'abord, que tout change de face ce mois-là, que les quatre épouses sont répudiées, que cependant Julie a trouvé grâce près de l'évêque qui l'a prise chez lui en qualité de servante, mais qu'Aline, Adélaïde et[227]) Constance sont sans feu, ni lieu, excepté pourtant cette dernière qu'on a permis à Duclos de reléguer chez elle parce qu'on veut ménager son fruit. Mais pour Adélaïde et Aline elle couchent à l'étable des bêtes destinées à la nourriture, ce sont les sultanes Augustine, Zelmire, Fanni et Sophie, qui remplacent les épouses dans toutes leurs fonctions, savoir aux garderobes, au service du dîner, aux canapés, et dans le lit des messieurs la nuit, de façon que cette époque voici, comme sont les chambres des messieurs pendant les nuits. Indépendamment de chacun un fouteur à tour de rôle, ils ont — le duc: Augustine, Zéphire et la Duclos dans son lit, avec le fouteur. Il couche au milieu des quatre et Marie sur un canapé. Durcet couche entre Hyacinthe, Fanni, un fouteur et la Martaine (vérifiez) et sur un canapé Louison. L'évêque couche entre[228] Céladon, Sophie, un fouteur et Julie, et sur le canapé Thérèse,[229] ce qui fait voir que les petits ménages de Zéphire et Augustine, d'Adonis et Zelmire, d'Hyacinthe et Fanni de Céladon et Sophie, qui ont été tous mariés ensemble, appartiennent au même maître, il n'y a que quatre jeunes filles au sérail des filles et quatre au sérail des garçons. Chanville couche dans celui des filles et Desgranges dans celui des garçons. Aline à l'étable, comme on l'a dit, et Constance dans la chambre de Duclos seule, puisque Duclos couche avec le duc toutes les nuits. Le dîner est toujours servi par les quatre sultanes, représentant les quatre épouses, et le souper par les quatre sultanes qui restent, un quadrille sert toujours le café, mais les quadrilles des récits vis-à-vis chaque niche de glace, ne sont plus composés que d'un garçon et d'une fille. A chaque récit Aline et Adélaïde sont attachées aux pilliers du salon d'histoire, dont on a parlé, elles y sont liées, les fesses en face des canapés, et près d'elles une petite table garnie de verges de façon qu'elles sont toujours prêtes à recevoir le fouet. Constance a permission d'être assise au rang des historiennes, chaque vieille se tient à son couple et Julie, nue, erre d'un canapé à l'autre pour prendre les ordres et les exécuter sur-le-champ, du reste, toujours de même un fouteur par canapé. C'est en cet état que Desgranges commence ces récits. Dans un règlement particulier, les amis ont statué que dans le cours de ce mois Aline, Adélaïde, Augustine et Zelmire, seraient livrées à la brutalité de leurs passions, et qu'ils pourraient au jour préscrit ou les immoler seuls, ou inviter au sacrifice celui qui voudrait de leurs amis sans que les autres s'en fachassent. Qu'à l'égard de Constance, elle servirait à la célébration de la dernière semaine ainsi que cela sera expliqué à temps et lieu, quand le duc et Curval qui par cet arrangement redeviendront veufs, voudront pour finir le mois reprendre une épouse pour les fonctions. Ils le pourront en prenant dans les quatre sultanes restantes. Mais les pilliers resteront dégarnis dès que les deux femmes qui les garnissaient, n'y seront plus. — Desgranges commence et après avoir prévenu qu'il ne va plus s'agir que des meurtres elle dit qu'elle aura soin, ainsi que l'on lui a recommandé d'entrer dans les plus minutieux détails et surtout de prévenir des goûts ordinaires que ces meurtriers de débauche faisaient précéder dans leurs passions, afin qu'on puisse juger les rapports et les enchaînures et voir quel est le genre de libertinage simple, qui rectifié par des têtes sans mœurs et sans principes, peut conduire au meurtre et à quel genre de meurtre ensuite elle commence. — Le premier. 1. Il aimait à s'amuser avec une pauvresse qui n'eût pas mangé de trois jours et sa seconde passion est de laisser mourir la femme de faim au fond d'un cachot sans lui donner le moindre secours; il l'observe et se branle en l'examinant, mais il ne décharge que le jour qu'elle périt. 2. Il l'y entretient longtemps en diminuant chaque jour un peu de sa portion, il fait chier avant, et mange l'étron dans un plat. 3. Il aimait

[452—456]

à sucer la bouche et à avaler la salive, et pour seconde il mure la femme dans un cachot, avec de vivres seulement pour quinze jours; le trentième jour il y entre et se branle sur le cadavre. 4. Il fait pisser, et pour seconde, il la fait mourir à petit feu en l'empêchant de boire et lui donnant beaucoup à manger. 5. Il fouettait et fait mourir la femme en l'empêchant de dormir. Ce même soir Michette est pendue par les pieds après avoir beaucoup mangé, jusqu'à ce qu'elle ait tout vomi sur Curval, qui se branle dessous et avale. — L e d e u x.

[457—461] 6. Il faisait chier dans sa bouche et mangeait à mesure, sa seconde est de ne nourrir qu'avec de la mie de pain et du vin, elle en crève au tout d'un mois. 7. Il aimait à foutre le con, il[230]) donne à la femme une maladie vénérienne par injection mais d'une si mauvaise espèce qu'elle en crève au bout de très peu de temps. 8. Il faisait vomir dans sa bouche et pour seconde il lui donne par le moyen d'une poison une fièvre maligne dont elle crève fort vite. 9. Il faisait chier; et pour seconde il donne un lavement d'ingrédiens empoisonnés dans une eau bouillante ou de l'eau forte. 10. Un fameux fustigateur, place une femme sur un pivot sur lequel elle tourne sans cesse jusqu'à la mort. — Le soir on donne un lavement d'eau bouillante à Rosette, au moment où le duc vient de l'enculer. —

[462—466] L e t r o i s. 11. Il aimait à donner des soufflets et pour seconde il tourne le cou sans devant derrière de manière qu'elle a le visage du côté des fesses. 12. Il aimait la bestialité et pour seconde il aime à dépuceler une fille devant lui par un étalon qui la tue. 13. Il aimait à foutre en cul et pour seconde il l'enterre à mi-corps et la nourrit ainsi jusqu'à ce que la moitié du corps soit pourri. 14. Il aimait à branler le clitoris, et il fait branler par un de ses gens une fille sur le clitoris jusqu'à la mort. 15. Un fustigateur en perfectionnant sa passion fouette jusqu'à la mort la femme sur toutes les parties du corps. — Ce soir-là le duc veut qu'Augustine soit branlée sur le clitoris qu'elle a très chatouilleux, par la Duclos et la Chanville, qui se relayent et qui la branlent jusqu'à l'évanouissement.

[467—471] — Le quatre. 16. Il aimait à ferrer le cou et pour seconde, il attache la fille par le cou, devant elle est un grand repas, mais pour y atteindre il faut qu'elle étrangle elle-même ou qu'elle meure de faim. 17. Le même homme qui a tué la sœur de Duclos et dont le goût est de patiner longtemps les chairs paîtrit la gorge et les fesses d'une si furieuse force, qu'il fait mourir par ce supplice. 18. L'homme dont Martaine a parlé le vingt janvier et qui aimait à saigner les femmes les tue à force de saignées renouvelées. 19. Celui dont la passion était de faire courir une femme nue jusqu'à ce qu'elle tombe, et dont on a parlé, a pour seconde de l'enfermer dans une étuve brûlante où elle meurt comme étouffée. 20. Celui dont Duclos a parlé qui aimait à se faire emmaillotter et à qui la fille donnait sa merde au lieu de bouillie serre une femme si étroitement dans des langes, qu'il la fait mourir ainsi. — Ce soir-là un peu avant de passer au salon d'histoire, on a trouvé Curval enculant une des servantes de la cuisine, il paye l'amende, la fille a ordre de se trouver aux orgies où le duc et l'évêque l'enculent à leur tour, et elle reçoit deux cent coups de fouet de la main de chacun, c'est une grosse savoyarde de vingt-cinq ans assez fraîche et qui a un

[472—476] beau cul. — Le cinq. 21. Il aime en première passion la bestialité, et pour seconde il coud la fille dans une peau d'âne toute fraîche, la tête en dehors, il la nourrit et on la laisse là dedans jusqu'à ce que la peau de l'animal l'étouffe en se rétrécissant. 22. Celui dont Martaine a parlé le quinze janvier et qui aimait à pendre en jouant, pend la fille par les pieds et la laisse là jusqu'à ce que le sang l'a étouffée. 23. Celui du vingt-sept novembre de Duclos qui aimait à faire soûler la putain, fait mourir la femme en la gonflant d'eau avec un entonnoir. 24. Il aimait à molester les tetons et perfectionne cela en enchassant les deux tetons de la femme dans deux espèces de pot de fer, ensuite on place la créature, ses deux tetons ainsi cuirassés, sur deux rechauds, et on la laisse crever dans ces douleurs-là. 25. Il aimait à voir nager une femme et pour seconde il la jette dans l'eau, la retire minoyée, il la pend ensuite par les pieds pour faire dégorger l'eau, dès qu'elle est revenue à elle, on la rejette, et ainsi plusieurs fois jusqu'à ce qu'elle crève. — Ce jour-là à la même heure que la veille, on trouve[231] le duc enculant une autre servante, il paye l'amende, la servante est mandée aux orgies, où tout le monde en jouit, Durcet en bouche, le reste en cul et même en con, car elle est pucelle et elle est condamnée à deux cent coups de fouet par chacun, c'est une fille de dix-huit ans, grande et bien faite, un peu rousse et à très beau cul. — Ce même soir Curval dit qu'il est essentiel de saigner encore Constance pour sa grossesse, le duc l'encule et Curval la saigne, pendant qu'Augustine le branle sur les fesses de Zelmire et qu'on le fout. Il pique en déchargeant et ne

[477—481] le mange pas. — Le six. 26. Sa première passion

était de jeter une femme dans un brazier avec un coup de pied au cul, mais dont elle sortait assez tôt pour ne souffrir que fort peu, il perfectionne en obligeant la fille à se tenir droite devant deux feux dont l'un la grille par devant, et l'autre par derrière, on la laisse là jusqu'à ce que ses graisses soient fondues. — Desgranges prévient qu'elle va parler de meurtres qui donnent une mort prompte et dont on ne souffre presque pas. 27. Il aimait à gêner la respiration avec sa main, soit en serrant le cou, soit en posant longtemps ses mains sur la bouche, et il perfectionne cela en étouffant entre quatre matelats.²³²) 28. Celui dont Martaine a parlé et qui donnait à choisir de trois morts (voyez le 14 janvier) brûle la cervelle d'un coup de pistolet, sans laisser de choix, il encule, et en déchargeant, il lâche le coup. 29. Celui dont Chanville a parlé le vingt-deux decembre, qui faisait sauter dans une couverte avec un chat, la précipite du haut d'une tour sur des cailloux et décharge en entendant sa chute. 30. Celui qui aimait à serrer le cou en enculant, et dont Martaine a parlé le six janvier, encule la fille, un cordon de soie noire passé autour de son cou, et décharge en l'étranglant. — Qu'elle dise que cette volupté est une des plus raffinées que les libertins puissent se procurer. — On célèbre ce jour-là la fête de la quatorzième semaine, et Curval épouse, lui comme femme, Brisecul en qualité de mari, et lui comme homme, Adonis en femme, cet enfant n'est dépucelé que ce jour-là, devant tout le monde, pendant que Brise-cul fout Curval. On se soûle au souper, et on fouette Zelmire et Augustine sur les reins, les fesses, les cuisses, le ventre, les molles et les cuisses par devant, ensuite Curval

[482—487] fait foutre Zelmire, sa nouvelle épouse par Adonis et les encule tour à tour tous deux. — Le sept. 31. Il aimait primitivement à foutre une femme assoupie et il perfectionne en faisant mourir par une forte dose d'opium, il l'encule pendant ce sommeil de mort. 32. Le même homme dont elle vient de parler et qui jette plusieurs fois dans l'eau a encore pour passion de noyer une femme avec une pierre au cou. 33. Il aimait à donner des soufflets, et en seconde il lui coule du plomb fondu dans l'oreille, pendant qu'elle dort. 34. Il aimait à fouetter sur le visage, Chanville en parle le trente décembre (vérifiez), il tue tout de suite la fille d'un vigoureux coup de marteau sur la tempe. 35. Il aimait à voir brûler jusqu'au bout une bougie dans l'anus de la femme, il l'attache au bout d'un conducteur, et la fait écraser par le tonnerre. 36. Un fustigateur; il la braque en posture à la levrette au bout d'une pièce de canon, le boulet l'emporte par le cul. — Ce jour-là on a trouvé l'évêque enculant la troisième servante, il paye l'amende, la fille est mandée aux orgies, le duc et Curval l'enculent et l'enconnent, car elle est vierge, puis on lui donne huit cent coups de fouet, deux cent chacun; c'est une Suissesse de 19 ans très blanche, fort grasse et à très beau cul. Les cuisinières se plaignent et disent, que le service ne pourra plus aller si on trécasse les servantes et on les laisse là jusqu'au mois de mars. Ce même soir on coupe un doigt à Rosette, et on cautérise avec le feu, elle est entre Curval et le duc, pendant l'opération l'un fout en cul, l'autre en con. Le même soir Adonis est livré pour le cul, de manière que le duc a foutu ce soir-là une servante et Rosette en con, même servante en cul,

[488—493] Rosette aussi en cul (ils ont changé), et Adonis. Il est rendu. — Le huit. 37. Il aimait à fouetter sur tout le corps avec un nerf-de-bœuf, et c'est le même, dont Martaine a parlé, qui rossait en effleurant trois membres et n'en cassant qu'un; il aime à rouer tout à fait la femme. Mais il l'étouffe sur la croix même. 38. Celui dont Martaine a parlé qui fait semblant de couper très le cou de la fille et qu'on retire par une corde, la coupe très effectivement en déchargeant, il se branle. 39. Celui du trente janvier de la Martaine qui aimait à faire des sacrifications, fait passer par les oubliettes. 40. Il aimait à fouetter des femmes grosses sur le ventre et perfectionne en laissant tomber sur le ventre d'une femme un poids énorme qui l'écrase sur-le-champ, elle et son fruit. 41. Il aimait à voir nu le col d'une fille, à le serrer, à le molester un peu, il enfonce une épingle vers la nuque dans un certain endroit dont elle meurt sur-le-champ. 42. Il aimait à brûler doucement avec une bougie sur différentes parties du corps, il perfectionne en jetant dans une fournaise ardente, qui est si violente, qu'elle est à l'instant consumée. Durcet qui bande beaucoup et qui a été pendant les récits fouetter deux fois Adélaïde au pillier, propose de la mettre à travers dans le feu, et quand elle a eu tout le temps de frémir de la proposition qu'il ne s'en faut de rien que l'on n'accepte par accommodement on lui brûle les petits bouts des seins, Durcet, son mari, l'un, Curval, son père, l'autre. Tous deux déchargent à cette opération. — Le neuf. [494—499] 43. Il aimait à faire des piqûres d'épingles, et, pour seconde, décharge en donnant trois coups de poignard dans le cœur. 44. Il aimait à faire brûler de l'artifice dans le con, il attache une jeune fille mince et bien faite pour baquetter à une grosse fusée volante, elle est enlevée et tombe avec la fusée. 45. Le même remplit une femme de poudre dans toutes ses ouvertures, il y met le feu et tous les membres partent et s'écartent à la fois. 46. Il aimait à faire prendre par surprise de l'émétique dans ce que mangeait la fille, il lui fait pour seconde respirer un poudre dans du tabac ou dans un bouquet qui la jette morte à la renverse sur-le-champ. 47. Il aimait à fouetter sur le sein et sur le col, il perfectionne en jetant à bas d'un coup de barre vigoureusement appuyé sur le gosier. 48. Le même dont a parlé Duclos le 27 novembre et Martaine le quatorze janvier (vérifiez) — elle vient chier devant le paillard, il la gronde, il la poursuit à grands coups de fouet de poste dans une galérie, une porte qui donne sur un petit escalier, s'ouvre, elle y croit trouver sa sûreté, elle s'y jette, mais une marche manque et la précipite dans une baignoire d'eau bouillante qui se referme aussitôt sur elle et où elle meurt brûlée, noyée, et étouffée. Ses goûts sont de faire chier et de fouetter pendant qu'elle chie. — Ce soir-là à la fin de récit (Curval[233]) a fait chier Zelmire le matin) — le duc lui demande de la merde le soir, elle ne peut, on la condamne sur-le-champ à avoir le cul piqué avec une aiguille d'or, jusqu'à ce que la peau soit toute inondée de sang et comme c'est le duc qui est laisé par ce refus, c'est lui qui opère; Curval demande de la merde à Zéphire, il dit que le duc l'a fait chier le matin, le duc le nie, on appelle la Duclos en témoigne qui le nie quoique cela soit vrai, en conséquence Curval a le droit, de punir Zéphire, quoiqu'amant du duc, comme celui-ci vient de punir Zelmire, quoique femme de Curval. Zéphire est fouetté jusqu'au sang par Curval et reçoit 6 croquinoles sur le nez; il en saigne, ce qui fait beaucoup rire le duc. — Le dix. Desgranges dit qu'elle va parler des meurtres de trahison, où la manière est le principal et l'effet, c'est-à-dire le meurtre, n'est qu'accessoire. Et en conséquence elle dit qu'elle va placer les poisons d'abord. 49. Un homme dont le goût était de foutre en cul et jamais autrement empoisonne toutes ses femmes. Il est à sa vingt-deuxième, il ne les foutait jamais qu'en cul et ne les avait jamais dépucelées. 50. Un bougre invite des amis à un festive et en empoisonne une partie, chaque fois qu'il donne à manger. 51. Celui du 26 novembre de Duclos et du dix janvier de Martaine, lequel est bougre, fait semblant de soulager les pauvres, il leur donne des vivres, mais ils sont empoisonnés. 52. Un bougre a l'usage d'une drogue qui semée à terre, jette morts à la renverse ceux qui marchent dessus, et il s'en sert très souvent. 53. Un bougre a l'usage d'une autre poudre qui vous fait mourir dans des tourments inconcevables. Ils durent quinze jours et aucun médecin n'y peut rien connaître, son plus grand plaisir est de vous aller voir, quand vous êtes dans cet état. 54. Un autre bougre avec les hommes et les femmes a l'usage d'une autre poudre dont l'effet est de vous ôter l'usage des sens, et de vous rendre comme si vous étiez morts; on vous croit tels, on vous enterre et vous mourez désesperés dans votre bierre, où vous n'êtes pas plutôt que la connaissance revient, il tâche de se trouver au-dessus de l'endroit, où vous êtes enterrés pour voir, s'il n'entendra pas quelques cris, s'il en entend, il s'évanouit de plaisir, il a fait mourir ainsi une partie de sa famille. On fait prendre à Julie ce soir-là en badinant un poudre qui lui donne des tranchées affreuses, on lui dit qu'elle est empoisonnée, elle le croit, elle se désole, pendant le spectacle de ses convulsions le duc s'est fait branler en face d'elle par Augustine, elle a le malheur de recouvrir le gland avec le prépuce, ce qui est une des choses qui déplait le plus au duc, il allait décharger, ça l'en empêche; il dit qu'il veut couper un doigt à cette bougresse-là et le coupe à la main, dont elle l'a manqué, pendant que sa fille Julie qui se croit empoisonnée, vient le faire décharger, Julie est guérie le même soir.

[506—511] — Le onze. 55. Un bougre allait souvent chez des connaissances ou des amis, et ne manquait jamais d'empoisonner ce que cet ami avait de plus cher en créatures humaines. Il se servait d'une poudre qui faisait crever au bout de deux jours dans d'horribles douleurs. 56. Un homme, dont le goût était de molester la gorge, perfectionnait en empoisonnant des enfants sur le sein même des nourrices. 57. Il aimait à se faire des lavements de lait dans la bouche, et pour seconde il donnait des poisons, qui faisaient mourir dans d'horribles coliques d'entrailles. 58. Un bougre, dont elle aura occasion de reparler le treize et le vingt-six, aimait à mettre le feu dans des maisons des pauvres, et s'y prenait toujours de façon à ce qu'il y eut beaucoup de monde de brûlés et surtout des enfants. 59. Un autre bougre aimait à faire mourir des femmes en couche, en venant les voir, ayant sur lui une poudre dont l'odeur les jette dans des spasmes et des convulsions, dont la mort est la suite. 60. Celui dont la Duclos parle dans sa vingt-huitième soirée veut voir accoucher une femme, il tue l'enfant au sortir du ventre de la mère et à ses yeux, et cela en faisant semblant de la caresser. — Ce soir-là Aline est d'abord fouettée jusqu'au sang de cent coups par chaque ami, ensuite on lui demande de la merde, elle l'a donnée le matin à Curval qui le nie; en conséquence on la brûle aux deux seins, dans chaque creux de main, on lui laisse dégoutter de la cire d'Espagne sur les cuisses et sur le ventre. On lui en remplit le creux du nombril, on lui brûle le poil du con avec de l'esprit de vin; le duc cherche querelle à Zelmire et Curval lui coupe deux doigts, un à chaque main. Augustine est fouettée sur la motte et sur le cul. — Le douze. Les amis s'assemblent le matin et décident que les quatre vieilles leur devenant inutiles et pouvant être facilement remplacées dans leurs fonctions par les quatre historiennes, on doit s'en amuser et les martiriser l'une après l'autre à commencer dès le même soir. On propose aux historiennes de tenir leur place, elles acceptent sous la condition qu'elles ne seront point sacrifiées, on le leur promet. 61. Les trois amis: d'Ancourt, l'abbé et Desprès, dont Duclos a parlé le douze novembre s'amusent encore ensemble pour cette passion-ci; ils veulent une femme grosse de huit à neuf mois, ils lui ouvrent le ventre, en arrachent l'enfant, le brûlent aux yeux de la mère, lui remettent en place dans l'estomac un paquet de souffre combiné avec le mercure et le vif argent qu'ils allument, puis ils recousent le ventre et la laissent ainsi mourir devant eux, dans des douleurs inouïs, en se faisant branler par cette fille, qu'ils ont avec eux (vérifiez le nom).

62. Il aimait à prendre des pucelages et perfectionne en faisant une grande quantité d'enfants à plusieurs femmes, puis, dès qu'ils ont cinq ou six ans il les dépucelle soit fille ou garçon et les jette dans un four ardent sitôt qu'il les a foutus, au moment même de sa décharge. 63. Le même homme dont Duclos a parlé le 27 novembre, Martaine le quinze janvier, et elle-même le cinq février, dont le goût était de pendre en plaisantant de voir pendre, ce même, dis-je, cache de ces effets dans les coffres de ses domestiques et dit qu'ils l'ont volé, il tâche de les faire pendre et s'il réussit, il va jouir du spectacle, si non il les enferme dans une chambre et les fait mourir, en les étranglant; il décharge pendant l'opération. 64. Un grand amateur de merde, celui dont Duclos a parlé le quatorze novembre, a chez lui un siège de commodité préparé, il engage à se mettre dessus la personne qu'il veut faire périr, et dès qu'elle y est assise le siège s'enfonce et précipite la personne dans une fosse de merde très profonde où il la laisse mourir. 65. Un homme dont Martaine a parlé et qui s'amusait à voir tomber la fille de dessus l'échelle, perfectionne ainsi sa passion (mais vérifiez lequel); il fait placer la fille sur un petit traiteau en face d'une mare profonde au delà de laquelle est un mur, qui lui offre une retraite d'autant plus assurée qu'il y a une échelle appliquée contre ce mur, mais il faut se jeter dans ce mare et elle en est d'autant plus pressée que derrière le traiteau sur lequel elle est placée est un feu lent qui la gagne à peu près, si le feu l'attrappe elle va être consommée et comme elle ne sait pas nager, si, pour éviter le feu, elle se jette à l'eau, elle est noyée, gagnée par le feu, elle prend pourtant le

parti de se jeter à l'eau et d'aller chercher l'échelle qu'elle voit au mur, souvent elle se noye, alors tout est dit. Est-elle assez heureuse pour gagner l'échelle, elle y grimpe, mais une échelle préparée vers le haut brise sous ses pieds quand elle l'atteint et la précipite dans un trou recouvert de terre qu'elle n'avait pas vu et qui fléchissant sous son poid, la jette dans un brazier ardent où elle périt, le libertin, à porté du spectacle, se branle en l'observant. 66. Le même dont Duclos a parlé le 29 novembre, le même qui a dépucelé la Martaine en cul à cinq ans, et le même aussi dont elle annonce qu'elle reparlera dans la passion par laquelle elle clora ses récits (celle de l'enfer), ce même, dis-je, encule une fille de 16 à 18 ans, la plus jolie qu'on lui peut trouver, un peu avant sa décharge il lâche un ressort, qui fait tomber sur le col nu et bien dégarni de la fille une machine d'acier, et qui scie peu-à-peu et en détail le col de la fille pendant qu'il fait sa décharge, laquelle est toujours très longue. — On découvre ce soir-là l'intrigue d'un des fouteurs subalternes et d'Augustine, il ne l'avait pas encore foutue. Mais pour y parvenir il lui proposait une évasion et la lui montrait comme très facile; Augustine avoua qu'elle était au moment de lui accorder ce qu'il demandait d'elle, pour se sauver d'un endroit où elle croit sa vie en danger. C'est Fanchon qui découvre tout et qui en rend compte, les quatre amis se jettent à l'improvisé sur le fouteur, le lient, le garottent et le descendent au caveau, où le duc l'encule de force, sans pommade, pendant que Curval lui coupe le col et que les deux autres le brûlent avec un fer rouge sur toutes les chairs. Cette scène s'est passée en sortant du dîner, au lieu de café, on va au salon d'histoire comme à l'ordinaire, et au souper on se demande entre soi, si, en raison de la découverte de la conjuration on ne fera point grâce à Fanchon qui en conséquence de la décision du matin devait être vexée le même soir, l'évêque s'oppose à ce qu'on l'épargne, et dit qu'il serait indigne à eux de céder au sentiment de la reconnaissance, et qu'on la verra toujours du parti des choses qui peuvent rapporter une volupté de plus à la société, comme contraire à celles qui peuvent les priver d'un plaisir. En conséquence après avoir puni Augustine de s'être prêtée à la conjuration, d'abord en la faisant assister à l'exécution de son amant, ensuite en l'enculant, en la faisant croire qu'on va lui couper aussi la tête et définitivement en lui arrachant deux dents, opération que fait le duc, pendant que Curval encule cette belle fille, l'avoir enfin bien fouettée, après tout cela, dis-je, on fait paraître Fanchon, on la fait chier; chaque ami lui donne cent coups de fouet et le duc lui coupe le teton gauche tout raz de la chair, elle se récrie beaucoup sur l'injustice du procédé. „S'il était juste," dit le duc, „il ne nous ferait pas bander," ensuite on la panse afin qu'elle puisse servir à d'autres supplices, on s'aperçoit qu'il y avait un petit commencement d'émeute générale parmi les fouteurs subalternes, que cet évènement du sacrifice d'un d'entre eux calma tout-à-fait. Les trois autres vieilles sont ainsi que Fanchon, déprivées de tout emploi et remplacées par les historiennes et Julie. Elles frémissent, mais quel moyen d'éviter leur sort. — Le

[518—523] t r e i z e. 67. Un homme qui aimait beaucoup les culs, attire une fille qu'il dit aimer dans une partie sur l'eau; la barque est préparée, elle se fend et la fille se noye, quelquefois le même s'y prend différemment, il a un balcon préparé dans une chambre fort haute, la fille s'y appuiye, le balcon cède et elle se tue. 68. Un homme, qui aimait à fouetter et à enculer après, perfectionne en attirant une fille dans une chambre préparée ; une trappe s'enfonce, elle tombe dans un caveau, où est le paillard qui lui plonge un poignard dans les tetons, dans le con et dans le trou du cul, au moment de sa chute, ensuite, il la jette, morte ou non, dans un autre caveau, sur l'entrée duquel une pierre se ferme et elle tombe sur un tas d'autres cadavres, qui l'ont précédée, où elle expire enragée, si elle n'est pas morte. Et il a bien soin de ne donner ses coups de poignard que faiblement afin de ne la pas tuer et qu'elle ne meure que dans le dernier caveau, il encule, fouette et décharge toujours avant; c'est de sens froid qu'il procède à celle-ci. 69. Un bougre fait monter la fille sur un cheval indompté qui la traîne et la tue dans des précipices. 70. Celui dont Martaine a parlé le 18 janvier et dont la première passion est de brûler avec des amorces de poudre, perfectionne en faisant mettre la fille dans un lit préparé, dès qu'elle y est couchée, le lit s'enfonce dans un brasier ardent, mais dont elle peut sortir, il est là et à mesure qu'elle veut sortir, il la repousse à grands coups de broche dans le ventre. 71. Celui dont elle a parlé le 11 et qui aimait à incendier des maisons des pauvres, tâche d'en attirer chez lui, homme ou femme, sous prétexte de charité, il les encule, homme ou femme, puis leur casse les reins et les laisse mourir de faim dans un cachot ainsi disloqué. 72. Celui qui aimait à jeter une femme par la fenêtre sur un fumier et dont Martaine a parlé, exécute ce qu'on va voir, pour seconde passion; il laisse coucher la fille dans une chambre qu'elle connaît et dont elle sait que la fenêtre est fort basse, on lui donne de l'opium, dès qu'elle est bien endormie on la transporte dans une chambre toute pareille à la sienne, mais dont la fenêtre est très haute et donne sur des pierres aiguës, ensuite on entre précipitamment dans sa chambre en lui faisant une très grande frayeur, on lui dit qu'on va la tuer, elle qui sait que sa fenêtre est basse, l'ouvre et s'y jette fort vite, mais elle tombe sur les pierres aiguës de plus de trente pieds de haut, et elle se tue elle-même et sans qu'on la touche. — Ce soir-là l'évêque épouse, lui comme femme, Antinous en qualité de mari, et lui comme homme et Céladon en qualité de fille, et cet enfant n'est enculé pour la première fois que ce jour-là. Cette cérémonie célèbre la fête de la quinzième semaine. Le prélat veut que pour achever de la célébrer on vexe fortement Aline contre laquelle sa rage libertine éclate sourdement, on la pend et la dépend fort vite, et tout le monde décharge en la voyant accrochée; une saignée que Durcet lui fait la tire d'affaire et il n'y paraît pas le lendemain mais cela le grandie d'un pouce, elle raconte ce qu'elle a éprouvé durant ce supplice. L'évêque pour qui tout est en fête ce jour-là coupe un teton tout raz sur le sein de la vieille Louison. Alors les deux autres voient

[524—528] bien, qu'elle va être leur sort. — Le quatorze. 73. Un homme dont le goût simple était de fouetter une fille perfectionne en enlevant tous les [morceaux] gros comme un poids de chair sur le corps de la fille, mais on ne la panse point et elle périt ainsi à petit feu. Desgranges avertit qu'elle va parler de meurtres très douloureux et que c'est l'extrême cruauté qui fera le principal, alors on lui recommande plus que jamais les détails. 74. Celui qui aimait à saigner, ôte tous les jours une demi-once de sang jusqu'à la mort. Celui-là est fort applaudi. 75. Celui qui aimait à piquer le cul avec des épingles, donne chaque jour un léger coup de poignard, on arrête le sang, mais on ne panse pas et elle meurt ainsi lentement. 76. Un fustigateur scie tous les membres doucement et l'un après l'autre. 76. Le marquis de Mésange, dont Duclos a parlé relativement à la fille du cordonnier Petignon, qu'il a achetée à Duclos et dont la première passion était de se faire fouetter quatre heures sans décharger, a pour seconde de placer une petite fille dans la main d'un Colosse, qui suspend cet enfant par la tête sur un brasier qui ne la brûle que très doucement, il faut que les filles soient vierges. 77. Sa première passion est de brûler peu-à-peu les chairs du sein et des fesses avec une allumette et sa seconde de larder sur tout le corps une fille avec des mèches soufrées qu'il allume l'une après l'autre, et il la regarde mourir ainsi. „Il n'y a point de mort plus douloureuse," dit le duc, qui avoue s'être livré à cette infamie et en avoir rigoureusement déchargé, on dit, que la femme vit six ou huit heures. — Le soir Céladon est livré pour le cul; le duc et Curval s'en donnent avec lui, Curval veut qu'on seigne Constance pour sa grossesse, et il la saigne lui-même en déchargeant dans le cul de Céladon, puis il coupe les tetons à Thérèse en enculant Zelmire, et le duc encule Thérèse pendant qu'il l'opère. — Le quinze. 78. Il aime à sucer la bouche et à avaler de

[529—534]

la salive, et il perfectionne en faisant avaler tous les jours pendant neuf jours une petite dose de plomb fondu avec un entonnoir, elle crève le neuvième. 79. Il aimait à tordre un doigt, et pour second, il casse tous les membres, arrache la langue, crève les yeux et laisse vivre ainsi en diminuant tous le jours la nourriture. 80. Un sacrilège — le second dont a parlé Martaine le trois janvier — attache un beau jeune garçon avec des cordes sur une croix très élevée et le laisse-là manger aux corbeaux. 81. Un qui sentait les aisselles et les foutait et dont a parlé Duclos, pend une femme par les aisselles, liée de partout et va la piquer tous les jours en quelque partie du corps, pour que le sang attire les mouches, il la laisse ainsi mourir peu après. 82. Un homme passionné pour les culs rectifie en enterrant la fille dans un caveau, où elle a de quoi vivre trois jours, il la blesse avant, pour rendre sa mort plus douloureuse. Il les veut vierges et leur baise le cul pendant huit jours avant de les livrer à ce supplice. 83. Il aimait à foutre des bouches et des culs fort jeunes, il perfectionne en arrachant le cœur d'une fille toute vivante, il y fait un trou, fout ce trou tout chaud, remet le cœur à sa place avec son foutre dedans, on recoud la playe et on laisse la fille finir son sort [sic] sans secours ce qui n'est pas long dans ce cas-là. — Ce soir-là Curval, toujours animé contre la belle Constance, dit qu'on pût bien accoucher avec un membre cassé, et en conséquence on casse le bras droit de cette infortunée. Durcet le même soir coupe un teton à Marie qu'on a fouettée et fait chier auparavant. — L e s e i z e. 84. Un fustigateur perfectionne en dégarnissant doucement les os. Il en pompe la moelle, et il y verse de plomb fondu en place; ici le duc s'écrie: „qu'il ne veut foutre en cul de sa vie si ce n'est pas là le supplice qu'il destine à Augustine." Cette pauvre fille qu'il enculait pendant ce temps-là jette des cris, et verse un torrent de larmes. Et comme par cette scène elle lui fait manquer sa décharge il lui donne en se branlant et déchargeant seul une douzaine de soufflets qui font retentir la salle. 85. Un bougre hache sur une machine préparée la fille à petits morceaux, c'est un supplice chinois. 86. Il aimait les pucelages des filles et sa seconde est d'enfourcher une pucelle par le con avec un pin pointu; elle est là comme à cheval, on lui enfonce un boulet de canon à chaque pied et on la laisse ainsi mourir à petit feu. 87. Un fustigateur, pèle la fille trois fois, il enduit la quatrième peau d'un caustique dévorant qui la fait mourir dans des douleurs horribles. 88. Un homme dont la première passion était de couper un doigt, a pour seconde, de saisir un morceau de chair avec des tenailles rouges, il coupe avec des sciseaux ce morceau de chair, puis il brûle la plaie, il est quatre ou cinq jours à décharner ainsi peu-à-peu tout le corps et elle meurt dans les douleurs de cette cruelle opération. Ce soir-là on punit Sophie et Céladon qui ont été trouvés s'amusant ensemble, tous deux sont fouettés sur tout le corps par l'évêque à qui ils appartiennent, on coupe deux doigts à Sophie et autant à Céladon, qui, guéris tout de suite, n'en servent moins aux plaisirs de l'évêque. On remet Fanchon sur la scène et après l'avoir fouettée avec un nerf-de-bœuf on la brûle à la plante des pieds, à chaque cuisse, par devant et par derrière, au front, dans chaque main, et on lui arrache ce que lui reste de

[540—544] dents, le duc a presque toujours le vit dans son cul, pendant qu'on l'opère. Dites qu'on a prescrit pour loi de ne point gâter les fesses que le jour même du dernier supplice. L e d i x - s e p t. 89. Celui du trente janvier de Martaine et qu'elle-même a conté le cinq février, coupe les tetons et les fesses d'une jeune fille, les mange et met sur les plaies des emplâtres qui brûlent les chairs avec une telle violence, qu'elle en meurt; il la force de manger aussi de sa propre chair, qu'il vient de couper et qu'il a fait griller. 90. Un bougre fait bouillir une petite fille dans une marmite. 91. Un bougre la fait rôtir toute vive et la broche en venant de l'enculer. 92. Un homme dont la première passion était de faire enculer des garçons et des filles devant lui par de très gros vits, empale par le cul, et laisse mourir ainsi en observant les contorsions de la fille. 93. Un bougre, attache une femme sur une roue et sans lui avoir fait aucun mal avant, la laisse ainsi mourir de sa belle mort. Ce soir-là l'évêque, très en feu, veut qu'Aline soit tourmentée. Sa rage contre elle est à la dernière période, elle paraît nue, il la fait chier et l'encule puis sans décharger; sortant plein de fureur de ce beau cul, il lui donne un lavement d'eau bouillante qu'on l'oblige de rendre ainsi tout bouillant sur le nez de Thérèse, ensuite on coupe à Aline tous les doigts des mains et des pieds qui lui restent, on lui casse les deux bras, on les lui brûle avant avec un fer rouge, alors on la fouette et la souflette, puis l'évêque tout en feu, lui coupe les tetons et décharge. On passe de là à Thérèse, on lui brûle l'intérieur du con, les narines, la langue, les pieds et les mains, et on lui donne 600 coups de nerf-de-bœuf — on lui arrache,

[545—549] ce qui lui reste de dents, et on lui brûle le gosier par dedans la bouche. Augustine témoin se met à pleurer, le duc la fouette sur le ventre et sur le con jusqu'au sang. Le dix-huit. 94. Il avait pour première passion de scarifier la chair et pour seconde il fait écarteler à quatre jeunes arbres. 95. Un fustigateur, suspend à une machine, qui plonge la fille dans un grand feu, et l'en retire aussitôt et cela dure jusqu'à ce qu'elle soit ainsi toute brûlée. 96. Il aimait à lui éteindre des bougies sur les chairs, il l'enveloppe de soufre et la fait servir de flambeau en observant que la fumée ne puisse l'étouffer. 97. Un bougre arrache les entrailles d'un jeune garçon et d'une jeune fille, met les entrailles du jeune garçon dans le corps de la fille et celles de la fille dans le corps du garçon (sic), puis il recoud les playes, les lie dos-à-dos à un pilier qui les contient, et placé entre eux deux il les regarde mourir ainsi (sic). 98. Un homme qui aimait à brûler légèrement, rectifie en faisant rôtir sur un gril, en tournant et retournant. — Ce soir-là on expose Michette à la fureur des libertins, elle est d'abord fouettée par tous quatre, puis chaqu'un lui arrache une dent, on lui coupe quatre doigts, chacun en coupe un; on lui brûle les cuisses par devant et par derrière en quatre endroits, le duc lui paîtrit un teton jusqu'à ce qu'il soit tout meurtri, pendant qu'il encule Giton; puis Louison paraît, on la fait chier, on lui donne huit cent coups de nerfs-de-bœuf, on lui arrache toutes les dents, on la brûle sur la langue, au trou du cul, dans le con, au teton, qui lui reste et à 6 endroits des cuisses. Dès que tout le monde est couché,[234]) l'évêque va chercher son frère, ils en mènent avec eux

Desgranges et Duclos, tous quatre descendent Aline au caveau, l'évêque l'encule, le duc aussi, on lui déclare sa mort, et on la lui donne dans des tourments excessifs et qui durent jusqu'au jour, en remontant, ils se louent de ces deux historiennes et conseillent aux deux autres de les employer toujours dans les supplices. —

[550—554] L e d i x - n e u f. 99. Un bougre;[285]) il place la femme sur un pieu à tête de diamant, placé sur le croupion ses quatre membres assujetis en l'air par de ficelles seulement, les effets de cette douleur sont de faire rire et le supplice est affreux. 100. Un homme qui aimait à couper un peu de chair sur le cul, perfectionne, en faisant scier la fille très doucement entre les deux planches. 101. Un bougre avec les deux sexes fait venir le frère et la sœur, il dit au frère qu'il va le faire mourir dans un supplice affreux dont il lui fait voir les apprêts, que cependant il lui sauvera la vie, s'il veut d'abord foutre sa sœur et l'étrangler ensuite devant lui, le jeune homme accepte et pendant qu'il fout sa sœur, le libertin encule tantôt le garçon tantôt la fille. Puis le frère de peur de la mort qu'on lui présente étrangle sa sœur, et au moment où il est après l'expédition, une trappe préparée s'ouvre et tous deux aux yeux du paillard tombent dans un brazier ardent. 102. Un bougre exige, qu'un père foute sa fille devant lui, il encule ensuite la fille tenue par le père, ensuite il dit au père qu'il faut absolument que sa fille périsse, mais qu'il a le choix: ou de la tuer lui-même en l'étranglant, ce qui ne le fera point souffrir, ou s'il ne veut pas tuer sa fille, qui lui alors va la tuer, mais que ce serait devant les yeux du père et dans des supplices épouvantables; le père aime mieux tuer la fille avec un cordon serré autour du col, que de la voir souffrir de tourments affreux, mais quand il va s'y préparer, on le lie, on le garotte et on écorche sa fille devant lui que l'on roule ensuite sur des épines de fer brûlantes, puis on la jette dans un brazier et le père est étranglé „pour lui apprendre", dit le libertin, „à consentir à vouloir étrangler lui-même sa fille," on le jette après dans le même brazier de sa fille. 103. Un grand amateur des culs et de fouet, réunit la mère et la fille, dit à la fille qu'il va tuer sa mère si elle ne consent pas à avoir les deux mains coupées, la petite y consent, on les coupe, alors, on sépare ces deux êtres-là, on lie la fille par le col à une corde les pieds sur un tabouret, au tabouret est une autre corde elle le tire sans savoir ce qu'elle fait, on la mène sur-le-champ contempler son ouvrage, et dans le moment du désespoir, on lui abat par derrière la tête d'un coup de sabre. Ce même soir Durcet jaloux du plaisir qu'ont eu la nuit passée les deux frères, veut qu'on vexe Adélaïde, dont il assure que ce sera bientôt le tour, en conséquence Curval son père et Durcet son mari lui pincent les cuisses avec des tenailles brûlantes, pendant que le duc l'encule sans pommade. On lui perce le bout de la langue, on lui coupe les deux bouts des oreilles, on lui arrache quatre dents, ensuite on la fouette à tour de bras; ce même soir l'évêque saigne Sophie devant Adélaïde, sa chère amie, jusqu'à l'évanouissement, il l'encule en la saignant et reste tout le temps dans son cul, on coupe deux doigts à Narcisse, pendant que Curval l'encule, puis on fait paraître Marie, on lui enfonce un fer brûlant dans le cul et dans le con. On la brûle avec un fer chaud à 6 endroits

des cuisses, sur le clitoris, sur la langue, sur le teton qui lui reste, et on lui arrache ce qui lui reste des dents.
— **Le vingt février**. 104. Celui du cinq décembre de Chanville, dont le goût était de prostituer le fils par la mère, pour l'enculer, rectifie en réunissant la mère et le fils, il dit à la mère qu'il va la tuer, mais qu'il lui fera grâce si elle tue son fils; si elle ne le tue pas, on dégorge l'enfant devant elle et si elle le tue, on la lie sur le corps de son fils et on la laisse ainsi périr à petit feu sur le cadavre. 105. Un grand incestueux réunit les deux sœurs après les avoir enculées, il les lie sur une machine, chacune, un poignard à la main, la machine part, les filles se rencontrent et elles se tuent ainsi mutuellement. 106. Un autre incestueux veut une mère et quatre enfants, il les enferme dans un endroit d'où il puisse les observer, il ne leur donne aucune nourriture à fin de voir les effets de la faim sur cette femme et lequel des ses enfants elle mangera le premier. 107. Celui du vingt-neuf décembre de la Chanville, qui aimait à fouetter des femmes grosses, veut la mère et la fille toutes deux grosses, il les lie chacune sur une plaque de fer, l'une au-dessus de l'autre, un ressort part, les deux plaques se rejoignent étroitement et avec une telle violence que les deux femmes sont reduites à poudre, elles et leurs fruits. 108. Un homme très bougre s'amuse de la façon suivante: il réunit l'amant et la maîtresse. „Il n'y a qu'un seul être dans le monde," dit-il à l'amant „qui s'oppose à votre bonheur, je vais le remettre entre vos mains", il le mène dans un chambre obscure, où une personne dort dans un lit; vivement excité, le jeune homme va percer cette personne, dès

qu'il a fait, on lui fait voir que c'est sa maîtresse qu'il a tué, de désespoir il se tue lui-même, s'il ne le fait pas, le paillard le tue à coup de fusil, n'osant pas entrer dans la chambre où est ce jeune homme furieux et armé, avant il a foutu le jeune garçon et la jeune fille dans l'espoir de les servir et de les réunir, et c'est après en avoir joui qu'il fait ce coup-là. — Ce soir-là pour célébrer la seizième semaine, Durcet épouse lui comme femme Band-au-ciel en qualité de mari et lui comme homme Hyacinthe en qualité de femme, mais pour les noces il veut tourmenter Fanni, son épouse féminine, en conséquence on la brûle sur les bras et sur les cuisses en 6 endroits, on lui arrache deux dents, on la fouette, on oblige Hyacinthe qui l'aime et qui est son mari par les arrangements voluptueux, dont on a parlé ci-devant, on l'oblige, dis-je, de[236]) chier dans la bouche de Fanni et celle-ci à le manger. Le duc arrache une dent à Augustine et la fout en bouche tout de suite après. Fanchon reparaît, on la saigne et pendant que le sang coule du bras, on le lui casse, ensuite on lui enlève les ongles des pieds et on lui coupe des doigts des mains. — Le vingt et un. 109. Elle annonce que les suivants sont des bougres qui ne veulent que des meurtres masculins.[237]) — Il enfonce un canon de fusil chargé à grosses mitrailles dans le cul du garçon qu'il vient de foutre et lui lâche le coup en déchargeant. 110. Il oblige le jeune garçon à voir mutiler sa maîtresse devant ses yeux, et il lui en fait manger le chair, et principalement les fesses, les tetons et le cœur. Il faut ou qu'il mange ces mets ou qu'il meure de faim;

[560—564]

dès qu'il a mangé, si c'est là le parti qu'il prend, il lui fait plusieurs blessures sur le corps, et le laisse mourir ainsi en perdant son sang, et s'il ne mange pas, il meurt de faim. 111. Il lui arrache les couilles et les lui fait manger, sans le lui dire, puis remplace les testicles par des boules de mercure de vif-argent et de soufre qui lui causent des douleurs si violentes qu'il meurt pendant ce douleur; il l'encule, et les lui augmente en le brûlant partout avec des mèches de soufre en l'égratignant et en brûlant sur les blessures. 112. Il le cloue par le trou du cul, sur un pieu très étroit, et le laisse finir ainsi. 113. Il encule et pendant qu'il sodomise, il enlève le crâne, ôte la cervelle et la remplace par du plomb fondu. — Ce soir-là Hyacinthe est livré pour le cul et rigoureusement fustigé avant l'opération. Narcisse est présenté, on lui coupe les 2 couilles. On fait venir Adélaïde, on lui passe une pile rouge sur les cuisses par devant, on lui brûle le clitoris, on lui perce la langue, on la fouette sur la gorge, on lui coupe les deux boutons du sein, on lui casse les deux bras, on lui coupe ce qui lui reste de doigts, on lui arrache les poils du con, six dents et une poignée de cheveux, tout le monde décharge, excepté le duc qui bandant comme un furieux, demande à exécuter seul Thérèse, on lui accorde, il lui enlève tous les ongles avec un canif, et lui brûle les doigts à de bougies à merun, puis il lui casse un bras, et ne déchargeant point encore, il enconne Augustine et lui arrache une dent, en lui lâchant son foutre dans le con. — Le vingt-deux. 114. Il rompt un jeune garçon, puis l'attache sur la roue où il le laisse expirer, il y est tourné de manière à montrer les fesses de près et le scélérat qui le tourmente fait mettre sa table sous la roue, et va dîner là tous les jours jusqu'à ce que le patient soit expiré. — 115. Il pèle un jeune garçon, le frotte de miel, et le laisse ainsi dévorer aux mouches. 116. Il lui coupe le vit, les mamelles et le place sur un pieu où il est cloué par un pieu se soutenant par un autre pieu où il est cloué par la main, il le laisse ainsi mourir de sa belle mort. 117. Le même homme qui avait fait dîner Duclos avec ses chiens, fait dévorer un jeune garçon par un lion devant lui, en lui donnant une légère gaule pour se défendre ce qui n'anime que davantage la bête contre lui, il décharge quand tout est dévoré. 118. Il livre un jeune garçon à un cheval entier dressé à cela, qui l'encule et le tue, l'enfant est recouvert d'une peau de jument, et a le trou du cul frotté de foutre de jument. — Le même soir Giton est livré à des supplices, le duc, Curval, Hercule et Brise-cul le foutent sans pommade, on le fouette à tour de bras, ou lui arrache quatre dents, on lui coupe quatre doigts, toujours par quatre, parce que chacun officie et Durcet lui écrase une couille entre ses doigts. Augustine est fouettée par bouquets à tour de bras, son beau cul est mis en sang, le duc l'encule pendant que Curval lui coupe un doigt, puis Curval l'encule pendant que le duc la brûle sur les cuisses avec un fer rouge à 6 endroits, il lui coupe encore un doigt de la main à l'instant de la décharge de Curval, et malgré tout cela rien [ne] va pas moins; [elle] couche encore avec le duc; on casse un bras à Marie, on lui arrache les ongles des doigts et on les lui brûle. Cette même nuit Durcet et Curval descendent Adelaïde au caveau, aidés de Desgranges et de Duclos. Curval l'encule pour la dernière fois, puis ils la font périr dans des supplices affreux qu'on vous détaillera. — Le vingt-trois. 119. Il place un jeune garçon dans une machine qui le tire en le disloquant tantôt en haut, tantôt en bas; il est brisé en détail, on l'ôte et le remet ainsi plusieurs jours de suite jusqu'à la mort. 120. Il fait polluer et exténuer un jeune garçon par une jolie fille, il s'apaise, on ne le nourrit pas et il meurt dans des convulsions terribles. 121. Il lui fait dans le même jour l'opération de la pierre du trépas, de la fistule à l'œil, de celle en l'anus; on a bien soin de les manquer toutes, puis on l'abandonne ainsi sans secours jusqu'à la mort. 122. Après avoir coupé tout raz le vit et les couilles, il forme un con au jeune homme avec une machine de fer rouge, qui fait le trou et qui cautérise tout de suite, il le fout dans cette ouverture, et l'étrangle de ses mains en déchargeant. 123. Il l'étrille avec une étrille de cheval; quand il l'a mis en sang de cette manière, il le frotte d'esprit de vin, qu'il enflamme et toujours ainsi jusqu'à la mort. — Ce même soir on présente Narcisse aux vexations; on lui brûle les cuisses et le vit, on lui écrase les deux couilles. — On reprend Augustine à la sollicitation du duc, qui est acharnée sur elle, on lui brûle les cuisses et les aisselles, on lui enfonce un fer chaud dans le con, elle s'évanouit. Le duc n'en devient que plus furieux, il lui coupe un teton, boit son sang et lui casse les deux bras, et lui arrache le poil du con, toutes les dents et lui coupe tous les doigts des mains, qu'il cautérise avec le feu, il couche encore avec elle et à ce qu'assure la Duclos, il la fout en con et en cul toute la nuit en lui annonçant qu'il l'achèvera le lendemain. Louison paraît, on lui casse un bras. On la brûle à la langue, au clitoris, on lui arrache tous les ongles et on lui brûle les bouts des doigts ensanglantés. Curval la sodomise en cet état et dans sa rage foule et paîtrit de toutes ses forces un teton de Zelmire en déchargeant. Non content de ces excès, il la reprend et la fouette à tour de bras. — Le vingt-quatre. 124. Le même que le quatrième du premier janvier de Martaine, veut enculer le père au milieu de ses deux enfants et en déchargeant d'une main il poignarde un de ces enfants, de l'autre il étrangle le second. 125. Un homme dont la passion était de fouetter des femmes grosses sur le ventre, a pour seconde d'en assembler six au terme de huit mois, il les lie toutes dos-à-dos présentant le ventre, il fend l'estomac de la première, il perce celui de la seconde à coup de couteau, donne cent coups de pieds dans celui de la troisième, cent coups de bâton sur celui de la quatrième, brûle celui de la cinquième et râpe celui de la sixième, et puis il assomme à coups de massue sur le ventre celles que son supplice n'a pas encore fait mourir. Curval interrompt par quelque scène furieuse, cette passion l'échauffant beaucoup. 126. Le séducteur dont a parlé Duclos, assemble deux femmes, il exhorte l'une pour sauver sa vie à renier dieu et la religion, mais elle a été soufflée et on lui a dit de n'en rien faire; parce que, si elle le faisait, elle serait tuée, et qu'en ne le faisant pas, elle n'avait rien à craindre, elle résiste, il lui brûle la cervelle, „en voilà une à dieu;" il fait venir la seconde qui frappée de cet exemple et de ce qu'on lui a dit en dessous, qu'elle n'avait d'autre façon de sauver ses jours que de renier, fait tout ce qu'on lui propose, il lui brûle la cervelle „en voilà une autre au diable" — le scélérat recommence ce petit jeu là toutes les semaines. 127. Un très grand bougre aime à donner des bals, mais c'est un plafond préparé qui fond dès qu'il est chargé, et presque tout le monde périt, s'il demeurait toujours dans la même ville, il serait découvert, mais il change de ville très souvent, il n'est découvert que la cinquantième fois. 128. Le même de Martaine du vingt-sept janvier, dont le goût est de faire avorter, met trois femmes grosses dans trois postures cruelles de manière à former trois plaisants groupes, il les regarde accoucher en cette situation, ensuite il leur lie leurs enfants au col, jusqu'à ce que l'enfant soit mort ou qu'elles l'aient mangé, car il les laisse dans cette posture sans les nourrir, le même avait encore une autre passion, il faisait accoucher deux femmes devant lui, leur bandait les yeux, mêlait les enfants que lui seul connaissait, à une marque, puis leur ordonnait d'aller les reconnaître, si elles ne se trompaient pas, il les laissait vivre, si elles se trompaient, il les pourfendait à coup de sabre sur le corps de l'enfant, qu'elles prenaient pour le leur. — Ce même soir on présente Narcisse aux orgies, on achève de lui couper tous les doigts des mains pendant que l'évêque l'encule et que Durcet opère, on lui enfonce une aiguille brûlante dans le canal de l'urètre; on fait venir Giton, on se le plotte et on joue à la balle avec, et on lui casse une jambe. Pendant que le duc l'encule sans décharger, arrive Zelmire, on lui brûle le clitoris, la langue, les gencives, on lui arrache quatre dents on la brûle en six endroits des cuisses par devant et par derrière, on lui coupe les deux bouts des tetons, tous les doigts des mains et Curval l'encule en cet état, sans décharger. — On amène Fanchon à qui on crève un œil; pendant la nuit le duc et Curval escortés de Desgranges et de Duclos descendent Augustine au caveau, elle avait le cul très conservé; on le fouette, puis chacun l'encule sans décharger, ensuite le duc lui fait cinquante-huit blessures sur les fesses dans chaqune des quelles il coule d'huile bouillante, il lui enfonce un fer chaud dans le con et dans le cul et la fout sur les blessures avec un condom de peau de chien de mer qui redéchirait les brûlures. Cela fait, on lui découvre les os et on lui scie en différents endroits, puis l'on découvre ses nerfs en quatre endroits, formant le croix on attache à un tourniquet chaque bout de ces nerfs et on tourne, ce qui lui allonge ces parties délicates et la fait souffrir des douleurs inouïes, on lui donne du relâche pour la mieux faire souffrir, puis on reprend l'opération, et à cette fois on lui égratigne les nerfs avec un canif à mesure qu'on les allonge, cela fait, on lui fait un trou au gosier, par lequel on ramène et fait passer sa langue, on lui brûle à petit feu le teton qui lui reste, puis on lui enfonce dans le con une main armée d'un scalpel avec lequel on brise la cloison qui sépare l'anus du vagin, on quitte le scalpel, on renfonce la main, on va chercher dans ses entrailles et la force à chier par le con, ensuite par la même ouverture on va lui fendre le sac de l'estomac, puis l'on revient au visage, on lui coupe les oreilles, on lui brûle l'intérieur du nez, on lui éteint les yeux en laissant distiller de la cire d'Espagne brûlante dedans, on lui lève le crâne, on la pend aux cheveux, en lui attachant des pierres aux pieds, pour qu'elle tombe et le crâne s'arrache, quand elle tomba de cette chute, elle respirait encore et le duc la foutit en con dans cet état, il décharge et n'en sortit que plus furieux, on l'ouvrit, on lui brûle les entrailles dans le ventre même, et on passe une main armée du scalpel qui fut lui piquer le cœur au-dedans à différentes places, ce fut là, qu'elle rendit l'âme (sic), ainsi périt à quinze ans et 8 mois, une des plus célestes créatures, qu'ait formée la nature.

[580—584] Son éloge. — Le vingt-cinq. 129. (Dès ce matin-là, le duc prend Colombe pour femme et elle en remplit les fonctions.) — Un grand amateur de culs encule la maîtresse aux yeux de l'amant, et l'amant aux yeux de la maîtresse, puis il cloud l'amant sur le corps de sa maîtresse et les laisse ainsi l'un sur l'autre et bouche. Ce sera le supplice de Céladon et de Sophie qui s'aiment, et on interrompt pour obliger Céladon à distiller lui-même de la cire d'Espagne sur les cuisses de Sophie, il s'évanouit, l'évêque le fout en cet état. 130. Le même qui s'amusait à jeter une fille dans l'eau et à la retirer, a pour seconde, de jeter sept ou huit filles dans un étang, de les voir débattre, il leur fait présenter, une barre rouge, elles s'y prennent, mais il les repousse, et pour qu'elles périssent plus sûrement, il leur a coupé à chacune un membre en les jetant. 131. Il avait pour premier goût de faire vomir, il perfectionne en usant d'un secret au moyen duquel il répand la peste dans une province entière, il est inouï ce qu'il a déjà fait périr de monde. Il empoisonnait aussi les fontaines et les rivières. 132. Un homme qui aimait le fouet, fait mettre trois femmes grosses dans une cage de fer, avec chacune un enfant, on échauffe en dessous la cage, à mesure que la plaque s'échauffe, elles cabriolent, prennent leurs enfants dans leurs bras, et finissent par tomber et mourir ainsi (on y a renvoyé de quelque part plus haut, voyez où). 133. Il aimait à piquer avec une aleine et il perfectionne en enfermant une femme grosse dans un tonneau rempli de pointes, puis il fait roûler le tonneau fortement dans un jardin. — Constance a eu autant de chagrin à ces récits de supplices de femmes grosses, que Curval a eu de plaisir; elle ne voit que trop son sort, comme il approche, on croit pouvoir commencer à la vexer, on lui brûle les cuisses en six endroits, on lui laisse tomber de la cire d'Espagne,[238]) sur le nombril, et on lui pique les tetons avec des épingles. — Giton paraît, on lui enfonce une aiguille brûlante dans la verge de part en part, on lui pique les couilles, on lui arrache quatre dents; puis arrive Zelmire, dont la mort approche, on lui enfonce un fer rouge dans le con, on lui fait six blessures sur le sein, et douze sur les cuisses, on lui pique fort avant le nombril, elle reçoit vingt soufflets de chaque ami; on lui arrache quatre dents, on la pique dans un œil, on la fouette et on l'encule, en la sodomisant, Curval son époux, lui annonce sa mort pour le lendemain, elle s'en félicite en disant que ce sera la fin de ses maux. — Rosette paraît, on lui arrache quatre dents, on la marque d'un fer chaud sur les deux omoplates, on la coupe sur les deux cuisses et aux gras de jambes, puis on l'encule en lui paîtrissant les tetons. Thérèse paraît et on lui crève un œil et on lui donne cent coups de nerf-de-bœuf sur le dos. — Le vingt-six. 134. Un bougre se place au bas d'une tour dans un endroit garni de pointes de fer, on précipite vers lui du haut de la tour plusieurs enfants des deux sexes, qu'il a enculés avant, il se plaît à les voir se transpercer, et à être éclaboussé de leur sang. 135. Le même, dont elle a parlé le 11 et 13 février et dont le goût est d'incendier, a aussi pour passion, d'enfermer six femmes grosses dans un endroit où elles sont liées sur des matières combustibles, il y met le feu, et si elles veulent se sauver, il les attend avec une broche de fer, les bourre et les rejette dans le feu; cependant à demi roties, le plafond s'enfonce, et elles tombent dans une grande cuve d'huile bouillante préparée en dessous, où elles achèvent de périr. 136. Le même de la Duclos, qui déteste si bien les pauvres et qui a acheté la mère de Lucile, sa sœur et elle, a été aussi cité par Desgranges (vérifiez-le), a pour autre passion, de réunir une pauvre famille sur une mine et de l'y voir sauter. 137. Un incesteur, grand amateur de sodomie, pour réunir ce crime à ceux de l'inceste, du meurtre, et du viol et du sacrilège et de l'adultère, se fait enculer par son fils avec une hostie dans le cul, viole sa fille mariée et tue sa nièce. 138. Un grand partisan de culs étrangle une mère en l'enculant, quand elle est morte, il la fout en con, en déchargeant, il tue la fille sur le sein de la mère à coups de couteau dans le sein, puis il fout la fille en cul quoique morte, puis, très assuré, qu'elles ne sont pas encore mortes et qu'elles souffriront, il jette les cadavres au feu et décharge en les voyant brûler. C'est le même dont a parlé Duclos le vingt-neuf novembre qui aimait à voir une fille sur un lit de satin noir, c'est aussi le même que Martaine conte le premier du onzième janvier. — Narcisse est présenté aux supplices, on lui coupe un poignet, on en fait autant à Giton. On brûle Michette dans l'intérieur du con, autant à Rosette et toutes deux sont brûlées sur le ventre et sur les tetons, mais Curval qui n'est pas maître de lui, malgré la convention, coupe un teton en entier à Rosette en enculant Michette. Ensuite vient Thérèse à qui on donne deux cent coups de nerfs-de-bœuf sur le corps et à qui on crève un œil, cette nuit-là Curval vient chercher le duc, et escorté de Desgranges et de Duclos, ils font descendre Zelmire au caveau, où les supplices les plus raffinés sont mis en usage pour la faire périr, ils sont tous bien plus forts encore que ceux d'Augustine, et on les trouve encore à l'opération, le lendemain matin à l'heure du déjeuner. Cette belle fille meurt à 15 ans et deux mois. C'était elle qui avait le plus beau cul du sérail des filles. — Et dès le lendemain Curval qui n'a plus de femme prend Hébé. — Le vingt-sept. On remet au lendemain à célébrer la fête de la dix-septième et dernière semaine, afin que cette fête accompagne la clôture des récits, et Desgranges conte les passions suivantes. 139. Un homme dont Martaine a parlé le douze janvier et qui brûlait de l'artifice dans le cul, a pour seconde passion de lier deux femmes grosses ensemble en forme de boule et de les faire partir dans un pierrier. 140. Un dont le goût était de scarifier, oblige deux femmes grosses à se battre dans une chambre, on les observe sans risque ; à se battre, dis-je, à coups de poignard, elles sont nues ; il les menace d'un fusil braqué sur elles, si elles n'y vont pas de bon cœur, si elles se tuent, c'est ce qu'il veut, si non il se précipite dans la chambre, où elles sont l'épée à la main, et quand il en a tué une, il éventre l'autre et lui brûle les entrailles avec des eaux fortes, ou des morceaux de fer ardent. 141. Un homme qui aimait à fouetter des femmes grosses sur le ventre, rectifie en attachant la fille grosse sur une roue, et dessous est fixée dans un fauteuil sans pouvoir bouger la mère de cette fille, la bouche ouverte en l'air et obligée de recevoir dans sa bouche toutes les ordures, qui découlent du cadavre, et l'enfant si elle accouche. 142. Celui dont Martaine a parlé le seize janvier et qui aimait à piquer le cul, attache une fille sur une machine toute garnie de pointes de fer, il la fout là-dessus de manière qu'à chaque secousse, qu'il donne, il la cloue, ensuite il la retourne et la fout en cul pour qu'elle se pique également à l'autre côté, et il lui pousse le dos, pour qu'elle s'enferre les tetons, quand il a fait, il pose dessus elle une seconde planche également garnie, puis avec des vis les deux planches se resserrent, elle meurt ainsi écrasée et piquée de partout, ce resserrement se fait peu-à-peu, on lui donne tout le temps de mourir dans les douleurs. 143. Un fustigateur pose une femme grosse sur une table, il la cloue sur cette table en enfonçant d'abord un clou brûlant dans chaque œil, un dans la bouche, un dans chaque teton, puis il lui brûle le clitoris et le bout des tetons avec une bougie et lentement il lui scie les genoux à moitié, lui casse les os des jambes et finit par lui enfoncer un clou rouge et énorme dans le nombril, qui achève son enfant et elle, il les veut prêtes d'accouche. — Ce soir-là on fouette Julie et Duclos, mais par amusement, puis qu'elles sont toutes deux du nombre des conservées, malgré cela on brûle Julie en deux endroits des cuisses et on l'épile. Constance, qui doit périr le lendemain, paraît, mais elle ignore encore sa destinée ; on lui brûle les deux bouts des seins, on lui distille de la cire d'Espagne sur le ventre, on lui arrache quatre dents, et on la pique avec une aiguille dans le blanc des yeux. — Narcisse, qui doit être aussi immolé le lendemain, paraît, on lui arrache un œil et quatre dents, Giton, Michette et Rosette qui doivent aussi accompagner Constance au tombeau, ont chacun un œil arraché et quatre dents, Rosette a les deux bouts des tetons coupés, et 6 morceaux de chair coupés tant sur les bras que sur les cuisses, on lui coupe tous les doigts des mains et on lui enfonce un fer rouge dans le con et dans le cul. Curval et le duc déchargent, chacun deux fois. — Arrive Louison, à qui on donne cent coups de nerfs-de-bœuf, et à qui on arrache un œil, que l'on l'oblige d'avaler ; et elle le fait. — Le vingt-huit. 144. Un bougre fait chercher deux bonnes amies, il les lie l'une à l'autre bouche à bouche, en face d'elles est un excellent repas, mais elles ne peuvent l'atteindre, il les regarde se dévorer toutes deux, quand la faim vient à les presser. 145. Un homme qui aimait à fouetter des femmes grosses ; en enferme six de cette espèce dans un rond formé par des cercles de fer ; cela forme une cage dans laquelle elles sont toutes, face en face, au dedans, peu-à-peu les cercles se compriment et se resserrent, et elles sont ainsi applaties et étouffées toutes six avec leurs fruits. Mais, avant, il leur a coupé à toutes les fesses et un teton qui leur ajuste en palatine. 146. Un homme qui aimait aussi à fouetter des femmes grosses en lie deux, chacune à une perche, qui par le moyen d'une machine, les jettent et les plottent l'une contre l'autre ; à force de se choquer elles se tuent ainsi mutuellement, et il décharge. Il tâche d'avoir la mère et la fille, ou les deux sœurs. 147. Le comte dont Duclos a parlé, et dont Desgranges a aussi parlé le 26, celui qui achète Lucile, sa mère et la petite sœur de Lucile, dont Martaine a aussi parlé le 4me du 1er janvier, a pour dernière passion, d'accrocher trois femmes au-dessus de trois trous, l'une est pendue par la langue et le trou qu'elle a sous elle est un puits très profond, la seconde est pendue par les tetons, et le trou qu'elle a sous elle est un brazier, la troisième a le crâne cerné et est accrochée par les cheveux, et le trou qu'elle a sous elle est garni de pointes de fer ; quand le poids du corps de ces femmes les entraîne, que les cheveux s'arrachent avec la peau du crâne, que les tetons se déchirent, et que la langue se coupe, elles ne sortent d'un supplice que pour passer dans l'autre ; quand il peut, il met les trois femmes grosses ou, si non, une famille, et c'est à cela qu'il a fait servir Lucile, sa sœur et sa mère. 148. La dernière (vérifiez pourquoi les deux manquent, tout y était sur le brouillon). Le grand seigneur qui se livre à la dernière passion, que nous désignerons sous le nom d'enfer, a été cité quatre fois, c'est le dernier du 29 novembre de Duclos, c'est celui de Chanville, qui ne dépucelle qu'à neuf ans, celui de Martaine qui dépucelle en cul à trois ans, et celui dont Desgranges a elle-même parlé un peu plus haut (vérifiez où). — C'est un homme de 40 ans, d'une taille énorme, et membré comme un mulet : son vit a près de 9 pouces de tour, sur un pied de long ; il est très riche, très grand-seigneur, très dur et très cruel. Pour cette passion-ci il a une maison à l'extrémité de Paris, extrêmement isolée. L'appartement où se passe sa volupté est un grand salon fort simple, mais rembourré et matelassé de partout, une grande croisée est la seule ouverture, qu'on voie à cette chambre, elle donne sur un vaste souterrain à vingt pieds au-dessous du sol du salon, où il se tient, et sous la croisée sont des matelats qui reçoivent les filles à mesure qu'il les jette dans ce caveau, à la description duquel nous reviendrons tout à l'heure. Il lui faut quinze filles pour cette partie et toutes entre quinze et dix-sept ans, ni au-dessus ni au-dessous; six maquerelles sont employées dans Paris, et douze dans les provinces à lui chercher tout ce qu'il est possible de trouver de plus charmant dans cet âge et on les réunit en pépinière à mesure qu'on les trouve, dans un couvent de campagne dont il est le maître, et de là il tire les quinze sujets pour ses passions qui s'exécutent régulièrement sous les quinze jours. Il examine lui-même la veille les sujets, le moindre défaut les fait réformer, il veut qu'elles soient absolument des modèles de beauté. Elles arrivent conduites par une maquerelle, et demeurent dans une chambre voisine de son salon de volupté, on les lui fait voir d'abord dans cette première pièce, toutes les quinze nues; il les touche, il les manie, il les examine, les suce sur la bouche, et les fait toutes chier l'une après l'autre dans sa bouche, mais il n'avale pas. Cette première opération faite avec un sérieux effrayant, il les marque toutes sur l'épaule avec un fer rouge, au numéro de l'ordre dans lequel, il veut qu'on les lui fasse passer, cela fait, il passe seul dans son salon, et reste un moment seul, sans qu'on sache à quoi il employe ce moment de solitude, ensuite il frappe, on lui jette la fille numérotée; mais jette exactement, la maquerelle la lui lance, et il la reçoit dans les bras, elle est nue. Il ferme sa porte, prend des verges et commence à fouetter sur le cul, cela fait, il la sodomise de son vit énorme et n'a jamais besoin d'aide, il ne décharge point, il tire son vit bandant, reprend les verges et fouette la fille sur le dos, les cuisses, par devant et par derrière, puis il la recouche et la dépucelle par devant, ensuite il reprend les verges et la fouette à tour de bras sur la gorge, puis il lui saisit les deux seins et les lui paîtrit tant qu'il a de force; cela fait, il fait six blessures avec une alêne dans les chairs, dont une sur chaque teton meurtri. Ensuite il œuvre la croisée qui donne sur le souterrain, place la fille droite, lui tournant le cul et presque au milieu du salon en face de la croisée, de là, il lui donne un coup de pied dans le cul si violent, qu'il la fait passer par la croisée, où elle va tomber sur les matelats, mais avant de la précipiter ainsi, il lui passe un ruban au col, et ce ruban qui signifie un supplice est analogue à celui auquel il s'imagine qu'elles seront les plus propres ou qui deviendra le plus voluptueux à lui infliger, et il est inouï, comme il a le tact et la connaissance de cela, toutes les filles passent ainsi l'une après l'autre, et toutes subissent absolument la même cérémonie de façon qu'il a trente pucelages dans sa journée et tout cela sans répandre une goutte de foutre. Le caveau où les filles tombent, est garni de quinze différents assortiments de supplice effroyables, et un bourreau sous la masque et le [costume] d'un démon préside à chaque supplice, vêtu de la couleur affecté à ce supplice, le ruban que la fille a au col, répond à une des couleurs affectées à ce supplice et dès qu'elle tombe, le bourreau de cette couleur s'empare d'elle et la mène au supplice où il préside. Mais on ne commence à les y appliquer toutes, qu'à la chute de la quinzième fille, dès que celle-ci est tombée, notre homme dans un état furieux qui a pris trente pucelages sans décharger descend presque nu et le vit collé contre son ventre, dans cet infernal repaire; alors tout est en train et tous les tourments agissent et agissent à la fois. Le 1e supplice est une roue sur laquelle est la fille et qui tourne sans cesse en effleurant un cercle garni de lames de rasoir, où la malheureuse s'égratigne et se coupe en tous les sens à chaque tour, mais comme elle n'est qu'effleurée, elle tourne au moins deux heures avant que de mourir. 2. La fille est couchée à deux pouces d'une plaque rouge qui la fond lentement. 3. Elle est fixée par le croupion sur un pieu de fer brûlant et chacun de ses membres contourné dans une dislocation épouvantable. 4. Les quatre membres attachés à quatre ressorts qui s'éloignent peu-à-peu et la tiraillent lentement jusqu'à ce qu'enfin ils se détachent et le tronc tombe dans un brazier. 5. Une cloche de fer rouge lui sert de bonnet, sans appuyer, de manière que sa cervelle fond lentement, et que sa tête grille en détail. 6. Elle est dans une cuve d'huile bouillante enchaînée. 7. Elle est exposée droite à une machine qui lui lance 6 fois par minute un trait piquant dans le corps et toujours à une place nouvelle, la machine ne s'arrête que quand elle en est couverte. 8. Les pieds dans une fournaise et une masse de plomb sur la tête l'abaisse peu-à-peu à mesure qu'elle se brûle.

9. Son bourreau la pique à tout instant avec un fer rouge, elle est liée devant lui, il blesse ainsi peu-à-peu tout le corps en détail. 10. Elle est enchaînée à un pilier sous un globe de verre et vingt serpents affamés la dévorent en détail toute vive. 11. Elle est pendue par une main avec deux boulets de canon aux pieds, si elle tombe c'est dans une fournaise. 12. Elle est empalée par la bouche, les pieds en l'air, un déluge de flammaches lui tombe à tout instant sur le corps. 13. Les nerfs retirés du corps et liés à des cordes qui les allongent et pendant ce temps-là on les larde avec des pointes de fer brûlantes. 14. Tour à tour tenaillée et fouettée sur le con et le cul avec des martinets de fer à molettes d'acier rouge, et de temps en temps égratignée avec des ongles de fer ardent. 15. Elle est empoisonnée d'une drogue qui lui brûle et déchire les entrailles, qui lui donne des convulsions épouvantables, lui fait pousser des hurlements affreux, et ne doit la faire mourir que la dernière. Ce supplice est un des plus terribles. Le scélérat se promène dans son caveau aussitôt qu'il y est descendu, examine un quart d'heure chaque supplice en blasphémant comme un damné et en accablant les patientes d'invectives. Quand à la fin, il n'en peut plus et que son foutre captivé si longtemps est prêt à s'échapper, il se jette dans un fauteuil d'où il peut observer tous les supplices, deux des démons l'approchent, montrent leur cul, et le branlent, et il perd son foutre en jetant des hurlements qui couvrent totalement ceux des quinze patientes. Cela fait, il sort, on donne le coup de grâce à celles, qui ne sont pas encore mortes, on enterre leurs corps et tout est dit pour la quinzaine. — Ici Desgranges

termine ses récits, elle est complimentée, fêtée etc. Il y a eu dès le matin de ce jour-là des préparatifs terribles pour la fête qu'on médite. Curval qui déteste Constance a été la foutre en con dès le matin, et lui a annoncé son arrêt en la foutant. Le café a été préparé par les cinq victimes, savoir Constance, Narcisse, Giton, Michette, Rosette. On y a fait des horreurs, au récit qu'on vient de lire, ce qu'on a pu arranger de quadrilles y a été nu. Et dès que la Desgranges a en fini, on a fait paraître d'abord Fanni, on lui a coupé les doigts qui lui restent aux mains et aux pieds, et elle a été enculée sans pommade par Curval, le duc et les quatre premiers fouteurs. Sophie est arrivée, on a obligé Céladon son amant à lui brûler l'intérieur du con, on lui a coupé tous les doigts des mains et on l'a saignée des quatre membres, on lui déchire l'oreille droite et arrache l'œil gauche, Céladon a été contraint d'aider à tout et d'agir souvent lui-même et à la moindre grimace, il était fouetté avec des martinets à pointes de fer. Ensuite on a soupé, le repas était voluptueux et l'on n'y a bu que Champagne mousseux et des liqueurs. Le supplice s'est fait à l'heure des orgies, on est venu au dessert avertir messieurs, que tout était prêt, il ont descendu et ont trouvé le caveau très orné et très bien disposé, Constance était couchée sur une espèce de mausolée, et les quatre enfants en ornaient les quatre coins, comme les culs étaient très frais on a eu encore beaucoup de plaisir à les molester, enfin on commence le supplice, Curval a ouvert lui même le ventre de Constance, en enculant Giton, et il en a arraché le fruit déjà très formé et désigné au sexe masculin, puis on a continué les supplices sur les cinq victimes, qui tous ont été aussi cruels que variés.

Le 1er mars, voyant, que les neiges ne sont pas encore fondues on se décide à expédier en détail tout qui reste, les amis sont de nouveau ménagés dans leur chambre et décident de donner un ruban vert à tout ce qui doit être ramené en France, sous condition de prêter la main au supplice du reste, on ne dit rien aux six femmes de cuisine, mais on se décide à supplicier les trois servantes qui en valent bien la peine et à sauver les trois cuisinières à cause de leurs talents. En conséquence on fait la liste et l'on voit qu'à cette époque il y a déjà

de sacrifiés en épouses. — Aline, Adélaïde et Constance . 3	
en filles du sérail. — Augustine, Michette, Rosette et Zelmire. 4	total 10
en bardaches. — Giton et Narcisse 2	
en fouteurs. — Un des subalternes. 1	

Passe à la marque à la dernière bande du recto.

[239]) Ici commence la fin et la suite du verso.

Les nouveaux ménages s'arrangent donc: le duc prend avec lui ou sous sa protection

Hercule, la Duclos et une cuisinière	4
Curval prend Brise-cul, Chanville et une cuisinière . . .	4
Durcet prend Bande-au-ciel, Martaine et une cuisinière . .	4
et l'évêque Antinous, la Desgranges et Julie	4
	16

et on décida que dans l'instant et par le ministère des quatre amis, des quatre fouteurs, et des quatre historiennes, ne voulant point employer les cuisinières on se saisira de tout ce qui reste le plus traîtreusement que faire se pourra, excepté les trois servantes qu'on ne saisira que le dernier jour, et que l'on formera des appartements du haut quatre prisons, que l'on mettra les trois fouteurs subalternes dans les plus fortes et enchaînées, dans la seconde Fanni, Colombe, Sophie et Hébé, dans la troisième Céladon, Zélamire, Cupidon, Zéphire, Adonis et Hyacinthe et dans la quatrième les quatre vieilles, et que comme on va expédier un sujet tous les jours, quand on voudra arrêter les trois servantes, on les mettra dans celle des prisons qui se trouvera vide. Cela fait, on donne à chaque historienne le district d'une prison. Et messieurs vont s'amuser, quand il leur plaît avec ses victimes ou dans les prisons, ou ils les font venir dans le salon ou dans leur chambre, le tout suivant leur gré, en conséquence, on expédie donc, comme il vient d'être dit, un sujet chaque jour dans l'ordre suivante :

Le 1 mars Fanchon, le 2. Louison, le 3. Thérèse, le 4. Marie, le 5. Fanni, le 6. et le 7. Sophie et Céladon ensemble comme amants et ils périssent comme il a été dit cloué l'un sur l'autre, le 8. un des fouteurs subalternes, le 9. Hébé, le 10. un des fouteurs subalternes, le 11. Colombe, le 12. le dernier des fouteurs subalternes, le 13. Zélamir, le 14. Cupidon, le 15. Zéphire, le 16. Adonis, le 17. Hyacinthe, le 18. au matin on se saisit des trois servantes, que l'on enferme dans la prison des vieilles, et on les expose le 18, le 19. et le 20. total 20. Cette récapitulation fait voir l'emploi de tous les sujets, puisqu'il avait en tout 46, savoir :

```
maîtres . . . . . . . . . . . . . . . . .  4
vieilles . . . . . . . . . . . . . . . . .  4
à la cuisine . . . . . . . . . . . . . . .  6
historiennes . . . . . . . . . . . . . . .  4
fouteurs . . . . . . . . . . . . . . . . .  8
jeunes garçons . . . . . . . . . . . . . .  8
épouses . . . . . . . . . . . . . . . . .  4
jeunes filles . . . . . . . . . . . . . . . 8
                                   total  46
```

Que sur cela il y en a eu 30 d'immolés et 16, qui s'en retournent à Paris.

```
          Compte du total.
massacrés avant le 1er mars dans les orgies . . . . 10
depuis le 1er mars . . . . . . . . . . . . . . 20
et il s'en retournent . . . . . . . . . . . . . 16 pers.
                                         total  46
```

A l'égard des supplices des vingt derniers sujets et de la vie qu'on mène jusqu'au départ, vous le détaillerez à votre aise, vous direz d'abord que les 12 restants mangeaient tous ensemble, et les supplices à votre choix.

Notes.

Ne vous écartez en vie de ce plan, tout y est combiné plusieurs fois, et avec la plus grande exactitude.

Détaillez le départ, et dans le total mêlez surtout de la morale aux soupers. Quand vous mettrez au net, ayez un cahier, où vous placerez les noms de tous les personnages principaux et de tous ceux qui jouent un grand rôle, tels que ceux qui ont plusieurs passions et dont vous reparlez plusieurs fois, comme celui de l'enfer; laissez une grande marge auprès de leur nom et remplissez cette marge de tout ce que vous rencontrerez, en copiant, d'analogue à eux, cette note est très essentielle et c'est la seule façon, dont vous puissiez voir clair à votre ouvrage et éviter les redites.

Adoucissez beaucoup la première partie, tout s'y développe trop, elle ne saurait pas être trop faible et trop gazée, ne faites surtout jamais rien faire aux quatre amis qui n'ait été raconté, et que vous n'avez pas eu ce soir-là.

En la 1re partie dites, que l'homme qui fout en bouche la petite fille prostituée par son père, est celui qui fout avec un vit sale et dont elle a déjà parlé.

N'oubliez pas de placer dans décembre la scène des petites filles servant au souper venant séringuer des liqueurs dans les verres des amis, avec leurs culs, vous l'avez annoncé et n'en avez point parlé dans le plan.

Supplices en supplément.

Au moyen d'un tuyau on lui introduit un souris dans le con, le tuyau se retire, on coud le con, et l'animal ne pouvant sortir lui dévore les entrailles.

On lui fait avaler un serpent qui va de même la dévorer. En général peignez Curval et le duc deux scélérats fougueux et impétueux, c'est comme cela que vous les avez pris dans la 1re partie, et dans le plan, et peignez l'évêque, un scélérat froid raisonné et endurci, pour Durcet, il doit être taquin, faux, traître et perfide, faites leur faire d'après cela tout ce qui devient analogue à ces créatures-là. Recapitulez avec soin les noms et qualités de tous les personnages que vos historiennes désignent pour éviter les redites. — Que dans le cahier de vos personnages le plan du château, appartement par appartement, y ait une feuille, et dans le blanc que vous laisserez à côté, placez les sortes de choses que vous faites faire, dans telle ou telle pièce.

Toute cette grande bande a été commencée le 22 8bre 1785 et finie en 37 jours.[240])

Liste des différents objets morales traités dans les lettres du comte.

Les morts stoïques — l'insouciance de l'opinion publique — le stoïcisme — la pudeur — la jalousie — la sensibilité — la pitié — la tyrannie — l'oppression — possibilité de jouir sans aimer, et d'aimer sans jouir — le remords — effets de la douleur comme cause active de la volupté, soit qu'on la donne, soit qu'on la reçoive — le plaisir — le fil de fraternité — combat du vice et de la vertu — ce que c'est que vice et vertu — que la prompte découverte et punition d'un crime ne prouve rien comme on le croit, ni en faveur de la vertu ni contre le crime — l'honneur, combien le préjugé en est vile — le crime ce que c'est — mœurs et coûtumes anciennes — l'humanité — la prudence toujours essentielle pour réussir — la honte — l'infamie — projets de 16 maisons publiques de débauche dont quelques-unes uniquement destinées aux garçons — les hôpitaux — la religion analysée — que les médecins peuvent attenter sans crime à la vie de leurs malades, quand on les paye pour cela — beaux morceaux sur le matérialisme de l'âme — ineptie des duels, apologie des poltronneries — l'injustice qui caractérise la passion est dans la nature — l'adultère — **l'amour** — les loix — la liberté de l'homme — l'antiphysique — le viol — un long traité de la volupté des sens, considerée sous toutes ses faces où l'on prouve que des trois jouissances celle du con est la plus mauvaise, celle du cul la plus libertine, et celle de la bouche la meilleure — ce que c'est que la cruauté, combien elle est dans la nature — la séduction — l'égoisme — — la reconnaissance — espèce de sentiment qu'un fils doit à sa mère — le vol — le meurtre — preuve que les femmes sont inutiles aux grandes vues de la nature, qu'elle a pu faire naître les premiers hommes sans femmes, que les femmes ont été trouvées par les hommes qu'ils en ont joui, et que l'espèce s'est ainsi multipliée, mais qu'elles ne sont qu'un second moyen de la nature, qui la prive d'agir par ses premières moyens et par conséquent l'outrage en quelque manière et qu'elle serait bien servie, si en exterminant toutes les femmes, ou en ne voulant jamais jouir d'elles on obligeait la nature pour reperpétuer l'espèce d'avoir recours à ses premiers moyens — la calomnie — l'amitié — inutilité de satisfaire aux volontés des mourants, puisque cette satisfaction qui souvent gêne l'héritier, ne peut-être d'aucune volupté aux manes qu'on honore, puisque ces manes sont chimériques et que le mort ne peut ni être fâché, ni être bien aise de ce qu'on fait après lui — il est dit aussi dans cet ouvrage, qu'il ne faut pas être hypocrite jusqu'à l'enthousiasme de vertu, mais seulement jusqu'à l'insouciance des vices.

On ne vous chicane jamais sur cette sorte d'hypocrisie-là parce qu'elle laisse en repos l'orgueil du prochain, que l'autre irrite. — Un crime qui aura fait plaisir ne donnera jamais des remords, parce que le remords, n'est que le souvenir, or, ce souvenir rappellant une volupté, il ne peut plus en naître des tourments, mais si le crime est fait sans plaisir, ou par un de ces sentiments qui s'éteignent comme la vivacité, ou la vengeance; alors il donnera des remords certains, mais s'il est fait par lubricité, il n'en donnera pas, parce que les souvenirs seront des voluptés. — Il faut donner aux crimes toute la force qu'il peut avoir, et surtout qu'il ne soit jamais réparable, c'est la façon d'éteindre les remords, car à quoi servirait-il de se repentir d'un mal que rien ne peut réparer; la difficulté du remords l'anéantit, ce qui fait voir que le remords a cela de particulier sur les autres affections de l'âme, de s'anéantir en raison de ce qu'on l'accroît.

Extrait du manuscrit original « Les 120 Journées de Sodome. »

(Les lignes marginales marquent le commencement d'une autre feuille collée.)

NOTES DE L'EDITEUR

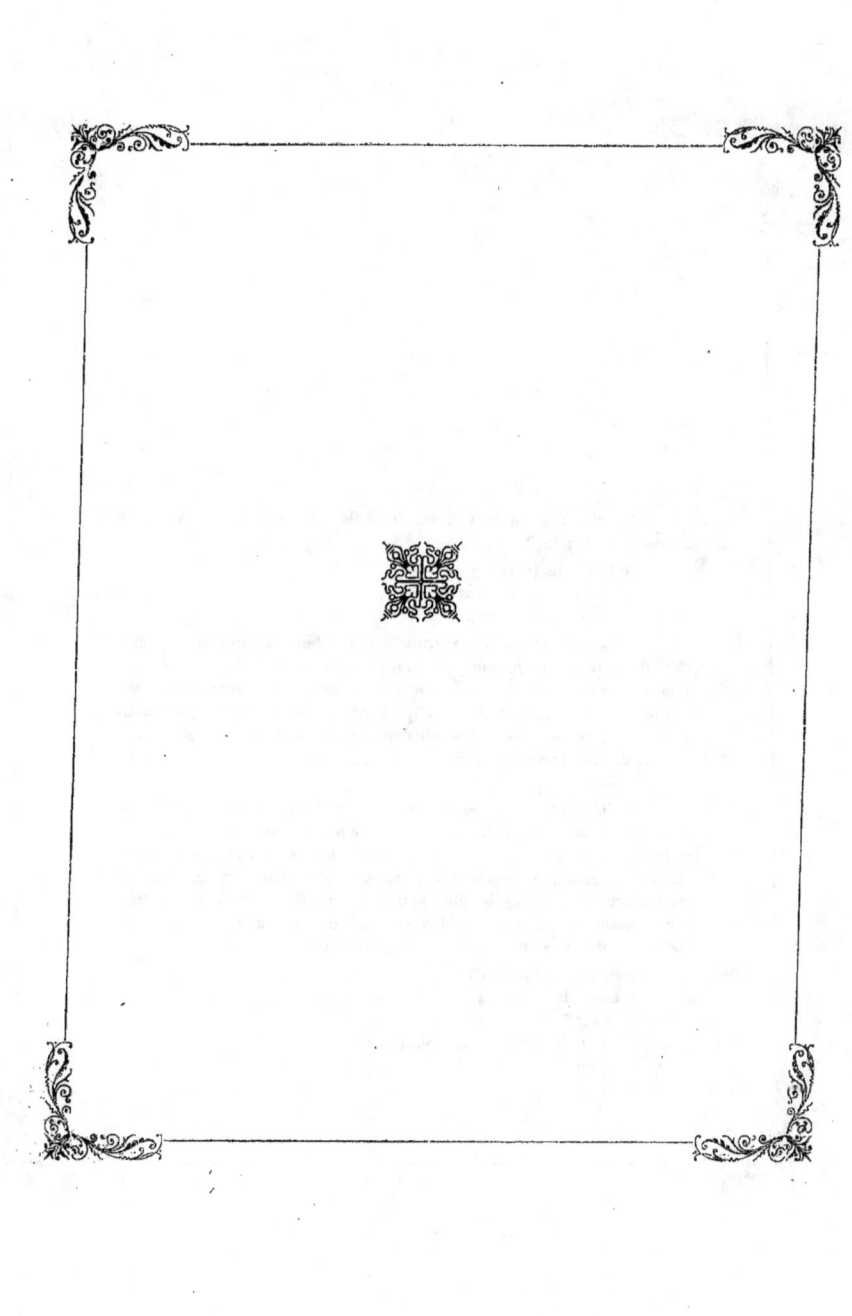

¹) Ici on a intercalé dans le texte les mots: „ces barres indiquent les alinéas".

²) Dans le texte: 3.

³) „jolies" rayé dans le texte.

⁴) Rayé „célébrèrent".

⁵) Cette „excessive fortune" des libertins joue un grand rôle dans tous les romans du marquis de Sade comme „conditio sine qua non" de la vraie jouissance sexuelle. Sans doute les sommes énormes, dont il y est question, furent dissipées par quelques riches viveurs contemporains; par exemple le duc de Richelieu dissipa littéralement son immense fortune avec ses maîtresses et de filles de joie.

⁶) Cette façon de jouer sur les nombres est particulière au style du marquis de Sade. Nous la trouvons aussi dans la „Justine et Juliette". Il aime à faire correspondre les personnes, les actions, situations, lieux par les mêmes nombres, en croyant donner plus de variété au récit. Mais le plus souvent il n'arrive qu'à un résultat tout opposé: la monotonie. De semblables badinages se trouvent dans les ouvrages de Restif de la Bretonne.

⁷) Rayé: „obligées".

⁸) Dans le texte: 4.

⁹) „3 me."

¹⁰) Dans le texte: „la débauche".

¹¹) „4 me."

¹²) Corrigé de „2".
¹³) Dans le texte toujours „quil" au lieu de „qu'il".
¹⁴) „Première" est rayé dans le texte avant „épreuve".
¹⁵) Dans le texte: „assurent".
¹⁶) Dans le texte: 8.
¹⁷) „Ses yeux" est rayé avant „était".
¹⁸) „craint" rayé avant „dit".
¹⁹) Derrière „art" le mot „que" est rayé.
²⁰) A partir d'ici une nouvelle plume semble être employée, car l'écriture devient beaucoup plus fine.
²¹) Ici est prononcée distinctement la tendance sadique des actions sexuelles, qui sont commises par les quatre libertins hors du cadre des récits proprement dits.
²²) „ans" est supplée derrière 10.
²³) Rayé: „des".
²⁴) Ici on a intercalé dans le texte les mots suivants: „Plus nous multiplions les objets de nos jouissances, place là le portrait de Durcet comme il est au cahier 18. relie en voie, puis après avoir terminé ces portraits par les mots du cahier (:) les débiles années de l'enfance, reprenne ainsi!" La première phrase jusqu'à „jouissances" est évidemment inachevée.
Les mots suivants ont rapport aux brouillons et notices que de Sade avait coutûme de faire dans ses singuliers cahiers. Nous avons encore par exemple le brouillon complet du roman „Les journées de Florbelle". (Cf. Dühren, Neue Forschungen über de Sade p. 353.)
²⁵) „De Sade représente Durcet avec intention comme un androgyne qui, par disposition naturelle éprouve dans un corps masculin des sensations d'une femme. De Sade a été le premier à proclamer l'inné de beaucoup de perversions sexuelles.
²⁶) Rayé: „elles-mêmes".
²⁷) Voici une des plus fines observations psychologiques, dont abondent les ouvrages de de Sade. Ces observations témoignent l'intérêt scientifique du fameux auteur à la recherche de la nature humaine et peuvent servir à prouver qu'il n'était pas fou.
²⁸) Rayé: „peu d'esprit".
²⁹) Tout le passage de „Elevée" jusqu'à „empêcher" est écrit sur un morceau de papier collé dans le manuscrit.

30) Rayé: „quelque temps".
31) Ici suit une courte esquisse du thème, récit dans la manière du Décameron.
32) De Sade proclame ici le besoin de varier les actions sexuelles comme cause principale des différentes anomalies sexuelles.
33) Ce remarquable passage prouve que déjà au XVIIIe siècle un de Sade avait reconnu la grande importance d'une étude scientifique des perversions sexuelles.
34) Rayé: „à se procurer quatre femmes qui".
35) Dans le manuscrit: „quantante".
36) „l'avancière = la devancière.
37) Rayé: „femme".
38) Rayé: „seulement".
39) Rayé: „ensuite".
40) Rayé: „et dernier".
41) Rayé: „sur".
42) Dans le texte faussement: „elle".
43) Dans le texte: „d'éparer".
44) Rayé: „rendant".
45) Rayé: „quel".
46) Rayé: „être".
47) „au libertinage" est écrit au-dessus.
48) Rayé: „intérieure".
49) Un mot illisible dans le texte.
50) = escalier à vis.
51) Rayé: „le reste de la société s'embarque donc".
52) Rayé: „les courriers qui avaient".
53) Dans le texte: „9 bre".
54) Rayé: „des états".
55) Dans le texte: „Telle".
56) Rayé: „lassemb.".
57) Rayé: „dans nos passions".
58) Rayé: „donc".
59) Rayé: „elle".
60) Dans le manuscrit: „laquelle".
61) Un mot illisible.
62) Dans le texte: „Du grand chambre!"
63) Rayé: „9 pouces" ... lignes de long sur".

⁶⁴) Rayé: „leur amenèrent".
⁶⁵) Ici une nouvelle plume a été employée.
⁶⁶) Rayé: „donnera quelque chose".
⁶⁷) C'est un cas d'exhibitionisme pure.
⁶⁸) Nous avons dans ce cas une combinaison d'exhibitionisme et de masochisme.
⁶⁹) Écrit au-dessus et rayé: „Non, non, dit le prélat, que Duclos continue et ça partira ce soir. Je venais d'atteindre ma 8 e année, dit l'historienne et reprenait le fil de son discours, lorsque" —
⁷⁰) Voyez un semblable cas chez v. Krafft-Ebing, Psychopathia sexualis, 10 e éd., Stuttgart 1898, p. 123. Observation 68: „Cum mulier quaedam in os ei minxit, maxima voluptate affectus est."
⁷¹) Ici de Sade caractérise avec beaucoup de justesse le fréquent dégoût et le mépris de soi-même après les actes sexuels pervers; nous retrouvons ce sentiment dans beaucoup d'observations de Krafft-Ebing.
⁷²) Cas de „coprolagnie", peut-être combiné avec le fétichisme.
⁷³) Dans le texte: „Michel", mais ensuite toujours: „Etienne".
⁷⁴) Une façon d'exhibitionisme idéal nuancé de sadisme.
⁷⁵) Écrit au-dessus: „ici-je".
⁷⁶) Rayé au-dessus: „délire".
⁷⁷) Rayé: „de bien singulières nouvelles".
⁷⁸) Rayé: „à la fin".
⁷⁹) Le mot „vient" dans le texte doit être rayé.
⁸⁰) Rayé: „mon cœur".
⁸¹) Écrit au-dessus, mais rayé: „cette nuit".
⁸²) Rayé: „petites".
⁸³) Rayé: „mais".
⁸⁴) Rayé: „d'une sa main".
⁸⁵) Rayé: „écarta".
⁸⁶) Écrit au crayon.
⁸⁷) Une pensée tout à la Schopenhauer. La génération est aussi d'après de Sade une action coupable, la naissance est un malheur pour l'être né.
⁸⁸) Écrit en double: „Sophie en se jettant".
⁸⁹) Ces ouvertures d'observation étaient fort en vogue chez les libertins et habitués des bordels de Paris au XVIII e siècle.

Cf. Dühren, Neue Forschungen über den Marquis de Sade (Nouvelles recherches sur le m. de Sade) p. 162.

⁹⁰) Le cas No. 8 décrit les pratiques d'un fétichiste de cheveux, qui n'éprouve d'excitation sexuelle qu'à l'aspect et par l'attouchement de la chevelure féminine, ce qui est parfaitement raconté par de Sade. Cf. le semblable cas du Dr. Gémy chez v. Krafft-Ebing, Psychopathia sexualis p. 157, et aussi l'explication scientifique de cette étrange passion chez J. Bloch, Contributions à l'étiologie de la Psychopathia sexualis, Drèsde 1903 T. II. p. 359—362.

⁹¹) Un cas typique de „fétichisme des fesses", car les autres parties du corps féminin n'existent pas pour le libertin.

⁹²) Rayé: „6 e".

⁹³) Sur la marge gauche: „pour célébrer" et: „la 9 e".

⁹⁴) Rayé: „sera livrée à Antinoüs qui en jouira. le 17 le duc enculera Giton".

⁹⁵) Rayé: „aura rempl".

⁹⁶) Rayé: „l'évêque".

⁹⁷) Le signe est tracé au crayon sur la marge gauche.

⁹⁸) Rayé: „Duclos".

⁹⁹) Le cas No. 11 représente une forme de masochisme, dans laquelle la personne se fait traiter comme „enfant".

¹⁰⁰) A gauche avec crayon le signe:

¹⁰¹) Le cas No. 12 est une combinaison de fétichisme d'habit et de fesses.

¹⁰²) Rayé: „que".

¹⁰³) Descriptions des pratiques des „coprolagnistes" dans les cas No. 14 et 15.

¹⁰⁴) Rayé: „petit".

¹⁰⁵) Rayé: „et jurait".

¹⁰⁶) Ecrit au-dessus: „avait malheureusement." Rayé.

¹⁰⁷) Rayé: „plus".

¹⁰⁸) Un „voyeur" est décrit dans le cas No. 17.

¹⁰⁹) Le cas No. 18 représente une forme étrange de masochisme symbolique.

¹¹⁰) Les No. 19 et 20 sont des combinaisons de sadisme idéal et d'exhibitionisme.

¹¹¹) Le „que" dans le texte doit être rayé.

¹¹²) Rayé: „le souper".
¹¹³) Rayé: „était".
¹¹⁴) Rayé: „enfants".
¹¹⁵) Rayé: „ne" — „pas".
¹¹⁶) Le cas No. 21 rappelle des actes semblables de coprolagnie dans les bordels chinois.
¹¹⁷) Rayé: „dans tous les".
¹¹⁸) Le cas No. 22 décrit un fétichiste olfactif, qui, comme on sait, préfère les femmes rousses, dont l'odeur est particulièrement forte, ainsi que de Sade l'explique aussi dans ce cas.
¹¹⁹) Rayé: „délicieusement".
¹²⁰) Ce cas de coprolagnie rappelle beaucoup celui de Neri dans „l'Archivio delle psicopatie sessuali", qui concerne un ouvrier, qui vinum supra corpus scortorum effusum defluens ore excipit. Cf. Krafft-Ebing l. c. p. 124—125.
¹²¹) La forme de masochisme, qui est décrite dans le cas 24, la „suctio pedum" est très fréquente aujourd'hui et est une des fantaisies favorites des masochistes, qui est réalisée le plus souvent. Cf. Krafft-Ebing l. c. p. 120.
¹²²) Ici de Sade a écrit avec la même plume et la même encre que le texte la note marginale: „dites cela mieux"!!
¹²³) Le cas 25 représente cette étrange forme de fétichisme masochistique, qui préfère un défaut corporel ou social de la femme, comme par exemple Descarts n'aimait que les femmes qui louchaient. Cf. Bloch, Contributions à l'étiologie de la Psychopathia sexualis T. II. p. 174—177.
¹²⁴) Rayé: „volupté".
¹²⁵) Rayé: „c'est".
¹²⁶) Dans le texte: „sens-froid".
¹²⁷) Rayé: „Augustine".
¹²⁸) Rayé: „ou quarante".
¹²⁹) Rayé: „le délire semblait ce soir-là s'être emparé de toutes les têtes".
¹³⁰) Rayé: „tout".
¹³¹) Rayé: „l'homme".
¹³²) Rayé: „des".
¹³³) Rayé: „cette dégou".
¹³⁴) Dans le manuscrit: „Guérin".

¹³⁵) Rayé: „les ouvrit".
¹³⁶) Rayé: „jeune fille".
¹³⁷) Rayé: „inspirez".
¹³⁸) Cette forme de coprolagnie masochistique est encore aujourd'hui très fréquente, comme le prouvent les cas nombreux de Krafft-Ebing. Cf. cas No. 68 p. 123 (10 e éd.).
¹³⁹) Ce dialogue décrit très bien le développement progressif des anomalies sexuelles, qui est lié étroitement au besoin de varier les actes pervers. Les instincts sexuels de Durcet se sont dans le cours du temps retournés, pour ainsi dire „ab anterioribus ad posteriora". Maintenant il est pédéraste et sodomite enragé. Mais cette „perversion" n'est pas, comme le remarque fort justement le marquis de Sade, innée, elle s'est développée peu-à-peu et est ainsi devenue une monomanie indéracinable.
¹⁴⁰) Rayé: „auparavant".
¹⁴¹) Rayé: „ne pouvait pas oublier".
¹⁴²) Rayé: „tant de".
¹⁴³) Le cas No. 41 en rappelle un semblable de Krafft-Ebing, ce notaire qui amassait le papier souillé des cabinets d'aisance. Ces „collectionneurs d'étrons" représentent une catégorie particulière des coprolagnistes.
¹⁴⁴) Les mots „quant à" entre „pour" et „moi" doivent être rayés.
¹⁴⁵) Le cas 43 appartient à cette classe des coprolagnistes nommés „renifleurs" ou „fétichistes de cabinet d'aisance", parce qu'ils n'éprouvent une jouissance sexuelle que dans les cabinets d'aisances dont les odeurs les irritent.
¹⁴⁶) Rayé: „ce que n".
¹⁴⁷) Rayé: „avait trop besoin".
¹⁴⁸) Rayé: „Adonis en cuisses".
¹⁴⁹) Rayé: „entre".
¹⁵⁰) Rayé: „pour".
¹⁵¹) Les pratiques perverses du cas 47 s'exécutent d'après le livre de Taxil encore aujourd'hui dans les bordels de Paris. Il donne aux amateurs de cette catégorie le nom caractéristique de: „stercoraires platoniques". La scène décrite par lui est absolument semblable à celle du cas 47. „L'homme," dit Taxil, „étendu sur le dos, a le tabouret de verre placé au-dessus de la tête, et

la femme évacue sur lui comme si rien n'était; le maniaque, à ce qu'il paraît, éprouve du plaisir à voir se dilater le sphincter de la prostituée, et il ne reçoit pas son excrément, puisqu'il est arrêté au passage par le verre du tabouret." Taxil, La Corruption fin-de-siècle, Paris 1894. p. 226.

152) Le mot „de" doit être rayé.
153) Rayé: „passer dans un cabinet".
154) Dans le texte se trouve après „vin" un mot illisible.
155) Dans le texte quelques lettres incompréhensibles: „couder coudance (?)".
156) De Sade décrit l'abbé comme sodomite enragé, dont l'inversion homosexuelle est innée, tandis que les trois autres libertins sont pédérastes par raffinement et par besoin de changement dans les actes sexuels.
157) Rayé: „cette cloche que nous".
158) Rayé: „Giton".
159) Rayé: „qui se".
160) Le cas 65 représente une combinaison de coprolagnie et de cette forme du masochisme, dans laquelle l'homme se sent „enfant" en présence de sa maîtresse, ou aussi comme beaucoup plus jeune qu'il n'est en vérité. Le „pagisme" appartient également à cette catégorie. Cf. Krafft-Ebing, Psychopathia sexualis, 10 e éd. p. 87.
161) Ici un mot illisible est intercalé.
162) Rayé: „On imagine".
163) Le mot „dit" avant „poursuivit" doit être rayé.
164) „de" dans le texte doit être rayé.
165) Ici le mot „de l'argent" doit être intercalé au lieu d'un mot illisible.
166) Cette phrase concernant la nécessité de la faiblesse et du misère dans le monde, est une anticipation d'une idée darwinienne.
167) Rayé: „exécuter cette passion".
168) Rayé: „mais".
169) Le mot „été" dans le texte doit être rayé.
170) A partir des cas 79 et 80 commencent les „fustigations passives" et pareilles pratiques d'algolagnie.
171) Les mots „parti le ? entier" doivent être rayés.

¹⁷²) Le cas 83 représente une combinaison de fétichisme olfactif à nuance masochistique avec l'amour de la flagellation passive.

¹⁷³) Le nombre „9" sur la marge droite.

¹⁷⁴) Dans le texte se trouve par erreur „Curval" au lieu de „le duc".

¹⁷⁵) „et elle devait" doit être rayé.

¹⁷⁶) „de de honni eux" doit être rayé.

¹⁷⁷) Le cas 88 représente la flagellation chez un inverti.

¹⁷⁸) De Sade décrit déjà dans le No. 92 exactement le même appareil pour la flagellation passive, par lequel 40 années plus tard la Thérésa Berkley de Londres devenait fameuse comme flagellante raffinée, et qui est connue dans l'histoire du flagellantisme comme „The Berkley Horse" (voyez E. Dühren, La vie sexuelle en Angleterre, Berlin 1903 T. II. p. 433—434). Mais on en voit déjà l'usage dans les bordels français aux temps du marquis de Sade.

¹⁷⁹) Voyez sur les étrangers dans les bordels français du XVIII e siècle, Dühren, Neue Forschungen über de Sade, p. 55—56.

¹⁸⁰) Le nombre „10" est écrit sur la marge droite.

¹⁸¹) Cette forme de masochisme, décrite dans le No. 94, dans laquelle le masochiste est un „écolier" qui doit réciter sa leçon et est châtié par sa sévère maîtresse, joue un grand rôle aujourd'hui.

¹⁸²) „Curval" doit être intercalé pour „le duc" dans le texte.

¹⁸³) Deux mots illisibles dans le texte, qui doivent être rayés pour ne pas nuire à la phrase.

¹⁸⁴) „mais même" écrit en double.

¹⁸⁵) „Il fallait" en double.

¹⁸⁶) Les nos. 103—105 sont des cas classiques d'algolagnie passive. Cf. sur de semblables cas v. Krafft-Ebing l. c. p. 85.

¹⁸⁷) „Le duc" dans le texte.

¹⁸⁸) „à" doit être rayé.

¹⁸⁹) Le „masochisme idéal" est décrit dans les nos. 111—189. Ici des invectives, des humiliations psychiques sont la chose principale.

¹⁹⁰) „la" dans le texte doit être rayé.

¹⁹¹) Le cas 117 représente une forme particulière de ma-

sochisme symbolique, liée à la „nécrophilie idéale", qui se practique sur le corps même de la personne perverse.

¹⁹²) Cette remarque de l'évêque rappelle vivement les idées de Otto Weininger, prononcées de nos jours dans son ouvrage fameux „Sexe et caractère" (Vienne 1903).

¹⁹³) „le 29 matin" sur la marge droite.

¹⁹⁴) Les digressions ethnologiques du genre de celle-ci sont rares dans cet ouvrage du m. de Sade, tandis qu'il en fait souvent dans la „Justine et Juliette" pour légitimer et expliquer par les perversions sexuelles des peuples primitifs celles de ses héros.

¹⁹⁵) A partir du No. 128 commencent les cas de „nécrophilie", anomalie qui semble avoir été très fréquente au XVIIIe siècle.

¹⁹⁶) Rayé: „Julie".

¹⁹⁷) Le No. 133 représente un cas typique de „kleptomanie sexuelle". De Sade a proclamé le premier les causes sexuelles de cette manie du vol chez certains individus.

¹⁹⁸) „me" en double.

¹⁹⁹) Dans le texte faussement: „Durcet".

²⁰⁰) Mot illisible.

²⁰¹) Sur la marge droite: „dites qu'il mania le poignard".

²⁰²) Même ce cas étrange (No. 142) concerne une observation réelle. Des appareils semblables existent encore aujourd'hui pour la même passion dans les bordels de Paris. Bloch (Contributions etc. T. II. p. 286—287), rapporte d'après Tarnowsky qu'un prélat fit arranger une chambre de bordel en chambre mortuaire, exactement de la même manière que la décrit le m. de Sade, et jouit de la fille qui simulait la morte.

²⁰³) Cette remarque, qui témoigne la plus fine observation psychologique, explique la nature de toutes les anomalies sexuelles, dont l'origine est plus fréquemment le besoin de varier en les reproduisant les actes pervers, que la nature innée de ces perversions. Le rôle important de la suggestion est également expliqué d'une façon très-juste par cette remarque.

²⁰⁴) De Sade n'ayant probablement pas ce qu'il faut pour écrire n'a pu achever, avec cette abondance de détails qu'il aime, que la première partie de l'ouvrage, les 150 récits de la Duclos. Des trois autres parties il ne nous a laissé que le plan, très précis du reste et qui permet de se rendre compte parfaitement de

quelles perversions sexuelles et de quels actes il devait y être question.

²⁰⁵) Rayé: „Debute".

²⁰⁶) Suivent les cas de manie de la défloration; le libertin n'éprouve une jouissance sexuelle que s'il a affaire à une femme vierge ou à un enfant.

²⁰⁷) A partir du cas 27 il est question de différentes combinaisons du „sadisme symbolique", qui s'extasie à l'idée seule de l'inceste, de la prostitution de la mère et la fille, de l'époux et de l'épouse etc. Puis viennent les „spinthries", c'est-à-dire des actes sexuels d'un homme avec plusieurs femmes ou plusieurs personnes; les actes homosexuels rentrent dans cette catégorie. Cf. No. 190.

²⁰⁸) Dans le texte faussement: „ils".

²⁰⁹) Les „impiétés", qui commencent dès le cas 201 sont identiques avec le „satanisme" de la Psychopathia sexualis moderne et dont on peut déjà observer quelques pratiques chez certaines sectes du moyen-âge; il consiste dans la parodie blasphématoire de cérémonies religieuses, où l'acteur éprouve une jouissance sexuelle.

²¹⁰) Le cas 219 manque; le No. 220 suit après 218.

²¹¹) Les „petites cérémonies en passions doubles" sont des actes sexuels commis avec un plus grand appareil, par plusieurs couples à la fois, pour la satisfaction du libertin.

²¹²) A partir du No. 250 suit la description d'une étrange combinaison de sadisme symbolique avec le sadisme réel, de l'idée du rapprochement avec le rapprochement sexuel effectif.

²¹³) Cette remarque caractérise la manière de travailler rapide et superficielle du m. de Sade ainsi que ses manques fréquents de mémoire. Une fois il lui est arrivé de ne rapporter que 4 cas, une autre fois 6 cas, ce qui finit par troubler tout le plan de l'arrangement, ce dont il s'étonne encore ici!

²¹⁴) Cet groupe embrasse les anomalies sexuelles de nature criminelle: la pédérastie, l'inceste etc.

²¹⁵) Le nombre 7 (cas 307) est intercalé après coup, et cela à tort avant „il ne décharge etc."

²¹⁶) Les nos. 330—344 contiennent la description des cas de bestialité, sodomie etc.

²¹⁷) Pareilles monstruosités fantastiques du genre de celles mentionnées ici, du commerce sexuel d'un homme avec une chèvre se trouvent assez fréquemment dans les Romans du marquis de Sade.

²¹⁸) A partir du No. 345 sont décrits les actes et idées sadiques les plus divers, presque toujours combinés avec d'autres perversités sexuelles.

²¹⁹) Une procédure semblable est décrite dans l'ouvrage érotique „Les Amours secrets de M. Mayeux". Bruxelles 1832, p. 54—55.

²²⁰) Le nombre 84 (pour le cas 384) ne se trouve pas dans le texte, mais sur la marge gauche, ainsi que plus bas les nombres 89 (cas 389), 91 (cas 391), 128 (cas 428), 143 (cas 443).

²²¹) Rayé: le nombre „94".

²²²) „pansée" est corrigé pour le mot „faite".

²²³) Dans le cas 421 le milieu de la phrase a été omise et complété par moi dans le sens susdit.

²²⁴) Dans le texte: „abale".

²²⁵) Un mot illisible suit après „eunuque" — peut-être „total".

²²⁶) La quatrième partie contient les plus graves crimes sadiques, les meurtres de débauche, qui sont exécutées toujours avec les tortures les plus raffinées.

²²⁷) Rayé dans le manuscrit: „Julie n'ont plus rang qu'après les vieilles, que Julie se branle avec la Champville (je crois vérifier), a pourtant permission de coucher dans la chambre de cette historienne."

²²⁸) „Entre" en double dans le texte.

²²⁹) Curval manque.

²³⁰) „lui" dans le texte doit être rayé.

²³¹) Rayé: „Durcet qui manie les fesses d'une".

²³²) Rayé: „l'homme de".

²³³) Rayé: „qui".

²³⁴) Rayé: „le duc".

235) Rayé: „elle".

236) „lui" doit être rayé.

237) Ainsi on peut dire: meurtriers passionnels homosexuels.

238) La „cire d'Espagne" y mentionnée fréquemment par de Sade, fut employée aussi par lui-même dans ses orgies. Elle joue par exemple un rôle dans la fameuse affaire Keller. Cf. Dühren, Nouvelles recherches, p. 302.

239) Ce qui suit est écrit sur la partie antérieure du manuscrit.

240) Voici la fin du manuscrit proprement dit. La „liste" suivant appartient à un autre ouvrage.

Errata

p. VI de l'Avant-propos ligne 12: „Monsieur Nicolas" au lieu de „Théorie du Libertinage."

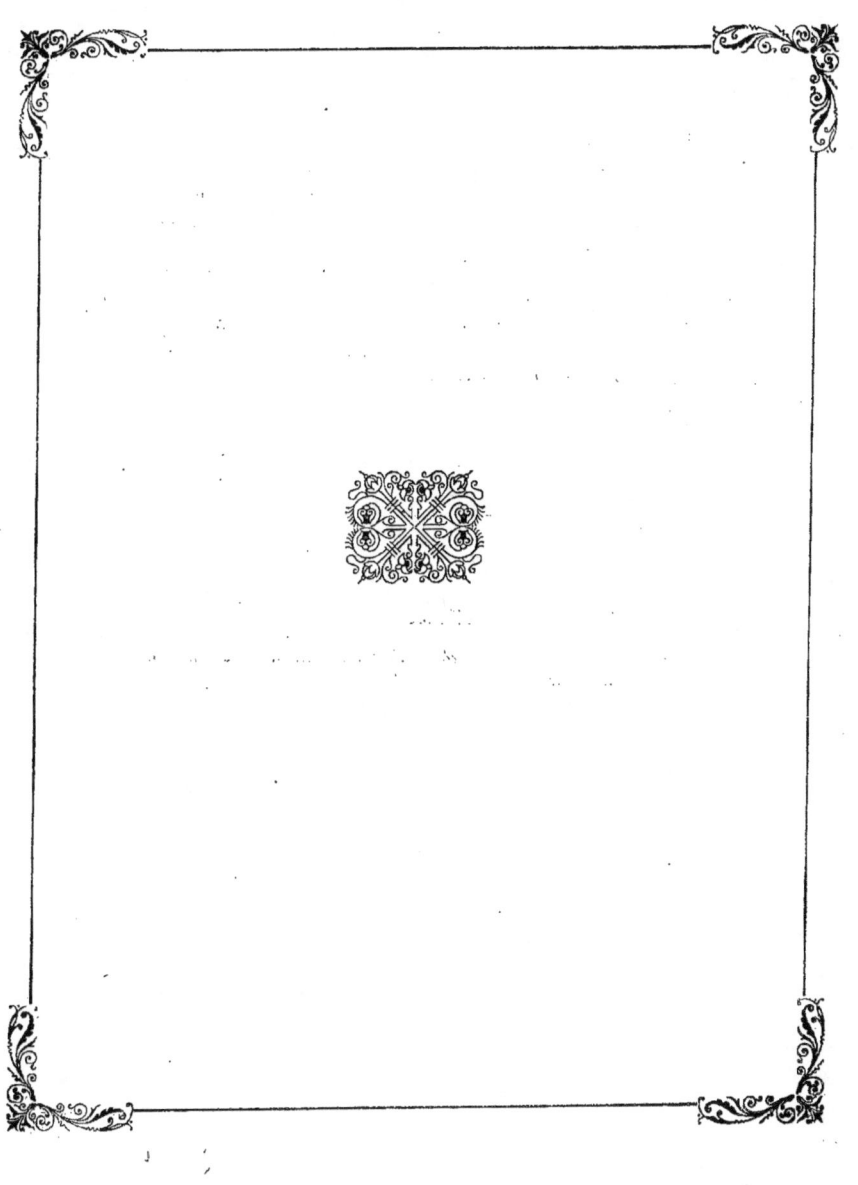

www.ingramcontent.com/pod-product-compliance
Lightning Source LLC
Chambersburg PA
CBHW070835230426
43667CB00011B/1803